t r a n s
p o s i t i o n e n

Werner Hamacher

# Mit Ohne Mit

DIAPHANES

ISBN 978-3-0358-0332-7

Satz und Layout: 2edit, Zürich
Druck: Steinmeier, Deiningen

www.diaphanes.net

# Inhalt

# D'AVEC: MUTATIONS, MUTISMES

(*ad Nancy*)

Die Haltung der Philosophie zu dem, was ihr begegnet, muss – so sollte man denken – die Haltung nicht nur *einer* Philosophie unter anderen, sie muss die Haltung *der* Philosophie überhaupt, also jeder Philosophie, gleich welcher Provenienz, und muss also, nach der Logik des doppelten Genitivs, die von der Philosophie bestimmte und die sie bestimmende Haltung sein. Sie muss nämlich die Sache, der sie begegnet – nicht *eine* Sache unter anderen, sondern jeweils die Sache der Sache selbst, ihre Sachheit – klären und kann sie – so sollte man denken – nur klären, indem sie sie als *ihre* Sache erfährt und indem sie diese *ihre* Sache als philosophische Sache, als *von* der Philosophie und *für* die Philosophie bestimmte Sache erfasst. Demnach wäre die Sache der Philosophie die implizite Philosophie der Sache; Philosophie die Explikation jeder inexpliziten Philosophie, noch bevor sie in das Stadium ihrer Reflexion tritt. Philosophie könnte sich nicht eigens selbst zu ihrem Thema machen, wenn sie nicht jeweils schon vor-thematisch auf sich selbst Bezug genommen hätte. Ihr Verhältnis zum Lauf der Gestirne oder zur Architektur der Sprache wäre ihr Verhältnis zu sich, wäre Haltung zur Haltung selbst, Verhältnis zum Verhältnis *kat' exochen* und somit nicht bloß Verhältnis *zum* Verhältnis aller Verhältnisse, sondern dieses Verhältnis aller Verhältnisse *selbst*. Philosophie müsste – so sollte man darum denken – seit ihren ersten Selbstbestimmungen in eminentem Sinn *autarkía*, Selbst-Gründung, Selbstherrschaft, Selbstgenügsamkeit sein, nicht allein in ihrer theoretischen, auch in ihrer politischen Praxis, für die Aristoteles diesen Begriff aufgestellt hat. Darum wäre es keine gleichgültige und keine auswechselbare Haltung, die sie gegenüber ihren Themen, Thesen und Tempi einnimmt; ihre Haltung wäre nicht ein wechselhaftes und je nach geschichtlichen Winden sich wendendes Blatt zur Bedeckung einer Blöße; sie müsste vielmehr der Wind selbst sein, Blatt und Blöße, Philosophie immediat und durch alle Mediationen hindurch *der* Philosophie: und somit selbst das Alles, das seinen eigenen Umkreis – die *eukyklos sphaira*, die wohlgerundete Sphäre des Parmenides (Fr. 8, 43) – umgreift und an allen, selbst ihren trunkenen, Gliedern. Noch bevor sie ein Außen und Innen gegeneinander abhebt, wäre sie, diese Enzyklika, die Esoterik schlechthin, der Prozess der *Er-Innerung* noch des Äußersten, von dem Hegel am Ende der *Phänomenologie des Geistes* unter dem Titel des absoluten Wissens spricht, eines Wissens, das absolut ist, weil es sich in seinen Entäußerungen innehat, indem es sie *ist*. Wenn jedoch Philosophie nicht eine Haltung nur *hat*, die sie auch wechseln und sogar aufgeben oder verlieren kann, sondern die Haltung aller Haltungen *ist*, dann kann sie nicht sein, was zu sein sie doch beansprucht, sie muss – so sollte man denken – *sophia*, kann jedoch nicht *philosophia* sein.

Heraklit spricht nicht von *philosophia*, er spricht von einem *anèr philósophos*, einem Mann der das *sóphon*, das Weise, liebt. Von diesem *philein* ist selbst für Platon noch nicht gesichert, dass es dem Geliebten genügt, aber Heidegger schreibt dazu, ohne weitere Erläuterung oder Begründung, in seinem Vortrag »Was ist das – die Philosophie?« 1955: »*philein*, lieben bedeutet hier im Sinne Heraklits: *homologein*, so sprechen, wie der Logos spricht, d.h. dem Logos entsprechen.« Und er fährt fort: »Dieses Entsprechen steht im Einklang mit dem *sophón*. Einklang ist *harmonía*. Dies, dass ein Wesen dem anderen wechselweise sich fügt, dass sich beide ursprünglich einander fügen, weil sie zueinander verfügt sind, diese *harmonía* ist das Auszeichnende des heraklitisch gedachten *philein*, des Liebens.«[1] Demnach liebt die Weisheit, wer den Logos liebt, und er liebt ihn, indem er ihm – indem er also der Sprache – entspricht und indem er zu ihm – dem *logos*, dem Verhältnis – hält. Heideggers Deutung dieses heraklitisch gedachten Liebesverhältnisses geht von einem *homologein* aus, das sich ausschließlich im Horizont des Logos vollzieht und diesen Logos als Verhältnis der Wechselseitigkeit, des *einander* und *zueinander*, der *Fügung* und des *Einklangs* bestimmt. Das Weise, das *sophón*, lieben, besagt demnach, alles das sagen, was von sich aus bereits

---

1 Martin Heidegger: *Was ist das – die Philosophie?*, Pfullingen 1956, S. 13.

sagt, und es derart sagen, dass es *als* solches Sagen gesagt ist. Alles sagen, das besagt jedoch: Alles Seiende sagen, und es in seiner Allheit und Einheit, also in seiner Gemeinschaftlichkeit sagen. Heidegger kann darum fortfahren: »Das *sophón* sagt: Alles Seiende ist im Sein. Schärfer gesagt: Das Sein ist das Seiende. Hierbei spricht ›ist‹ transitiv und besagt so viel wie ›versammelt‹. Das Sein versammelt das Seiende darin, dass es Seiendes ist. Das Sein ist die Versammlung – *Lógos*.« Wenn nun, wie Heidegger hier meint, Sein versammelt, dann ist sein Versammeln ein *legein* – und zwar ein *homologein* –, und da dieses *homologein* zugleich ein *philein* im Sinn der Wechselseitigkeit, des *einander* und *zueinander* ist, muss der *anèr philósophos* derjenige sein, der dem *logos* entspricht. Er spricht nicht etwa nur, sondern er spricht das Sprechen, spricht nicht etwa nur eine unter mehreren Sprachen, redet nicht in einem Idiom unter gleichwertigen anderen Idiomen, sondern spricht die *eine* Sprache ›Sprache‹, versammelt das Versammeln, und vollzieht jene Transition – und nichts anderes heißt Transzendenz – von einem zu Anderem, die Heidegger als transitives Sein charakterisiert. »*Sein ist das transcendens schlechthin*«[2] – so heißt es definitorisch bereits in *Sein und Zeit*. Mit dieser Erklärung ist auch gesagt, dass Sein als *legein, homologein, philein* zu verstehen ist. Wer liebt, und a fortiori wer das Weise liebt, transzendiert, er geht über und ist der Übergang zu Anderem, ist es im Modus des *einander*, des *zueinander* und der Wechselseitigkeit. Er korrespondiert – Heidegger gebraucht das französische Wort *correspondre* als Entsprechung zum emphatisierend auseinander geschriebenen deutschen *Entsprechung*[3] –, er versammelt in seinem *homologein*, er kollektiviert. Er ist, er selbst, die Kollektivierung des Kollektivs. Er, er selbst, das Korrespondieren der Korrespondenz. Dass er zu einer solchen Korrespondenz auch nur fähig ist, besagt aber zuallernächst, dass er selbst schon von Anbeginn angesprochen ist von der Sprache und somit vom Sein als der Versammlung des Seienden. Wenn er zum *Einklang* mit ihm kommen kann, dann allein, weil er bereits vom »Zuspruch des Seins des Seienden«, wie Heidegger behauptet,

---

2 Martin Heidegger, *Sein und Zeit*, Tübingen 2006, S. 38.
3 Heidegger, *Was ist das – die Philosophie?*, a.a.O., S. 21.

bestimmt ist: »Was sich als Stimme des Seins uns zuspricht, bestimmt unser Entsprechen.« Dieses Bestimmtsein übersetzt Heidegger selbst ins Französische als *être disposé*, und kommentiert: »Dis-posé [– das auseinander geschriebene *dis-posé* –] bedeutet hier wörtlich: auseinander-gesetzt, gelichtet und dadurch in die Bezüge zu dem versetzt, was ist.«[4] Nur als derart Dis-ponierter, Ausgesetzter und Auseinander-gesetzter, nur als derart Geöffneter ist der, der zum Sein des Seienden und darin zu Anderem – und zu demjenigen Anderen, das er selbst *ist* – sich verhält, jeweils *im* Übergang und ist allein als Auseinander-gesetzter selber *der* Übergang zu Anderem. Als solcher Übergang jedoch ist er sowohl Eranderung wie Erselbstung: das Geschehen des Anderen wie des Selben, wie es homologisch, *wechselweise*, reziprok, mutatis mutandis vonstatten geht.

Damit ist es vorbei, sobald mit Aristoteles und schon mit Platon das *philein* des *anèr philósophos* abgelöst wird von der *orexis*, dem Streben nach dem *sophón*. Der ursprüngliche Einklang *mit* dem Logos wird, so meint Heidegger, zu einem Streben *nach* ihm, und diese Verwandlung des *mit* in ein *nach* bleibt für die Geschichte dessen, was fortan Philosophie heißen soll, maßgeblich. Seither ist Philosophie ein derivatives Geschehen der immer scheiternden Approximation an ein *einander* und *zueinander*, dessen *Versammlung*, dessen *Logos* und dessen konstitutive Transitivität sich versagt. Es kann dahingestellt bleiben, ob dieser Wandel als *freie Folge* oder mit der Notwendigkeit eines dialektischen Prozesses aus dem früheren Denken hervorgeht. Beide Annahmen, die Heideggers und die Hegels, kommen in dem Axiom überein, dass die Philosophie auf dem Grunde dieser Wandlungen »dieselbe bleibt«[5] und dass sie deshalb eine Philosophie der Wandlungen auch des Verhältnisses zum *mit*, zum *einander* und *zueinander*, kurzum Philosophie der Haltung zu den Modalitäten des stetig Gemeinsamen *bleibt*. Auch das Streben *nach* dem Logos, der Versammlung, dem Sein ist ein Modus des Mit, und ein solcher Modus ist auch noch die von Heidegger so genannte *freie Folge*, in der die Aristotelische Philosophie zu Heraklits Denken steht, indem sie überhaupt *Folge* ist. Der

---

4 Ebd., S. 23.
5 Vgl. ebd., S. 18.

Singular der Universalität der Philosophie begründet sich somit allein dadurch, dass die unter ihrem Titel versammelte Pluralität der Philosophien zunächst eine solche ihrer und jeder anderen Gemeinsamkeit ist und, so tief jene Philosophien sich unterscheiden mögen, zwar das Differieren *vor* dem Differenten, dieses Differieren aber als Transition, Transzendenz, Verweisung, Korrespondenz und Verhältnis denken. Festgehalten wird von Beginn an das Verhältnis des *einander*, des *zueinander*, des Mit, sei es unbefragt bloß mitgesagt oder mitgedacht oder sei es, wie seit Heraklits *diapheron* bis zu Derridas *différance*, explizit thematisiert. Für die Philosophie ist Sein jeweils Mitsein, Mit-Anderem-Sein, Mit-sich-als-Anderem-Sein. Ob sie es im Modus der *philía* oder der *orexis*, des *eros* oder der *eris*, des *logos* oder der *vox*, des *Begriffs*, des *Willens* oder der *Intention* ist, sie bleibt Verhältnis und die verdeckte oder offene Artikulation des Grundverhältnisses aller Verhältnisse.

Nach Heidegger, nach Sartre, der ihn hegelianisierend reduziert, und nach Levinas, der ihn in einer ultra-heideggerianischen Volte radikalisiert, hat Jean-Luc Nancy diesen Gedanken in einer raschen Folge von groß angelegten Arbeiten weitergedacht. Seine Haltung zu dem gesamten Komplex der Fragen, die mit diesem Gedanken verbunden sind, wird von ihm selbst mehrfach charakterisiert als ein *remettre au chantier*. Zwei einschlägige Äußerungen skizzieren weniger handwerklich und weniger poietologisch sein Programm. In *À l'écoute* heißt es 2002 – und das Zentrum des Satzes ist durch Kursivierung mit besonderem Nachdruck versehen –:

> »il doit être très clair que toute l'analyse que je propose [...] *risque à chaque instant de ne pas se distinguer de ce cercle typiquement métaphysique* qui n'opère rien de moins que la résolution de la présence à soi en même temps que celle de la sensibilité de l'intelligible et l'intelligibilité du sensible«.[6]

Damit ist gesagt, dass das Risiko einer solchen Ununterscheidbarkeit zwischen Nancys Überlegungen und den ›typisch metaphysischen‹

---

6 Jean-Luc Nancy: *À l'écoute*, Paris 2002, S. 57. [Dt.: *Zum Gehör*, aus dem Französischen von Esther von der Osten, Zürich-Berlin 2010.]

nicht nur nicht gescheut, sondern mit Notwendigkeit geradezu intendiert ist, und zwar, so lässt sich hinzudenken, weil diese Überlegungen innerhalb der ›metaphysischen‹ Typik eine nicht-metaphysische Differenz zwischen Selbstpräsenz und einem Anderen berühren, das weder auf ein Selbst noch auf dessen Präsenz reduzibel ist. In *Être singulier pluriel* heißt es acht Jahre zuvor:

> »Il faut réécrire *Sein und Zeit*: ce n'est pas une prétention ridicule, et ce n'est pas ›la mienne‹, c'est la nécessité des œuvres majeures, en tant qu'elles sont nôtres«.[7]

Damit ist zum einen gesagt, dass die großen Werke groß sind durch uns und für uns, für eine unbezweifelbare, weil selbst noch durch massivste Zweifel bezeugte Allgemeinheit ihres Fragegehalts, ihrer Prägnanz, ihrer Insistenz; zum zweiten ist damit gesagt, dass ihre Zugehörigkeit zu *uns* sie nicht bestehen lassen kann als das, was sie sind oder intendiert gewesen sind, sondern dass sie immer aufs Neue einem Wir ausgesetzt sind, das nur als Forum ihrer Verwandlung, ihrer Mutation und ihrer *Um*schreibung erfahren werden kann. Wer über Sein und über Zeit schreibt – und niemand schreibt je über etwas anderes –, schreibt *Sein und Zeit* um und schreibt es neu, wie Pierre Menard, und schriebe er jedes Wort und jedes Komma des *Don Quijote* exakt wie Cervantes, ein bis zur Unvergleichbarkeit anderes Buch schreibt. Damit ist also zum Dritten gesagt, dass das Wir, das hier alle – und wohl nicht allein die *großen* – Werke für sich reklamiert, in ihnen und in ihm, dem Wir, selbst etwas bewahrt und zurückhält und etwas gewahrt und exponiert, das sich auf keinen beharrenden und in seinem Beharren stetig gegenwärtigen Augenblick reduzieren lässt, dass es also gewahrt und bewahrt, was kein *nunc stans* und kein *nos stans*, somit jedoch auch kein griechisch verstandenes *nous*, keine *noesis noeseos* (Met., 1074b) bleiben kann. Nancy spielt vermutlich, wo immer er auf Französisch *nous* schreibt, mit dem griechischen *nous* und – wer weiß – auch mit dem mystischen

---

7 Jean-Luc Nancy, *Etre singulier pluriel*, Paris 1996, S. 118. Siehe auch S. 20. [Dt.: *singulär plural sein*, aus dem Französischen von Ulrich Müller-Schöll, Zürich-Berlin 2016.]

*Nu* der deutschen negativen oder ultra-positiven Theologen, die in ihm den Augenblick einer Gemeinschaft mit Gott sahen; aber ob er nun mit solchen Homophonien und sogar Homologien spielt oder sie mit ihm spielen lässt, sein *nous* ist, nolens volens und mit der von ihm selbst eingeräumten *nécessité*, eine *réécriture* aller anderen *nous, nous, Nu* oder auch *nu*, die jemals gehört, gesagt, geschrieben, *um*geschrieben und in das Geflecht von Korrespondenzen eingetragen wurden, welche die Pluralität der Seienden in die Harmonie ihres Seins versammeln. Diese *réécriture* muss demnach mit der *nécessité* dessen, was aufzuhören nicht aufhört, das Medium der Verwandlungen sein, das ein jeweils neues *nous* hervorgehen lässt, in dem sich das selbe, jedoch radikal von jedem Anderen unterschiedene *nous* erhält, es muss der Ort der Konstanz und Konsistenz der verschiedenen Seienden und ihres Seins bleiben und somit eine Topologie des Seins, eine Homotopologie und Tauto-Topologie sein, die sich selbst als von ihr selbst differierende darbietet. Sie muss also, ob sie es weiß und will oder nicht, das Medium ihrer eigenen Immedialität und ihrer eigenen Immediation, sie muss in jedem *nous* und jedem *Nu* ein unvergleichlich anderes *nous* und *Nu* offen legen und kann deshalb nicht anders als ihre eigene Ver*a*nderung, somit die Anderung ihres Eigenen, ihre Über-eignung, ihre *ex-* und *trans-propriation* sein. Diese *réécriture* ist, instantan, die *Auto*risierung eines jeweils anderen *nous*, sie ist, von Beginn an, ein *re-nou-er* und *re-nou-veller*.

*Il faut réécrire* heißt demnach: anders wir sein, anders als wir sein, anders als alle anderen Wir wir sein, und somit: anders als sein. Damit ist nicht Levinas zum Autor von Nancys Appell zur *réécriture* geworden, sondern damit ist eine Bestimmung von Mitsein gegeben, die von Heidegger umschrieben, aber erst von Nancy in *Être singulier pluriel* explizit und in doppeltem Sinn *fort*-geschrieben wird: weitergeschrieben und hinweg-geschrieben. Diese Bestimmung lautet: Sein, da es jeweils absolut einzeln und inkommensurabel mit anderem Sein ist, muss anders als jedes andere Sein, muss anders als das unter einem allgemeinen Begriff befassbare Sein, muss aber auch anders als jedes andere ›konkrete‹ Sein von Seiendem und von Dasein, muss mithin anders als Sein ›sein‹. Derart mit Notwendigkeit müssend, ›ist‹ es, diesseits aller aufgesetzten Imperative und diesseits aller kategorialen

Möglichkeiten, geschichtlich. Denn nicht, was beständig *ist* oder eine bloße Modifikation, Transformation oder Metamorphose substanziellen Seins darstellt, kann unter der Notwendigkeit stehen, anders zu sein und anders *als* zu sein, sondern allein ein solches Wesen – ein solches *nous* –, das nicht und niemals in sich und mit sich konsistent zu sein vermag. Somit ist einzuräumen, dass Sein – logisch, topologisch und ontologisch – inkonsistentes Sein ist und dass seine Auszeichnung darin liegt, just seine Inkonsistenz zu sein. Seine Inkonsistenz sein besagt jedoch: in jedem Augenblick, jeder Instanz und jeder *stance* schon nicht mehr in diesem Augenblick, dieser Instanz und *stance* sich aufhalten, besagt somit: in jedem Augenblick und jeder Instanz offen auf andere und offen auf indefinite andere, somit auf anders als andere und mithin offen auf das Offene selbst sein. Die Determination des Seins liegt in seiner In-determination; seine Bestimmung darin, keine durchgehaltene *eigene*, von ihr selbst bestimmte Stimme zu haben; sein Horizont ist der Anfang eines Ahorizontalen.

Geschichtlich ist Sein als die aporetische Konsistenz des unbegrenzbar Inkonsistenten. Geschichtlich aus einer solchen *dis-position*, die nie allein die seinige – deshalb nie beständig unsrige –, geschichtlich aus seiner Ek-sistenz – deshalb aus dem Ausstand und Hinausstand jedes *nous* – und geschichtlich aus dem insistenten Außer-sich, in dem es anders *bleibt*, als es je ist und gewesen ist. Anders, nämlich Mit-anderem-Sein und Mit-anders-als-anderem-Sein, und deshalb in einer Alteration, die als Alter-Alteration, und in einer Mutation, die als Muta-Mutation jedem substanziellen, subsistierenden und essenziellen Sein des Mit, jedem Status, jeder Instanz, jedem Nu und jedem *nous* vorausgeht und, vorausgehend, ihm entgeht.

Sein gibt es allein als Mitsein mit Anderen, Mitsein allein als geschichtliche Mutation, Mutation allein als Mutation des Mitseins. Diese kurze Reihe von Sätzen kann auf eine Fortsetzung vorbereiten, die besagen müsste, geschichtliches Mitsein sei als Mitsein mit einem solchen anderen Mit strukturiert, das seinerseits keine Gemeinschaft mit dem Mit unterhält. Dieser Satz müsste eine Behauptung riskieren, die sich von dem *cercle typiquement métaphysique* deutlich darin unterschiede, dass sie besagte, Mitsein-mit-Anderen sei Mitsein-mit-anderem-als-Mitsein, es sei mithin Mitsein-mit-dem-

Ohne-des-Mitseins und, knapper gefasst, Mit-ohne-Mit. Es könne demnach weder als substanzielle Gemeinschaft noch als kontingentes Mit nach Art einer metonymischen Kontiguität verfasst sein, sondern müsse eine infra-kontingente Relation zu einer Relation eröffnen, ohne diese Relation bereits in sich enthalten und folglich erzwingen zu können.

Der Text von *Être singulier pluriel* trägt der Geschichtlichkeit des Mitseins auf mehrfache Weise Rechnung. Bereits auf den ersten Seiten wird definitorisch festgehalten – diesmal in einer *réécriture* eines Satzes oder eines Syntagmas von Nietzsche –: »Nous sommes désormais – nous autres«. Und: »›Nous‹ dit – et nous disons [–] l'unique événement dont l'unicité et l'unité consistent dans la multiplicité.«[8] Dieses Bestehen und Zusammenbestehen – *consister* – des einzigen Ereignisses in seiner Multiplizität – oder in seinen multiplen Multiplizitäten – ist nun keine Verfassung, in die es durch Vermittlung zwischen diesen Vielfalten gebracht würde. Pluralität ist primär; ihre strukturellen und historischen Pluralisierungen – zwischen ihrer Struktur und ihrer Geschichte gibt es keinen Unterschied, da die eine wie die andere ausschließlich ihre Differenzierung betreiben –, ihre Pluralisierungen und somit ihre Alterationen und Alter-Alterationen sind koprimär; sie können also nicht durch ein präexistentes Medium oder eine nachträglich hinzukommende Vermittlung miteinander in ein Verhältnis gebracht werden, das antik als Mischung und *metexis* oder neuzeitlich als *convenience* und Mediation fungiert. Plurales Sein kann mithin allein als immediat vermittelt gedacht werden, als Selbst-*Er*mittlung eher denn als Vermittlung zwischen einer bereits gegebenen Vielheit. Sein bewegt sich nicht in Gegebenem, es bewegt (sich) als Gebung. Es trägt kein Datum; es datiert. In *Être singulier pluriel* heißt es darum:

> »L'être est donc aussitôt, immédiatement, médiatisé de soi, soi-même médiation: médiation sans instrument, et donc, non-dialectique: dia-lectique sans dialectique. Négativité sans emploi, [...] la pliure plurielle de l'origine.«[9]

---

8 Ebd., S. 22f.

9 Ebd., S. 118.

Mit der Wendung *négativité sans emploi*, die eine *réécriture* dieser selben von Bataille und von Blanchot in ihrer Auseinandersetzung mit Hegel gebrauchten Wendung darstellt, ist hier vermutlich eine Negativität umschrieben, die nicht als Mittel oder Instrument eingesetzt werden kann, weil sie unmittelbar, somit un-instrumentell das Sein in seinem Mit-Anderem-Sein charakterisiert als Entfernung, Einräumung und Zeitigung, nicht also als Negativität der *Opposition*, sondern als Negativität allein der *dis-position* zu Anderem und mit Anderem. Sie ist nicht die Mitte zwischen Zweien oder Mehreren, sondern ihr mittel-loses, radikal un-mittiges, mithin anfang- und zielloses, deradiziertes Außereinander. Diese Negativität *sans emploi*, die, wie sich versteht, eine Mediation *sans emploi* impliziert, eine immediate Sui- und Alter-Mediation, setzt nun aber jede sekundäre oder reflexive Mediation, jede Mediation der Mediation außer Kraft. Es kann, anders gesagt, keine Vermittlung durch einen Mittler geben, die der strukturellen Ko-Originarität der Miteinander-Seienden in ihrem Mitsein gerecht würde.

Wenn die unmittelbare Vermittlung nicht Vermittlung *zwischen*, sondern allein *an* bereits Einander-Vermittelnden ist, dann ist jede Vermittlung *mit* dem Mitsein nicht bloß eine zusätzliche und überflüssige, es ist eine strukturell unfundierte, der Logik des Mit ausweichende, sie verdeckende und abdrängende Vermittlung. Durch sie wird die immediate Vermittlung zu einem bereits Vermittelten, somit zu einem Anderen, das aus dem primären Vermittlungszusammenhang isoliert und zu einem selbständigen Exponenten dieses Zusammenhangs hypostasiert wird. Für *Être singulier pluriel* folgt aus diesem Umstand:

»›Avec‹ est la permutation de ce qui reste à sa place, chaque un et chaque fois. ›Avec‹ est la permutation sans Autre. Autre est toujours le Médiateur: son prototype est le Christ. Il s'agit au contraire ici de la médiation sans médiateur [...]. La médiation sans médiateur ne médiatise rien: elle est mi-lieu, lieu de partage et de passage, *c'est à dire lieu tout court et absolument.* Non pas le Christ, mais seulement un tel mi-lieu: et ce ne serait plus la croix, mais seulement le croisement, l'intersection et l'écartement, l'étoilement à la di-mension même du monde.«[10]

Diese erste – und übrigens durchweg zwischen Klammern gesetzte – Skizze des großen Projekts, das unter dem Titel *Déconstruction du christianisme* steht, kann durch mindestens zwei Besonderheiten erstaunen. Sie definiert das *avec* als *permutation* – man kann diese *permutation* im Kontext mit Christus ohne exzessive Neigung zum segmentierenden Hören auch als *père-mutation* verstehen –, und zwar als *permutation* dessen *qui reste à sa place*, dessen mithin, das *seinen* Ort bereits hat, an diesem seinem Ort bleibt und dieser Ort als *mi-lieu* selber ist, also absolut mit ihm das Selbe und derart die Welt ist. Das *avec* bleibt zwar *partage* und *passage*, es bleibt – in der Nähe des Kreuzes – eine Kreuzung, bleibt – in der Nähe von *étoiles – étoilement*, bleibt– in der Nähe zu einer *dissection*, die es zerreißen und seine Sammlung in der Mitte seines *mi-lieu* zerstieben ließe – *intersection*, aber es, das *avec*, die *permutation, reste à sa place*. Mitsein, so lautet demnach das Axiom von *Être singulier pluriel*, bleibt Mitsein. Es bleibt Mitsein mit anderem Sein, doch als dieses Mitsein kann es nicht Mitsein mit *dem* Anderen, dem ergroßgeschriebenen, sein, das es aus seinem Ort, seiner Bleibe erlösen, entlassen oder befreien würde. Da das Argument von *Être singulier pluriel* sich auf Christus als Prototyp des Vermittlers bezieht, liegt der Verdacht nahe, dass die hier betriebene Reduktion sich gegen eine restringierte Christlichkeit richtet, um die Bahn für eine generalisierte Christlichkeit frei zu machen: eine Vermittlung ohne Vermittler bleibt immer noch eine Vermittlung, sie bleibt eben darum auch an die Prototypik des Christentums gebunden und kann deshalb nur christlicher als das Christentum – christlicher, wie man sagt, als der Papst – sein und muss, um diese ontologische Reduktion auf ihren Grund und ans Ziel gelangen zu lassen, sie zur Reduktion auf den Archetypus machen, auf die *permutation* und *père-mutation* der an ihrem Ort bleibenden und dieser Ort seienden Vermittlung.

---

10 Ebd., S. 118f.

Der Verdacht, die *Déconstruction du christianisme*, wie sie hier skizziert wird, betreibe eine Archi-Christianisierung, wird durch die zweite Besonderheit im Argumentationsgang der zitierten Passage bekräftigt. Sie fordert nämlich, dass die *permutation* bleibt, an ihrem Ort und darin sie selbst bleibt, ohne einen Anderen in ihre Bewegung aufzunehmen: sie ist *permutation sans Autre*. Und doch heißt es, unüberhörbar zweideutig: »La médiation sans médiateur ne médiatise rien«. Die *permutation* ist also gedacht als *mutation* und diese *mutation-médiation* ist die eines *rien*, damit aber, wie Nancy dieses *rien* versteht, einer *res*, einer Sache, die als ausgeschlossene das leere Zentrum des Ortes markiert, an dem das Mitsein sich bewegt und verwandelt. Damit ist die Instanz des Anderen, des großgeschriebenen, zu der eines Anderen überhaupt erweitert. Dieses generalisierte – und, exakter, ultrageneralisierte – Andere wiederum ist als ein solches charakterisiert, das die in der Struktur des Mitseins exorbitante Position eines Nichtseienden einnimmt. Mitsein ist mithin Sein mit dem Nicht eben dieses Seins.

Mitsein ist Sein mit seinem Nicht. Diese Formel, die in *Être singulier pluriel* nicht vorkommt, auf die jedoch alles in ihm zuhält und von der sich deshalb sagen lässt, dass sie die Topographie, die Heterauto-Topographie seines *mi-lieu* strukturiert, ist zweideutig. Sie sagt zum einen, dass es im Horizont, weil *am* Horizont des Mitseins, nur und ausschließlich Anderes gibt, sei es das angeblich große Andere des christlichen oder protochristlichen Mittlers, sei es das Andere von beliebiger Andersheit, das in Tönen, Farben, Gerüchen, Steinen, Vegetabilien und Animalien begegnet, gleichgültig ob als Anderes eines Selbst oder Anderes eines Anderen: in allem nämlich, das Anderes heißt, Stein oder Kadaver, Staub oder Licht, rührt die Erfahrung an ein Nichts und an das Nicht der Erfahrung. Damit ist gesagt, was *Être singulier pluriel* und auch spätere Schriften aus der gleichen Ader entschieden nicht sagen: nämlich dass es keinen fundamentalen Unterschied macht, ob es einen Mittler oder nur unmittelbare Vermittlung gibt. Auch die unmittelbare Vermittlung muss, nach dem Argument nicht bloß der Hegel'schen »Logik«, sondern auch nach dem Argument von *Être singulier pluriel*, eine in ihrer Unmittelbarkeit unendlich vermittelte Vermittlung sein, deren Stationen, Instanzen und Institutionen allesamt als Mittler und zugleich als Unmittelbare fungieren, so dass Mitsein *a limine* jeweils Mitsein mit Gott und mit der Unmöglichkeit Gottes ist. Es mag ein extravagantes Verständnis von Christentum sein, auch in dieser Unmöglichkeit und also faktischen Inexistenz Gottes noch eine Spur von Göttlichkeit zu entdecken, aber sowohl die Grundstruktur der christlichen Legende wie ihre Behandlung in der christlichen Philosophie bis Hegel und sogar Kierkegaard und Nietzsche und Heidegger legt ein solches Verständnis als das kuranteste nahe. Damit ist jedoch gesagt, dass Mitsein durch und durch Sein mit Anderem, dem groß- wie dem kleingeschriebenen, sein muss, und dass es, ob explizit oder inexplizit, nicht bloß *partage* und *passage*, sondern eben deshalb Anderssein noch über die Möglichkeiten des Übergangs und der Mitteilung hinaus, Veranderung noch jenseits des Seins ist. Wenn der Sinn von Mitsein – also von Sein – Mitteilung ist, dann die Teilung und Austeilung des Mit an Andere, dann die Verausgabung des Mit an Andere, dann Alteration – bis zur Psychose und Debilität –, dann Anderssein. Mitsein ist Anderssein: damit ist das Universum der Christlichkeit als Spielraum des Mitseins umschrieben. Die Ontologie des Mitseins, und zwar jede, ist Heterontologie des Andersseins. Da jedoch dieses Anderssein – das zu Anderem übergeht und derart übergehend das Andere, *transitiv*, ist – die Fusion mit ihm und in dieser Fusion die Zerstörung des Mit und seiner Elemente involviert, ist dieses Mitsein als Anderssein notwendig Mitsein mit seinem Nicht. Die einzelnen Abhandlungen, die in *Être singulier pluriel* zusammengeführt sind, warnen nicht nur vor diesem Kollaps des Mit, sie versuchen das Mit vor diesem fusionistischen Kollaps zu bewahren und bezeugen eben damit, dass dieser Kollaps unablösbar zur Struktur des Mit gehört. Das *co* und das *cum* des *ego sum = ego cum* und des *être = co-n-être* gerät als *communication, commerce, concours, concurrence, conscience, confusion, conformisme*[11] nicht nur okkasionell und episodisch in Konflikt mit der Koexistenz, dies *co-* ist, konstitutiv, in sich selbst, der immer akute Kollaps der

11 Für eine von Nancys *co*-Listen siehe ebd., S. 98.

Koexistenz.[12] Die *permutation* ist effektiv die Mutation *à sa place*, ohne Weg aus der *passage* hinaus, ohne anderen Klang als den *Einklang*, und also, nolens volens, Mono-onto-theo-logik der Welt insgesamt. Kein Gott, aber auch kein Halbgott, kein Mensch und keine Menschheit, wie immer sie sich definiert, kann, solange sie sich definiert, ›sich‹, also ›uns‹ davor retten. Und keine Philosophie, kein *anèr philósophos*, kann es, denn ihre Profession besteht gerade darin, jenen von Heidegger berufenen *Einklang* mit der Versammlung des Seienden in seinem Sein – und mit der Disparität dieses Seins – herbeizuführen. Philosophie, die diesem Selbstverständnis ihrer Praxis entspricht, betätigt sich immer *auch* als Agentin dieses Kollapses. Gegen ihn hilft keine Warnung, keine Reserve, keine Revolte, denn jede Revolte, jede Reserve und jede Warnung ist, a priori, konformisierbar und kommerzialisierbar.

Wir sind, das heißt: *Wir Anderen*, das heißt: Wir waren, das heißt: Wir Waren. Mit ist, *transitiv*, Ohne-Mit –: diese Formel bezeichnet das endogene Enden des Mitseins, der Philosophie, der Geschichte, der Welt.

Diese Formel, die in *Être singulier pluriel* nicht vorkommt und doch ihren Grundriss skizziert, ist, noch einmal, zweideutig. Sie charakterisiert nicht nur die absolute Immanenz der Transzendenz des Daseins als Mitsein, sie charakterisiert nicht weniger dessen absolute Emanenz. ›Emanenz‹ soll das Nicht-Verweilen im Raum oder am Ort der *permutation [...] à sa place* bezeichnen, den Ausstand, die Ex-position, die Aus-setzung aus der Sphäre – der *eukyklos sphaira* – einer Transzendenz zu Anderem; also Ex-

---

12 Eine der Zwischenbilanzen in den Analysen des Miteinanderseins aus *Être singulier pluriel* sei an dieser Stelle zitiert, um deutlich zu machen, dass die Struktur des Mitseins selbst und nicht erst eine akzidentelle Verformung die denkbar kompletteste Enteignung – und Enteigentlichung – dieses und mithin jedes Seins herbeiführt: »Alors, à ce qu'il nous semble, le propre de la communauté n'est plus que l'impropriété géneralisée de la banalité, de l'anonymat, de la foule solitaire et de l'esseulement grégaire. Les plus simples solidarités, les plus élémentaires proximités semblent s'y disloquer. La ›communication‹ n'est que la négociation laborieuse d'une image raisonnable et sans intérêt de la communauté vouée à son propre entretien, qui se révèle à nouveau n'être que l'entretien de la machine spectaculaire-marchande. – Il faut bien le dire: la comparution pourrait n'être qu'un nom pour le capital«. (Ebd., S. 85)

position zu einer Ex-position, die nicht Übergang zu Anderem, sondern Übergang zu Ungangbarem und ›in‹ diesem, nicht Transzendenz, sondern Transzendieren ohne Transzendenz, somit Exzendenz ist – in einem Sinn der vielleicht dem, der von Levinas damit verbunden wird, nahe kommt, jedoch vermutlich davon unterschieden bleibt. Mit dem Satz: *La médiation ne médiatise rien*, ist zunächst zwar gesagt, dass der Vermittlung, der Mitteilung und der Teilung des Mit nichts vorausgeht, dass es keine präexistente Substanz und kein vorgesetztes Subjekt der Vermittlung, sondern allein eine immediate und instantane Vermittlung gibt und dass diese Vermittlung eine des seinerseits immer schon Vermittelten und in diesem Sinn Alles ist. Da dieser Satz, wie ungezählte andere aus *Être singulier pluriel*, jedoch die rigorose Ausschließung eines *rien* aus dem Vermittlungsgeschehen behauptet, ist mit ihm, nolens volens, auch gesagt, dass diese Vermittlung just diese Insubstanzialität und Insubjektivität, somit aber Vermittlungsunfähiges und also dasjenige vermittelt, was ebenso Koinexistenz wie In-Koexistenz heißen kann. Der Satz: *La médiation ne médiatise rien*, besagt also: *La médiation médiatise rien.*

Bereits auf seinen ersten Seiten stellt sich *Être singulier pluriel* der Frage nach dem Ursprung oder der Schöpfung der Welt, und da diese Frage keinen Rekurs auf eine präexistierende Welt, auf eine Substanz, aus der geschöpft, oder ein Subjekt, das schöpft, zulässt, stellt sie sich ihr als der Frage nach dem Ursprung oder der Schöpfung aus Nichts. Die Antwort fällt, so scheint es, unzweideutig aus: »Le *nihil* de la création est la vérité du sens, mais le sens est le partage originaire de cette vérité.«[13] Geteilt, mitgeteilt und Mit ist demnach ein *nihil*, das keine *quantité* oder *étantité négligeable*, kein unter anderem Seiendem *auch* vorkommendes Seiendes in der negativen Modifikation eines Nicht-Seienden wäre, sondern das unvordenkliche Nicht eines Seins, das nicht das Nicht eines Seienden unter und mit anderen, sondern das Nicht *jedes* Seienden und somit das Nicht *jedes* Seins und jedes Mitseins ›ist‹. Dieses *nihil* ist dadurch ausgezeichnet – und *ent*zeichnet –, dass es kein Komplement und keine Entsprechung,

13 Ebd., S. 21.

keine Korrespondenz und keine Konsistenz mit sich selbst oder mit Anderem, also auch keine mit einer irgendwie gearteten Einheit oder Gesamtheit findet. Deshalb war das *me on* spätestens seit Parmenides das absolute Skandalon des Denkens, und deshalb hat die Frage nach ihm nie eine befriedigende Antwort finden können. Von Nichts kann nicht gesagt werden, *was* es ist, weil von ihm nicht gesagt werden kann, *dass* es ist, und weil noch die Verneinung seines Seins nur ein Derivat und eine Verstellung des Nicht-Seins ist. Das *nihil* der *creatio ex nihilo* kann also nur, exzessiv aporetisch, ein *nihil* dieser *creatio* selbst sein, ein *nihilum ex creatione*, es kann der Schöpfung nicht vorausliegen wie ein Brachland möglichen Seins, als das die Griechen den Stoff und den Raum – und mehr als den *topos* die *chora* – gedacht haben, es muss ein Nichts *mit* der Schöpfung und diese Schöpfung muss eine Schöpfung *mit* dem Nichts, mithin eine Schöpfung *mit* dem *Ohne-Mit* und weiterhin eine *Ent*schöpfung, eine De- und Exkreation sein. *Être singulier pluriel* nähert sich diesem Gedanken in dem eben zitierten und dem darauf folgenden Satz: »Le *nihil* de la création est la vérité du sens, mais le sens est le partage originaire de cette vérité. Explosion du rien, en effet: espacement du sens, espacement comme sens, et circulation.«[14] Damit wird, was Platon *chora*, Thomas *diffusio und distributio*, Heidegger *Räumung* und *Ent-fernung* genannt hat, als *espacement* charakterisiert, und zwar als *espacement du rien*, das sodann zum *espacement du sens, espacement* comme *sens* avanciert. Mit dieser Transmutation des *rien* in den Sinn – in jedem Sinn – ist zwar das *rien* zum Verstummen gebracht, bleibt aber als verstummtes noch im Sinn bewahrt und lässt den Sinn als raum-zeitliches Geschehen des *nihil* erscheinen: nicht als kompaktes *nihil negativum, imaginarium* oder *rationis*, sondern als ein ausgedehnt-ausdehnendes *nihil originarium* im Sinn des als *partage* strukturierten Mitseins. Mitsein ist somit zunächst und durchweg Mitsein mit Nichtsein, Mit-ohne-Mit, *ist* also nicht, sondern geschieht ohne Sein. Wenn also von einer primären Soziation die Rede sein kann, dann jeweils allein als von einer solchen, die *aus* und *mit* einer nicht minder primären Dissoziation

---

14 Ebd., S. 21.

hervorgeht und eine Welt schafft, deren anfänglicher und bleibender Sinn die Erhaltung und Mehrung des *rien* sein muss. *Die Wüste wächst*, aber dass sie wächst, sich ausdehnt in Raum, Zeit und Sprache, das erst lässt sie Wüste sein. Näher an die Wahrheit – und vielleicht die *vérité,* von der die zitierten Sätze aus *Être singulier pluriel* sprechen – führt die Umkehrung von Nietzsches Satz: Das Wachsen wüstet. Die Ausdehnung nichtet. Und mehr noch und konkreter: die Ausdehnung vereinzelt, und vereinzelt das *nihil*. Anders als die ontologische wie die meontologische Doxa es will, gibt es von Anbeginn nie nur eines und ein einziges Nichts, sondern immer eine Pluralität von singulären Nichtsen [néants *et* riens], die nicht an sich und nicht einfach zusammenhalten, vielmehr als Extensionen des Extendierens die Dimensionen des Mitseins durchziehen: nicht bloß alle, sondern immer mehr als alle, denn die Propagation dieser Nichtungen kann nur infra-singulär und ultra-universell sein. Auch das *me* und das *ouk* werden, was Aristoteles *nicht* sagt, auf vielfache Weise gesagt, *légetai pollachos*. So viel Sein – so viel Nichtsein. So viel Mit*sein* – so viel Mit*nichten*. So viel *Mehr*sein – so viel *Weniger*sein. Die auch in *Être singulier pluriel* häufig gebrauchte Wendung vom ›Ganzen des Seienden‹ oder vom ›Seienden im Ganzen‹ mag zwar seit der Antike zu den festen Traditionsbeständen der Ontologie gehören, wird aber der exkreativen Bewegung weder der Genese, der Exogenese, jenes Seienden, noch der Struktur der Tradition, der Transmutationen bestandloser *nihila*, gerecht. Sie, die Seienden und ihre *nihila*, sind jeweils mehr und weniger als sie selbst, kennen somit kein Maß, sind mithin immer *zu* wenig, sind aber auch immer *zu* viel, als dass sich sagen ließe, sie sind oder sind nicht. Die Scheingleichung: So viel das Eine – so viel das Andere, schwingt in den Scharnieren eines »so« und eines »wie«, doch da es in der Bewegung immediater Alteration niemals zu einem »so« kommen kann, das nicht schon überholt und also verpasst wäre, muss diese Gleichung zerfallen. Mit ihr zerfällt die Ungleichung, die auf einem Zuviel und Zuwenig besteht und damit ein rechtes Maß supponiert. Was bleibt ist, allein das Nicht*bleiben* der maßlosen Bewegung des Mitseins als Mit-Nichtsein. Da dieses Mit-Nicht nicht unzweideutig der Sphäre des Logos und seiner Entsprechungsfähigkeit angehört, gibt es sich allein als Mutum:

nicht als Vokal, sondern ausschließlich als *Kon*sonant, als Klusil oder Explosivlaut und darüber hinaus als Stummzone. Was bleibt, muss die *explosion du rien* sein, *en effet*, die Mutationen des Mit mit den Muta.

Schöpfung als *explosion du rien* zu denken, ist kein passagerer Einfall, der sich beiläufig in *Être singulier pluriel* niedergeschlagen hätte. Sechs Jahre nach dessen Publikation heißt es in *Ex nihilo summum* (2002), wo es um eine Politik ohne Subjekt und um Batailles einschlägige Formel: *La souveraineté n'est RIEN* geht:

> »Le souverain ne peut pas être un père – ou bien le père doit être la personne même du rien (rien ou ›personne‹, c'est la même ›chose‹)«.[15]

Man müsste den (stummen) Gedankenstrich und das *ou* oder *ou bien* dieses Satzes und zahlloser ähnlich strukturierter Denkgesten in aller Ausführlichkeit studieren, um genauer zu erfassen, wie eine Alternative in eine fundamentale Alteration umspringt und diese zu einer *réécriture* und Mutation des zunächst Gesagten werden lässt. *Pas un père – ou bien le père la personne même du rien*. Der Vater, von Aristoteles bis Hobbes und Hegel Protoptyp des Übergangs vom *oikos* zur *polis*, von der *domus* zur *civitas*, von der privaten zur öffentlichen Sphäre gedacht, wird mit diesem Satz zur Person des Nichts und diese, wie es das Französische erlaubt, zu einem Niemand, zum Niemand der Souveränität und zum Niemand des unter dieser Souveränität Versammelten erklärt. Das ist seine *père-*, seine *per-mutation*; und es ist seine Erhebung oder Erniedrigung zur Stummheit. Die politischen Konsequenzen aus dieser Mutation des Vaters sind so mannigfaltig, wie sie widersprüchlich sind; sie sind es aber nur deshalb, weil *la personne même du rien* und damit der Souverän nicht ein schlichtes Nichts, sondern nur ein prinzipiell unendlich artikulierendes und deshalb unendlich artikuliertes, segmentiertes, multipliziertes sein kann. In der fortgesetzten Expansion seiner internen wie externen Pluralität *ist* ein Jeder sein Nicht und kann nicht anders, als sich in

---

15 Jean-Luc Nancy, *La création du monde ou la mondialisation*, Paris 2002, S. 167. [Dt.: *Die Erschaffung der Welt oder die Globalisierung*, aus dem Französischen von Anette Hoffmann, Berlin 2003.]

diesem Nichtsein zu zeigen wie zu entziehen. Ein Jeder zeigt in seinen Entzug; ein Jeder spricht sein Verstummen. Deshalb kann die Souveränität eines Jeden und somit die Souveränität des Mitseins allein als Erstreckung geschehen, und deshalb kann dieses Geschehen niemals in einem einzigen, in sich einigen starren Punkt konzentriert werden. Mitsein ist konstitutiv ex-zentrisch; es ist, wie es in *Être singulier pluriel* heißt, *bizarre*; *bizarre*, weil geschichtlich; geschichtlich, weil sein Geschehen in keiner Stellung, keiner Gestalt und keiner Position dingfest gemacht werden kann. Die Politik der *geschichtlichen* Souveränität des Mitseins – also des Mit-*Nicht*seins – muss demnach eine Politik der Mutation aller jemals berührten Positionen und Personen in Positionen und Personen des Nichts, es muss eine Politik des Aufstands des Nichts – *Ex nihilo summum* nennt sie, weniger abstrakt, aber nicht weniger missverständlich, *révolte du peuple*[16]– und muss, kurzum, die Mutation des Niemand in dasjenige Jemand sein, das sein Niemandsein ›ist‹. Wenn das metontologische Axiom gebietet, dass für jedes, von dem gesagt werden kann, dass es ist oder nicht ist, ein *ex nihilo* gilt, dann muss von jedem auch gelten, dass es sein *nihilum* ist. Da das Geschehen des Mit-Nichtseins sich allein als sein Hervor- und Vorbeigang ereignet, muss es sich als der Hervorgang seines Vorbeigangs bezeugen. Das Nichts, anders gesagt, muss sich zeigen, das Verstummen sich markieren, sei's auch durch den Entzug jeder Markierung. Was in den etatistischen Dekapitationsoperationen der Monarchien, in Freuds Legende vom Vatermord und Batailles Acéphale-Mythos ausagiert wird, sind etantistische Phantasien, die voraussetzen, was sie auszurichten oder auch nur zu erklären versuchen. Ein Vater muss schon tot, ein König schon kopflos, ein Souverän schon nichts sein, wenn die Bruderhorde sich zu seinem Mord soll anschicken können. Diese Mythen, Legenden und Operationen sind nicht das Paradigma des Erscheinens eines Nichts; sie sind seine Verdeckung, doch sind sie eben darin auch seine Bezeugung.

In *Ex nihilo summum* wird klar und distinkt ausgesprochen, wie diese Bezeugung verfasst ist:

---

16 Ebd., S. 172.

»Ce qui est rien est ce qui subsiste en deçà ou au-delà de la subsistance, de la substance et du sujet. C'est ce qui réalise ou ce qui réifie l'existence là où elle se détache de sa propre position: là où elle excède la stance, la station et la stabilité de l'étant. Ce point est son contact avec l'être qui la transit: c'est le point d'annulation de la différence *ontologique*.«

»Mais« – so kulminiert diese Überlegung – »cette différence ne s'annulle qu'à s'aiguiser infiniment. C'est donc le point où l'existence existe comme la mise en jeu de son être même.«[17] *Punctum saliens*: der Punkt, mit dem sich das Sein – ein Nichtseiendes, Nicht-Mitseiendes – realisiert und zur seienden, mit-seienden Sache erstarrt, ist genau derjenige Punkt, an dem es aufhört, Sache zu sein, und anfängt, sich auf das Sein, das Mitsein zu öffnen. Die Differenz von Sein zu Seiendem, die sogenannte ontologische, präziser metontologische, annulliert sich in dem, was Heidegger in seiner *Einführung in die Metaphysik* ein *seiendes Sein* nennt,[18] aber sie annulliert sich nur, indem das derart gewahrte Sein als nichtendes seinen Sitz im Seienden aufbricht. Heidegger hat für diesen Vorgang beim Kommentar zum 1. Stasimon der *Antigone* in eben dieser »Einführung« die folgende hochdramatische Charakterisierung gegeben: »Da-sein des geschichtlichen Menschen heißt: Gesetzt-sein als die Bresche, in die die Übergewalt des Seins erscheinend hereinbricht, damit diese Bresche selbst am Sein zerbricht.«[19] Was bei Heidegger Bresche, das heißt bei Nancy Punkt. Wenn dort das Erscheinen des Seins – des ›Un-seienden‹ – das Da-sein und mit ihm dessen Sein ›zerbricht‹, steht hier mit jenem Erscheinen das Sein des Daseins ›auf dem Spiel‹. Die ›ontologische Differenz‹ ist in beiden Deutungen deshalb annulliert, weil sowohl das Dasein wie dessen Sein annulliert ist; in beiden Deutungen unendlich zugespitzt, weil sich das Zerbrechen und seine Drohung als durchgängige Struktur des geschichtlichen Daseins erhält. Allein in diesem Zerbrechen wird nicht mehr Seiendes, sondern Sein zum jeweils ersten und jeweils einzigen Mal erfahren. Das Mitsein macht von diesem Struktur-

---

17 Ebd., S. 159.

18 Martin Heidegger, *Einführung in die Metaphysik*, Tübingen 1966, S. 122.

19 Ebd., S. 124.

bruch keine Ausnahme: sofern es *als* Mitsein erfahren wird, steht mit den Seienden einer beliebigen Gemeinschaft deren Mitsein selbst auf dem Spiel und muss, ob Punkt oder Bresche, unvermeidbar zerspringen. Wenn also überhaupt von einem Miteinandersein, von Sein mit Anderem, von Zusammen und Mitsein die Rede sein kann, dann allein und niemals anders als dort, wo von diesem Mitsein die Rede *nicht* sein kann. Das *seiende Sein* ist weder eine Tauto- oder Homologie noch ein episodisches Paradox, weder die Bekräftigung noch die passagere Unterbrechung eines gegebenen Zusammenhangs, der wiederhergestellt werden könnte. Es ist vielmehr die Fundamental-, die Affundamental-Aporie schlechthin, die jedes Sein des Mit strukturiert und destrukturiert, die *an-arché* in jeder *arché*, die *áte* in jeder *aitía*. Mitsein mag als Sein der miteinander Seienden definiert werden, doch dieses Miteinander ist Sein nicht mit Sein, sondern Sein mit seinem Nicht – und somit Mitsein mit dem Ohne-Sein: Mit-ohne-Mit. Wenn von einem *contact avec l'être qui la transit* und wenn von *concrétude* die Rede ist, dann ist deren *co-* tatsächlich ein Mit, jedoch eines, das nichts berührt und mit nichts zusammenwächst oder zusammenhält, das diesem Mit entsprechen und ihm homolog sein könnte. Nichts ist problematischer als die Korrespondenz im Mitsein, die das *co-* suggeriert, nichts fraglicher als die Gemeinschaft und Allgemeinheit, die es behauptet, nichts bedenklicher als die Konzession, es sei noch oder schon *son être* – also sein je *eigenes* Sein und Mitsein –, das ›auf dem Spiel‹ steht. Mitsein ist, denn anders könnte es weder bedroht sein noch zerspringen, korrespondenzfrei, konsensunfähig, konkretionslos. *Avec* ist zu denken als Derivat eines *d'avec*, einer Differenz *d'avec…*, und sei dieses ›*rien*‹. Wenn es, wie *Être singulier pluriel* mehr als einmal betont, inkommensurabel ist, dann zuerst mit sich ›selbst‹.

Jedes *co-* ist incohativ, Anfang eines Endes ohne Gleichen. Wenn sich in der Aporie eines *seienden Seins* die ›ontologische Differenz‹ annulliert, dann in einem Kreis, dessen Mitte nicht nur leer ist, sondern dessen jeder Punkt als Doppelpunkt vor einem Abbruch der Kreislinie dasteht. Mit, kurzum, markiert die Relation zu keiner Relation. Keine *Korrelation*: vielmehr eine – sit venia verbis – *chora-Relation* oder *hors-Relation*. Eine Differenz, aber keine, die sich je auf eine *differentia specifica* zwischen einzelnen Entitätsgruppen verschiedener Potenz reduzieren ließe, sondern diejenige infra-singuläre und ultra-universelle, die, da sie inkommensurabel mit sich selbst bleibt, als *differentia differentiae* charakterisiert werden kann. Als eine solche mithin, die sich nicht entspricht, sondern mit sich bricht und ihr Mit bricht. Man mag dieses Nichts an Mit als *minimum de l'étantité* zu denken versuchen,[20] doch konvertiert man es damit nur dann nicht in ein Seiendes, wenn hinzugedacht wird, dass es selbst für die Infinitesimalrechnung ein Minimum nur im Unendlichen gibt und dass es auch im Unendlichen für die Schließung der Differenz, der metontologischen, zu viel ist.

Aus dem Knick im Mit ergeben sich Konsequenzen, die mit einigen der Überlegungen in *Être singulier pluriel* nicht leicht verträglich sind. Genannt seien hier nur zwei, die eine betrifft die Figur des Symbols und seine Symbolizität, die zweite die Kategorie des Soseins.

In der Kritik des Situationismus und der von ihm lancierten Kritik der *société du spectacle* moniert *Être singulier pluriel*, darin sei die *appropriation symbolique* auf eine bloße *appropriation productrice* geschrumpft und der Begriff des Symbols um seine ontologische, für jedes Mitsein konstitutive Kraft verkürzt worden. Symbol, wird dazu vermerkt, »au sens fort, c'est-à-dire lien de reconnaissance, instance ontologique de l'›en-commun‹«.[21] Nachdem im Kapitel »Comparution« eine »révolution copernicienne« – und vielleicht *co-père-nicienne* – evoziert worden ist, nämlich die »de l'›être social‹ tourant désormais autour de lui-même, ou sur lui-même, et non plus autour d'autre chose (Sujet, Autre ou Même)«, heißt es, wiederum definitorisch:

> »La vertu propre du symbolique est de faire *symbole,* c'est-à-dire lien, ajointement, et de donner figure à cette liaison, ou de faire image en ce sens. Le symbolique est le réel du rapport en tant qu'il se représente, et parce qu'en effet le rapport en tant que tel n'est rien d'autre que sa propre représentation.«[22]

---

20 Nancy, *La création du monde,* a.a.O., S. 159.
21 Nancy, *Être singulier pluriel,* a.a.O., S. 71.
22 Ebd., S. 78f.

Damit ist die folgende Reihe von Behauptungen aufgestellt: dass 1. Mitsein eine Figur ist, dass es 2. eine repräsentierende Figur ist, dass es 3. nicht nur eine unter anderen Figuren, sondern Figur der Figuration schlechthin ist, da es 4. diejenige einzige Figur ist, in der das Reale des Mitseins zusammen mit dem Imaginären und dem Symbolischen seine identische Repräsentation und in eins damit seine originäre Präsentation findet. Damit ist 6. behauptet, dass Mitsein als Symbol strukturiert ist. Mit dieser Annahme wird nicht nur allen klassischen Unterscheidungen zwischen Figur und Figuriertem, und nicht nur den Lacan'schen Distinktionen widersprochen; widersprochen wird damit zunächst und vor allem der Einsicht in die Bruch- und Breschenstruktur von Dasein und Mitsein, der Einsicht, dass beide nicht von einer bloß ontischen, sondern von der ›ontologischen‹ Differenz durchzogen sind. *Être singulier pluriel* fährt in diesem Sinn fort und behauptet, dass die (in Anführungszeichen gesetzte) »*société*« allein die symbolische ist, »faisant symbole avec elle-même, paraissant face à elle-même pour être ainsi tout ce qu'elle est et tout ce qu'elle a à être. [...] Son unité est toute symbolique: elle est toute de l'avec. L'être social est l'être qui est en paraissant face à lui-même, avec lui-même: il est com-parution.«[23] In »*Urbi et orbi*« heißt es nach umfänglichen Amplifikationen dieses Gedankens sechs Jahre später: »Notre tâche aujourd'hui n'est rien de moins que la tâche de créer une forme ou une symbolisation du monde.«[24] Damit ist aber gefordert, eine solche Welt und Mit-Welt zu schaffen, deren jedes Element das reine Komplement jedes anderen ihrer Elemente wäre, so dass ihre Gesamtheit und Einheit, wie sie wesentlich *ist* und *zu sein hat*, die Form und ausschließlich die Form eines Symbols hat. Die zirkuläre Selbst-Korrespondenz des Mitseins im Kreis des Symbols, an dem, wie *Être singulier pluriel* in Erinnerung ruft, Freunde nach ihrer Trennung einander wiedererkennen, ist nun aber nicht weniger als eine Reprise der Parmenideischen *eukyklos sphaira*, der Hegel'schen Anerkennung und der von Heidegger behaupteten Homologie, Harmonie und Korrespondenz des Seienden in

---

23 Ebd., 80.
24 Nancy, *La création du monde*, a.a.O., S. 59.

seinem Sein. Sie widerspricht der metontologischen Einsicht, dass Sein – also auch Mitsein – kein Seiendes ist und eine Verminderung der Bresche und des gesprungenen Punktes zu einem Agenten der Kontinuität zwischen Mitseienden nicht duldet. Dass in diesem Zusammenhang von einer *tâche*, einer Aufgabe oder einer Forderung, gesprochen wird, kann als Symptom der Zweideutigkeit des Symbols gelesen werden, denn wenn die Symbolisierung der Welt gefordert wird, dann ist deren Grundstruktur bereits als gegeben, als bekannt und anerkannt vorausgesetzt, während sie doch als bloß geforderte und für die Zukunft vorgesehene zugleich weder gegeben noch anerkannt sein kann. Das Symbol und mit ihm die Selbst-Komplementierung des Mitseins ist somit nie hinreichend Symbol, die Anerkennung nie die Struktur des Mitseins. Das *syn-* reicht nicht aus, um die Struktur des *syn-* zu charakterisieren. Wird es dennoch versucht, dann um den Preis der Ontologisierung, der Substanzialisierung und ›Etantisierung‹ genau dessen, was kein Seiendes und weder Objekt noch Subjekt einer Ontologie sein kann. Mitsein kann nicht anders denn als Mit-*Da*-sein gedacht werden: als Gemeinsamkeit zu einem Da, das weder *ibi* noch *ubi*, weder *arché* noch *telos*, sondern Dahin in ein ortloses und Hinaus in unbesetzbares Anderes ist. Allein so ist es Ko-Ek-sistenz.[25]

---

25 Lacan, von dem Nancy sich in der zitierten Passage distanziert, hat in seinem *Discours de Rome* 1953 in enger Anlehnung an Analysen von Roman Jakobson und Claude Lévi-Strauss, aber nicht ohne Beziehung auf Heidegger, den Versuch unternommen, dieser Struktur der Koexistenz dadurch gerecht zu werden, dass er sie durch den Nicht-Gebrauch des ›symbolischen Objekts‹ charakterisiert. Schon Seeschwalben bilden dadurch eine Gruppe, dass sie den Fisch, den sie auf ihrem Flug von Schnabel zu Schnabel reichen, nicht fressen. Im Bereich der Humanisierung wird dieser Nicht-Gebrauch nach Lacans Darstellung dadurch radikalisiert, dass Sprache jeweils Sprache von und zu Abwesendem ist und die sprachlich konstituierten gesellschaftlichen Strukturen dies Abwesende als, wie er schreibt, *trace d'un néant* tragen. Die von ihm so genannte ›symbolische Ordnung‹ ist demnach keine Ordnung symbolischer Komplementarität, sondern der strukturellen Unmöglichkeit – und der daraus resultierenden psychischen Unfähigkeit –, die Teile eines Symbols passgenau aneinanderzufügen. Wenn es so etwas wie eine *trace d'un néant* gibt, dann sind menschliche Sprachen und Gesellschaften charakterisiert durch ein Mit-der-Unmöglichkeit-eines-Mit. Symbol ist in Lacans Gebrauch – oder Nicht-Gebrauch – des Begriffs ein Antonym. Das Imaginäre, also der gesamte Bereich der Figuration, dient der Verdrängung,

Mitsein kann nicht *sym*bolisch verfasst sein. Noch wenn es als *hyper*bolisch oder als *para*bolisch verfasst gedacht wird, wird es dem Maß einer rhetorischen Figur oder einer Form unterworfen, das am Mitsein versagen muss. Die gewichtigste Arbeit von Walter Benjamin, *Der Ursprung des deutschen Trauerspiels*, worin der Zerfall des klassischen und klassizistischen Symbols und der Aufstieg der Allegorie in Kunst, Theologie und Politik der Neuzeit analysiert wird, kulminiert mit dem Schlusskapitel ›*Ponderación misteriosa*‹ in der Vision absoluter Singularität, die keine Gemeinschaft mit Anderen, sondern allein eine solche Gemeinschaft kennt, die für Andere unzugänglich ist. Die *offene Stelle* – zumal wenn sie als Offenheit *auf* Stellen gedacht wird –, das Offene, wie Heidegger es zum Beispiel im Kunstwerk-Aufsatz umreißt,[26] findet in keiner Figuration seine Entsprechung, sondern seine *Ent*sprechung allein als Adfiguration und Affiguration: in der Öffnung *auf* Figuration, in dem Widerstand *gegen* sie (dem *ad* der Adversität) und dem Abschied *von* ihr. Das von Heidegger zuweilen auseinander geschriebene *ent-sprechen* gibt zumindest einen Hinweis darauf, dass die Bedeutung von ›korrespondieren‹ ihm nur dann zukommen kann, wenn in ihm mitspricht, was *nicht* spricht, sondern jedes Sprechen entzieht. Das Entsprechen muss mithin, um es zu sein, in sich ein Nicht-Sprechen offenlassen. Mitsein *ist* nicht das Miteinander von Seienden; es ›ist‹ deren *Nicht*-Mit, ein Mit-Nichts. Sowenig aber das *rien* der *res* zur Ordnung der gegenständlichen Dinge gehört, sowenig das *reor* des Sagens zum System des Gesagten und des Aussagbaren.

Damit ist die eben erwähnte zweite Konsequenz aus der Destruktur des Mitseins berührt, die Kategorie des Soseins. Sie heißt bei ihrem Entdecker, Aristoteles, *tó tí hén eínai hèkásto* – das Was war das Einzelne so, dass es (als dieses) wirklich ist? (Met. VII 4, 1029b 1–12). Diese aristotelische Formel, die von ihren scholastischen Kommentatoren mit *quod quid erat esse* übersetzt worden ist, wurde von Ross auf Englisch als *what was it to be so-and-so*

---

Verleugnung und Verwerfung der Unmöglichkeit eines mit sich konsistenten Mitseins. (Siehe Jacques Lacan, *Écrits*, Paris 1966, S. 272, S. 276, S. 279.)

26 Martin Heidegger, »Der Ursprung des Kunstwerkes«, in ders., *Holzwege*, Frankfurt/M. 1950, S. 41f.

und von Seidl auf Deutsch, vielleicht nicht ohne den Einfluss von Ross, vielleicht auch unter dem von Meinong, als *Sosein* wiedergegeben.[27] Selbst in ihrer verkürzten Fassung *tó tí hén eínai* ist die von Aristoteles gewählte Charakterisierung nicht zufällig eine offene Frage, nicht aber eine schlicht affirmative Determination. Sie bezieht sich auf das, was er *proté ousía*, das erste Wesen, nennt, und bezeichnet dieses mit dem *eínai* als ein Geschehen, das aus seiner Vergangenheit, dem *hén*, in das gegenwärtig Erfragte fortwährt. Das erste Wesen ist aber Geschehen: *he ousía … enérgeia estin* (Met. IX 8, 1050b 2). Thomas bestimmt es deshalb als *actus essendi*.[28] Es ist damit das tätige und, genauer, geschehende Sein eines je einzelnen Seienden gemeint, sofern dieses *als solches* und also als das ist, was von ihm ›an sich selbst gesagt‹ wird: *légetai kath' autó*. Damit ist nun aber gefragt, dieses Seiende selbst, wie es an sich ist, ohne Unterordnung unter die Allgemeinheit einer Gattung, ohne Eigenschaften und ohne zusätzliche Bestimmungen anzusprechen, es somit in der Weise anzusprechen, dass es in diesem Ansprechen nicht seinerseits genannt wird und als derart Genanntes seine Einzigkeit verliert. Denn das Sosein der Fläche liegt offenkundig nicht darin, dass sie eine weiße Fläche ist, da es noch andere als weiße Flächen gibt. Ihr Sosein kann jedoch auch nicht als Fläche-sein angesprochen werden, da ihr (verbal zu verstehendes) Sein damit als ein Seiendes und dieses Seiende als ein Seiend-sein angesprochen wäre, also von seinem eigenen Geschehen abgetrennt und nicht mehr als Geschehen des Fläche-

---

27 In der hier diskutierten Passage des ersten Substanzbuchs der *Metaphysik* (Z) gibt es kaum einen Satz, über dessen Deutung bei den Kommentatoren Einigkeit besteht. Der Begriff des *tí hén eínai*, der in ihrem Zentrum steht, gilt bei manchen als der »dunkelste, um nicht zu sagen groteskeste, Ausdruck der aristotelischen Begriffssprache« (Hermann Schmitz: *Aristoteles. Kommentar zum 7. Buch der Metaphysik*, Bonn 1985, S. 13). Außer den Klärungen, die durch die Beiträge in *Metaphysik. Die Substanzbücher* (hg. Christof Rapp, Berlin 1996) geboten werden, siehe aber besonders den Artikel »*to ti ên einai*« von Jean-François Courtine und Albert Rijksbaron in *Vocabulaire européen des philosophies* (hg. Barbara Cassin, Paris 2004, S. 1298–1304). Die hier skizzierte Erläuterung ist von den genannten Texten unabhängig.

28 Siehe den Kommentar von Horst Seidl in *Aristoteles' Metaphysik*, Bd. 1, Hamburg 1989, S. 387.

seins gefasst würde. Aristoteles verwendet das von ihm immer wieder aufgebotene Tabu der tautologischen Doppel-Prädikation, um diese Verfehlung des Soseins zurückzuweisen: »Diejenige Aussage [...] ist für jedes Ding Aussage des Soseins, in welcher dieses ausgesagt, aber nicht selbst mit enthalten ist.« (Met. VII, 4, 1029b 19–21) Würde das Sein der Fläche – oder des Guten, des Einen, des Seins – in der Aussage über es enthalten sein, dann wäre es nicht das Sein eben jener Fläche – des Guten, des Einen, des Seins –, sondern, von diesem getrennt, ein anderes Sein als dasjenige, das ausgesagt werden soll; und dieses andere Sein wäre wiederum Thema möglicher weiterer Aussagen, in deren keiner das So-*Sein* der gemeinten Sache ausgesagt werden könnte. Die Konsequenz aus diesem unendlichen ontologischen Regress in das, was Aristoteles als *apeiron* charakterisiert, wäre die Spaltung von Sein und Seiend-sein, somit aber der Verlust sowohl des Seins als auch des Seiend-seins an ein jeweils unbestimmtes Anderes. Wären das Seiende und das Seiend-sein – *tò ónti kai tò ón [eínai]* (Met. VII, 6, 1031b 1) – voneinander verschieden, dann wäre das Sosein und die *ousía* des Einzelnen unfassbar; die temporale Klammer, mit der die Formel des Soseins ›Was *war* das für jedes Besondere geschehende *Sein*‹ dasjenige, was etwas *war*, mit dem, was es *ist*, in Kontinuität zusammenhält, wäre gesprengt; eine Aussage über Einzelnes wäre ebenso unmöglich wie eine Aussage über das Aussagen; Ontologie, Erste Philosophie hätte weder einen Anhalt an einer Sache noch an dem darüber Gesagten, sie wäre außer allem Verhältnis zur Welt wie zu sich selbst, wäre also nicht Philosophie und könnte den Anspruch nicht rechtfertigen, selbst überhaupt zu sein oder etwas zu sein.

Dieser Drohung, die Aristoteles in den Implikaten der Ideenlehre Platons zu erkennen meint, begegnet er nicht, indem er für jedes einzelne Sosein einen ebenso einzelnen, besonderen Namen zu setzen versucht, denn dann würde außer dem Sosein noch ein zweites, anderes Sosein gesetzt (1031b 30 – 1032a 2). Er begegnet jener Drohung auch nicht dadurch, dass er das einzelne Sosein der Allgemeinheit der Gattung subsumiert, denn dann bliebe das Einzelne als das, was es ist, unbestimmt. Nichts allgemein Ausgesagtes, so lautet das aristotelische Fazit, ist Substanz: *ton kathólou legoménon oudèn ousía* (1041a 3). Da weder Allgemeines noch

Besonderes dem Sosein zu entsprechen vermögen, kann Sosein nur als dasjenige differenzielle Mittlere zwischen beiden bestimmt erscheinen, das Aristoteles als *eidos* charakterisiert: als *eidos*, das nach der Übersetzung des griechischen Ausdrucks durch Cicero als *species* im Sinne von Aussehen und *Form* in die philosophische Terminologie des Mittelalters und der Neuzeit eingegangen ist. Das Einzelne kommt in seinem Sosein demnach allein als Spezies, als Art einer Gattung in Betracht und unterscheidet sich von deren Allgemeinheit allein durch die *spezifische* Differenz. Nicht also die *ousía* des Einzelnen selbst in seinem Sosein wird ausgesagt, sondern sie wird bloß näher und besser ausgesagt in dessen *eidos* als in dessen *genos*. Die Kategorienschrift erklärt sich darüber deutlicher als die *Metaphysik*: die Art ist mehr Wesen als die Gattung – *tò eidos tou génous mallon ousía* (Kat. 5, 2b 22). *Mehr* Wesen, somit *mehr* Formbestimmtheit und Wirklichkeit (vgl. Met. IX 8, 1050b 2), jedoch nicht schlicht diese selbst und nicht das Einzelne in seiner Einzigkeit. Sosein im Sinne von *eidos* bezeichnet für Aristoteles, kurzum, nicht das singulär Seiende. Dieses, so müsste aus der Umkehrung folgen, ist nicht, was es war, unterhält kein Verhältnis der Kontinuität zu seinem Gewesensein, sondern ergibt sich jeweils neu und niemals nach einem vorgegebenen Paradigma. Die Frage *tí to hén eínai* – was etwas Einzelnes so war, dass es (als dieses) wirklich ist – bleibt ohne allgemeinheitsfähige und sie bleibt ohne singularitätsfähige Antwort.

Es ist offenkundig, welche fundamental-ontologischen Probleme, vor allen anderen das der ›ontologischen‹ Differenz zwischen Sein und Seiendem, von Aristoteles in der Untersuchung der Ersten Substanz erkannt worden sind, aber ebenso offenkundig, dass diese Probleme allein durch einen dogmatischen Kompromiss gelöst worden, also ungelöst geblieben sind durch die Assimilation von Einzelnem und Spezies. Die von Aristoteles dargelegten Argumente machen deutlich, dass gerade das, was als Singuläres notwendig angesprochen und zwar am Anfang jeder Ontologie angesprochen werden muss, damit sie *als* Ontologie – und somit *als* Philosophie – gelten kann, schlechterdings nie *so* angesprochen werden kann, wie es angesprochen werden muss, um als Sosein des Singulären in diesem Sprechen seine Entsprechung zu finden. Vom Singulären wird jeweils nur Nicht-Singuläres gesagt:

im Modus einer *réécriture* ohne Original, die ihrerseits nicht als Original einer zweiten *réécriture* herhalten kann. Der zweideutige Ausweg, den der Philosoph deshalb beschreitet, führt vom *légetai kath' autó* zur Ana-logie, damit aber zu einer Redeweise, die nur ›bei‹, ›in der Nähe‹, also in irreduzibler Ferne zum Anspruch des Soseins der singulären Sache bleibt. Sosein, so ist damit eingeräumt, lässt sich *als* dieses Sosein nicht ansprechen, sondern jeweils allein in der Weise, dass es von seinem Sosein abgerückt und allein aus seiner Abgerücktheit bezeugt wird. Bereits für seinen Entdecker ist dieses Sosein kurzum allein in seinem Anders-als-Sosein zugänglich. Da es nur als Mit-Anderem-als-Sosein ansprechbar ist, kann es sich nur als immediates An-sich-Anderssein bekunden. Das Mitsein wiederum kann nicht als Mitsein *an sich* oder als das, was ›So-Mitsein‹ heißen könnte, ausgesagt werden, weil es als plurales Singuläres seinerseits unter dem Vorbehalt der Unansprechbarkeit steht und nur *per analogiam*, verstellt, überbenannt, mutiert und im Verstummen adressiert werden kann.

*Être singulier pluriel* wählt eine andere Erklärung für dieses Sosein und stützt sich dazu auf eine eindrucksvoll apodiktische Deutung, die Giorgio Agamben in *La communauté qui vient* von ihm gibt. Er schreibt dort:

> » La pensée qui saisit l'être *en tant qu'être rétrograde vers l'étant sans lui ajouter une détermination supplémentaire [...]: en le saisissant dans son être-tel, dans le pur milieu de son en tant que,* elle saisit la parfaite non-latence, la pure extériorité. Elle ne dit plus quelque *chose* comme ›*quelque chose*‹ mais amène à la parole cet *en tant que* lui-même.«[29]

*Être singulier pluriel* folgt dieser Deutung, obwohl sie mit den Aporien im Soseins-Gedanken des Aristoteles und mit Überlegun-

29 Zitiert bei Nancy, *Être singulier pluriel*, a.a.O., S. 112. [»Ein Denken, das das Sein als Sein erfassen möchte, darf, wenn es auf das Seiende zurückkommt, diesem ... [k]eine letzte Bestimmung geben, [...sondern] muss das Sein vermittels seines *als* in seinem So-Sein verstehen, um zur reinen Unverborgenheit, zur reinen Äußerlichkeit zu gelangen. Es sagt nicht mehr *etwas* als ›etwas‹, sondern bringt das ›als‹ selber zur Sprache.« Giorgio Agamben, *Die kommende Gemeinschaft*, aus dem Italienischen von Andreas Hiepko, Berlin 2003, S. 93.]

gen in anderen Teilen von *Être singulier pluriel* kaum verträglich ist, und spricht ohne Distanznahme von »la présence *comme telle* de chaque fleur en chaque bouquet«, um daraus die Konsequenz zu ziehen:

> »Toute parole amène à la parole cet ›en tant que lui-même‹, c'est-à-dire l'exposition et la disposition mutuelle des singularités du monde [...]. *Le langage est l'élément de l'avec comme tel:* l'espace de sa déclaration – et celle-ci, à son tour comme telle, revient à tous et à personne, revient au monde et à sa co-existence.«[30]

Wenn es jedoch eine »*disposition mutuelle des singularités* (comme telles)« gibt, dann gibt es keine *singularités*, ohne dass diese durch ihre *mutualité* nicht nur, im aristotelischen Sinn, zum *eidos* spezifiziert und formalisiert, sondern sogar generalisiert und somit verstellt, desingularisiert und zum Verstummen gebracht würden. *Mutualité* erwirkt immediat *mutation* zum *mutisme*. Die Stummheit des Singulären, des Soseins in seiner jeweiligen Pluralität ist jedoch ihrerseits keine, die sich *als solche* zur Sprache bringen ließe, da sie zur Sprache nur *so* gehört, dass sie *zu* ihr nicht – noch nicht, nicht mehr oder niemals – gehört. Die Sprache kann nicht das Element des Mit *als solchen* sein, da sie jedes Mit einem anderen Mit, einem zitierten oder so genannten, einem umgeschriebenen [*réécrit*] »Mit«, und anderem *als* einem Mit überlassen muss. Mit ist mitteilbar *kat' exochen* allein als immediat verwehrtes. So singulär es in seinem Sosein sein mag, es gehört keiner Spezies, keiner Gattung und keinem Allgemeinen an. *So* wäre demnach immer nur das, was noch anders als *so* ist: das schlechthin Unbegriffliche, das gegen Aussagen und Definitionen immun bleibt.

Die *mutualité*, wenn diese in einem strikt ontologischen Sinn *als solche* überhaupt *ist* und *so* benennbar ist, leitet eine Mutation ein, die es sogar untersagt, von *le langage* zu sprechen, ohne *von* ihr – und über sie – zugleich zu schweigen. Die Wendung vom Zur-Sprache-Bringen, die Agamben und Nancy im Gefolge von Heideggers *Unterwegs zur Sprache* gebrauchen, besagt nicht,

---

30 Ebd.

dass etwas, und allem voran das Singuläre, bereits *in* der Sprache gegeben ist oder in ihr als solcher mündet, sondern nur, dass es *zu* ihr gebracht wird. Solches *Bringen zur* Sprache kann selber nicht durchweg sprachlich, noch weniger kann es ein integraler Prozess oder eine rotierende Zirkulation sprachlicher oder bedeutsamer Kommunikation sein, am wenigsten kann es sich selbst, dieses Bringen, zur Sprache bringen, ohne schon *in* ihr und also, in ihr *Element* versenkt, stumm und derart *nicht* zu sein. Sprache spricht nie anders als *mit* ihrem strukturellen Schweigen und deshalb *mit* ihrem Verstummen: als Sprache, die erst *er*sprochen, als Weg, der erst gebahnt wird, als Mutation, die sich gegen und mit ihren Muta und Mutismen bewegt. Selbst das *katá* des aristotelischen *légetai kath' autó* bezeichnet ein ›auf … zu‹ der Sache und ein ›hin … zu‹ der Sprache der Sache, das niemals in einem schlichten So und *comme tel* sein Ziel erreicht. Der Bewegungsbereich sowohl der Sprache wie auch der Sache wird im Verstummen erschlossen. Deshalb kann Benjamin in seiner »Metaphysik der Jugend« schreiben: »Das Gespräch strebt zum Schweigen und der Hörende ist eher der Schweigende. Sinn empfängt der Sprechende von ihm, der Schweigende ist die ungefasste Quelle des Sinns.«[31] Trockener notiert Heidegger, in einem etwas anderem Sinn, in *Beiträge zur Philosophie (Vom Ereignis)*: »Das Wesen der ›Logik‹ ist daher die Sigetik«. Und: »Die Erschweigung hat höhere Gesetze als jede Logik.«[32]

Nicht in *Être singulier pluriel*, jedoch spätestens in *À l'écoute* begegnet jene ›Erschweigung‹, von der Heidegger spricht, und begegnet, wie sie anders nicht kann, als Selbst-Begegnung der Sprache mit sich als derjenigen, die sie nicht ist, nicht erstrebt und nicht bedeutet. Wie bereits *Vox clamans in deserto*,[33] so analysiert *À l'écoute* die Vorbedingungen jeder möglichen Sprache, die als intentional und phänomenologisch fassbares Geschehen

---

31 Walter Benjamin, *Gesammelte Schriften*, Bd II.1, Frankfurt/M. 1977, S. 91.

32 Martin Heidegger, *Beiträge zur Philosophie (Vom Ereignis)*, GA 65, Frankfurt/M. 1989, S. 79 f.

33 [In Jean-Luc Nancy, *Le poids d'une pensée*, Paris 1991; dt. *Das Gewicht eines Denkens*, aus dem Französischen von Cordula Unewisse, Düsseldorf/Bonn 1995, S. 131ff.]

verstanden werden kann. Die Aufmerksamkeit in beiden Texten gilt dem bloßen Verlauten – des Tons, des Klangs und der Stimme – und somit der Erfahrung des zunächst ausschließlich sinnlichen Sinns, der *aisthesis*, sofern sie von der *phasis* und dem *kléos* berührt ist, nicht aber der *noesis*, die daraus entspringt. Die Frage, der beide Untersuchungen nachgehen, betrifft nicht die semantische und nicht einmal die semiotische Schicht der Sprache, in der ihre Bedeutungen, die Struktur von Aussagen und der Gehalt ihrer Mitteilungen generiert werden, sondern die Genese dessen, was dieser Generierung vorausgeht: die Genese der *aisthesis* als des Vor-sinns vor jedem noetisch-noematischem Sinn; die Genese also der Auto-Genese des *logos*. Das Argument, das in *À l'écoute* mit einem schematischen Resümee von Gérard Granels Analyse von Husserls *Phänomenologie des inneren Zeitbewusstseins* vorbereitet wird, lautet, seinerseits vergröbert: dass in der *lebendigen Gegenwart*, der Husserl beim Hören einer Melodie gewahr wird, durch retentionale und protentionale Leistungen des Bewusstseins zwar die Einheit mit ihren differenziellen Momenten ›Vergangenheit‹ und ›Zukunft‹ herbeigeführt wird, dass jedoch diese Einheit selbst, die *lebendige Gegenwart* der Intention, ihrerseits erst durch ihre interne Differenz von sich selbst konstituiert sein kann, wenn sie zu Retentionen und Protentionen befähigt sein soll. Die Sui-Differenz der Intention wird von Husserl ›vergessen‹, und ›vergessen‹ wird mit ihr, dass die *lebendige Gegenwart* selbst bereits das Ergebnis einer Gegenwärtigung, dass, in der Terminologie Heideggers, das Anwesende die Gabe eines Anwesens, in der Terminologie von *À l'écoute*, *le présent* die Gabe einer *présence* sein muss, die ihrerseits niemals den Charakter eines Anwesenden aufweisen kann. Wenn demnach die Erfahrung der Zeit des Hörens nicht zunächst die Erfahrung der Einheit verschiedener Zeitdimensionen, sondern die Erfahrung der Differenz zwischen ihnen ist, aus der das Differente *und* dessen Einheit allererst hervorgehen, dann muss das Verhältnis zwischen Differenz und Differentem in den Mittelpunkt der Aufmerksamkeit rücken. Sie muss sich dem zuwenden, wovon sich die phänomenologische Intentionalität abwendet:

»le ›retrait‹ originel de chaque trait, unité et diversité, qui ne s'offre pas comme tel mais plonge au contraire dans ce que Granel nomme ›le Tacite‹ ou ›la différence silencieuse qui fructifie en tout perçu‹«.[34]

Mit dieser Revokation des *comme tel* – also auch des Soseins der Ersten Substanz – in *»le Tacite«*, in die Stille und das Schweigen der Differenz, ist nun nicht nur eine prinzipielle Schwäche der klassischen *prima philosophia*, sondern auch eine Schwäche der jüngeren, namentlich der Phänomenologie und ihrer Begriffe der Intention, der Retention und der Protention bezeugt. Diese Schwäche fordert nicht weniger, so heißt es, als

> »la remontée outre-phénomenologique – c'est-à-dire ontologique, toujours au sens où l'être y diffère continûment de tout être-ici-et-maintenant [et] ne cesse de différer cette différence elle même.«[35]

Was früher *differentia differentiae* genannt wurde, führt nach Auskunft dieses Satzes zwar in die Stille einer Ultra- und Außer-Phänomenologie, soll aber doch ein *ontologischer* Rückgang bleiben. Wenn jedoch die Taubheit der Phänomenologie »une anesthésie ou une apathie philosophique« und eine »anesthésie philosophante« verrät,[36] dann nur, weil der Sinn selbst, die *aisthesis*, als von sich selbst differierender Sinn »outre-sens ou sens qui passe outre la signification« ist.[37] Demnach bedürfte es nicht nur einer *remontée outre-phénomenologique* und *outre-philosophique*, sondern überdies einer *remontée outre-ontologique*, die noch vor das *tò ón* und dessen *logos* zurückgeht, und vielleicht noch vor das *eínai*, das jenem *tò ón* zugeordnet bleibt. Zurückzugehen ist zu einem Hören der Stille oder der Stummheit, also zum Hören dessen, was sich selbst nie *als solches* hören lässt, ohne das sich aber nie etwas hören ließe.

---

34 Nancy, *À l'écoute*, a.a.O., S. 41.
35 Ebd., S. 43.
36 Ebd., S. 59f.
37 Ebd., S. 59.

Obgleich *À l'écoute* auf die *résonance* als *archi-sonorité* und als »transcendantal non sensible de la sonorité signifiante« konzentriert bleibt, und obgleich die Analyse der Resonanz, *en définitive*, auf ihre Deutung als »renvoi du son à soi en soi« und damit auf den »cercle typiquement métaphysique« einschwenkt, als dessen Geometer Schelling und Hegel zitiert werden, wird jener *renvoi du son à soi en soi* im selben Text doch auch als Verweisung gedeutet, die nicht in dem intentionalen *à soi en soi* an ihr Ende gelangt, sondern in der Ex-position und *ouverture d'un corps* auf andere Körper und anderes als Körper, somit auf anderes als sinnliche Verlautungen und weiterhin auf keine offen bleibt.[38] Öffnungen und mehr noch das Offene sind keine möglichen Gegenstände bloß körperlicher Sensationen. Zwar wird auch in diesem Kontext noch von *résonances mutuelles* gesprochen, jedoch auch von einem *au-delà de l'accord ou de l'harmonie*, von einem Jenseits mithin dessen, was für Schelling, Hegel und Heidegger die Grundstruktur des eigentlich philosophischen Verhältnisses – des *philein*, des *legein* und des *homologein* – bestimmt. Wenn freilich dieses Jenseits der *résonances, correspondances, accord, harmonie* auf ein Jenseits bloß des *sens signifiant* eingeschränkt wird,[39] und wenn selbst noch die *»archi-écriture«* Derridas gedeutet wird als *une voix qui résonne*,[40] dann liegt der Verdacht nahe, die Spanne der ultra-sensiblen Differenz werde so weit verkürzt, dass sie keine *différence silencieuse* mehr sei und dass »le Tacite«, an das derselbe Text mit Granel erinnert, ›vergessen‹ werde.

Aber nicht nur das Schweigen und die Stille, die beide noch mit intentionalen Verhaltungen übereinstimmen können, sondern das strukturell, also nicht-intentional Stumme wird in *À l'écoute*, wenn auch allein an seinen Rändern, bedacht: in einer Fußnote und in einer Präambel mit dem Titel *Interlude: musique mutique*. In dieser Präambel heißt es ohne weiteren Kommentar:

> »Mutisme, *motus*, amuir, amuissement: celui du *t* à la fin du mot *mot*«.[41]

---

38 Ebd., S. 55ff.
39 Ebd., S. 61f.
40 Ebd., S. 69.
41 Ebd., S. 47.

Dieses *t* am Ende des Wortes *mot* resoniert nicht. Es hat keine Stimme, verlautet nicht, vibriert nicht, bleibt ohne Echo, sogar ohne die Chance, mit sich selbst im Einklang, und wäre es auch ein verzögerter, oder in Harmonie, und sei sie diejenige keiner bekannten Konvention, zu ertönen. Das Mutum *t* mag innerhalb des Klangkörpers der französischen Sprache eine Funktion, nämlich die des von Linguisten so genannten *signe zéro* haben, aber es hat sie als Markierung, die als infra- oder ultra-sensible Differenz, nicht jedoch als Laut fungiert und einen Laut nicht einmal suggeriert. Das Nullzeichen der Linguisten stellt eine negative Markierung dar, ohne die das sprachliche Geschehen nicht zu einem funktionalen System ausgebildet werden kann, muss dazu jedoch aus einem funktional unbesetzten Bereich des Aphonen schöpfen, in dem es keine Markierungen, keine ›Zeichen‹, weder Positionen noch Negationen und keine Orte gibt, an denen sie einen signifikanten oder kommunikativen Effekt haben. Ohne solche aphonen Differenzen, die noch diesseits der linguistisch erfassbaren Nullzeichen das gesamte sprachliche Feld grundieren, gäbe es keine artikulierte Sprache, keine Musik, keine Geräusche, nicht einmal ein intendierbares oder als intendiert deutbares Schweigen mit den auch diesem eigenen Resonanzen. Das derart Stumme strukturiert – ohne sinnlichen und vor jedem intelligiblen Sinn – jedes Sagen, aber auch jedes Denken, jeden Versuch eines *philein, legein, homologein*, ob er im Bereich der Proto-Ontologie des Heraklit oder der späteren *prima philosophia* und ihrer *orexis* unternommen wird. Ohne das, was sich nicht hören lässt und was insofern kein Seiendes ist und keines zu sein hat, gäbe es nichts – und kein Nichts –, das auch nur die mindeste Möglichkeit eröffnen könnte, Seiendes, ob sinnliches oder intelligibles, mögliches oder wirkliches, zu vernehmen und anzusprechen.

Dass Stummheiten konstitutiv und destitutiv sind für Sprache, Geschichte und Welt, für Sein und für Sinn, lässt sich nicht dadurch verleugnen, dass die Aufmerksamkeit von ihnen abgewandt und den Benennungen für sie zugewandt wird, wie es in einer Fußnote zum selben Text geschieht. Dort heißt es in zwei ebenso gewichtigen wie zweideutigen Fragen:

»Et comment ne pas ajouter que le mot ›mot‹ lui-même vient de *mutum*, qui désigne un son privé de sens, le *murmure* émis en répétant la syllable *mu*? [...] Si la différence silencieuse se retire au sein de la musique, le son privé de sens ne se retire-t-il pas au sein (mais non *du* sein) de la parole censée vouloir dire?«[42]

Selbst wenn die Etymologen recht haben sollten mit ihrer Herleitung von *mot* aus *mutum* und *mu*, sie leiten damit nur einen Laut aus einem anderen Laut her, nicht leiten sie ihn aus dem Ana- und Aphänomen der Stummheit her und können nicht rechtfertigen, dass sie von einem *son privé de sens* reden, obwohl die strukturelle Notwendigkeit eines Nicht-Sinnlichen und Nicht-Sinnhaften von ›Privation‹ zu reden verbietet. Die *différence silencieuse* lässt sich nicht mit einem *son privé de sens* parallelisieren, wie Nancy nahelegt, denn jene *différence* muss noch jedem *son* vorausgegangen sein, dem sein *sens* genommen werden könnte; sie lässt sich auch nicht *au sein* eines Sinns, sei's der Sonorität und ihrer Resonanzen, sei's der Bedeutsamkeit und ihrer Reflexionen, integrieren. Aber der Fragecharakter der Fragen nach diesem Sinn und mehr noch das Spiel zwischen *sens, son, censée, au sein* und *du sein* gibt, insbesondere durch seine Verbindung mit dem *outre* des *outre-sens ou sens qui passe outre la signification*, einen Hinweis auf das, was in *À l'écoute* ›auf dem Spiel‹ steht. Dies *outre* nämlich, das in diesem Text – wer weiß, ob nicht bewusst und absichtlich – mit ungewöhnlicher Insistenz und Intensität gebraucht wird, ist nur ein Wort, das *in* seinem und *durch* seinen jeweiligen Kontext einen Sinn gewinnt, diesen Kontext aber auch überschreiten und sich gegen ihn kehren kann. *Outre* kann immer auch ein *outre* des *outre* besagen. Von seinen unmittelbaren Kontexten isoliert, ist *outre* das absolut homophone Derivat von zwei, vielleicht sogar vier, lateinischen Wörtern, die allem Anschein nach kaum miteinander verbunden sind – sie sind nicht ›homolog‹ und nicht durchweg paronym –, das Derivat nämlich von *ultra* und von *uter* (Sack aus Bockshaut), das seinerseits den engsten Kontakt mit *uterus*, dem griechischen *gastér*, dem Bauch, vornehmlich

---

42 Ebd., S. 43.

dem *uterus maternus* (der Gebärmutter) und, metonymisch, mit *sein* unterhält, und überdies noch als *uter* im Sinn von ›einer von zweien‹ sich mit dem *aut* – dem *ou* – und dem *alter*, dem Anderen, berührt. Ohne hier allen intrikaten Kontakten zwischen den verschiedenen Konnotationen und den Resonanzen dieser Wörter in *À l'écoute* nachgehen zu können – und ohne zu begründen, warum dieser Titel vielleicht in den anderen »À l'éc*outre*« umzuschreiben wäre –, soll doch betont werden, dass der *outre-sens ou sens qui passe outre (le sens)*, der eine *remontée outre-phénomenologique* und *outre-philosophique* fordert, in diesem Text zur Annahme einer »constitution matricielle de la résonance, et constitution résonannte de la matrice«,[43] weiterhin zur Auskultation des »ventre d'une mère«[44] und weiter zu der eines »ventre qui s'écoute« führt.[45] Denn, so lautet die Begründung:

> »qu'est-ce que le ventre d'une femme enceinte, sinon l'espace ou l'antre où vient à résonner un nouvel instrument, un nouvel organon [...]. Mais, [...] plus matriciellement, c'est toujours dans le ventre que nous – homme ou femme – finissons par ou commençons à écouter.«

Und schließlich: »L'oreille ouvre sur la caverne sonore que nous devenons alors.«[46] Das Ohr öffnet und ist eine Öffnung, eine Öffnung, die transitiv, *outre-passant*, auf eine andere Öffnung, auf einen *ventre ou antre* eines Anderen hinausführt, und nur als diese Öffnung ist das Ohr jeweils der mögliche Anfang eines *nous*, das sich seinerseits wiederum als Ohr zu öffnen vermag. Ein Ohr hört, was vom anderen Ohr gehört wird. Aber, und das bleibt ungesagt, Hören kann *sich* nicht hören, es ist nicht das Organ einer immediaten Selbstaffektion, sondern in allen erfahrbaren und denkbaren Verhältnissen immer nur das Geschehen eines Verhältnisses zu Anderem – und auch zu solchem Anderen, das seinerseits zu ihm kein Verhältnis unterhalten kann.

---

43 Ebd., S. 72.
44 Ebd., S. 79.
45 Ebd., S. 82.
46 Ebd., S. 72f.

Die Korrespondenz zwischen Ohr und Ohr, die Konfiguration von Ohr *im* Ohr und Ohr *um* das Ohr, Ohr *aus* dem Ohr und Ohr *zum* Ohr, die in der zitierten Szene evoziert wird, die Korrespondenz auch zwischen *oreille, ventre ou antre, outre, caverne, sein* auf der einen Seite und der vibrierenden Resonanz eines Timbre auf der anderen Seite, schließlich die phonetische Korrespondenz zwischen den *or* von *oreille, sonore* und *alors* im letzten der zitierten Sätze – »L'oreille ouvre sur la caverne sonore que nous devenons alors« –, legt dagegen, suggestiv wie sie ist, nahe, dass das Ohr, serialisiert, sich selbst affiziert und, zum *antre* mutiert, als Uterus in *generatio spontanea* sich selbst befruchtet und regeneriert; suggeriert also die prinzipielle Identifizierbarkeit von Selbst und Anderem, von Vater, Mutter, Kind in einer familialen Fusion. Diese Fusion im ›metaphysischen Zirkel‹ einer *eukyklos sphaira* kennt keinen Anderen, der nicht seit jeher in diesen Zirkel integriert wäre, sie kennt keinen Vierten und deshalb keinen *outre-sens*, der auf intendiertes Schweigen irreduzibel und strukturell stumm wäre. *Or* bleibt, in einem Ohr, das keine Öffnung ist, eingeschlossen, ohne *dehors*; *outre* bleibt in einem *uterus maternus*, einer *constitution matricielle de la résonance* befangen, die keine *remontée outre-philosophique* zulässt. *Outre* und *outre* haben ihre Differenz und darum sich selbst ›vergessen‹.

Damit eine *caverne* jedoch eine *caverne sonore* und ein *ventre qui s'écoute* werden kann, muss sie zunächst *cave, creux*, Höhle ohne Ton, sie muss leer und kann keine Matrix sein. Der *outre-sens* muss noch *outre* von jenem *outre* des Uterus sein, mit dem er in Homophonie konsoniert. Die *remontée outre-philosophique* muss deshalb zu einer *remontée outre-matricielle, outre-résonannte, outre-nous* werden. Da *nous* aber heißt: *être-avec*, muss der anagrammatische *cave de l'avec* mitsamt seinem *être* verlassen werden, um ein *outre-être*, ein *outre de l'être* noch über das *être de l'outre* hinaus zu denken – und es überdies zu denken als ein *outre sans génétif et sans génération. Outr*ance – und ou*trance* – : nichts anderes ist die Bewegung des Seins in der *différance*, nichts anderes das Mutum – und sei dieses auch nur das winzige des *t* am Ende des Wortes *mot*, eines anderen Wortes für *logos*. Dieses Mutum mag, wie man sagt, ›motiviert‹ sein, aber ›motiviert‹ allein von der Sprache, die ›sich‹ in ihm benennt, jedoch im Benannten und bereits im Benennen *aus*gesetzt haben muss: ausgesetzt einem nicht bloß provisorisch Unangesprochenen, sondern einem Resonanzlosen, Korrespondenzfreien, Unansprechbaren. Die Mutismen dieser – nämlich jeder denkbaren – Sprache mögen alle vernehmbaren und noch möglichen Laute, Klänge, Resonanzen und Timbres begleiten, skandieren und durchqueren, aber sie selbst verlauten, erklingen und resonnieren nicht *von* selbst und nicht *mit* sich selbst allein. Deshalb ist die Konsonantik der Muta von anderer Art als die der *contiguité métonymique* – oder *metér*nymique –, sie ist irreduzibel infra-*kon*tingent wie nur noch das, was man Tod oder Nichts nennt. Muta gehören nicht zur Ordnung des Phänomenalen, sondern – wenn das noch ›gehören‹ heißen kann – zur Ordnungslosigkeit der Aphanisis,[47] Aphonisis, Asemiose und Asomiose. Sie sind, auch wenn sie es nicht durchweg bleiben, *inouis*.[48]

Die Dringlichkeit, ein *outre-être* und *outre-être-avec* zu denken, wie sie sich in *À l'écoute*, aber auch in allen früheren und späteren

---

47 Der Begriff ›Aphanisis‹ wurde von Ernest Jones zur Präzisierung von Freuds Begriff der Kastration eingeführt und von Lacan übernommen.

48 Dieses *inoui*, das *inauditus*, das Unerhörte, Niegehörte, Ungewöhnliche, *hors du commun*, spielt in Nancys *La communauté désœuvrée* eine eigentümliche Doppelrolle. Es charakterisiert zum einen die *exigence de la communauté*, von der es heißt »qu'elle nous est encore inoui, qu'elle nous reste à découvrir et à penser«, ja, dass alle kommunitaristischen Versprechen bereits *le »sens« inoui de la »communauté«* verfehlten, dass demnach »rien n'est encore dit« und »nous devons nous exposer à l'inoui de la communauté«. Zum anderen charakterisiert dieses *inoui* die Fundamentalstruktur jeder Gesellschaft, nämlich ihre Sprachlichkeit und somit die Gesellschaftlichkeit selbst nach einem Modell, das seine Herkunft aus Hegels Gedanken immediater Entäußerung nicht verschweigt. Denn jede Rede, so lautet das Argument, exponiert (offenbar im Sinn der Entäußerung) das »Innere« einem »Äußeren«, ohne das es das »Innere« nicht wäre. Sprache ist demnach kein *Mittel* der Mitteilung, sondern diese Mitteilung und mit ihr die Gemeinschaft selbst. Nach diesem Argument kann die Gemeinschaft niemals verfehlt, sie kann kein leeres Versprechen sein, da sie als Exposition (im Sinn von Entäußerung) immer schon geschieht – *jusqu'au silence*. Und zwar, wie eine Parenthese präzisiert: »(pareille à ce mode de chant des Eskimos Inuits, qui font résonner leurs cris dans la bouche ouverte d'un partenaire)«. (*La communauté désœuvrée*, Paris 1990, S. 59f., S. 68, S. 77.) *Inoui* oder *Inuits*, das ist hier keine Frage, denn sie sollen das selbe und dennoch unvereinbar sein. Die Spannung zwischen Hegel'schen und Heidegger'schen Argumenten durchzieht fast den gesamten Korpus der Arbeiten von Nancy.

Arbeiten von Jean-Luc Nancy abzeichnet, ergibt sich bündig aus dem Gedanken, dass Mitsein Sein-mit-Anderen ist und nur Mitsein mit solchen Anderen sein kann, die inkommensurabel und deshalb dadurch ausgezeichnet sind, dass sie nicht das selbe Mit, nicht das selbe Verständnis und nicht den selben Sinn des Mit mit Anderen teilen. Mitsein muss deshalb, sofern es Mit-*anderem*-Mit ist, so strukturiert sein, dass es immer auch Mit-anderem-*als*-Mit und daher, a limine, ultra liminem, Mit-Ohne-Mit bleibt. Aber noch die Reduktionsformel ›Mit-ohne-Mit‹ gesteht dem Mitsein zu viel an konstitutiver Kraft zu, indem es das ›Ohne-Mit‹ nur als negative Modifikation seiner Ko-Existenz erscheinen lässt. Das Ohne muss nämlich notwendig in dem Sinn verstanden werden, dass es nicht nur die Privation eines als primär angesetzten Mitseins markiert, sondern ist, von der unprogrammierbaren Andersheit des Mit-*anderem*-Mit her, als ein anders denn privatives und anders denn assertives Ohne, es ist als *anderes* Ohne, Anders-*als*-Ohne und darum als Bestimmungsunfähiges offen zu lassen –: als ein Ohne, das nicht *als* Ohne fungiert, weder im Sinn eines apophantischen noch im Sinn eines hermeneutischen Als, am wenigsten im Sinn eines Als-ob zugesprochen, sondern allein *ent*sprochen werden kann. Von dieser *Ent*sprechung des Ohne, von diesem Ohne-ohne-Ohne her wird erst erfahrbar, was Mit-Sein heißt: Wir sind nicht *wir*, vielmehr dem Ohne-Wir in seinem Ohne-Sein ausgesetzt, dem Ohne-Mitsein überlassen und deshalb Komplizen eines nicht zu begrenzenden Unzusammen [*pas ensemble*] und Komplizen *aus* ihm. Nicht also aus dem Mit ist das Ohne-Mit als lästige, aber passagere Privation, sondern umgekehrt aus dem Ohne-Mit ist und bleibt jedes Mit samt seinen ontologischen Parametern zu denken. *Diese* Kehre, die nicht auf das Sein der Gemeinschaft, sondern auf dessen Ausbleiben zuhält, steht, und seit langem, noch bevor.

Einige Schritte in diese andere Richtung lassen sich in der jüngeren Moderne, zum Beispiel in Valérys *Monsieur Teste*, erkennen, wo es – kurz nachdem von einer *mystique sans Dieu* die Rede war – heißt:

»Ce sont des savants, des amants, des vieillards, des désabusés et des prêtres; tous les *absents* possibles, et de tous les genres. On dirait qu'ils recherchent leurs éloignements mutuels. Ils doivent aimer de se voir sans se connaître, et leurs amertumes séparées sont accoutumées à se rencontrer.«[49]

In Heideggers *Sein und Zeit*, wo es 1927 heißt:

> »Als *unbezügliche Möglichkeit vereinzelt der Tod aber nur, um als unüberholbare* das Dasein als Mitsein verstehend zu machen für das Seinkönnen der Anderen«.[50]

Der umfängliche Kommentar, den beide zitierten Passagen fordern, sei hier ersetzt durch eine dritte, in der Georges Bataille in einer Skizze zum Nachwort einer Neuauflage [*réédition*] von *L'Expérience intérieure* 1953 notiert:

> »insister sur l'idée de communauté négative: la communauté de ceux qui n'ont pas de communauté.«[51]

Weit entfernt, nur negativ zu sein, vermerken die drei Passagen eine unauflösliche Aporie. Sie sprechen von einem Mit des Ohne-Mit, einem Mitsein derer, die sich ein solches Mitsein nicht zusprechen können, von *éloignements mutuels*, die nicht Defizite, sondern die unvordenklichen Fakta aller gesellschaftlich und sprachlich genannten Verhältnisse sind. Der Weg, der weglose Weg, den sie bahnen, ihre Diaporie, führt nicht in dieselbe Richtung wie der, den die Philosophie seit Aristoteles beschritten hat. Er führt in keine, die absehbar wäre. Er folgt keinem Telos, und heiße es Nostos. Er lässt sich nicht in einer verbesserten Neuauflage der überlieferten Philosopheme finden, nicht durch eine *réécriture*, die den Bahnen einer älteren Schrift folgt, um mit ihr oder in ihr zu resonnieren. Die *Um*schreibung der Tradition – die,

---

49 Paul Valéry, *Œuvres* II, ed. Jean Hytier, Paris 1960, S. 35. (Die Hervorhebung von *absents* in »tous les *absents* possibles« stammt von Valéry.) [Dt.: Paul Valéry, *Monsieur Teste*, aus dem Französischen von Max Rychner, Achim Russer und Bernd Schwibs, Berlin 2011.]

50 Heidegger, *Sein und Zeit*, a.a.O., S. 264. (Hervorhebungen W.H.)

51 Georges Bataille, *Œuvres complètes* V: *La Somme Athéologique*, Paris 1973, S. 483.

wie zu zeigen wäre, bereits mit dieser Tradition selbst eingesetzt hat und diese an jeder ihrer Stationen verstört – ist keine schlichte *renovatio* und keine *translatio imperii*, sie ist auch keine ›Revolution‹ in irgendeinem traditionellen Sinn, vielmehr eine *mutatio*, die das diskursive und das politische Imperium der Metaphysik des Mit auf seinen nicht-imperialen und nicht-imperativen Grund öffnet. Dieser Weg kann nur in dem Sinn ein ›Weg zurück‹ heißen, dass er in die Bewegung führt, aus der jeder Weg erst Weg werden kann. Ein Weg, der nicht methodisch beschritten werden kann, und keiner, der ein einziger wäre.

Ob er überhaupt Weg ist, muss allein deshalb zweifelhaft sein, weil das Mit-ohne-Mit ein Ohne-ohne-Ohne impliziert, das jeden prädikativen wie jeden substantivischen Sinn dieser Formel außer Kraft setzt und derart den Sinn des Mit unverändert lässt. Denn Ohne-ohne-Ohne kann besagen, dass mit dem Ohne nichts ausgesagt und nichts benannt ist; dass also in der Formel Mit-ohne-Mit das Mit nur gedoppelt erscheint und zu einem Mit-Mit verkürzt werden kann. Damit ist der Sinn des Mit indessen nicht nur präzisiert, er ist erweitert um die Beziehung auf ein *anderes* Mit, das so wenig den Bedingungen des zuerst genannten unterworfen sein muss, dass es trotz seiner Homonymie keine Relation zu ihm unterhalten muss. Die primäre, die Relation aller Relationen, das Mit, muss demnach eine *ab initio* gespaltene Relation, und zwar muss sie eine selbst-abweisende und eine mit Anderem inkongruente Relation, sie muss eine Relation ohne relations-kommensurables Relat und, in diesem Sinn, Irrelation sein. Mit-(ohne)-Mit besagt demnach allein: Öffnung auf Anderes, ohne dass dieses Andere *als solches* in Erscheinung treten, benannt oder begriffen werden könnte. Mit besagt: Öffnung auf ein Offenes, das seinerseits von anderer Offenheit sein kann als die Öffnung auf es. Wenn keine kategoriale Kommensurabilität zwischen einem Mit der Öffnung und dem darin Eröffneten supponiert werden kann, dann ist jene Öffnung aber prinzipiell Öffnung auf Unerschließbares: ein Mit jeweils auch mit dem, was jede Teilhabe, jede Teilung und jede Mitteilung (*partage*) verwehrt. Die ultra-transzendentalen – die *att*ranszendentalen – Bedingungen des Mit sind also von der Art, dass ihnen jeder substanzielle und jeder substanziell subjektive Grund entzogen bleibt. Diese Bedingungen sind nicht Bedingungen der Gegebenheit, sondern solche der Ungegebenheit von Relaten, und sind Bedingungen der strukturellen Inkonsistenz der Relation selbst und Bedingungen zugleich von deren Unbedingtheit. Sie stehen in ontologisch unausmessbarem Abstand – und, genauer, einem *éloignement* ohne gesicherte Wechselseitigkeit – *zu* sich und *zu* Anderem. Erfahrbar wird ihr Mit in einer Bewegung, die zwar *réécriture* der ontologischen Tradition genannt werden kann, doch so allein in dem Sinn, dass sie als Rückschrift, Löschung der Schrift, Entschreibung (*des-écriture*) oder, mit einem starken Wort von Nancy, *excriture* verfährt.

Sobald ein Wort gesprochen wird, ist es seiner *Ent*sprechung ausgesetzt; sobald gedacht wird, wird auch *ent*dacht. Aber beide Bewegungen verlaufen nicht notwendig komplementär zueinander. Was als Gegenbewegung, Umkehrung oder Negation aufgefasst werden kann, sofern es nicht weniger primär ist als die Bewegung, muss immer auch eine asymmetrische Negation sein können, die ihre Koordinaten sowenig am Gesagten, Gedachten oder Geschehenen wie am Sagen, Denken und Geschehen findet, sondern an einem Dritten, Vierten oder an keinem Angehörigen einer Reihe, über das sich keine Aussage treffen lässt. Was mit der Inkommensurabilität des Mitseins ins Sprechen, Denken und noch in die Klärung des Denkens namens Philosophie einzieht, ist nicht das Andere *des* Sprechens, Denkens, Philosophierens, sondern ein Anderes, das genealogischen, aitiologischen und überhaupt kategorialen Zuordnungen entgleitet. Das *incommensurable »avec«*, von dem *Être singulier pluriel* spricht,[52] ohne seiner bizarren Alogik durchweg zu folgen, ist das Ende der Ontologie, ohne je ihr Ziel gewesen zu sein. Es ist das Ende auch des *anèr philósophos*, wie er harmonisierend zuletzt von Heidegger dargestellt wurde. Es ist aber vielleicht ein weiterer Anfang zu einer anderen, einer *outre-philosophie*, die nicht eine kompakte, einsinnige, in sich geschlossene Sprache, sondern mehrere, miteinander nicht koordinierte Sprachen spricht, die sich auf weitere – und auch auf keine jemals gegebene – offen halten: Sprachen des Vielleicht des

52 Nancy, *Être singulier pluriel*, a.a.O., S. 113.

Miteinander dieser Sprachen und des Vielleicht ihrer Korrespondenz mit dem, was sie für sich oder für das Ihre halten.

Von einer solchen Relation, die in eine Relation zur Irrelation übergeht und die Irre dieses Übergangs ist; von einer Relation ohne Relate, mithin einer freien – selbst von ihr selbst freien –, einer independenten, un-bedingten Relation; von einem solchen Übergang – einer solchen *transcendance*, jedoch trans-sans-trans und also unpassierbar für jede transzendentale oder gar transzendente Ausflucht – sprechen zu Beginn von *Être singulier pluriel* Sätze, die von einer *pensée impossible* handeln, »pensée qui ne se retient pas dans la circulation qu'elle pense, pensée du sens à même le sens […]«. Dort heißt es, in Klammern (*crochets*), den Gedanken noch des *sens à même le sens* überbietend:

»(Comme, à l'instant où j'écris, un chat blanc et roux traverse le jardin, emportant ma pensée avec la sienne, d'un glissement moqueur.)«[53]

Diese parenthetische Katze ist keine Katze, die den Bedingungen der Gegenständlichkeit gehorcht, sie ist eine Katze, die mit dem Denken, das sich ihr zuwendet, auch noch das in ihm Gedachte davonträgt: *un des chats de tout un chacun*, der sein Niemand- und Nichtsein ist, *un chat-du-pas-d'être* und dessen Sinns, *un chat-du-sans-sens*, eine Katze der Sprachen und des Nichtsprechens. Sie hält nicht und verhält *sich* nicht, sie gleitet. Sie markiert, aber *de*markiert und mokiert sich zugleich, immer, *à l'instant où j'écris*. *Mund*, so heißt es an anderer Stelle in mehreren Sprachen, *mouth – mucken, mokken, mockery, moquer*.[54] Sie entgleitet der Kreisbewegung des Denkens und Sprechens, und trägt noch den Gedanken des Philosophen, der ihr Entgleiten zu denken versucht, ohne Triumph, davon. Sie ist keine philosophische Katze und keine Katze der ›Kunst‹, der ›Literatur‹, der technischen Figuration. Sie gehört nicht. Sie geht ihrer Wege, ohne der Zusicherung zu bedürfen, dass es ihre eigenen sind. Auch das *t* dieses *chat* ist stumm.

---

53 Ebd., S. 22.
54 Nancy, *À l'écoute*, a.a.O., S. 48.

Vom Stummen in der Sprache und außer ihr, vom bloßen *Vielleicht einer Sprache* und von anderem mehr spricht ein Gedicht von Paul Celan, das erst aus seinem Nachlass veröffentlicht wurde, weil er es selbst nicht hat drucken lassen. Es trägt den Titel MUTA. Es lässt sich nicht ins Französische übersetzen, weil es zum Teil französisch geschrieben ist. Im Unterschied zum ersten steht das zweite *Seuls* des Gedichtes im Plural.[55]

MUTA

Seul –: zu dreien gesprochen, stummes
Vibrato des Mitlauts.
Seuls.

.....................................................................

Ein Bogen, hinauf
ins Vielleicht einer Sprache gespannt,
aus der ich, souviens-
t'en, – aus der ich
zu kommen
glaubte. Und

une corde (eine Saite, eine
Fiber) qui
répondrait.

---

55 Celans Gedicht ist abgedruckt in Paul Celan, *Die Gedichte aus dem Nachlass*, hg. von Bertrand Badiou, Claude Rambach und Barbara Wiedemann, Frankfurt/M. 1997, S. 63. Dazu Werner Hamacher: »HÄM. Ein Gedicht Celans mit Motiven Benjamins«, in Jens Mattern, Gabriel Motzkin, Shimon Sandbank (Hg.), *Jüdisches Denken in einer Welt ohne Gott. Festschrift für Stéphane Mosès*, Berlin 2000, S. 177f. und passim zum Problem des – in jedem, und keinem, Sinn verstandenen – M u t i e r e n s. Zum Komplex des Mit-ohne-Mit, auf den ich bereits andernorts, besonders in »Was zu sagen bleibt« (unveröffentlicht), eingegangen bin, sei auf die gewichtigen Bemerkungen von Marcia Sá Cavalcante Schuback in dem von ihr herausgegebenen Band *Being With the Without* hingewiesen (Stockholm 2013). Auf ihn hat mich während der Niederschrift dieses Textes freundlicherweise Irving Goh aufmerksam gemacht.

# N'ESSANCE

## (*ad Derrida*)

*Comment s'étaient-ils rencontrés?*
*Par hasard, comme tout le monde.*
Diderot

Derrida stößt auf den Zufall, den *accident*, nicht zum ersten Mal, doch, wie es scheint, zufällig, in seinem Kommentar zu Shakespeares *Romeo and Juliet*, und entwickelt impromptu auf einer Seite, im Aphorismus 12 von *L'aphorisme à contretemps*,[1] eine kurze Ad-hoc-Theorie dessen, was man die Zeit der Kontingenz, die Unzeit oder – alle Namen erweisen sich plötzlich als problematisch – auch einfach die Zeit der Zeiten nennen kann. Er spricht, um die Zufälligkeit des Zufalls und somit den Zufall als eigentümliches Phänomen zu retten, scheinbar widersinnig von einem *contretemps essentiel*, also einem wesentlichen, einem un-zufälligen Zufall. Er schreibt, genauer, und italisiert dabei das Wort *remarquer*: »Le contretemps accidentel vient *remarquer* le contretemps essentiel«. Diese ›wesentliche Unzeit‹ und ihre zuvor genannte ›wesentliche Möglichkeit‹ – *possibilité essentielle* – erweist sich im weiteren Gang der Argumentation als die von der philosophischen Logik als undenkbar verworfene »anachronie de structure, l'interruption absolue de l'histoire en tant que déploiement d'une temporalité, d'une temporalité une et organisée«. Dem Zeitordnungssystem ›Geschichte‹ liegt demnach die von ihm konterkarierte »dispersion des durées intérieurs et hétérogènes, [...] la déconnexion des expériences, la multiplicité des mondes – tout ce qui rend possible un contretemps« voraus. Deshalb, so setzt Derrida seine Überlegung fort, könnte kein Zufall, und wäre es

---

1 Jacques Derrida, »L'Aphorisme à contretemps« (1986), in ders., *Psyché – Inventions de l'autre II*, Paris 2003. [Dt. in *Psyche. Erfindung des Anderen II*, aus dem Französischen von Markus Sedlaczek, Wien 2013.]

ein einziger, eintreten, wenn er nicht schon, *déjà, par essence,* vor seinem Eintreten eingetreten wäre: »est *déjà* arrivé, par essence, avant d'arriver«.

Doch die ›wesentliche Möglichkeit‹, von der Derrida spricht, kann aus den von ihm selbst genannten Gründen weder wesentlich, noch kann sie Möglichkeit in irgendeinem traditionellen philosophischen Sinn heißen, denn sie ist die Möglichkeit, dass verschiedene Zeitreihen und die ihnen eigenen Möglichkeiten miteinander kollidieren und dabei die Möglichkeiten der jeweils anderen Zeitsequenzen und ihre eigenen ruinieren oder bis zur Unkenntlichkeit verändern. Im Fall einer solchen Kollision – und das ist der Zufall, der *accident anachronique,* das *contretemps* – sind mindestens zwei Zeiten, zwei Möglichkeiten und zwei Wesen im Spiel, die nicht in prästabilierter Harmonie aufeinander abgestimmt sind und sich in ihrem Zusammenstoß als nicht-substanziell, inkohärent und somit im strengen Wortsinn als inessenziell erweisen. Deshalb kann so wenig wie von *der* Zeit von *der* Möglichkeit und der *wesentlichen* Möglichkeit eines Zufalls die Rede sein, sondern allein von der Möglichkeit von mindestens zwei verschiedenen Möglichkeiten, einander zu widersprechen, zu durchkreuzen und zu verfehlen. Allein eine solche Möglichkeit vor allen und diesseits aller Möglichkeiten, nur ein Vor- oder Un-wesen und eine Außer-Möglichkeit, *praepossibilitas* und *extra-essentia* bietet den Spielraum für eine Pluralität von Zeiten und Zeitreihen, von Welten und Weltkomplexen, allein sie bietet den Zeit-Spiel-Raum für ihre Begegnungen und ihre Verfehlungen, aber bloß den notwendigen, nicht den zureichenden Grund für eine Übereinstimmung zwischen ihnen. Nicht also *par essence,* wie Derrida schreibt, sondern, sit venia verbo, ›par para-essence‹ ist der ›wesentliche‹ Zufall schon vor dem ›aktuellen‹ Zufall eingetreten.

Derrida präzisiert denn auch seine verfängliche Begriffs- und Argumentationswahl, indem er betont, der Zufall sei unzufällig, aber er sei es nicht im Sinne »d'une essence ou d'une structure formelle«, einer abstrakten Möglichkeitsbedingung oder der universellen Form der Beziehung zum Anderen überhaupt. Damit entfällt allerdings, ohne dass er es vermerkt, auch der Grund für die Behauptung, der Zufall – die Unzeit – sei eingetreten, schon bevor er eingetreten sei: »est *déjà* arrivé, par essence, avant d'arriver«. Was nämlich bereits vor jedem ›aktuellen‹ Zufall eingetreten ist, ist die strukturell in-aktuelle Vor-Möglichkeit einer Diskordanz von Möglichkeiten, doch diese Vor-Möglichkeit jeder temporalen Koordination und Koinzidenz kann selber temporal nur inkoordiniert sein: ihr fehlt das *co-* jeder Kompossibilität und jeder Kopräsenz und darum auch jeder Ort in einer Zeitreihe, der vor oder nach einem anderen gelegen sein könnte. Die Vor-Möglichkeit aller zeitlichen Möglichkeiten liegt diesen nicht in einer Zeitreihe voraus, sondern liegt ihr voraus als nicht linearer – nicht-geometrischer und nicht-metrischer – Spielraum verschiedener Zeiten und Zeitmöglichkeiten, und liegt eben deshalb *in* diesen selbst als ihr absolutes Außen.

Der Zufall, und zwar jeder, ist ein Fall *ex tempore*, Fall aus der Zeit, weil Fall einer Zeit in eine nicht-antizipierbare inhomogene andere und somit Eröffnung mindestens einer bis dahin nicht gegebenen, weiteren, neuen Zeit. Nicht also die Möglichkeit, am wenigsten die ›wesentliche‹, des Zufalls geht dem Zufall voraus, sondern der Zufall, der schlechthin un-wesentliche, geht, umgekehrt, seiner ›eigenen‹ Möglichkeit, er geht dem Begriff und Wesen des Zufalls und geht somit – und allein in diesem Sinne – ›sich selbst‹ voraus. Und zwar geht er ›sich selbst‹ so weit voraus, dass er für sich selbst uneinholbar, unwiederholbar, in eine eigene Zeitreihe unfassbar bleibt. Wenn er eine Markierung hinterlässt, so doch nur eine solche, die nichts *remarque*. Er mag Konsequenzen haben, doch nur, weil er unzeitig bleibt, nicht nur anachronisch, sondern achronisch, Ende, nicht Ziel mindestens zweier Zeiten, absoluter Anfang verschiedener Zeiten, archi-polychronisch, archi-poly*a*chronisch. Jeder Zufall, sonst wäre er keiner, ist singulär.

Singularität ist denn auch derjenige Zug des Zufalls und der Unzeit, den Derrida als den entscheidenden in allen weiteren Überlegungen festhält. Nachdem er die Rede von der *essence* des Zufalls modifiziert hat, fährt er fort: »Plutôt la singularité d'une imminence dont la ›pointe acérée‹ aiguillonne le désir à sa naissance – la naissance même du désir. J'aime parce que l'autre est l'autre, parce que son temps ne sera jamais le mien«. Die *imminence* der Unzeit betont deren unmittelbares Vor-wesen, die »pointe acérée« aus Baudelaires »Le confiteor de l'artiste« setzt den Akzent auf die unvermittelbare Unendlichkeit dieses Bevorstandes, die Rede von der *naissance* insistiert auf dem Anfang einer Relation, die niemals Korrelation in einer einzigen Zeit werden kann, sondern Anfang fortwährend inkonsistenter, nie chronometrisch geordneter, dennoch andauernder Unzeiten und Nie-Zeiten bleiben muss. In der annähernden Koinzidenz der einander weder semantisch noch gar begrifflich korrespondierenden gewichtigsten Begriffe – oder Gegen-Begriffe – von Derridas Aphorismus, aus der vielleicht nicht intendierten, aber unabweisbaren Nähe der verschiedenen Vorstellungsreihen und Sprachwelten angehörigen und dennoch gleicherweise akzentuierten beiden Wörter *essence* und *naissance*, die weder ein ›wesentlicher Zufall‹ noch, in einer Analyse des Zufalls, eine unbedingte Notwendigkeit zusammengeführt haben wird, lässt sich, nolens volens, ein *n'essance* lesen, das die, freilich unförmige, Formel des *contretemps accidentel* sein könnte. Diese *n'essance* wäre der Zufall selbst, der unbedingte Zufall des Zufalls, wie er de-essenzialisierend in alle Wesens-Vorstellungen von der Zeit einfällt und in der beginnenden Begegnung von zwei Wörtern, zwei Zeiten und zwei Welten ihrer beider fortgesetzte Kontingenz bewahrt.

Wenn das mehrfach hervorgehobene *déjà* – »déjà arrivé, par essence, avant d'arriver« – von Derridas Aphorismus die Paraphe ist, mit der er ihn signiert hat, und wenn dieses *déjà* in der Interferenz zwischen den nicht-korrespondierenden *essence* und *naissance* auseinandergelegt wird, dann ist *n'essance* einer der vielen Namen, kein Eigenname, von Derrida. Er ist – wie der Zufall, und nicht nur er, es will oder nicht will – für die, die ihn lesen und dem Zusammenstoß mit ihm nicht ausweichen, der abenteuerliche Anfang von anderen Zeiten, in denen das *dérangement* seines Einfalls verstörend und bewegend überlebt.

# DAS NICHT IM SATZ DER IDENTITÄT

Der Satz ist die Grundbewegung der Bestimmung. Ob als *logos apophantikos* oder als *vox*, als *propositio* oder als Aussage gedacht, er sagt jeweils etwas über etwas und zu jemandem in der Weise, dass durch dieses Sagen das gemeinte Etwas aus seiner Unbestimmtheit hervortreten und die Konturen einer Bestimmung annehmen kann. Um aber bestimmen zu können, muss der Satz zugleich mit dem ihm vorschwebenden Etwas auch sich selbst als sprachliche Form aus dem verfügbaren, oder auch dem noch unverfügbaren, Reservoir von Wörtern, Wendungen und syntagmatischen Elementen einer Bestimmtheit zuführen, in der sich die Bestimmung des Etwas anbahnen oder erschließen kann. Mit der Bestimmung eines Etwas ist es im Satz also jeweils zugleich um die Bestimmung des Satzes zu tun, der aus seiner Unbestimmtheit heraustretend die Unbestimmtheit dessen einzuschränken hat, von dem in ihm die Rede sein soll. Mit dieser doppelten Bewegung der Satz- und der Sachbestimmung geht eine gleichfalls doppelte Bewegung der Einschränkung von Unbestimmtheiten und der Abwehr von Vorbestimmungen einher: von Vorbestimmungen aus gewohnten Auffassungen der Sache, die sich ihrer angemessenen Bestimmung widersetzen mögen, von Unbestimmtheiten in den Sprachformen, durch die die Sache verfehlt werden kann. Die Grundbewegung des Satzes ist deshalb zunächst gar nicht die des Satzes ›selbst‹, sondern die davon streng geschiedene des *Absetzens*, in dem das bestimmende Reden sich von allen sprachlichen Vorbestimmungen löst, sich von den Routinen des Zu- und Absprechens frei macht, die verfügbaren Prädikationsformen aufgibt und noch das bestimmende Sprechen selbst aufgibt – nicht um im Unbestimmten zu verharren, sondern um das Bestimmen anfangen zu lassen.

Hegel hat deshalb seine *Logik* in der Analyse der »Bestimmtheit (Qualität)« mit dem Sein und dem Nichts als Unbestimmtheiten beginnen lassen. Weder das Sein noch das Nichts ist ein Etwas, das als Gegenstand fixiert oder in einer Aussage erfasst werden könnte, beide sind vielmehr das Allgemeinste und zugleich Leerste, das Konturloseste und Indefiniteste, was überhaupt und was auch vom Sagen selbst gesagt werden kann. Darum präsentiert das eine wie das andere auch in der Form syntaktischer Unbestimmtheit, asyndetisch und imprädikativ: »*Sein, reines Sein,* – ohne alle weitere Bestimmung.«[1] Und: »*Nichts, das reine Nichts;* es ist einfache Gleichheit mit sich selbst, vollkommene Leerheit, Bestimmungs- und Inhaltslosigkeit; Ununterschiedenheit in ihm selbst.«[2] Sein wie Nichts, so ist damit gesagt, sind absolute Minima der Bestimmung und diese irreduziblen Minimalbestimmungen lassen sich allein durch die Abweisung von weiteren Bestimmungen und also von Bestimmungen überhaupt bezeichnen. Als dasjenige, was kein gegenständliches Sein, kein Dasein nach dem Hegel'schen Gebrauch dieses Begriffs, hat, also bloß als dies: dass es ist, ohne ein Was oder »irgend Etwas« zu sein,[3] ist es das schlechthin Ungegenständliche, das sich allein in den apophatischen Gesten der Absetzung von Bestimmungen der Sagbarkeit darbietet. Die formal-ontologische Definition, mit der die Hegel'sche *Logik* ihren Anfang nimmt: »Das Sein ist das unbestimmte Unmittelbare« ist deshalb ebenso eine Indefinition wie die Charakteristika der Qualitätslosigkeit, der Reflexionslosigkeit, der Ununterschiedenheit und der Leere, die dem Sein zugesprochen werden, Indeterminationen und Absprechungen sind, in denen die bestimmende Sprache des Satzes allen Elementen ihrer Aussage gewissermaßen entsagt und das jeweils Ausgesagte im selben Zug revoziert. Dass nun aber Sein ebenso wie Nichtsein dasjenige ist, was jeder sprachlichen und überhaupt semiotischen, insbesondere jeder prädikativen Bestimmung unfähig ist, macht es zu einer Imprädikabilie, vor der der Satz, wenn er die Grundbewegung der Bestimmung sein soll, sein Versagen bekennen muss. Hegel beschreibt dieses Versagen mit besonderer Schärfe in diesen Sätzen zum Sein: »Es ist *nichts* in ihm anzuschauen, wenn von Anschauen hier gesprochen werden kann; oder es ist nur dies reine, leere Anschauen selbst. Es ist ebenso wenig etwas in ihm zu denken, oder es ist ebenso nur dies

---

1 Georg Wilhelm Friedrich Hegel, *Wissenschaft der Logik, I* (Werke 5), Frankfurt/M. 1986, S. 82.

2 Ebd., S. 83.

3 Ebd., S. 84.

leere Denken.«[4] Mit Anschauung und Denken zitieren diese Sätze Kants Konvergenzbedingung der Erkenntnis, dass allein begriffsgeleitete Anschauungen und mit Anschauungen gesättigte Begriffe zu Einsichten in das, was ist, und zu seiner kategorialen Bestimmung taugen. Sein zeigt sich nicht, lässt sich nicht denken und deshalb auch nicht aussagen. Wenn Sein aber nicht nur das Anschauen und Denken eines Leeren, sondern dies leere Anschauen und leere Denken selbst ist; wenn es somit auch das von allen Bestimmungsformen entblößte Sprechen ist, dann ist Sein oder Nichts doch nicht die Vernichtung dieses Anschauens, Denkens und Sprechens. Es ist durch nichts Anderes bestimmtes und nichts Anderes bestimmendes, indefinites, nicht-prädikatives und selber nicht prädizierbares Sprechen, das von allen Verstandesbegriffen und also von allen Kategorien, deren Sätze sich zu Aussagen bedienen könnten, frei bleibt.

Mit dieser Überlegung zu einem Sein, das vor jeder Bestimmung zurückweicht, ist nun aber der Bereich der formalen Ontologie zunächst als unbetretbar bezeichnet. Wenn die erste und fundamentale, die Ur-Bestimmtheit von Sein und Denken in ihrer Un-Bestimmtheit liegt, und wenn jenes Sein sich als absolute Leere immediat in einem leeren Denken und ebenso leeren Sprechen bekundet, dann sind Sein, Denken und Sprechen das Selbe, aber das Selbe sind sie – durchaus un-parmenideisch –, weil sie sich nicht als »irgend Etwas«, nicht als gegenständliches Sein, nicht als Denken eines Gedachten und nicht als Sprechen eines Angesprochenen zeigen, sondern als Nichts. Die einzige Form, die Sein, Denken und Sagen aufweisen, ist diese, dass sie keine Form aufweisen. Sie qualifizieren sich somit, durchgängig qualitätslos, weder zu einer formalen noch zu einer konkreten Logik, weder zu einer formalen noch einer dialektischen Ontologie, denn ebenso wie sie keinerlei Anhalt für Formbestimmungen bieten, weisen sie keine inhaltlichen Bestimmungen auf, deren Implikationen im Bereich der Vorstellung, des Wissens und der Wissenschaft entfaltet werden könnten.

Wenn die Grundoperation des Satzes das Bestimmen ist, dann hat sie am Unbestimmten, an dem sie ansetzen muss, um zur

---

4 Ebd., S. 83f.

Bestimmtheit zu kommen, zwar einen Grund, aber nur einen solchen, der ihr entzogen bleibt, sie ent-setzt und sie im gesamten Gang ihrer Fortbestimmungen ent-setzt bleiben lässt. Sein oder Nichts, das schlechthin »unbestimmte Unmittelbare«, ist als das ebenso schlechthin Imprädikable und Aphänomenale jeweils dasjenige, was in allen Anschauungen bloßes Anschauen, in jedem Gedanken bloßes Denken und in allen Aussagen bloßes Sagen bleibt. Hegel formuliert denn auch sehr bedacht, wo er das Sprechen vom Sein und vom Nichts thematisiert, mit einer Reservatio: »wenn vom Anschauen hier gesprochen werden kann« und: »Insofern Anschauen und Denken hier erwähnt werden kann«.[5] Mit diesem Vorbehalt ist eingeräumt, dass von einem Anschauen und Denken hier nur in der Weise gesprochen werden kann, dass dieses Sprechen zugleich vom darin Ausgesprochenen abrücken und sich als leeres Sprechen ohne bestimmten oder auch nur bestimmbaren Inhalt darbieten muss. Damit ist aber auch eingeräumt, dass dieses Sprechen diesseits jeder begrifflichen Distinktion, diesseits also auch der Distinktion zwischen Anschauung, Denken und Sprechen, keinerlei Unterscheidung fähig als bloßes *apeiron* verläuft. »Nur sich selbst gleich und auch nicht ungleich gegen Anderes«,[6] unterhalten Sein wie Nichts im bloßen Sprechen keine Beziehung zu dem, was sei's in ihnen, sei's mit ihnen oder durch sie ausgesagt werden könnte. Für beide gilt deshalb, was Hegel in einer höchst paradoxen Wendung vom Nichts sagt: es sei die »beziehungslose Verneinung, – was man, wenn man will, auch durch das bloße *Nicht* ausdrücken könnte.«[7] Als »beziehungslose Verneinung« muss sie aber eine negationslose Negation, eine Annegation und also ein nicht nur *Nicht*-sagendes, sondern vor allem ein nicht-aussagendes Sagen sein. Wenn Hegel es als »die abstrakte, unmittelbare Negation« charakterisiert, lässt er keinen Zweifel daran, dass unter *abstrakter* Negation eben keine andere zu verstehen ist als diejenige, die noch von ihrer eigenen Negativität *abgezogen* oder der die Aussageform der Negation *entzogen* ist. Das »unbestimmte Unmittelbare« kann demnach nur ein solches

---

5 Ebd., S. 82f.
6 Ebd., S. 82.
7 Ebd., S. 84.

sein, für das sämtliche positiven wie sämtliche negativen Begriffe zu spät kommen, als dass sie es fassen könnten. Da es strukturell jeder Bestimmtheit vorausliegt, kann die Rede von der »abstrakten, unmittelbaren Negation« hier den Sinn nicht einer Negation, sondern nur den der Unnegiertheit und darüber hinaus den der Negationsunfähigkeit haben. Darum ist Sein oder Nichts keineswegs schon eine primäre Affirmation: diese müsste sich gleichfalls als Bestimmung sei's einer Sache, sei's ihrer selbst als Behauptung, Bejahung oder Ponierung äußern, damit aber in eine Relation zu einem von ihr Unterschiedenen treten. Hegel weist deshalb ausdrücklich jede Möglichkeit ab, Sein als *Positives* und Nichts als *Negatives* zu charakterisieren, weil anders »jenes das gesetzte, reflektierte Sein, dieses das gesetzte, reflektierte Nichts« wäre.[8] Keines von beiden ist aber gesetzt, keines reflektiert oder vermittelt, so dass der Ausdruck »abstrakte, unmittelbare Negation« so verstanden werden muss, dass er den propositionalen Sinn jedes seiner Elemente durchstreicht, ohne irgendeines im technischen Sinn des Wortes zu ›negieren‹ oder nichtig zu setzen: »abstrakt« ist die Negation, sofern sie nicht negiert, »unmittelbar« ist sie, sofern sie sich keinem Akt der Vorstellung oder des Bewusstseins verdankt, »Negation« schließlich ist sie nur, sofern sie unbezügliches Denken und bloßes Sagen ohne Verhältnis zu Anderem oder sich selbst ist. Die Aristotelischen Begriffe aus *peri hermeneias*, nach denen *katáphasis* für das prädikative Zusprechen, *apóphasis* für das Absprechen steht, sind zur Charakterisierung der »leeren Gedankendinge«, wie Hegel Sein und Nichts nennt,[9] unbrauchbar; triftig für die Elementarbewegung ihres leeren Denkens dürfte allein ihr Stammbegriff *phasis* sein, der das bloße Sagen ohne Ausgesagtes und somit ohne positive oder negative Bestimmung bezeichnet. Diese imprädikative – und in diesem Sinn prä-dikative und prä-positionale – Phasis spricht als das »unbestimmte Unmittelbare« in allem urteilenden Zusprechen und Absprechen mit; es lässt sich sogar sagen, dass sie sich diesem Zusprechen und Absprechen urteilslos überlassen muss, damit es zu ihrem

---

8 Ebd., S. 86.

9 Ebd.

positiven oder negativen Urteilen kommen kann, und dass sie sich diesem Urteilen, ebenso urteilslos, vorenthalten muss, damit seine Bestimmungsoperationen möglich werden können.

Es gibt also keinen Satz, der das Sein zu fassen, es auszusagen und zu bestimmen vermöchte, weil jede bestimmende Aussage in einem Satz sich bereits über es hinwegsetzt: jeder Satz *vom* Sein hat sich schon von ihm entfernt; jeder Satz *über* das Sein hat sich schon über das Sein gesetzt und über es hinweg gesetzt. Dass Sein zwar gesagt – und zwar bloß gesagt –, aber nicht ausgesagt werden kann, heißt für Hegel, anders als für Kant, dass Sein keine Position und auch keine Negation ist. Dasselbe gilt vom Nichts: es ist negationslos, ein Nichts ohne Nicht, weil bestimmungslose Ununterschiedenheit in ihm selbst, und deshalb ohne Position. Erst der Satz als Bestimmungsbewegung führt in das bloße Sagen ein Gesagtes und damit eine erste Negation ein, die das Nichts in ein seiendes Nichts, ein *nihil negativum*, und mit ihm das Sein in positives Dasein verwandelt. Der Satz muss aber, um zu Bestimmungen gelangen zu können, mit dem unbestimmten bloßen Sprechen anfangen; er muss, in der unbestimmten – und darum aphatischen – Phasis einsetzend, mit seinem Aussetzen einsetzen, um überhaupt Satz werden zu können; aber weil er und solange er mit dem bloßen, unbestimmten Sprechen spricht, muss er sich und seine Bestimmungsakte von jenem Sprechen indeterminieren, entleeren, ent-setzen lassen. Keine dieser Bewegungen der protoontologischen Phase von Hegels Ontologie verläuft im Bezirk der Negation, und doch muss jede von ihnen, wie Hegel sie lenkt, auf quasi-negatorische Ausdrücke zurückgreifen, um verständlich zu machen, wie die elementarsten Bestimmungen des Denkens gewonnen werden können. Der Sinn dieser Quasi-Ausdrücke liegt in der Revokation – und also nicht in der terminologisch gefassten Negation – von Fehlbestimmungen des sachlichen Gehalts dessen, was Sein und was Nichts heißt; er liegt also in der Freilegung des bloßen Anschauens, bloßen Denkens, bloßen Sprechens. Hegel verwendet darum in gleicher Bedeutung mit dem Begriff der Unbestimmtheit die Wendung ›frei von Bestimmtheit‹.[10]

---

10 Ebd., S. 82.

Im strengen Sinn bestimmende und darum negative Terme und mit ihnen Satzterme werden erst jenseits der Phase von Sein oder Nichts erreichbar, aber da sie dem bloßen Gedanken der Bestimmungsfreiheit nicht von außen zugesprochen werden können, ohne dass die Herkunft dieser Prädikation und der Prädikationsfähigkeit überhaupt unaufgeklärt bliebe, muss Hegel sie aus der Bewegung der Bestimmungsfreiheit selber hervorgehen lassen. Er behauptet nämlich von dem »an ihm selber« unbestimmten Sein: »aber *an sich* kommt ihm der Charakter der Unbestimmtheit nur im Gegensatze gegen das Bestimmte [...] zu.«[11] Wie immer es um die Differenz zwischen »an ihm selber« und »*an sich*« näher bestellt sein mag, sie ist diejenige Differenz, vermöge deren das Beziehungslose in das negative Relat einer Beziehung des Gegensatzes und damit in einen Satzterm verwandelt wird. Zu der für diesen Prozess entscheidenden immanenten Bewegung, die aus dem »an ihm selber« Indefiniten zum »an sich« Finiten führt, äußert sich Hegel nicht, und es muss zunächst offen bleiben, ob es als eine Schwäche seiner Proto-Ontologie oder als ihre Kraft zu vermerken ist, dass sie den Übergang von Unbestimmtheit in *bestimmte* Unbestimmtheit ihrerseits unbestimmt lässt. Dass sie aber einen solchen Übergang, und zwar als immanenten Übergang behauptet, bleibt eine gewaltsame Imputation, die aus dem Unbestimmten ein selbstbezügliches Unbestimmtes, aus dem Irrelationalen ein Sui-Relationales macht und das leere Sein nach dem Muster der Selbstbeziehung des Bewusstseins modelt. Ohne dass Hegel einen Hinweis darauf gäbe, können seine Aussagen über den bloß phatischen Logos des Seins wie des Nichts aber auch so verstanden werden, dass er sich zu einem Etwas sagenden nur bestimmen *lässt*, dass er es in absoluter Passivität *zulässt*, als Unbestimmtheit bestimmt, als Negation gefasst und in den Prozess der Fortbestimmungen zu Dasein, Fürsichsein, Wesen und Begriff hineingezogen zu werden. Das Negationslose wäre dann eben dasjenige, das keiner Negation widersteht, weil es »an ihm selbst« nichts ist und deshalb, ob als Sein oder Nichts, je schon in seine Negation, wie Hegel schreibt, »nicht übergeht, sondern

---

11 Ebd.

übergegangen ist«.[12] Als Sein oder Nichts ist es demnach je schon sein Gewesensein, *ist* also nicht, sondern ist *passé* und in dieser *Passéität* nicht nur ein Anderes überhaupt, sondern dies bestimmte Andere seiner *Selbst-Verlassenheit*, in der es sich jedem Zugriff weiterer Bestimmungen durch das, was es nicht selbst ist, überlässt. Damit, dass das Negationslose jede Negation zulässt und vermöge seiner eigenen Struktur Negationen auf sich zieht, ist aber auch gesagt, dass es indefinit und infinit allen Negationen entzogen bleibt und in den von ihm zugelassenen nicht als Negation ihrer Negation, sondern als deren Suspendierung den Zug seiner Selbst-Verlassenheit fortsetzt. Das bloße Sagen, da es sich unbestimmt und unmittelbar immer schon verlassen hat, kann nicht anders, als sich das Prädikat der Prädizierbarkeit zukommen zu lassen und bestimmende, zunächst negative Prädikation zu werden. Da es aber noch in dieser Prädikation als Imprädikables und in seiner Negation als Unnegierbares bewahrt bleibt, bleibt es zugleich als bloßes Sagen in allen Aussagen und als Satzunfähiges in allen Sätzen bewahrt.

Hegel hat aus seinen Vorbehalten gegen die Form des Satzes nie einen Hehl gemacht. Sie war ihm eine dem Gedanken unangemessene Form des Ausdrucks, weil sie ihm unfähig schien, eben jenen Übergang von einem Gedanken zu einem anderen, wie den Übergang vom »leeren Denken« des Unbestimmten zum Denken der reinen Bestimmtheit zu artikulieren. In seinem Jenaer »Wastebook« aus den Jahren 1803–1806 findet sich die Notiz: »Es wird der Philosophie nicht so gut, einen *Satz* zu haben und sagen zu können: das *ist* oder ist *nichts*.«[13] In der großen Logik ist die gesamte zweite Anmerkung zu Sein, Nichts und ihrem Übergang ineinander der Warnung vor den Denk- und Erkenntnisbarrieren gewidmet, die von der Satzform errichtet werden. »Es muß hierüber«, so heißt es dort, »sogleich im Anfange die allgemeine Bemerkung gemacht werden, dass der Satz, in *Form eines Urteils*, nicht geschickt ist, spekulative Wahrheiten auszudrücken; die Bekanntschaft mit diesem Umstande wäre geeignet, viele Missverständnisse speku-

---

12 Ebd., S. 83.

13 Hegel, *Jenaer Schriften 1801–1807* (Werke 2), Frankfurt/M. 1986, S. 559; zum Schließen: ebd., S. 541.

lativer Wahrheiten zu beseitigen.«[14] Was Hegel »spekulativ« an der Wahrheit »*Sein und Nichts sind dasselbe*« nennt, ist die Einheit ihrer Selbigkeit und ihrer Verschiedenheit. Deshalb moniert er zunächst den vom Urteilssatz festgehaltenen Unterschied zwischen den beiden Subjekten (*Sein und Nichts*) und zwischen ihnen und dem Prädikat (*ist dasselbe*), einen Unterschied, der, wie er schreibt, »im Satze unmittelbar vorkommt«, und moniert sodann, dass dieser Satz das als unterschieden Festgehaltene als miteinander Identisches ausspricht – und sich folglich selbst widerspricht: »so ist also hier ein Satz gesetzt, der näher betrachtet, die Bewegung hat, durch sich selbst zu verschwinden.« Hegel kann aus diesem doppelten und in sich selbst ebenfalls widersprüchlichen Monitum die Konsequenz ziehen: »Damit aber geschieht an ihm selbst [am Satz selbst] das, was seinen eigentlichen Inhalt ausmachen soll, nämlich das *Werden*.« Mit dieser auto-performativen, nämlich auto-destruktiven Bewegung des Satzes Sein = Nichts ist aber die »spekulative Wahrheit«, wie Hegel sie denkt, noch nicht erreicht. Was im Satz *unmittelbar* vorkommt, geht nur *an ihm selbst*, also wiederum nur auf unmittelbare Weise, in die Vermittlung zum Werden über. Noch die Wahrheit der Selbigkeit des Unterschiedenen im Satz ist also nur eine unmittelbare, demnach auch nur unbestimmte Wahrheit, die als mangelhaft gelten muss, weil der Satz sie nur, wie Hegel auch schreibt, »*an sich*« enthält, sie aber »nicht selbst im Satze *ausgedrückt* ist«.[15] Dieses Ausdrücken kann also weder in der Form von Wörtern oder Namen noch in der Form des Urteilssatzes erreicht werden. Wenn das Wort »Sein« und das Wort »Nichts« suggerieren, von ihnen werde ein Gegenstand oder doch zumindest eine Vorstellungseinheit benannt, dann sagen sie nicht die Wahrheit, dass sie nur »leere Gedankendinge« aussprechen; und wenn der Urteilssatz, sie seien »dasselbe«, ihre Einheit aussagt, dann ist gerade darin ihre Wahrheit verfehlt, die sich nur in ihrem Übergehen ineinander als Geschiedener realisiert. Das »sozusagen unglückliche Wort »Einheit«, so bemerkt Hegel deshalb, »drückt deshalb die ganz abstrakte Dieselbigkeit aus und lautet

---

14 Hegel, *Logik*, a.a.O., S. 93.

15 Ebd.

umso härter und auffallender, je mehr die, von denen sie ausgesprochen wird, sich schlechthin unterschieden zeigen.«

Hegels Monita lassen sich also zunächst in dem Vorbehalt resümieren: Was der Satz jeweils sagen müsste und, »näher betrachtet«, auch tatsächlich sagt, das sagt er nicht aus. Er kann es nicht aussagen, weil er nur »an ihm selbst« oder »an sich« enthält oder festhält und fixiert, nur in der kontrakten Form der Feststellung und definitorisch bestimmt, was jede Bestimmungsoperation restlos verflüssigen müsste. Weil der Satz bestimmt, kann er die Doppelbestimmung des Seins, zugleich Nichts und vom Nichts unterschieden zu sein, nicht aussprechen. Und weil er diese Doppelbestimmung nur in der Form der Bestimmung aussagt, muss er in Widerspruch gegen sich selbst sprechen und sich derart als Satz zum Verschwinden bringen, ohne eben dieses Verschwinden auch aussagen zu können. Der Satz hat also, wie das in ihm zu Bestimmende, den doppelten Defekt: allzu bestimmt und allzu unbestimmt zu sein, mehr zu negieren, als er dürfte, und weniger zu negieren, als er müsste. Als wahrer Satz müsste er alle seine Elemente und damit sich selbst liquidieren: er müsste der Satz der absoluten Selbst-Entsatzung sein, in dem das reine Werden des Unbestimmten zu einem *bestimmten* Unbestimmten nicht nur – gewissermaßen stumm – geschieht, sondern als dieses stumme Geschehen auch ausgesprochen und mit einer Stimme begabt wird. Zu diesem Aussprechen kommt es aber nicht, und somit kommt es nicht zu derjenigen Bestimmung des »unbestimmten Unmittelbaren«, in der die einzige Aufgabe der Satzbewegung liegt; es kommt nicht zur Erhebung des Negationsfreien in die Negation, nicht zur Bestimmung des »an ihm selbst« zum »an sich«, nicht zur Transformation des »an sich« in ein »an und für sich«. Der Satz, kurzum, bleibt hinter sich selbst zurück als das im strengen Sinn Ungesetzte, und er geht, sofern er zum bloßen Geschehen seines Verschwindens ohne die Aussage dieses Verschwindens wird, über sich selbst nur in einer ex-thetischen, nicht aber in der ihm allein gemäßen thetischen Bewegung hinaus. Der Satz ist Exthesis –: er realisiert nicht die Negation, durch die allein eine Bestimmungssetzung möglich wäre, sondern verbleibt im Bereich des negationslosen Seins oder Nichts. In ihm, der durch und durch Satz sein sollte, spricht vorprädikativ das bloße Sprechen noch diesseits aller Negativität mit: spricht darin nämlich zum einen als bloß infra-negatives Sprechen, das hinter seiner eigenen Negationsbewegung zurückbleibt, und zum anderen als trans-negatives Sprechen, das in keiner bestimmten Negation gefasst und begriffen werden kann. Deshalb ist der Satz »in *Form eines Urteils*, nicht geschickt« – also auch nicht dazu bestimmt –, »spekulative Wahrheiten auszudrücken«.[16] Der Urteilssatz ist nicht dazu bestimmt, zu bestimmen. Hegels Monita gegen den Satz resümieren sich also genauer in dem Vorbehalt, dass er, solange er die Form der Aussage oder des einfachen Urteils bewahrt, noch nicht Satz, noch nicht selbstbestimmter und sich selbst bestimmender Satz, noch nicht Auto-Logos geworden ist. Um auto-logisch und autonom zu sprechen, muss er seine eigene Unbestimmtheit *als* Unbestimmtheit bestimmen und derart die Identität des von sich selbst Unterschiedenen sowohl sein als auch sagen.

Hegels Logik des Satzes und damit seine Logik der Bestimmung durch Negation kann also nicht mit der Logik des Seins beginnen – sie muss sich, selbst in ihrem Übergang in die Logik des Wesens, als Alogik erweisen. Wenn nun aber in der gesamten Sphäre des Seins – und somit des Nichts – niemals in distinkten Begriffen geredet werden kann, wenn auch der Übergang vom Sein oder Nichts zum Wesen heimgesucht wird von den Indistinktionen und Indirektionen des bloßen Sagens, dann muss dem Wesen eine gänzlich andere Struktur eigen sein, die ihm erlaubt, in prägnante Satz-Begriffe und in Negationen gefasst zu werden. Hegel lässt denn auch nicht den mindesten Zweifel daran, dass die Logik des Seins und die des Wesens miteinander inkompatibel sind. »Die absolute Indifferenz«, so schreibt er am Ende des ersten Teils der *Logik*, »ist die letzte Bestimmung des *Seins*, ehe dieses zum *Wesen* wird; sie erreicht aber dieses nicht.«[17] Und er weist seine eigene frühere Charakterisierung ihres Verhältnisses explizit zurück, wenn er erklärt, die Indifferenz des Seins werde zum Wesen *nicht* durch »ein Übergehen, noch äußerliche Veränderung, noch ein Hervortreten der Bestimmungen an ihr, sondern [durch] ihr

16 Ebd.
17 Ebd., S. 456.

eigenes Beziehen auf sich, das die Negativität ihrer selbst, ihres Ansichseins ist.«[18] Diese Selbstbeziehung, die hier als Negativität bezeichnet wird, heißt auch »Unverträglichkeit ihrer mit sich selbst, Abstoßen ihrer von sich selbst.«[19] Die Selbstbeziehung des Seins – oder des Nichts – ist damit nicht als Beziehung eines seiner Elemente auf ein anderes oder auch alle anderen Elemente verstanden, sondern als Beziehung seiner Indifferenz auf sich als Indifferenz. Ihre »absolute Negativität«, so schreibt Hegel deshalb, ist »ihre Gleichgültigkeit *gegen sich selbst*, gegen ihre eigene Gleichgültigkeit«.[20] Am Doppelsinn des Syntagmas ›Gleichgültigkeit gegen die Gleichgültigkeit‹ hebt Hegel gegenüber der Sichselbstgleichheit die Richtung dieser Gleichheit *gegen* sie selbst hervor und damit die Abwendung dieser Selbstgleichheit von sich. Es wird damit also nur gesagt, dass das Sein – oder das Nichts –, eben indem es »an ihm selbst« bleibt, sich von sich ab- und zugleich in sich zurückwendet. Seine Selbstbeziehung ist Selbstabstoßung. Aber da sie Abstoßung ihrer selbst von ihr selbst ist, hält sie als Abstoßung von der Abstoßung nicht nur an ihr selbst fest – und ist darin nicht nur Selbst*beziehung*, sondern im emphatischen Sinn Selbst*verhältnis* –, sie erzeugt durch diese Abstoßung erst ihr Selbst. Sie ist in eins Abstoßung von sich und Rückstoß aus sich in sich selbst. Das Verhältnis der Selbstabstoßung ist deshalb nicht eine Beziehung der äußerlichen Reflexion, sondern das Verhältnis der Reflexion-in-sich, nicht eine Entäußerung, sondern eine Erinnerung,[21] nicht eine Negation, sondern eine Negation, die sich selbst negiert, und in diesem Sinn – und zunächst allein in diesem – Negation der Negation. Erst als in sich zurückgehendes und sich seiner Gewesenheit erinnerndes Sein, erst in der Reflexion auf sich ist das Sein Negation, die sich zu sich *als* Negation verhält. Darum erklärt Hegel, es sei die »allgemeine Bestimmung« des Wesens, »die *erste Negation des Seins* zu sein.«[22] Negation tritt also in ihrem streng technischen Sinn im Entwicklungsgang

---

18 Ebd., S. 457.
19 Ebd., S. 456f.
20 Ebd., S. 456.
21 Hegel, *Wissenschaft der Logik II* (Werke 6), Frankfurt/M. 1986, S. 13.
22 Ebd., S. 16.

der Hegel'schen Logik zum ersten Mal als in sich selbst negierte Negation auf: als Negation nicht eines Anderen ihrer selbst, sondern als Negation desjenigen Anderen, das sie selbst ist. Als *diese* Negation ist sie das Wesen des Seins. Negation, wie Hegel diesen Term gebraucht, ist deshalb immediat Sui-Negation, sie selbst ihr eigenes Negat.

Die Selbstnegation des Seins muss deshalb auch die Struktur des einfachen Urteilssatzes zur Struktur des Satzes der Reflexion umdefinieren. Der Satz muss zum Satz der sich selbst negierenden Negation und, indem er aufhört, Urteil über Anderes zu sein, zum ausschließlich sich selbst bestimmenden, autologischen, zum Satz des Satzes werden. Dieser Satz des Satzes – und damit Satz aller Sätze – ist er als Negation der Negation. In ihm ist die erste Bestimmung, die Selbstbestimmung des Seins gesetzt, das sich von sich abgesetzt sein lässt. Hegel, der seit der Differenzschrift nicht aufgehört hat, gegen den logischen Satz insbesondere in seiner Form als Urteil Vorbehalte geltend zu machen, und der noch in der *Phänomenologie des Geistes* zum Schutz des »spekulativen Satzes« mit dem ihm eigenen Sarkasmus gegen die Satzform polemisiert, betont in der *Logik* die Nähe der Satzform zu den Reflexionsbestimmungen, ja die Herkunft dieser Form aus der Selbstnegation der Negation. Die Bestimmungen der Reflexion werden nämlich traditionell als allgemeine, absolut geltende, unableitbare und darum beweisunfähige Gesetze verstanden, die allem Denken »zum Grunde liegen«. Als Grundsätze sind sie nicht Sätze über Sätze, sondern diejenigen Sätze, die allen Sätzen inhärieren und deren Bewegungsform sie allererst zur Satzform disponiert. Der Grundsatz aller Grundsätze nennt zugleich die elementare Bestimmung der Reflexion, als sich von sich unterscheidende mit sich identisch zu sein. Dieser Grundsatz, dieser einzige Satz, der in der *Logik* den Titel ›Satz‹ beanspruchen darf, weil er Satz aus sich selbst ist, ist der Satz der Identität; seine formale Darstellung schreibt sich $A = A$.

Während das Urteil dem Satzsubjekt im Prädikat eine Bestimmung zuweist, die für sich besteht und von ihrer Beziehung auf das Subjekt unterschieden bleibt, ist diese Beziehung – nämlich die Kopula als Beziehung der Identität – der einzige Inhalt des Satzes. »Denn der Satz unterscheidet sich vom Urteil vornehmlich dadurch«, schreibt Hegel, »daß in jenem der *Inhalt die Beziehung* selbst ausmacht oder daß er eine bestimmte Beziehung ist.«[23] Sofern also die Beziehung, wie die Kopula – ›ist‹ – sie ausspricht, der einzige Inhalt des Satzes ist – so dass er ›Ist ist ist‹ besagt –, und sofern diese Beziehung also eine Selbstbeziehung bestimmt, in der sich die Relata ausschließlich durch ihre identische Relation definieren, sind alle Sätze, als Sätze, auch Reflexionssätze, und alle Reflexionsbestimmungen haben die Form des Satzes. Hegel drückt das so aus, dass er schreibt: »Indem [Reflexionsbestimmungen] Bestimmtheiten sind, welche Beziehungen an sich selbst sind, so enthalten sie insofern die Form des Satzes schon in sich.«[24] Da aber die Reflexion-in-sich Negation der Negation – das heißt die *erste Negation des Seins* – ist, ist der Satz die Form der sich reflexiv negierenden Negation, Sein sei *nichts anderes* als das Sein, das es ist. Der Satz geht also erst mit der Negation des Seins, mit dessen internem Ab- und Rückstoß-Verhältnis, mit seiner immediaten Gewesenheit und Erinnerung in sich, und geht also als die erste – und einzige – Wendung im Sein oder Nichts hervor, als dessen erste – und einzige – »Bestimmung, die nicht leer und nicht bloßes Sprechen ist. Er ist der Satz des bloßen Sprechens, in dem es sich *als* bloßes Sprechen bestimmt und sich derart dies bloße Sprechen zuspricht. Auf ihm, und ihm allein, können alle weiteren, logisch reicheren Sätze, aufbauen, aber auf ihn müssen auch alle logisch ärmeren, die das Satzkriterium der reflexiven Negativität nicht erfüllen, zurückgehen, indem sie sich erst vom Wesen und weiterhin vom Begriff als »vorausgesetzt« zeigen.

Der detaillierte Kommentar, in dem Hegel im Ausgang von kuranten und virtuellen Missdeutungen die Implikationen des sogenannten Satzes der Identität entfaltet, lässt keinen Zweifel daran, dass er so nur unzureichend und irreführend benannt ist. Der Satz der

---

23 Ebd., S. 37.

24 Ebd. Wenig später heißt es: »Den Reflexionsbestimmungen […] als in sich reflektiertem Gesetztsein liegt die Form des Satzes selbst nahe.« – Der Satz der identischen Reflexion ist freilich nur der *logische* Satz par excellence. Hegel unterscheidet von ihm nicht nur den Urteilssatz, sondern überdies denjenigen Typus, den man als ›historischen‹ Satz charakterisieren kann. Er nennt als Beispiele: Aristoteles starb mit 72 Jahren … Ich habe gut geschlafen …

Identität muss nämlich als Satz der absoluten Negativität verstanden werden. Er sagt die Identität von A und A nur aus, indem er eben diese Identität zu zwei von einander verschiedenen Identitäten auseinander legt und damit die Identität des Nichtidentischen mit sich als Nichtidentischem, damit aber wiederum die Identität von Identität und Nichtidentität aussagt. Da in der formalisierten Fassung dieses Identitätssatzes A = A nach Hegels Erklärung das A für *Alles und Jedes Sein* steht,[25] so ergibt sich nicht nur für Sätze über Alles, sondern für alle Sätze, dass sie von ihrem Subjekt ausgehend zunächst zu Anderem zu führen scheinen, das nicht dieses Subjekt selbst ist und nicht mit seiner Identität übereinkommt. »*A ist*«, so kommentiert Hegel den Satzverlauf, »ist ein Beginnen, dem ein Verschiedenes vorschwebt, zu dem hinausgegangen werde; aber es kommt nicht zu dem Verschiedenen; *A ist – A*; die Verschiedenheit ist nur ein Verschwinden; die Bewegung geht in sich selbst zurück.«[26] (In seiner Anwendung auf empirische Größen würde der Satz nach Hegels Beispiel – und in derselben Schreibung mit einem Verzögerungszeichen – dementsprechend »eine Pflanze ist – eine Pflanze – lauten, in seiner Anwendung auf das *ens realissimum*: »Gott ist – Gott«.[27] Welches Substrat auch immer für das formelle *A* eingesetzt wird, jeder Satz geht von einem Subjekt zunächst zu einem von ihm Verschiedenen über, um erst durch dessen Verschwinden zu seinem Anfang und damit in sich selbst zurück zu gehen. Aber der Satz geht nicht in sich selbst zurück, ohne jenes Verschiedene, und sei es auch ein verschwindendes, in sich aufzunehmen und auf seinem Weg zurück mitzunehmen. Er ist eine Bewegung zu dem, was es nicht gibt und was keine positive Bestimmung darstellt, sondern als Verschiedenes nur erscheint. Darum ist dies Verschiedene aber nicht weniger ein Phänomen, und zwar das Phänomen einer Alterität, die umso insistenter anders ist denn A, als sie keine positive Gestalt annimmt, sondern bloßes Versprechen oder bloße Erwartung der Andersheit ist. Diese Erwartung wird in Hegels modifizierter

---

25 Hegel, *Logik II*, a.a.O, S. 37.

26 Ebd., S. 44.

27 Ebd., S. 43. Siehe die Erläuterungen zum selben Satz von Beispiel in der Vorrede zur ersten Auflage der *Logik* (W 5), a.a.O., S. 28f.

Schreibung des Identitätssatzes als *A ist – A* durch einen Gedankenstrich, eine Pause, ein Wartezeichen markiert. Damit wird gezeigt: *A* ist, auf dieses unbestimmt Andere hinausgehend, selbst schon bei diesem als seinem Prädikat und somit ein anderes als *A*. In diesem Anderen hat es eine Bestimmung angenommen, die ihm als dem, was es zunächst war, nicht zukommt. Aber der Satz, der beim Gedankenstrich und der von ihm indizierten Andersheit aussetzt, geht noch über diese hinaus, die erwartete oder gedachte Verschiedenheit verschwindet und macht einem zweiten *A* Platz, in welchem der Satz seinen Anfang bestätigt findet.

Hegel deutet diese Bewegung, die er mit Nachdruck als die der »*Form des Satzes*« charakterisiert, als Zugewinn und Hebung eines Surplus aus der darin ausgesagten Identität: »Die Form des Satzes kann als die verborgene Notwendigkeit angesehen werden, noch das Mehr jener Bewegung zu der abstrakten Identität hinzuzufügen.«[28] Dieses Mehr, das vom Satz der Identität hinzugefügt wird, nimmt deutlichere Konturen an, wenn A = A gelesen wird als »Die Identität ist die Identität«. Der Gedankenstrich, der auch in dieser Variante mitgelesen werden muss, besagt dann, dass die Identität auf ein schlechthin Nichtidentisches, ein Unbestimmtes, ein Nichts ausgehen muss, um sich an ihm erst als bestimmte Identität zu konstituieren.[29] Das hinzukommende Mehr ist also ein hinzukommender Unterschied, eine unbestimmte Andersheit, durch die die »leere Tautologie« des A = A erfüllt wird;[30] aber dieses Mehr ist nicht jener Unterschied und nicht jene Andersheit selbst, sondern das Verschwinden des Unterschieds, die Tilgung der Andersheit und der Rückzug des Hinzukommenden. Der Satz wird demnach vermehrt durch eine Verminderung – und zwar die Verminderung einer Verminderung. Hinzugefügt wird ihm ein Nichts – und zwar das Nicht eines Nichts. Dieses Nicht-Nichts ist das Mehr zum Satz, vermöge dessen er allererst Satz, nämlich Satzbewegung über grammatisch fixierte Positionen hinaus und im Element des Selbst-Entzugs selbstbezüglich ist. Um die elementare Beziehung eines Jeden zu sich selbst auszusagen, ist

---

28 Hegel, *Logik II*, a.a.O., S. 44.
29 Ebd., S. 44f.
30 Ebd., S. 41.

es also notwendig, seine Beziehung zu einem Entzug dieses Selbst auszusagen, und zwar zu einem Entzug, der sich seinerseits entzieht und deshalb nur als Entzug seines Entzugs erscheinen kann. Erst im Medium dieses in sich gedoppelten und gegenwendigen Entzugs vollzieht sich die Selbstbeziehung, die im Satz der Identität ausgesagt und in jedem Satz, sofern er in Hegels Sinn Satz ist, mitgesagt wird. Dieser Selbstentzug des Entzugs, den Hegel wider alle terminologische Tradition als »Negation der Negation« und in krasser Abweichung vom überlieferten Begriffsverständnis als »duplex negatio« bezeichnet; diese interne Negation der Negation ist die Mitte aller Vermittlungen zwischen Bestimmungen und ihnen selbst, Aussagen und dem Faktum, dass sie Aussagen sind, Sätzen und der Form ihrer Gesetztheit und Ausgesagtheit.

Als diese absolute Vermittlung bleibt der Entzug des Entzugs – oder die »Negation der Negation« – aber ebenso absolut verborgen. Das Nicht des Nichts, das im Grundsatz aller Sätze und deshalb in jedem einzelnen am Werk ist, erscheint in diesem Satz nicht. Es ist dasjenige Nicht im Satz, das nicht im Satz selber vorkommt. Es muss in ihm verborgen bleiben, nicht weil es nichts sagt, sondern weil es sein Nichts-sagen nicht sagt. Hegel kann, um ihm als dem »Verschwinden des Andersseins«[31] zu seiner zweideutigen Erscheinung zu verhelfen, seine Stelle im Satz nur durch einen stummen Gedankenstrich, ein Verweilzeichen, eine Pause markieren. Dieser Gedankenstrich im Satz der Identität – ein absolutes Novum in der Geschichte der Negations-Philosophie und die prägnanteste Abbreviatur der gegen sich selbst negativen Negation –, dieser Gedankenstrich, der nur ein Innehalten, eine Stauung oder ein Verweilen zu markieren scheint, ist aber selber noch eine zurückhaltende Bezeichnung dafür, dass er einen Strich durch den Gedanken und den ganzen Satz der Identität macht. Er ist also, recht verstanden, kein Strich im Satz, sondern derjenige Strich durch den Satz, aus dem dieser Satz und der Gedanke der Identität allererst hervorgehen kann. An der Form »Der Satz ist – der Satz« (den Hegel nicht gebraucht, der aber durch den All-Quantor *A* und die Implikate des Identitätsbegriffs legitimiert

---

31 Ebd., S. 45.

ist) wird deutlich genug, dass die Form des Satzes selbst erst aus ihrem Aussetzen – und zwar ihrem verschwiegenen Aussetzen – resultiert. Er muss auf Anderes hinausgehen, wenn er mit der Erfahrung des Verschwindens dieses Anderen, in seinen Anfang zurückkehren und schließen soll. Satz ist demnach nur, was mit der Mitte seiner Selbstvermittlung, dem Nicht seines Nichts, an sich hält. – Damit ist etwas vollständiger zu verstehen, welchen Gedanken Hegel zu fassen versucht, wenn er, angemessen unförmig, schreibt: »Die Form des Satzes kann als die verborgene Notwendigkeit angesehen werden, noch das Mehr jener Bewegung [durch die verschwindende Verschiedenheit] zu der abstrakten Identität hinzuzufügen.«[32] Die Hinzufügung, so ist damit gesagt, wird von der Form des Satzes selber notwendig gemacht, aber dieselbe Form hält diese Notwendigkeit und damit die Hinzufügung verborgen. Das Nicht des Nichts kommt in der Form des Satzes nicht vor, weil es in sie eingeschlossen, nämlich in ihr als der Form der reinen Beziehung auf sich enthalten bleibt, zugleich aber auch deshalb, weil sie nur aus dieser Satzform allein als hinzukommendes Mehr hervorgehen kann: aber als das von ihr Unhaltbare, Unbehaltbare und Unaufhaltbare in sich selbst zurückgehen muss.

Wie könnte nun dieses stumme und verborgene, an sich selbst verschwindende Mehr des Satzes und Mehr als Identisches zum Satz und seiner Identität nicht nur hinzu-, sondern zurückkommen? Offenbar haben der Satz und das imprädikativ Hinzukommende zwei verschiedene Strukturen von Identität. Das Mehr ist dasjenige, was im Identitätskapitel der Wesenslogik als an sich verschwindender, weil von sich unterschiedener Unterschied beschrieben wird. Als wesentlich von sich selbst unterschiedener ist dieser Unterschied keiner, der relativ auf Anderes wäre, an das er deshalb noch gebunden bliebe, sondern Unterschied an sich und darin mit sich identisch. Er ist als absolute, sich noch von sich selbst befreiende Negativität die in sich freie Identität. Deshalb kommt sie im formellen Identitätssatz nur als verschwindende und, genauer, immer schon verschwundene Negation zur Erscheinung. Die Identität, die zum Grundsatz verfestigt ist, zeichnet sich

32 Ebd., S. 44.

dagegen durch die Beharrung ihrer positiven Relate wie ihrer Relation aus: sie ist die Form der sich bestätigenden Ständigkeit. Das Denken, das von ihr geleitet wird, kann von Hegel deshalb gerügt werden, »immer nur die abstrakte Identität vor sich und außer und neben derselben den Unterschied« zu haben.[33] Die Vereinigung dieser beiden Identitätsstrukturen kann Hegel nur gelingen, indem er die absolute, in sich freie Negativität als reinen Selbstbezug deutet und sie damit dem formellen Selbstbezug des Identitätssatzes amalgamiert. Dagegen sind nun aber mindestens drei gravierende Vorbehalte denkbar.

Zum einen dieser: Da absolute Negativität zugleich irrelationale Negativität heißen muss, kann keine Verbindung, geschweige denn eine Einheit zwischen ihr und der abstrakten Identität herbeigeführt werden, die diese Identität nicht zur Gänze absorbieren würde. In diesem Fall müsste die formelle Identität aber nicht nur in ihre Negation überspringen, sie müsste selbst die Form der sich negierenden Negation annehmen und immediat verschwunden sein, ohne noch ausgesagt werden zu können. Die absolute Negation ist nämlich immer auch die unmittelbare, in der Sein oder Nichts als leeres Sprechen fortwirkt.

Der zweite Vorbehalt betrifft die Deutung der Negativität als auf sich *selbst* bezogener Negation. Ihre Charakterisierung als »Negation der Negation« unterstellt, gewissermaßen auf dem Schleichweg des doppelten Genitivs, dass die negierte und die negierende Negation ein und dieselbe Struktur haben. Nur dann kann von ihrer Bewegung gelten, dass sie die ihrer Identität ist, und nur dann kann eine Beziehung der Selbigkeit zwischen ihr und der formellen Identität behauptet werden. Nun ist aber die zweite der im Negationspaar genannte, die negierte Negation diejenige, die nur als negative Beziehung zu einem Identischen (A) Negation ist, während die negierende Negation nur relativ auf diese abhängige ist und durch deren Negieren sich zu einer absoluten freisetzt. Da sie absolvierende Negation im Unterschied zu einer relativen ist, kann sie nicht in eine Beziehung der Selbigkeit zu »sich« treten. Sie negiert mehr und anderes, als die relative Negation negiert,

---

33 Ebd., S. 39.

und kann deshalb nicht als reflexive charakterisiert werden. Nur als trans-reflexive und trans-negatorische ist diese Negation diejenige, die von allen Beziehungen sich löst, und kann nur als fortgesetzt noch von ihr selbst sich lösende die absolvierende und befreiende Negation werden, die Hegel in ihr zu fassen sucht.

Der dritte Vorbehalt betrifft den Begriff der absoluten Negation. Selbst dann, wenn er nicht auf eine relative Negation bezogen sein sollte, sondern ausschließlich das Verhältnis des Negierens zu sich selbst meint, muss er sich auf eben dieses Selbst als ein Anderes und muss sich als Anderes auf dieses Andere beziehen. In der Beziehung auf ihre Andersheit kann die Negation zwar den Status des In-sich-selbst und Für-sich erreichen, muss aber darin eben diese Andersheit verleugnen und bei sich als *einer* Station ihres Prozesses verweilen. Sie ist nicht sich selbst ein Anderes, sondern ein Anderes gegen ein anderes Anderes. Die Negation ist darin also nicht Selbst-Verhältnis, sondern Selbst-Abspaltung.[34] Um sich als die Bewegung der Negation zu erhalten, die sie wesentlich ist, kann sie nur als progressive Selbst-Ver*an*derung – muss also wiederum trans-reflexiv und trans-negatorisch strukturiert sein. *Absolute* Negation ist sie nur als sich von ihr selbst *absolvierende* Negation, soll heißen als ihren Sinn über jeden Begriff und jede Form von Negation hinaus trans-formierende und a-formierende. Damit ist die Sphäre des Begriffs aus einer Dynamik, die dieser nicht umstandslos für sich selbst reklamieren kann, verlassen.

Es muss nicht angenommen werden, dass Hegel diese Vorbehalte nicht gesehen und auf seine Weise beantwortet hätte; aber die logischen und ontologischen Phänomene, die er als erster beschreibt, insbesondere das Phänomen der absoluten Negativität, das er in ihre Mitte rückt, ist von ihm mit Begriffen versehen worden, die oft besser geeignet sind, diese Phänomene zu verdecken,

---

34 So auch Dieter Henrich in seiner Untersuchung »Formen der Negation in Hegels Logik« (*Hegel-Jahrbuch 1974*, Köln 1975), in der es an entscheidender Stelle zur Struktur des Insichseins heißt: »Die Negation selber ist dabei aber ganz ohne Selbstbeziehung.« (Ebd., S. 253) Der von Henrich skizzierten Fortbestimmung dieser Beziehungslosigkeit lassen sich noch andere als die von ihm gezogenen Konsequenzen hinzufügen, vor allem die, dass noch in der Vermittlung mit ihr ein Unvermittelbares fortbestehen muss und ein »Abschluss« ihrer Bewegung deshalb nicht erreichbar ist.

als sie zu verdeutlichen. Er hat auf die Schwierigkeiten, die sie bereiten, selber mit dem Wunsch reagiert, seine *Logik* »siebenundsiebzigmal durchzuarbeiten«.[35] Für die Notwendigkeit dieser virtuell unendlichen Wiederholung von Verdeutlichungsanstrengungen bietet seine Analyse der Identität selbst das diskursive Schema. Er erkennt nämlich in dem schlichten Grundsatz A = A den anderen Satz: *A = (nichts anderes als) A* oder *A = (unterschieden vom Unterschied von) A*. Im ›nichts Anderes‹ und im ›unterschieden vom Unterschiedenen‹ wiederum findet er Syntagmen, deren jeweils zwei Elemente einander negieren und von denen er behaupten kann, dass sich eins im anderen selbst negiert: *A = (das Andere vom Anderen von) A*. Oder: *A = (der Unterschied vom Unterschied von) A*. In dem scheinbar starren Satz der Identität spricht also eine Bewegung mit, in der sich das Nichtidentische von sich als Nichtidentischem abstößt, seine Negation negiert, von seiner Unterschiedenheit sich unterscheidet und damit erst das definiert, was Identität in Wahrheit ist. Hegel kann deshalb mit größter Bestimmtheit erklären, diese Identität sei die »absolute Negation«, nämlich diejenige »Negation, die unmittelbar sich selbst negiert, – ein Nichtsein und Unterschied, der in seinem Entstehen verschwindet, oder ein Unterscheiden, wodurch nichts unterschieden wird, sondern das unmittelbar in sich selbst zusammenfällt.«[36] Die absolute Nichtidentität, indem sie Nichtidentität mit der Nichtidentität ist, kann nur die absolute Identität mit sich sein. Der Satz der Identität ist also zugleich – oder, wie Hegel immer wieder betont, »unmittelbar« – der Satz der Nichtidentität. Er ist der absolute Satz, indem er den Gegensatz zum Gegensatz als Identität fasst. Damit aber nicht genug: Die Identität des Nichtidentischen in ihrem Zusammenfallen wäre als Kollaps der Negation mit der Negation ein bloßes Verschwinden, wenn nicht ihr Resultat, eben dieser Kollaps oder ihre Kokadenz, nicht eigens als das Zusammen ihres Falls gesetzt würde. Gesetzt, ist das Zusammenfallen aber mit der Negation der Negation nicht nur identisch, sondern ihr entgegengesetzt. Hegel schreibt zu dieser

---

35 Hegel, *Logik II*, a.a.O., S. 33.
36 Ebd., S. 40.

Bewegung der Identität: »Die Identität ist also an ihr selbst absolute Nichtidentität. Aber sie ist auch die Bestimmung der Identität dagegen.«[37] Während also das Syntagma ›Anders-als-Anders‹ bloß die Bewegung der Selbstnegation als Bewegung ihres Verschwindens ausspricht, hält A = A nur das eine Moment ihrer resultierenden Identität fest. Der Satz setzt die Verschwundenheit der Bewegung, die zu ihm hingeführt hat, fest und setzt sich derart dieser Bewegung selbst entgegen. Erst dadurch ist der Satz A = A die Bestimmung – und zwar die erste Wesens-Bestimmung – der absoluten Negativität. Er vollzieht diese Bestimmung an sich selbst, indem er die Selbst-Entfernung der Negation in sich kontrahiert und sich als positive Setzung ihr entgegensetzt. Er ist Bestimmung aus dem, aber in eins damit »gegen den absoluten Unterschied«. Erst so ist er der ab-solute Satz, dass er sich noch aus der absoluten Negation, die in ihm am Werk ist, heraussetzt – und zur toten Tautologie wird, die das Drama der Negation der Negation verborgen hält.

Dieses Drama wird erst von Hegel im Grundsatz aller Sätze entdeckt und in seiner Deutung wieder aufgeführt. Bei dieser Wiederholung der absoluten Negativität, bei ihrer Rückholung in den Satz A = A unterläuft ihm freilich eine minimale Entstellung der Bewegung, die er aufdeckt. Er charakterisiert die »absolute Negation« als »die Negation, die unmittelbar sich selbst negiert«, die »unmittelbar in sich selbst zusammenfällt«,[38] als »unmittelbares Verschwinden«.[39] Mit der Unmittelbarkeit dieser Negation soll ihre Unabhängigkeit von jeder positiven Instanz gekennzeichnet werden: sie bedarf keiner Vermittlung durch Anderes, weil sie reine Selbstvermittlung und insofern unvermittelt ist. So fragwürdig diese Unmittelbarkeit angesichts der in ihr negierten Andersheit des A – also ihrer impliziten Relationalität – ist, sie ist ebenso fragwürdig in ihrer anderen Bedeutung als Instantaneität: die doppelte Negation braucht nicht nur Zeit, sie ist selber die Zeit in ihrem Vergehen. Nun schreibt aber Hegel die Gleichung A = A wie erwähnt auch in der Form A = – A, also mit einem Verzögerungszeichen. Damit ist nicht zunächst die Pause der Erwartung eines Anderen und ihrer

---

37 Ebd., S. 41.

38 Ebd., S. 40.

39 Ebd., S. 44.

Enttäuschung durch das Selbe, damit ist allen psychologischen Bewegungen voraus das logisch-ontologische Mehr angegeben, das in der Identitätsformel verborgen liegt. Dieses Mehr einer stummen Pause kann als das Mehr der absoluten, noch von sich selbst sich absolvierenden Negation gelesen werden. Sie erscheint – und erscheint als Markierung des Verschwindens jeder Erscheinung – in einem Aussetzen des Satzes, von dem der Satz nicht spricht, in einer Verzögerung der einfachen Reflexion und im Verzug der an sich selbst verschwindenden Zeit. Von diesem Aussetzen kann aber der Satz der Identität, dessen ganze Form von ihm dependiert, nicht sprechen: er stellt sie nur durch seine Verschweigung – und im Gedankenstrich dar. Von der Verzögerung, die die Reflexion des einen A im anderen A allererst ermöglicht, zeigt sich an der Reflexion selbst nichts: sie äußert sich allein in der äußerlichen Identität der Reflexionsglieder – und im unscheinbaren Unterbrechungszeichen. Von der Zeit der Identität, und zwar der Identität von A mit A und seines Anderen mit sich als Anderem, zeigt sich nichts außer ihrem Gewesensein – und dieses Gewesensein zeigt sich als Zeit des Wesens erst im Verzug zwischen A und A, als Pause im Nichts des Seins und diesem selbst.

Die Struktur des Identitätsgedankens, die an dem Mehr des Verweilzeichens erkennbar wird, ist also um ein Geringes verschieden von derjenigen, die Hegel als absolute Negativität fasst. Ist Identität nämlich selbstbezügliche Negation und »unmittelbares Verschwinden«,[40] dann kann ihre Formel als A = (–) oder, vollständiger, als A = (–) = A notiert werden. Der Strich hat darin den Sinn, die Tilgung der Andersheit durch sich selbst festzuhalten und damit die absolute Negation als die, die sie jeweils gewesen ist, zu bestimmen, sie zu einer festgehaltenen und bestimmten absoluten Negation zu machen. Da der Satz der Identität in seiner traditionellen Fassung genau diese Selbstbestimmungs- und Haltefunktion erfüllt, ist er, wenn angemessen expliziert, hinreichend, um die Bewegung der Negativität zu ihrer Bestimmtheit zu notieren. Nun schreibt Hegel aber in diesen Satz der Identität die Halteformel *noch einmal* ein, und zwar verschoben und als Verweil-

40 Ebd., S. 44.

oder Verzögerungszeichen, durch das die Identität vor sich selbst zurückgehalten wird. Er tut es in der Absicht, den Negativitätssinn der Identität und das verborgene Mehr ihres Grundsatzes hervorzuheben, ändert dadurch aber zugleich den Sinn der Negativität zu dem der aufgehaltenen Negativität, den Sinn der Identität zu dem der verzögerten Identität, der Einheit des von sich selbst Unterschiedenen zu dem der hingehaltenen Einheit. Dieses Mehr zu dem Mehr, das Hegel meinte, kann nicht als eine Variante oder als einfache Präzisierung derjenigen Bestimmung gedeutet werden, in der die Reflexion der absoluten Nichtidentität in sich ihr Gesetztsein *gegen* diese Nichtidentität setzt, denn diese Bestimmung ist in der Satzformel der immediaten und instantanen Identität A = A vollzogen. Darum lässt sich dieses Mehr kaum anders denn als ein Mehr an Negativität und ein Mehr an Identität deuten, das im Prozess der doppelten Negation selbst bereits als ultra-negativ und ultra-identisch enthalten ist, aber von ihm nicht einbehalten werden kann. Die in A = A ausgesprochene Bestimmtheit wird in A = – A in eine vorenthaltene Bestimmtheit verändert. Der Satz aller Sätze, der Satz der Identität des gegen sich selbst Unterschiedenen, dieser absolute Grundsatz der klassischen und der spekulativen Ontologie ist in der explikativen Wiederholung seiner strukturellen Implikate zum aussetzenden Satz geworden.

Dieser aussetzende und ausgesetzte Satz ist nicht die defiziente Fassung des spekulativ-ontologischen Satzes. Vielmehr ist dieser von seinem Aussetzen her zu denken, Negativität von ihrer Aufhaltung, Identität aus ihrer Hinhaltung, die Bestimmung aus ihrer Vorenthaltung. Wenn der absolute Satz aber Satz erst aus seiner Verwehrung ist, dann kann diese Verwehrung ihrerseits nicht mehr nach dem Paradigma des Satzes, nicht als Bestimmungs- oder negative Selbst-Bestimmungsoperation, aber ebenso wenig unter Vermeidung des Satzparadigmas gedacht werden. Denken selbst müsste sich nach der entfalteten Identitätsformel als Denken eines Nichtdenkens denken, das heißt aber, wie Hegel schon in der Differenzschrift klarmacht, in Bezug auf das, was seinerseits keinen Bezug zu ihm unterhält.[41] Wenn der Satz aus seiner Vor-

---

41 Hegel, *Jenaer Schriften 1801–1807*, a.a.O., S. 38.

enthaltung spricht, dann aus dem, was ihn wohl zulässt, aber ihn nicht angeht – aus dem, was sich noch *in* seiner identifizierbaren Negativität *aus* ihr heraus und im bloßen Sprechen, aber im noch vom Sagen und Aussagen entblößten, im nichts und niemanden ansprechenden Sprechen hält. Es könnte als das unaufgehobene leere Fortsprechen der »unbestimmten Unmittelbarkeit« von Sein oder Nichts aufgefasst werden, als undialektisierbarer Rest oder als Resistenz gegen den spekulativen Prozess, als Arhythmie im »immanenten Rhythmus der Begriffe«[42] oder einfach als das Unnegierbare und Unsetzbare. Damit wäre in diesem Nicht-Angehenden und Sich-Verwehrenden aber auf seine strukturelle Unbewusstheit und Sprachferne verwiesen, auf eine Stummzone, die sich jeder Wissenschaft vom Sein entzieht und doch erst durch ihren Entzug Ontologie wie Meontologie ermöglicht. Hegel, der Entdecker der absoluten Negativität, ist in seinen Arbeiten immer wieder diesem Unnegierbaren und nicht Zernierbaren begegnet: in der »ewigen Ironie« der Weiblichkeit[43] und dem zerreißenden Gelächter von Rameaus Neffen, im *à la mort* des Revolutionsterrorismus und in der wenig spektakulären Pause im Satz der Identität. Die Pause macht aus diesem Satz und allen seinen Elementen eine ausdruckslose Geste des Staunens vor einer Aporie, in die kein Satz hineingeführt hat und aus der kein Satz herausführen kann.

Kierkegaard hat auf Hegels Theorem von der Identität als dem mit sich identischen Unterschied mit seiner Analyse des Paradoxons und des notwendigen Sprungs geantwortet, Hermann Cohen hat auf die Schwierigkeiten einer ersten Bestimmung des Seins mit der Präzisierung des unendlichen Urteils Nicht-Nichts reagiert, Heidegger hat den Unterschied als ontologische Differenz zu denken versucht, aber konzediert, die Identität sei eine der Gestalten des Seins, Levinas hat das Nicht-Negierbare als *refus d'être* und *il y a* eines *au-delà de l'essence*, Blanchot als *pas au-delà* – als Nicht eines unvollziehbaren Nicht – zu artikulieren versucht, Foucault hat vom unausgesetzten Murmeln einer nicht-prädikativen Sprache gesprochen, Derrida den Unterschied, der mit sich

---

42 Hegel, *Phänomenologie des Geistes* (Werke 3), Frankfurt/M. 1986, S. 55.
43 Ebd., S. 351.

nicht identisch ist, als *différance* geschrieben. Alle bedeutenden philosophischen Versuche der letzten zwei Jahrhunderte lassen sich in ihren entscheidenden Gesten als Antwort auf die Stockung oder den Vorbehalt, die *epoché* oder die Pause in Hegels Logik der negativen Identität lesen. Die mindestens siebenundsiebzig Überarbeitungen dieser Logik versuchen das Mehr zu klären, das noch in dem von ihm bemerkten Mehr der absoluten Negativität liegt. Wenn er schreibt, dass »diese Sätze« – nämlich der Satz der Identität und der Satz des Widerspruchs – »*mehr*, als mit ihnen *gemeint* wird [...], enthalten«,[44] so gilt dasselbe, wenn auch anders, von dem Mehr, das er damit meinte. Diese Sätze enthalten ein Mehr, das sie nicht festhalten können.

20.–30. Juni 2010

***

A= – =A und A= – // Sein als Hingehaltenes Sein. Von seiner Hingehaltenheit aus zu denken.

Sie aber aufzuschließen, kann auf zweierlei Weise geschehen: zum einen so, dass dieses Nichts und sein Verschwinden ausdrücklich benannt werden, zum anderen so, dass ihre Verborgenheit in allen ihren Implikationen als Verborgenheit entfaltet wird. Die ausdrückliche Benennung kommt aber nur bis zum Begriff der Negativität, des absoluten Unterschieds von sich selbst und des erscheinenden Verschwindens. Sie hat damit benannt, dass das, was sie meint, sich der Benennung verweigert, und der Aufschluss, den sie gibt, ist Aufschluss bloß über die bleibende Verschlossenheit der Negativität. Aber diese selbst hat ihre strukturelle Eigentümlichkeit schon darin gezeigt, dass sie die Form des Satzes, aus der sie als das Hinzugefügte hervorgeht, auseinander schlägt, durch einen Gedankenstrich, ein Verzugszeichen oder eine Pause öffnet und auf dasjenige aufschlägt, was selbst kein Satz und

44 Hegel, *Logik II*, a.a.O., S. 45.

kein vom Satz Gesetztes oder auch nur Setzbares ist. Damit hat sich gezeigt, dass der Satz der Identität, wie Hegel schreibt, »kein Denkgesetz, sondern vielmehr das Gegenteil davon ist«.[45] Da die Selbst-Negation sich aber aus dem Satzverband löst und nicht mehr bloß das von ihm abhängige Unterschiedene ist, sondern sich als der »absolute Unterschied von sich selbst«[46] bewegt, ist darüber hinaus deutlich geworden, dass diese Negation der Negation *autonome* Negation ist, frei von der Form des Satzes und frei von der Form des Denkgesetzes, durch nichts als sich selbst bestimmt und insofern der in sich einige Beweggrund ihrer selbst. Da sie sich in ihrem Negieren rein auf sich und nicht auf Anderes bezieht und in dieser negativen Selbstbeziehung zur Gänze aufgeht, ist sie im Unterschied zu jeder formellen, relativen oder abstrakten Identität positiver Bestimmungen, wie sie im Satz A = A ausgesagt ist, das bloße Sich von sich selbst Unterscheiden und darin die »*wesentliche* Identität«.[47] Von ihr kann deshalb gelten, dass sie »nicht diejenige Gleichheit mit sich [ist], welche das *Sein* oder auch das *Nichts* ist, sondern die Gleichheit mit sich, welche als sich zur Einheit herstellende ist, nicht ein Wiederherstellen aus einem Anderen, sondern dies reine Herstellen aus und in sich selbst«.[48] Sie kann also, mit einer Formulierung, die Hegel nicht gebraucht, charakterisiert werden als die jenseits aller vorgegebenen Satz- und Setzungsformen sich freisetzende Negation.

Die Aufgabe des Denkens liegt darin, diese Verborgenheit nicht aufzulösen und sie zu vernichten, sondern sie als diese Verborgenheit und damit in der Absolution ihrer Negativität zu entfalten. Nur so kann sich erweisen, dass der Satz der Identität einerseits dieser selbe Satz bleibt, andererseits zum Satz der Nichtidentität werden muss und zum dritten zum Satz der reflektierten Identität im Verschwinden des Andersseins übergehen muss.

Unnützer Inhalt, keine Bedeutung – Gleichgültig gg Gleichgültigkeit – die Form ist die Form – der Satz ist der Satz – das Nicht-Satz im Satz – Rückstoß, Repulsion bei Fichte, Kant, KdU – Denken, Leben, Wesen

---

45 Hegel, *Logik II*, a.a.O., S. 45.

46 Ebd.

47 Ebd., S. 39.

48 Ebd.

((+(-1))) – (Logik ist Ethik, Meta-Ethik) – Stabilisierung, Konfirmation der Form durch Anderes, dies aber getilgt: Tilgung der Tilgung ... Lachen: Auflösung ins Nichts. – Problem der Transzendenz ins Transzendieren: Immanentieren, Inszendenz, Exzendenz,

PhäG – Differenz – Unendliches Urteil – Lachen –

Infra-negativ, ultra-negativ /// Repulsion, **Puls**, Stoß
Vorgabe, Übergabe, Über-Gabe, Überbestimmung: Überforderung.
und ihm derart seinen Fond mitteilt; aber indem sie als bloßes Sagen in allem bestimmenden Aussagen mitspricht, entzieht sie ihm

den Anfang aller Bestimmungen macht, dann nicht allein als deren unerlässliche Vorgabe, sondern auch als und deshalb jede Bestimmungsoperation als ihre Indetermination begleiten muss.

Irrelational: das Sagen. Super-, A-Negation, Proto- und Hyper(apo)phatisch.

*Nicht*, das Negationspartikel, das adverbiale *nichts* und *Nichts*, das gemeinhin als substantiviertes Adverb gedeutet wird, sind allesamt Elemente von Sätzen. Was immer in der Form solcher Negationen erscheint, kann nur als Teil eines Satzes erscheinen, der diesem *nicht*, dem *nichts* und dem *Nichts* eine bestimmte grammatische Funktion in seiner Syntax zuweist, ihm einen bestimmten oder bestimmbaren semantischen Gehalt und eine pragmatische Aufgabe erteilt, ohne die jede dieser Negationen nichtssagend, ein bloßer Laut und ohne die Kraft bliebe, sich oder etwas mitzuteilen. Auch außerhalb eines grammatischen Verbandes, isoliert und ohne verbales oder substantivisches Komplement, bleibt das *nicht* Teil eines Satzes – so dort, wo es die Antwort auf eine Frage darstellt, die lautet: ›Lässt sich das denken oder nicht?‹ Wer darauf die Antwort gibt: ›Nicht‹, der gebraucht die elliptische Form des Satzes ›Das lässt sich nicht denken‹. Und wenn jemand im Begriff ist, sich über die niedrige Brüstung auf dem Dach eines Wolkenkratzers zu beugen, und jemand neben ihm sagt erschrocken: ›Nicht‹, dann spricht er in gebotener Kürze und kondensiert tatsächlich den Satz aus ›Tu das nicht, beug dich nicht darüber, stürz nicht in die Tiefe.‹ Und so bei allen Negationen, sie mögen noch so isoliert und als freistehende Begriffe erscheinen: sie alle sind Satzkondensate. Augustinus, *De magistro* 2 (3), S. 13.

Wo immer ein *Nein* ausgesprochen wird, ist es ein *Nein zu etwas*. Und jedes *Nichts* ist ein *Nichts von etwas*. **(Hgl)**

Jedes Wort ist ein Wort aus einem Satz, je nach Gelegenheit ein elliptischer Satz, dessen ausgesparte Komponenten aus dem Kontext seiner Äußerung restituiert werden können, oder ein komprimierter Satz, der keines Komplements bedarf, weil er, auf ein *Nein* oder *Nicht* zusammengezogen, als absolutes Verbot wirksam ist, als Unterbrechung, Grenze, Stockung wie das *Nicht* vor einem Akt, der das Sprechen und Leben insgesamt beenden könnte. *Du wirst nicht töten*: dieses einzige Gebot, in dem sich alle Gebote und Verbote resümieren, wirkt in jedem *Nicht*, zu dem es kondensiert werden kann, als ein absolutes Satz-Wort, das …

Demnach ist jedes Wort, das Name zu sein beanspruchen könnte, allein als ein Satz zu verstehen, der erst im Kontext seiner semantischen, grammatischen und pragmatischen Situation und als Satz, der diesen Kontext konstituiert, eine bedeutsame Äußerung darstellen kann. Das Wort *Baum* kann ein Signifikant für die signifizierte Vorstellung, das Signifikat *Baum*, nur unter der Bedingung sein, dass es sich von dem anderen Wort *Raum* abhebt und von dem Gegenstand *Strauch* oder *Stamm* in einem explikativen Satz unterscheiden lässt. Etc.

Jedes Wort ist demnach ein Satz und jeder Satz ist ein Differenzial-Satz, in dem implizit gesagt wird, dass er *nicht* ein anderer, dass er *nicht* derselbe wie irgendein benachbarter, ähnlicher oder verwandter ist, obwohl er es sein könnte. Dieses *Nicht* kann also heißen: *nicht ganz* oder *fast nicht, beinahe nicht*.

Wenn aber jeder Satz durch ein *Nicht* konstituiert ist, dann ist zwar die immediate Relation s-S und p-Pragma ebenso gebrochen wie die Vorstellung einer atomistischen Verweisung im Medium der Namenssprache. Es bleiben aber umso dringlicher zwei Fragen: die nach der Bedeutung des *Nicht* und die nach der Struktur des Satzes, der durch die Einführung des *Nicht* erst zu einem Satz wird.

»Es ist in Namen, daß wir denken.« Hgl. Der Satz ist Namens-Satz; der Satz als Satz-Bewegung ist das Ungedachte: er ist das Denken selbst. Dies hat aber keine Grenze im Satz. Die Satzgrenzen sind nicht die Grenzen des Denkens. Denken ist trans-sentential. Da der Satz an die Endlichkeit des Verstandes und seiner Kategorien gebunden ist, muss das Denken sich nicht nur über den Satz hinausbewegen zu anderen und weiteren Sätzen – derart, dass es in die Un-endlichkeit eines Satz-für-Satz hinausgeht, die sich von keinem Satz mehr umfassen lässt –, es muss sich »im« Satz selbst bewegen und den Satz je schon aus der Bewegung des Denkens in ihm konstituiert haben.

Der Satz muss der passagere, transitorische Ort der Bewegung des Denkens sein. Dabei muss in seinen Grenzen die Grenzenlosigkeit, in seiner Endlichkeit die Un-endlichkeit der Bewegung, in seinem Gedanken die Undenkbarkeit des Denkens gedacht werden.

Darum zwei Sätze in einem Satz, und zwei Nichte in einem Nicht. Nicht-weiter – *nec plus ultra* – zum einen als die Grenze der Bewegung im linearen Fortschreiten zum intentionalen Anderen, zum anderen als die Grenze, die zum nicht-intentionalen, nicht-vermeinten Gegenstand: der Bewegung führt, indem sie erzwingt, vom Gemeinten zum Un-gemeinten: **aber zu ihm als der bloßen Bewegung des Meinens** zurückzukehren, also in die Bewegung einzugehen und derart im Denken das Denken zu erfassen. Diese *Peripetie* – Umkehr, Wende, Drehung – ist der Umsturz im Satz, der es zu der paradigmatischen Form des Denkens macht. **Diese Bewegung als periodos oder als ambitus begriffen.**

Mehrere Gänge von der Hemmung (Gegenstoß) aus:

1. Rückkehr, Umkehr zum Ausgangsort des (verwandelten) Subjekts;
2. Paralyse an der Stelle der Hemmung, Stillstellung
3. passage à l'acte: Hyperbel – allmähliche Verfertigung der Gedanken beim Reden – Tun als der einzige Ausweg aus der Klemme. Befreiungsschlag gegen Über-Bestimmtheit, Über-Bedingtheit, Gewalt.
4. Knick, Bruch in der Kopula, der zur Explosion im Gelächter führt: Rameau
5. Wiederholung aus der Zukunft: indirekte Kommunikation: Bewegung aus der Unbesetztheit: – Jetzt schon *nicht* sagen, was zu sagen gewesen sein wird. – Sprung des »Glaubens« (auch hier Anstoß, Skandalon)

Mit diesen 5 sind 5 verschiedene Zeitlichkeiten verbunden. Mit ihr auch 5 verschiedene Modifikationen des Seins (De-Kopulation, Entkopplung), der »Negation« und 5 Sinne von Satz.

Der Gedanke eines Mehr-als-Negativen, eines irreflexiven Negations-Residuums, einer Nichtigkeit, die nicht zurückkehrt; eines Nicht-Wieder-Auftauchens.

Zu verbinden mit dem Gedanken eines Satzes, der so weit geht, dass er nicht wieder umkehren kann: einer Hyperode (nicht Periode), Hyperphrase, Hypertaxis. Derart, dass auch die Rückkehr von dieser Nicht-Rückkehr die Wiederkunft von dieser Nicht-Wiederkunft begleitet, dass die Bewegung von dem Nicht der Bewegung begleitet und von dieser Begleitung nicht begleitet wird. (*Meine Wiederholungs-Routine: Strudel.*)

Der Referent: ist das Subjekt für das Prädikat. Das *referre* ist Sache des Prädikats, es trägt die Bestimmung zum Subjekt zurück, das sich in dieser Bewegung der Referenz erst als das beständige, stetige Subjektum, *hypokeimenon* konstituiert, stabilisiert. – Nun ist aber das Prädikat diejenige Aussage, in die das Subjekt als in seine Differenz zunächst untergeht und an die es verloren ist. Die Referenz muss also differente Referenz, sie muss Re-Differenz sein und als Rest-Differenz das Subjekt schmälern, das es doch komplettieren sollte.

Mit der Trans-Negativität zieht eine Trans-Transition, Ultra-Transzendenz in die formal-logische Gestalt des Satzes ein. Während der Gedanke des Seins, über das hinaus nichts vollkommeneres gedacht werden kann, in Gott als *ens reale* und in diesem Sinn im Objekt, sogar dem absoluten *Objekt* resultiert, muss der Gedanke eines absoluten Übergangs zwar nicht resultieren, aber hinausgehen auf ein ***hyperkeimenon*** *Superjekt*, das nicht Gegenstand und nicht Widerstand, ja überhaupt kein Stand, sondern eben freie *Hyperbel* von Bestimmungen, von *Überbestimmungen* wäre. Und wiederum: von dieser Überbestimmung wäre jedes Subjekt, jedes Zugrundeliegende mit-bestimmt, genauer: überbestimmt und ent-stimmt, überdeterminiert und indeterminiert, definiert und infiniert zu denken.

Das unendlich-negative Urteil: der Tod. Seine Wirksamkeit im logischen, im spekulativen Satz zu zeigen.

**Ein Mehr-als-Sein im Sein, ein Weniger-als-Nichts (Bataille) im Nichts.**

(30.11.2015)

# LE SANS DE L'ETRE

## (*ad Derrida*)

### Zéro textuel

Am Anfang – also an einem der möglichen Anfänge – des Denkens und Sprechens steht die Erfahrung, dass Denken wie Sprechen unmöglich ist. Aus der Verneinung dieser Unmöglichkeit, die diese selbst unablösbar begleitet, ergibt sich bei den einen, nicht immer nur Philosophen wie Parmenides, der Anspruch, alles, was ist und deshalb auch möglich ist, aussprechen zu können, bei den anderen, nicht immer nur Dichtern, das Eingeständnis, sie hätten nichts zu sagen, außer eben dieses, dass sie nichts zu sagen haben. Ein Zeugnis dieser Erfahrung findet sich in den Schriften von Antonin Artaud, von dem offen bleiben kann, ob er den Dichtern, den Philosophen oder keinem von beiden zuzurechnen ist. Er schreibt in einem Text, den Maurice Blanchot 1947 oder 48 in einem Aufsatz zitiert: »J'ai débuté dans la littérature en écrivant des livres pour dire que je ne pouvais rien écrire du tout. Ma pensée, quand j'avais quelque chose à dire ou à écrire, était ce qui m'était le plus refusé.« Von Blanchots Aufsatz sind diese Sätze, deren *franchise du couteau* er bewundert, in einen der ersten von Jacques Derrida publizierten Texte gewandert, »Force et signification« von 1963,[1] der sie mit Flauberts Traum von einen *livre sur rien* in Verbindung bringt, also mit einem Nichts, das nicht Objekt, sondern die Weise ist, in der »ce rien *lui-même* se détermine en se perdant«. Wenn das Nichts – der Sprache und des Denkens –, von dem Artaud, Blanchot, Flaubert, Derrida sprechen, sich nur bezeugt, indem es sich entzieht, sich allein so zeigt, dass es sich verstellt, dann ist alles, was gesagt und über das Sagen gesagt werden kann, eine Selbstverneinung und in dieser eine Selbstbekundung des Nichts. Nichts ist noch gesagt, wenn Nichts von ihm gesagt wird. Der Gedan-

---

1 Jacques Derrida, »Force et signification«, in ders., *L'Écriture et la différence*, Paris 1967, S. 18. [Dt.: »Kraft und Bedeutung«, in *Die Schrift und die Differenz*, aus dem Französischen von Rodolphe Gasché, Frankfurt/M. 1972.]

kengang, der von dieser Überlegung ausgeht, führt Derrida nach wenigen Sätzen zu dem Gedanken, dass die Angst vorm Schreiben nicht zunächst der empirische Affekt eines Schriftstellers sei, sondern eine Antwort auf jene *angustia*, jenen verengten Durchgang, zu dem sich die Sprache bei ihrem Versuch, jenes Nichts zu verstellen, zusammenzieht und durch ihre Kontraktion um eine Leere immer zu wenig und immer zu viel sagen muss, aber nie das Rechte, nie jenes Nichts selbst zu Wort kommen lässt.[2]

Weniger verdichtet und ohne jene *angustia* zu erwähnen, spricht Derrida am Ende von »Le Déclenchement«, dem ersten Teil des Essays mit dem Titel *La Dissémination*, 1969, von einem eng verwandten Phänomen, an dem die Beziehung der Sprache zu dem, was sie nicht ist, und zu dem, was nicht ist, deutlich werden kann. Er charakterisiert nämlich die Sprache als ein *simulacre généralisé*, somit als System generalisierter Verweisung – einer solchen Verweisung also, die jeweils auf weitere Verweisungen verweist und, derart verweisend, sich selbst und ihren eigenen Begriff abbricht –, und charakterisiert sie damit als »système ouvert de la répétition des ruptures«.[3] Innerhalb dieses offenen Systems ist es weder einem Autor noch einem Leser, weder einer einzelnen Schrift noch ihrem Kommentar möglich, ihren jeweils eigenen Platz zu wählen oder gar, an einem solchen *eigenen* Platz, sich selbst wiederzufinden. Um ihn *als* eigenen bestimmen zu können, muss jedes Bedeutungselement von diesem Platz abgerückt sein und kann noch sein bloßes Abgerücktsein allein durch weitere Abrückungen feststellen, kann es somit nur feststellen, indem es noch jenes Abgerücktsein verstellt. Feststellungen, so ist damit gesagt, und zunächst Selbstfeststellungen sind allein in einer Bewegung, sie sind allein in einer Bewegung ohne vorgegebenen Orientierungspunkt, sind somit allein in einem Raum und einer Zeit ohne stabile Koordinaten, mithin fortgesetzter Stellenänderung, Entstellung und Verstellung möglich. Wenn der je *eigene* Platz fixiert werden kann, dann nur unter der aporetischen Bedingung, dass er als der je *eigene* nicht fixiert werden kann. Das von Derrida als offen cha-

2 Ebd.

3 Jacques Derrida, *La Dissémination*, Paris 1972, S. 326, 328. [Dt.: *Dissemination*, aus dem Französischen von Hans-Dieter Gondek, Wien 1995.]

rakterisierte System ist ein auf *sich* offenes, es ist Verweisung auf *sich* als auf das, was weder formell noch thematisch in ihm eingeschlossen oder von ihm ausgeschlossen sein kann. Es ist mithin offen zunächst auf seine Offenheit, mit dieser auf seine Künftigkeit, mit ihr auf das, was nicht schon das Seine, das ihm Zugehörige oder auch nur Angehörige ist. Damit ist die Legende von einer integralen Metasprache und damit die verwandte Legende von der Abschließbarkeit reflexiver Systeme erledigt. Was wiederholt – gedacht, gelesen oder kommentiert – wird, ist jeweils ein Bruch; und ein Bruch noch der Wiederholung. Damit ist aber auch das Buch – ob das der ›Natur‹, der ›Welt‹ oder des ›Denkens‹ – als in sich geschlossene Einheit geöffnet auf andere und wiederum andere Bücher ›in‹ ihm und ›außer‹ ihm ›selbst‹ –, jedes Buch also eine Bibliothek ohne interne oder externe Grenze, jede Bibliothek, statt ein wohldefiniertes Ganzes oder eine Totalität von organisch verbundenen Teilen zu sein, paradox und hypo-paradox, ein Teil von Teilen ohne Ganzes, ein Aggregat von Lücken, eine Biblio*dis*thek – und also eine Biblio*hypo*thek, die niemals beglichen oder auch nur errechnet werden kann.

Im Zusammenhang seiner Überlegung zum offenen System der Wiederholung von Brüchen und der Unmöglichkeit, in ihm den jeweils eigenen Platz zu bestimmen oder wiederzufinden, besteht Derrida darauf, dass diese Unmöglichkeit niemals nur als Theorem konstatiert und deklariert werden kann, ohne zugleich auch praktiziert zu werden. Es gibt, so ließe sich sagen, kein Biblio*theorem*, dass nicht eine Biblio*praxis* wäre und als solche jede bloße Theorie der kulturellen Produktion und noch jede Praxis, die von einer solchen Theorie reguliert wird, auf das öffnet, was in keinem Buch, keiner Produktion und keiner Kultur befasst sein kann. Die Unmöglichkeit deklariert sich nicht nur; sie praktiziert sich: *Elle se pratique*. Und diese Praxis der Unmöglichkeit wird, so schreibt Derrida, ›über und durch die enorme und verfemte Marge unserer Haus-Bibliothek aufgeweckt‹ – »la proposition latente en est réveillée à travers la marge énorme et maudite de notre bibliothèque domestique (le Tao Tö King, le Zohar, les mythologies mexicaine, indienne et islamique, Empédocle, Nicolas de Cues, Bruno, Marx, Nietzsche, Lénine, Artaud, Mao Tsé-toung, Bataille, etc.; et dans une autre marge, plus intérieure et moins visible, effacée, Lucrèce,

Dante, Pascal, Leibniz, Hegel, Baudelaire, Rimbaud, et quelques autres). Elle se pratique.«[4] Es ist demnach die gesamte Bandbreite der Bibliothek und ihr Rand, durch den als *marge énorme et maudite de notre bibliothèque domestique* aufgeweckt und ›praktiziert‹ wird, was ›unmöglich‹ heißt: sich selbst zu erfassen, zu platzieren, wiederzufinden und, endlich, zu sein. Praktiziert wird diese befremdliche, da nicht-propositionale Selbst-Beziehung des Buchs, der Bücher, der Schrift, der Spur, kurzum jeder Verweisung und alles dessen, was Sprache, was Denken und was Sein heißt, nicht im Resümee eines theoretisch bereits erfassten oder auch nur erfassbaren Bestandes, sondern in der Ankündigung – der *annonce* – einer Wiederholung, die sich auf jedes ihrer Elemente in der Weise bezieht, dass jedes ihrer Elemente mitsamt der Wiederholung ›selbst‹ dieser Wiederholung entgleitet: »Pour annoncer ce livre de la répétition se rapportant et s'échappant à elle-même, [...]«.[5] Diese Ankündigung bezieht sich auf die Zukunft demnach nicht wie auf einen schon gegebenen Sachverhalt oder wie auf eine Möglichkeit, die nur noch ›realisiert‹ werden müsste. Angekündigt wird die Zukunft, indem sie eröffnet wird, eröffnet wird sie, indem sie nicht als ein vorgegebenes Vorhandenes enthüllt, sondern indem ihr ein Platz eingeräumt wird, eingeräumt wird er, indem dort, wo zuvor keiner war, ein solcher Platz freigegeben wird. Die Ankündigung – die generalisierte –, von der Derrida spricht, ist die Freigabe eines Sprach- und Zeitraums, den es zuvor niemals gab. So ›theoretisch‹ sie sich gebärden mag, die Ankündigung, und in extremis auch die der Wiederholung, ist Praxis.

Diese Praxis der Bibliothek, diese Bibliopraxis der generalisierten Verweisung und der mit ihr generalisierten Marge, die über jede Bibliothek hinaus- und vor jede zurückreicht, kann nicht in der bloßen Produktion, der Hervor-bringung und Zu-Tage-Förderung dessen liegen, was bislang verborgen oder verdeckt war. Sie kann nicht bloß aufwecken und ans Licht bringen, produzieren und bewirken, denn sie legt, so schreibt Derrida, *auch* Rechenschaft ab ›von der Nicht-Produktion, von den Operationen der Annullie-

---

4 Ebd., S. 328.
5 Ebd.

rung […] und von einem gewissen textuellen Zero‹ – »elle est aussi rigoureusement comptable de la non-production, des opérations d'annulation […] et d'un certain zéro textuel«.[6] Diese Praxis muss also ein Aufwecken zur Unaufweckbarkeit, ein Ans-Licht-Bringen des Lichtlosen, sie muss ein Tun des Nichttuns sein, um auch von jenem ›gewissen‹ – nämlich niemals gewussten und schlechthin unversicherbaren – *zéro textuel* und damit von einer konstitutiven Bedeutsamkeits- und Praxislücke tätig Rechenschaft ablegen zu können. Die Bibliothek – ob sie nun Haus-Bibliothek, Stadt- oder Welt- oder Bibliothek von Babel ist – definiert sich demnach als genau derjenige Ort, an dem nicht nur sie, sondern jeder Ort, sei er der einer Theorie oder einer Praxis, verlassen wird und sich einem Un-Ort öffnet. Als Ort eines *zéro textuel*, also eines Null-Buchs und einer Null-Bibliothek, ist sie Bibliothek und *auch* keine, Biblio-Praxis und *auch* Zero-Praxis, Text-Praxis *als* Null-Praxis, das Eine mit dem Nicht-Einen, die Sammlung außer sich, ein Jedes *auch* ohne dieses Jede und jedes *»auch«* auch ohne ein »auch« –: *ist* somit, *ohne zu sein*. Praktiziert wird – *es* praktiziert *sich* –, in jedem Sinn und Widersinn, eine Null –: ein Kreis von Wiederholungen, der sich Zug und Zug annulliert; eine Annullierung, die Zug um Zug auf die Spur ihrer Tilgung verweist; aber auch und vor allem eine Spur von Nichts.

Die befremdliche Logik dieser Sätze lässt mindestens zwei Missverständnisse zu. Zum einen könnte die Vermutung aufkommen, die Bibliothek fungiere hier als Metapher für jeden Komplex von Verweisungen – also auch für ›die Welt‹ – und mithin auch für den unsaturierbaren Verweisungsausfall, der sie begleitet; sie stehe demnach als ökonomisches Substitut für mehr oder weniger genau definierbare Vorstellungen samt jener indefiniten Umgebung, von der sie sich abheben. Aber wäre Substitution das Gesetz, das über den Begriff und die Institution der Bibliothek regiert, dann müsste sich auch deren indefinite Umgebung der Mechanik der Substitution fügen; das, was nicht Bibliothek wäre, gehörte noch zur Bibliothek, und das Nicht-Vorgestellte müsste selbst noch Gegenstand von Vorstellungen sein können. Wenn Derrida hingegen die

---

6 Ebd.

*Praxis* der Sprache in jeder ihrer Bewegungen als Beziehung auf eine Nicht-Produktion, Nicht-Manifestation und also auf das *zéro textuel* der Unbedeutsamkeit zu denken versucht, dann bezieht er es nicht auf eine Vorstellung und ihre virtuell infiniten Substitute, sondern auf ein Unsubstituierbares, das Metaphern nur zulässt, weil es selbst kein Gegenstand einer Metapher werden kann. ›Die Bibliothek‹ kann zwar eine Metapher sein; doch sie kann es nur deshalb, weil alle Metaphern an jeder einzelnen Bibliothek und weil schon der Name ›Bibliothek‹ an dem historischen Faktum der ›Bibliothek‹, an seiner Einzigkeit, seiner Künftigkeit und mithin an seinem Geschehnischarakter scheitern müssen. Eine Bibliothek ist, kurzum, immer etwas anderes als das, was ›Bibliothek‹ heißt. Da es eine substanzielle Verbindung zwischen Namen und Benanntem ebenso wenig gibt wie zwischen einem Substitut und der Leerstelle, die es zu füllen bestimmt ist, kann ihre Verbindung nur kontingent, sie kann nur brechbar und muss eine Verbindung zu jenem Brechen selbst sein. Einer der Namen – einer der vielen Fehlnamen – dieser Irrelation ist für Derrida ›die Schrift‹, ein anderer ›die Spur‹, ein weiterer, der ihre unabzählbare Multiplizität betont, ›die Bibliothek‹.

Das zweite Missverständnis, das durch eine Formulierung wie *se rapportant et s'échappant à elle-même* – oder, formalisiert, ›ist, ohne zu sein‹ – ausgelöst werden kann, läge darin, sie schlicht für widersprüchlich zu halten. Was Bezug und zugleich Entgleiten dieses Bezugs ist, kann jedoch nur dann als widersprüchlich oder als paradox angesehen werden, wenn es innerhalb eines bereits wohldefinierten theoretischen Feldes bestimmt wird, nicht aber dann, wenn ein solches theoretisches Feld allererst praktisch eröffnet wird. Da die Eröffnungsbewegung allen ihr geltenden prädikativen Bestimmungen vorausgehen muss und ihnen vorauszugehen nicht aufhören kann, kann sie nicht unter das Gesetz jener Bestimmungen und also auch nicht unter das Gesetz der Alternative zwischen einander entgegengesetzten *oder* miteinander verträglichen Prädikationen fallen. Vor jeder möglichen Opposition steht die Position, aber bevor eine Position zustandekommen kann, muss sie auf einem Weg erreicht werden, der nicht unter ihrem Diktat steht. Die Bahnung dieses Weges kann also nicht anders als prä-prädikativ und prädiktiv, sie kann deshalb nicht einfach paradox, muss vielmehr hypo-paradox, nicht einfach aporetisch, sondern prosporetisch und pros*a*poretisch sein. Ihre Sprache ist nicht die von Namen und Definitionen, sondern die von parataktischen Mehrfachbenennungen und Addefinitionen. Wo immer in ihr auftritt, was einem Widerspruch gleicht, ist es der Index einer Sprache – und also einer Bibliothek und also einer Welt –, die noch nicht feststeht, und einer Praxis, die nicht unter der Vormundschaft eines Theorems oder einer theoretischen Haltung steht. Es geht in ihr nicht um eine gegebene, in Sinnesdaten oder Ideen bereits vorliegende Wahrheit, sondern um deren Gebung und ihren jeder Gebung impliziten Entzug. Es wäre ein Rezidiv in einen Theoretizismus, der sich im Gegebenen aufhält, wenn Praxis sich an dem orientierte, was sie absehbar *ist* oder programmatisch *sein* soll, statt sich an dem zu definieren, was sie noch *nicht* – und vielleicht niemals – *ist*. Und es wäre wiederum theoretizistisch, wenn sie sich an Begriffen messen wollte, die der Logik des Vorhandenen und seiner Kohärenz dienen, statt sich auf das einzulassen, was mit allem, was *ist*, ex definitione bricht und deshalb auch in Begriffen des Widerspruchs keinen Ort findet. Praxis lässt sich nur am *A*topos einer Zero-Praxis definieren – sie lässt sich nur *add*efinieren, da sie jeder möglichen Definition voraus- und über jede hinausgeht.

Wenn Derrida am Ende von »Le Déclenchement« von dieser Praxis schreibt: »Elle ne se laisse pas commander par le motif de la vérité dont elle encadre l'horizon«,[7] so ist diese Horizont- und Rahmenbestimmung als dasjenige praktische Verhalten zu verstehen, das allererst den Spielraum für mögliche Wahrheiten eröffnet und ihm, derart eröffnend, sowohl angehört als auch fremd bleibt. Damit ist aber als Praxis charakterisiert, was Heidegger im Unterschied zu allen korrespondenz-theoretischen Wahrheitsbegriffen die ursprüngliche Wahrheit, die aletheische nennt. Nur sie ist fähig, ein Seiendes in seinem – verbal zu verstehenden – Sein erscheinen zu lassen, weil nur sie fähig ist, dieses Sein nicht als gegebenem theoretischen Gegenstand, sondern als einem Geschehen zu begegnen, das sich seiner gegenständlichen Fixierung entzieht. So fern

---

7 Ebd.

Duktus und Diktion von Derridas Argumenten denen von Heidegger scheinen mögen, noch die Formulierung von einem *certain zéro textuel* bewegt sich in deren Nähe.

## L'être propre

Nachdem Derrida auf den letzten Seiten von *La différance* betont hat: »Sur une certaine face d'elle-même, la différance n'est certes que le déploiement [...] de la différence ontologique«, und nachdem er Heideggers Rede von der *Spur* der ontologischen Differenz präzisiert hat zu der Formulierung *trace de l'effacement de la trace* und den Ort dieser Spur als den Text der Metaphysik charakterisiert hat, fährt er fort:

> »Proposant *à la fois* le monument et le mirage de la trace, la trace simultanément tracée et effacée, simultanément vive et morte, vive comme toujours de simuler aussi la vie en son inscription gardée. Pyramide. Non pas une borne à franchir, mais pierreux, sur un muraille, autrement à déchiffrer, un texte sans voix.«[8]

Die Gleichzeitigkeit, die mit dem hervorgehobenen *à la fois,* dem wiederholten *simultanément* und dem Echo des *simuler* eines Lebens betont wird, das sich in seiner Inschrift bewahrt, diese Simultaneität ist in Derridas Text bestimmt, die Zeitstruktur dessen anzugeben, was Heidegger als den Anfang der Geschichte des Seins beschreibt. Vor seiner Formel von der *trace de l'effacement de la trace* und der Diagnose der Simultaneität zitiert Derrida diese Passage aus Heideggers »Der Spruch des Anaximander«:

> »die Geschichte des Seins beginnt mit der Seinsvergessenheit, damit, dass das Sein mit seinem Wesen, mit dem Unterschied zum Seienden, an sich hält. Der Unterschied entfällt. Er bleibt vergessen. Erst das Unterschiedene, das Anwesende und das Anwesen, entbirgt sich, aber nicht als das Unterschiedene. Vielmehr wird auch die frühe Spur des

---

8 Jacques Derrida, *Marges de la philosophie*, Paris 1972, S. 23.

Unterschiedes dadurch ausgelöscht, dass das Anwesen wie ein Anwesendes erscheint und seine Herkunft in einem höchsten Anwesenden findet.«[9]

Heidegger vermerkt damit ein dreifaches ›Vergessen‹, eine dreifache ›Auslöschung‹ –: Vergessen wird zum einen das Sein, sofern es vom Seienden unterschieden ist und allein in diesem Unterschied den Geschehenscharakter bewahrt, der seinem – verbal zu verstehenden – *Wesen* eigentümlich ist: vergessen wird somit, dass Sein allein in dem Sinne *ist*, dass es *geschieht*, und allein in dem Sinne geschieht, dass es kein Seiendes ist. Vergessen wird zum zweiten das, was von diesem vergessenen Geschehen als Spur übrig bleibt, nämlich die voneinander Unterschiedenen, das Anwesende und das Anwesen, die beiden Derivate des vergessenen Seinsgeschehens, deren keines mit dem Geschehen des Seins gleichgesetzt werden dürfte, aus dem sie sich ergeben. Weder Anwesendes noch auch dessen Anwesen, so sehr dieses als Geschehen erscheinen mag, sind mit dem *Wesen* – dem verbal zu verstehenden *Wesen* – des Seins eins, denn dieses Wesen beruht allein in seinem Unterschied zum Seienden und kann darum nicht als ein Geschehen *am* Seienden oder als eine vom Seienden durchlaufene Bewegung angetroffen werden. Anwesen und Anwesendes, wie sie als Spur des Unterschieds vom ›Vergessen‹ seines *Wesens* zurückgelassen werden, werden überdies in einem dritten Vergessen ihrerseits summarisch miteinander gleichgesetzt, indem das Anwesen wie ein Anwesendes erscheint und aus einem höchsten Anwesenden hergeleitet wird. Damit ist die Differenz getilgt, als die das Sein Geschehen ist, und damit ist auch noch jene *Spur* der Differenz getilgt, in der die Herkunft sowohl des Anwesens wie des Anwesenden aus der Differenz zwischen ihnen noch lesbar wäre. Die komplexe genealogische Linie, die vom *Wesen* des Seins zum *Anwesen* und weiter zum *Anwesenden* führt, ist unkenntlich geworden und ersetzt durch eine starre Hierarchie von Anwesenden in ihrer beständigen Anwesenheit. Da diese Restriktion, wie

9 Martin Heidegger, »Der Spruch des Anaximander«, in ders., *Holzwege*, GA 5, Frankfurt/M. 1977, S. 364f.; Derrida, *Marges*, a.a.O., S. 25.

sie von Heideggers Sätzen beschrieben wird, mit dem Beginn der Geschichte des Seins einsetzt, muss sie als Geschichte der Tilgung des Geschehens und somit als Geschichte der Tilgung der Geschichte gelesen werden. Sie muss jedoch *auch* gelesen werden als Geschichte der Selbst-Ausfällung des Seins, einer Selbst-Verweigerung und einer Zurückhaltung des Seins, die sein Geschehen und seine Geschichte allererst eröffnet. Geschichte ist für Heidegger die Geschichte der Verweigerung und deshalb der Degradierung des Seins zum Seienden: eine Geschichte der progressiven Paralyse des Geschehens; aber sie ist damit zugleich die Geschichte einer Selbst-Verwahrung des Geschehens, die eine andere, nicht-lineare, nicht-paralytische, nicht-hierarchische Geschichte birgt: eine Geschichte der Entdinglichung, Differenzialisierung und Mobilisierung des Geschehens. Heidegger hat diese Doppelbewegung und, genauer, dieses Doppel aus Geschehen und Nicht-Geschehen immer wieder beschrieben, jedoch die in seiner Beschreibung supponierte Homogenität innerhalb dieser Doppelstruktur weder analysiert, noch hat er sie in Frage gestellt. Um die Notwendigkeit einer Analyse dieser Amphibolie zumindest anzudeuten, ist es geboten, Derridas Spuren-Formel von der Spur der Tilgung der Spur wieder zu erweitern und, wie Heidegger es nahelegt, von der Spur der Tilgung der Spur des *Unterschieds* des Seins zum Seienden zu sprechen.

Heideggers Fundamentaltheorem vom Beginn der Seinsgeschichte in der Selbst-Vergessenheit des Seins ist keine empirisch-historische Hypothese, sondern ein strukturanalytischer Befund, der die Herkunft historischer Hypothesen und die Herkunft dessen, was Geschichte heißt, aufklären soll. Sein Theorem macht deutlich: Geschehen ist nichts beständig Seiendes und auch kein durchgängig gegenwärtiges Ereignis, sondern ist Geschehen allein dann, wenn es Geschehen eines Nicht dieses Geschehens und in diesem Nicht sich selbst unzugänglich ist. Im ›Vergessen‹, Heideggers terminologisierender Übersetzung von *léthe*, das auch ›Tod‹ heißt, ist das Geschehen sich selbst entzogen; aber im Vergessen ist dieses Geschehen, das *esse*, auch einbehalten als das, was es selbst ausmacht. *À-létheia*, von Heidegger als Unverborgenheit und weiterhin als Wahr-heit übersetzt, ist deshalb nicht die Aufschließung eines Verschlossenen, sondern die Eröffnung, dass es unaufschließbar bleibt. Das alpha privativum von *à-létheia* besagt nicht, dass die Vergessenheit oder Verborgenheit getilgt würde, sondern dass jede Erfahrung, ob sie theoretische oder praktische ist, allein aus jener Vergessenheit hervorkommt und diese Vergessenheit mit sich führt. Sie bewahrt kein tieferes Geheimnis, das noch ans Licht gebracht werden könnte, sie wahrt nur sich ›selbst‹, ein Nichtseiendes und, in diesem Sinn, ein Nichts, das allen Charakterisierungen durch Negationen, allen Bestimmungen als *Un*gewusstes oder *Un*wissbares, *Un*gesagtes oder *Un*sagbares schon vorausgegangen sein muss, wenn es zu solchen Bestimmungen kommt. *À-létheia* ist ein Nicht zu einem Nichts, das von seiner Bestreitung niemals abgesondert werden kann. Was sich zeigt, kann deshalb jeweils nur ein Zeigen aus einem Nicht-Zeigen und in ein Nicht-Zeigen sein. Mit dieser Charakterisierung ist zwar die Differenz, die sich in der Bewegung der Phänomenalisierung auftut, verdeutlicht, aber verdeutlicht ist damit zugleich, dass diese Differenz von Heidegger als eine Differenz *aus* einem und *zu* einem Nichts, *aus* einem und *in* ein Nicht-Zeigen gedacht wird, somit jedoch als eine solche Differenz, in der sich ein Minimum an Kohärenz und Kontinuität zwischen Sein und Seienden erhält. Im dreifachen Vergessen der Differenz zwischen ihnen bleibt es das Vergessen just *der* Differenz, ein Vergessen, das sich aus ihrer Struktur ergibt, und eines, das sich aus ihr nicht *nicht* ergeben kann. Ohne der mindesten Nostalgie zu bedürfen, bleibt die Seins*verlassenheit* der gesicherte Ort, die Seins*vergessenheit* der Modus, in dem sich das Sein mitsamt seiner Differenz aufhält, bewahrt und bekundet. Heidegger denkt das Verweilen in dieser unauslöschbaren Differenz, welche löschbare Spuren hinterlässt, als den irreduziblen Zug der Endlichkeit des Seins; aber diese Endlichkeit definiert sich aus einem Nicht und einem Nichten, die ebenso konstitutiv für diese Endlichkeit sind, wie sie deren interne Kohärenz und deren Konstanz sichern. In diesem Zug bleibt die ›ontologische‹ Differenz eine restringierte, eine homogenisierende, kontinuistische Differenz: eine Differenz, die die Gemeinschaft mit ihr selbst nicht aufgeben kann.

Die Einsicht in die strukturelle Endlichkeit des Geschehens geht in Heideggers Deutung einher mit der Einsicht, dass Einsichten – und auch diese – sich auf keine präexistente Substanz und kein substanzielles Subjekt stützen können, sondern nur auf ein ihnen Vorgängiges und von ihnen Verfehltes verweisen, das keine Stütze bieten kann; dass sie den Charakter der Spur eines solchen Anderen haben, das sich nicht auf das Andere eines gesicherten Selbst zurückführen lässt; dass sie deshalb sowohl praktisch als auch kognitiv geschichtlich sind und somit an keinem der klassischen Fundierungsbegriffe – und auch nicht an denen des Anwesenden und seines Anwesens, des Seienden und seines Seins – einen Halt finden können. Der Gedanke der Geschichtlichkeit des Denkens und seiner Praxis ist der Gedanke der *Differenz* des Seins zum Seienden, deshalb der *Differenz* des Seins zu jedweder Manifestation in Seiendem, deshalb der Differenz zwischen seinem *Wesen* und dem im Deutschen homonymen ›Wesen‹ im Sinne von Essenz; deshalb auch der Differenz des Seins zu dem mit dem Titel ›Sein‹ Benannten – und deshalb endlich einer Differenz *im* Sein, die weder dessen Begriff noch ihren eigenen unverändert lässt. ›Sein‹ ist ein Kryptonym für das, was niemals einen eigenen Namen hatte und niemals einen eigenen haben kann. Dass Sein nicht *ist* – kein Seiendes und auch kein höchstes –, kann nicht heißen, dass es in einer Spur, einer Hinterlassenschaft oder einem Rest fassbar wäre, sondern nur, dass es sich in der Spur der Tilgung der Spur seiner Differenz von einer Spur bezeugt, und mithin einer solchen Spur, die die Tilgung einer anderen Spur nicht nur markiert, sondern die Tilgung noch dieser Markierung ankündigt und diese Ankündigung wahr macht. Gewahrt wird damit jeweils die Vorgängigkeit als Vorvergangenheit des Seins, als ihre Vorzeitlichkeit und Vorräumlichkeit, gewahrt ihr Nicht- und Niemals-Anwesen, ihr Nicht- und Niemalssein.

Wenn Heidegger in den von Derrida zitierten Passagen emphatisch wiederholt: »Das Wesen des Anwesens [...] bleibt vergessen«, und: »Der Unterschied [...] bleibt vergessen«, so ist mit diesem ›bleibt vergessen‹ nicht bloß gesagt, dass jenes *Wesen* in seinem differenziellen Geschehen das unvordenklich Vergessene ist, es ist damit zugleich gesagt, dass es als Vergessenes in seiner Vergessenheit *bleibt*. Wie die Vergessenheit ist das Bleiben dieser Vergessenheit ein struktureller Zug des Seins, und zwar genau derjenige, der eine strenge Korrelation zwischen ihm und seiner Vergessenheit erzwingt. Sein *bleibt*, weil und solange es *vergessen* bleibt, und es *bleibt* als solches unzugänglich und bloß in den Spuren der Tilgung seiner Spur, nämlich im Seienden und Anwesenden lesbar. Es *bleibt* somit nicht trotz, sondern allein wegen seiner Vergessenheit, bleibt also, weil und solange es verborgen ist, in seinen Verstellungen und Entzügen bewahrt. Die Verborgenheit des Seins *west*, so lässt sich mit Heideggers Vokabular sagen, allein in seiner Geborgenheit. Es wahrt seine Wahrheit, indem es sie zurückhält – und sie derart einbehält, dass sie, keiner Verifikation fähig, an sich haltend, die von ihm so genannte Un-wahrheit bleibt. Das Bleiben des Seins in seinem Vergessen-Bleiben ist demnach nicht nichts, es ist – oder, genauer, *bleibt* – vielmehr seine untilgbare vor-erste Spur und bleibt als diese Spur vor jeder historisch-empirischen Spur die strukturelle Bedingung für alle weiteren Spuren, von denen Heidegger und in seinem Kommentar Derrida redet. So extrem die Sui-Divergenz – die *Ek*-sistenz – des Seins in seinem Anfang sein mag, sie hält sich jeweils im Horizont eines Bleibens – und einer ›Sistenz‹ –, der sicherstellt, dass alle Verstellungen und Verbergungen, die es zulässt, *seine* Verstellungen, *seine* Verbergungen und *seine* Spuren – die Spuren der Spur ›Sein‹ – *bleiben*. Heideggers Reduktion der Seinsgeschichte auf die Seinsvergessenheit ist also die Reduktion nicht auf eine beliebige, kontingente oder schlicht ruinöse Vergessenheit – oder gar die Vergesslichkeit eines Philosophieprofessors, der seinen Regenschirm hat liegen lassen –, sie ist Re-duktion auf die einzig radikale, dem Sein als die ihm *eigene* zugehörige Vergessenheit, die noch in ihren beliebig, kontingent und ruinös erscheinenden Varianten diese seinige bleibt. Heidegger lässt keinen Zweifel an diesem Bleiben des Seinigen in seiner Vergessenheit; er schreibt, noch einmal – und hier ist auf das An-sich-Halten als die Formel für die ontologische *epoché* zu achten –: »die Geschichte des Seins beginnt mit der Seinsvergessenheit, damit, dass das Sein mit seinem Wesen, mit dem Unterschied zum Seienden, an sich hält.« Damit ist das Sein als *epoché* – als An-sich-halten – und die Epoche der Seinsgeschichte als Geschichte der Geschichtsvergessenheit, der Geschehens-, der Seinsvergessenheit charakterisiert.

Aus dieser Beobachtung ergeben sich für Derridas Heidegger-Kommentar und darüber hinaus für seinen erweiterten Begriff der Differenz – den Nicht-Begriff der *différance* – mindestens zwei miteinander kaum kompatible Konsequenzen. Wenn Derrida vom *à la fois* eines *monument* und einer *mirage de la trace* und von der Simultaneität von Spur und Tilgung der Spur, die zugleich lebendig und tot ist, spricht und sie als *texte sans voix* charakterisiert, dann spricht er von nichts anderem als von jener Ur-Vergessenheit des Seins, in der es – ek-sistent und seit jeher von sich abgerückt – *an sich hält* und *bleibt*. Dass sie lebendig und tot zugleich, und allein vermöge *ihres* Todes am Leben ist, lässt sich als Dechiffrierung von Heideggers ›Vergessenheit‹ lesen, die eine der möglichen Übertragungen der *léthe* und damit des Implikats jeder *alétheia* des Seins und seines Geschehens darstellt. Die *archi-écriture*, als die die *différance* über die ›ontologische‹ Differenz hinaus- und vor sie zurückreichen soll, hält sich demnach im Horizont just dieser ›ontologischen‹ Differenz auf und wiederholt unter anderem Namen die Geste, mit der diese an sich hält, sich verbirgt, bewahrt und *bleibt*. Zugleich könnte kaum etwas problematischer – im Sinn rückhaltloser Ungewissheit – sein als eben jenes ›Zugleich‹ von Spur und Tilgung, denn mit seiner Vergessenheit ist das Sein einer Divergenz von sich überlassen, die sich in seiner raum-zeitlichen Struktur zum einen als ursprüngliche Zeitigung und Räumung, mit dieser aber als zeit-räumliche Zerklüftung und darin als Unmöglichkeit jeder Simultaneität auswirkt. Die Feststellung alles Anwesenden in beharrlicher Anwesenheit wäre die Bedingung für jede Simultaneität, jede Simulation und jedes Simulakrum, aber sie wäre mit Heideggers Gedanken der Raum-Zeitigung als Erstreckung und Streuung ebenso wenig vereinbar wie mit ihrer Reprise in der von Derrida skizzierten disseminativen *temporisation* und dem *espacement* der *différance*. Jenes An-sich-Halten und Bleiben der ›ontologischen‹ Differenz und der in ihrem Spielraum sich bewegenden *différance* kann deshalb nur unverträglich sein mit dem Nicht-Zugleich und der allein vermöge deren Nicht möglichen und denkbaren Geschehensstruktur. Der Unterschied, der von Heidegger wie der von Derrida gedachte, impliziert mithin einen Unterschied *im* Unterschied und *von* ihm, eine Diskontinuität des Seins wie des Nichts, er impliziert ein Nicht, das mit diesem selbst nicht beständig und nicht regelmäßig assimilierbar ist. Er fordert den Gedanken eines Seins, das anders als Sein ist, und eines Nichts, das anders geschieht als in *seinem* Nichten: eine gebrochene und interkurrierende Differenz, eine – jedoch multiple –, der ihr Entzug nicht als der *ihre* entspricht.

Solange Sein bleibt, bleibt es Spur; solange eine Spur bleibt, bleibt sie Spur der Tilgung der Spur; solange sie als diese bleibt, muss es mindestens zwei ›Sein‹, zwei Spuren, zwei Geschehen, Geschichten und Zeit-Räume geben: den der Bewahrung des Vergessens der Spur und den des Vergessens der Bewahrung der Spur in der fest-gestellten Anwesenheit des Anwesenden. Wenn diese beiden Zeit-Raum-Bewegungen divergieren, dann konvergieren sie doch auch in dieser einen Geste der Bewahrung, auf die beide angewiesen sind: dem Halten, das zum einen im An-sich-Halten des Seins im *Vergessen*-Bleiben beruht, und das zum anderen im Vergessen-*Bleiben* und somit im Festhalten der Spur und ihrer monumentalen Aufrichtung zur Hierarchie der Anwesenheit besteht. Derrida sucht diese Konvergenz zwischen gehaltener und festgestellter Differenz durch eine weitere Differenz zu lösen: durch eine solche nämlich, die sie in ihrer Ungehaltenheit belässt.

Er bietet andeutungsweise vier Argumente für eine solche weitere, dritte Differenz. Das erste, formelle, äußert sich als der Verdacht, die ontologische Differenz könnte ein bloßer »effet intra-métaphysique de la différance« sein,[10] und reduziert sich somit auf eine Wiederholung von Heideggers Gedanken, das Geschehen des Seins beginne mit seinem Vergessen. Ist nämlich das Vergessen jenes Geschehens konstitutiv für dessen Struktur, dann gibt es keine extra-metaphysische Differenz oder *différance*, die einen intra-metaphysischen Effekt haben könnte; die Differenz zwischen einem Innen und einem Außen der Differenz, die von Derrida erwogen wird, ist selbst eine metaphysische und wird von Derrida an anderem Ort denn auch als solche charakterisiert, indem er einräumt, die *différance* bleibe für uns – »pour nous [...] reste – un nom métaphysique«.[11] Jede Ausweitung der Differenz über den Horizont des selbst-vergessenen Seins wäre aber eine Ausweitung in ein Gebiet des Vor-Vergessens, somit auch des Vor-Geschehens und des Vor-Wesens, das eben deshalb nicht ohne Beziehung zum Wesen, Geschehen und Vergessen bleiben dürfte, weil es als dessen Vor- auch die Grenze zu dessen Nicht-Sein markiert und verschiebt.

Derrida versucht einen Schritt weiter in diesen Vorhof des Seins zu tun mit einer zweiten Andeutung eines Arguments, wenn er zu

---

10 Derrida, *Marges*, a.a.O., S. 23

11 Ebd., S. 28.

einem Satz aus Heideggers Anaximander-Abhandlung zwei für sein Theorem wichtige Fragen aufwirft. Heideggers Satz lautet: »Der Brauch [– *nämlich die Spur des differenziellen Seinsgeschehens* –] fügt das Un- [*nämlich das* Un- *des* Un-fugs].«[12] *(Le maintien ajointe le dis-)*. Derridas Fragen lauten: »peut-on et jusqu'où peut-on penser cette trace et le *dis-* de la différance comme Wesen des Seins? Le *dis-* de la différance ne nous renvoie-t-il pas au-delà de l'histoire de l'être, au-delà de notre langue aussi et de tout ce qui peut s'y nommer?«[13] Diese Fragen basieren auf einem Missverständnis, das in seinen Ausmaßen nur größer wird, wo Derrida in *Donner le temps* und in *Spectres de Marx* auf Heideggers Sätze zurückkommt. Das *Un-*, das der ›Brauch‹ fügt, ist nämlich das Un- eines Un-Fugs – der *adikía* –, welcher für Heidegger darin liegt, dass das Geschehen des Seins zu beständiger Anwesenheit stillgestellt und zu einem substanziell Anwesenden verfestigt wird. Das *Un-* oder *dis-* weist also nicht über die Seinsgeschichte hinaus, sondern wirkt hin auf die Restriktion der Differenz – der ›ontologischen‹ sowohl wie der *différance* – zu einer unterschiedslosen Gegenwärtigkeit, Festgestelltheit und Benanntheit, in der vom Sein jede Spur und noch die Spur der Tilgung einer Spur getilgt ist. Das *Un-* des *Un-fugs* markiert die Leugnung der Geschichte des Seins, die Ausblendung seines Geschehens und das Vergessen just desjenigen Vergessens, von dem es strukturiert wird. Es verweist nicht, wie Derrida annimmt, auf ein Jenseits der Geschichte, sondern auf deren Sistierung. Heidegger versucht von der Möglichkeit einer geschichtlichen Löschung der Geschichte Rechenschaft abzulegen, wenn er schreibt: *Der Brauch fügt das Un-*; Derrida sieht in dem romanisierten *dis-* dieses *Un-* die Differenz am Werk und fragt nach einem Jenseits der Geschichte, um deren Rettung es Heidegger zu tun ist. Dennoch stellt sich angesichts von Derridas Missverständnis jenes *Un-* die Frage, warum Heidegger in der *adikía* des Anaximander nur einen einzigen Un-Fug – den der beharrlichen Anwesenheit – liest und ob es in seinen Überlegungen nicht noch ein weiteres *Un-* geben muss, das in der Tat vor die Seinsgeschichte zurück und derart auch über sie hinaus

---

12 Heidegger, »Der Spruch des Anaximander«, *Holzwege*, a.a.O., S. 368.
13 Derrida, *Marges*, a.a.O., S. 26.

weist. Es wäre dies das *Un-* der Unbenennbarkeit und Unerfahrbarkeit dessen, was dem Geschehen des Seins und somit seinem *Wesen* ebenso vorausgeht wie es dieses *Wesen* allererst zulässt. Es wäre dies nichts anderes als die Zulassung und – zugleich – die Verwehrung des Seins: ein Ohne-Sein, das Sein im selben Zug zulässt und unterlässt; keine fundamental-ontologische, sondern eine affundamental-prosontologische Ellipse.

Die dritte Andeutung in Derridas Text lässt sich in just diesem Sinn verstehen, obgleich sie ohne explizite Referenz auf Heidegger bleibt, vielleicht eine Erinnerungsspur ist, die Derrida selbst nicht mehr identifizieren konnte, vielleicht sogar ohne jede Beziehung zu Heidegger und zu seiner Frage nach dem Sein ist. Derrida spricht nämlich von der *différance,* wie er es schon früher in »Ousia et Grammè« getan hat,[14] als derjenigen Bewegung, die vielleicht *»älter«* ist als die ›ontologische‹ Differenz zwischen Sein und Seiendem, und zwar deshalb *»älter«*, weil Sein seit dem Anfang der Geschichte der Metaphysik immer schon als Seiendes gedacht worden ist. Dieses höhere Alter der *différance* könnte aber nur noch einmal dasjenige der ›ontologischen‹ Differenz sein, die jünger sein soll als jene, es sei denn, die *différance* ginge noch der Spur ›Sein‹ voraus und wäre genau jene Ur-Spur nicht, als die Derrida sie zu denken versucht. Von einem Vor-Sein, einem *Vor-* und *Un-wesen*, das das Sein von Anbeginn zur Spur relegiert, spricht Heidegger im 6. Abschnitt seiner Abhandlung »Vom Wesen der Wahrheit« 1930 ausdrücklich als von demjenigen, das »älter« ist als das *Wesen.* Heidegger schreibt dort:

> »Die Verborgenheit des Seienden im Ganzen, die eigentliche Un-wahrheit, ist älter als jede Offenbarkeit von diesem oder jenem Seienden. Sie ist älter auch als das Seinlassen selbst, das entbergend schon verborgen hält und zur Verbergung sich verhält. […] Das eigentliche Un-wesen der Wahrheit ist das Geheimnis. […] Un-wesen ist hier das in solchem Sinne vor-wesende Wesen.«[15]

---

14 Ebd., S. 77.

15 Martin Heidegger, »Vom Wesen der Wahrheit«, in ders., *Wegmarken*, GA 9, Frankfurt/M. 1976, S. 193f.

Aus diesen Sätzen, die – wie alle hier zitierten Texte und dazu skizzierten Überlegungen – einer weit ausführlicheren Erläuterung bedürften, wird für die Struktur einer Differenz, die *»älter«* ist als die ›ontologische‹, deutlich, dass sie von Heidegger bereits gedacht, dass sie als unauflöslicher Widerstand im Geschehen des Seins gedacht, und dass sie als dieser Widerstand – als Zurückhaltung, Entzug, Unentborgenheit und Geheimnis – zwar als *Unwesen* und also Un-geschehen und Un-sein des Seins gedacht ist, doch als ein solches, das als *vor-wesendes Wesen* selbst noch zu dessen Geschehen und in es gehört: »Das Un-wesen bleibt [...] dem Wesen wesentlich [...]«.[16] Nicht also nur der Unterschied von Sein zu Seiendem und somit das *Wesen* des Seins *bleibt* in seiner Vergessenheit, auch das *Un-wesen* der Vergessenheit oder Verborgenheit *bleibt*, und es *bleibt* dem Wesen *wesentlich*.

*Älter* als das Sein und sein Wesen ist das *Un-wesen* für Heidegger in dem Sinne, dass es dessen Unoffenbarbarkeit ist, die jeder seiner Entbergungen vorausgehen und jede vorausgehend begleiten muss, wenn immer es überhaupt zu solchen Entbergungen und somit zum *Seinlassen* kommt. *Älter* als jedes Geschehen ist es in dem Sinn, dass es als Nicht-Geschehen sowohl die Möglichkeit als auch die Unmöglichkeit des Geschehens in sich bewahrt und erst als dieses doppelte Un-geschehen das *Un-wesen* bleibt, das dem Sein vorausgeht. Es geht als dieses Un-geschehen auch der Geschichte voraus und macht die paläo-ontologische Vor-Geschichte der Geschichte des Seins und seines möglichen Sinns aus. Heidegger lässt keinen Zweifel daran, dass dieses Vor- und Un-geschehen, diese Agenesie zur Genesis und Struktur dessen gehört, zu dem es das Vor- und Un- ist – *Das Un-wesen bleibt [...] dem Wesen wesentlich [...]* und bleibt das *vor-wesende Wesen* –, und er lässt ebenso wenig einen Zweifel daran, dass es ihm nie als das zugehören kann, was vom Sein im Modus der Seiendheit entborgen werden kann – es bleibt das vor und in jeder Entbergung *Unentborgene*, das *Geheimnis*, zu dem schon das *Seinlassen sich verhält* als zu einem ihm Vorgängigen und Unzugänglichen, einem schlechthin Vor-enthaltenen.

16 Ebd., S. 194.

In der idiomatischen Terminologie Heideggers lauten die allgemeinsten fundamental-ontologischen Sätze: Seiendes ist; Sein west. Wenn er vom *anfänglichen Un-wesen der Wahrheit als der Un-wahrheit* des Seins spricht,[17] dann ist damit nicht nur gesagt, dass Sein nicht *ist*, sondern auch, dass Sein in einem entscheidenden Zug seiner Struktur nicht *west* – und dass es allein weil und solange es nicht west, zu wesen vermag oder nicht vermag. Noch vor jeder *stéresis*, jeder *privatio*, der das als *physis* definierte Sein in seiner *dynamis* und seiner *entelecheia* ausgesetzt sein kann, muss das Geschehen mit Namen ›Sein‹ und ›Differenz‹ einem Nicht eben dieses Geschehens ausgesetzt sein, das durch kein Vermögendsein behoben, ertragen oder aufgehoben werden kann.

*Un-wesen* besagt Un-sein, Un-sein besagt Ohne-sein. Dieses Ohnesein und somit Ohne-Geschehen, Ohne-Geschick, Ohne-Geschichte ist das Implikat jeder Erfahrung und jeder Rede vom Seinsgeschehen. Allein dieses strukturelle Implikat – dieses, weil strukturelle, inexplikable Implikat – erlaubt die Erfahrung und die Rede von der Enthüllung, Entbergung, Eröffnung oder Erschließung von Seiendem in seinem Sein. Da dieses Ohne-sein *bleibt*, und da es zu bleiben nicht aufhören kann, wenn anders es Sein geben soll, ist die Geschichte des Seins – der Metaphysik – jeweils *an* ihrem Anfang, jeweils *vor* ihm und somit *ohne* ihn. Sie ist, an ihrem Anfang, ohne Anfang. Wahrheit – Erschlossenheit – von Sein braucht die ihr vorgängige und mit ihr gehende Un-wahrheit; Sinn – der Erschließungsbereich – von Sein braucht einen ihm *vor-wesenden* Un-sinn.

Kein Sein ohne das Ohne des Seins; kein Seinlassen ohne das Ohne des Lassens. Erst das Ohne lässt sein – und unterlässt es.

Damit scheinen die einschlägigen Bedenken und Fragen von Derrida erledigt. Der Gedanke der Wahrheit und des Sinns von Sein kann für Heidegger kein »effet intra-métaphysique de la différance« sein,[18] weil dieser Gedanke die *Un-wahrheit* und den Un-sinn eines *vor-wesenden Un-wesens* und also den Gedanken eines Ohne-seins unverzichtbar impliziert, den die Ontologie nicht denken und deshalb nicht einmal verwerfen kann. Wenn die *différance plus*

17 Ebd.

18 Derrida, *Marges*, a.a.O., S. 23.

*»vieille«* als die ›ontologische‹ Differenz und die Wahrheit des Seins wäre, wie Derrida nahelegt, dann hätte sie das Alter eben dieser ›ontologischen‹ Differenz und ihrer Wahrheit, deren Un-wahrheit, wie Heidegger schreibt, *älter* ist als das Seinlassen der Wahrheit, und dann wäre die *différance plus »vieille«* als sie selbst: sie wäre, nicht anders als die Differenz des Seins, in Ana- und Para-chronie von sich selbst unterschieden.

Nicht also hält Sein sich nur von Seiendem gesondert, es hält sich zunächst von sich selbst gesondert und hält sich in diesem proto-ontologischen Unterschied zu sich *auf* und *zurück*, verweilt darin und hält sich *offen*. Deshalb ist Derridas Behauptung – sie skizziert sein viertes und vielleicht stärkstes Argument –, »le concept d'époqualité (appartient) au dedans de l'histoire comme histoire de l'être«,[19] zugleich triftig und untriftig. Untriftig ist es, sofern das Ansichhalten des Seins allein diesem selbst ›gehört‹ und als dessen *Un-wesen* und Un-Geschehen keiner Geschichte der Entbergungen des Seins ›angehören‹ und darum nie in deren Horizont befangen sein kann: *Un-wesen* bleibt a-horizontal. Triftig dagegen ist Derridas Bemerkung aus eben demselben Grund, denn für Heidegger ›gehört‹ das Nicht-Gehören des Seins eben diesem Sein ›selbst‹, sein Nicht-Geschehen bleibt sein *vor-wesendes Wesen* und sein *Unwesen bleibt dem Wesen wesentlich*. Heideggers proto-ontologische Differenz ist in jedem Sinn ein Selbst-Ver-hältnis; in ihm hält das Sein an sich fest, indem es sich *vor* sich selbst zurück- und *von* sich fernhält. Es ist das Geschehen allein einer Sui-Divergenz und Selbst-Ent-fernung, die zusammen mit seiner Unterschiedenheit seine Ungeschiedenheit von sich bewahrt. Sein bleibt *sein* Sein und bleibt es noch, indem es am Ohne-Sein des *Un-wesens* als dem seinigen festhält.

Derridas *différance* unterscheidet sich, kurzum, von Heideggers Differenz vornehmlich dadurch, dass mit ihr die Frage nach dem Sein zur Frage nach dem Seinen zugespitzt wird. Derrida fragt: »Comment penser le dehors d'un texte [*den, zum Beispiel, der Metaphysik*]? Plus ou moins que *sa propre* marge?« – und hebt *sa propre* durch Kursivierung hervor. Und in der einzigen Fuß-

---

19 Ebd.

note seines Textes, vermutlich verfasst nach dessen erster Redaktion, betont er: »la différance n'est pas un procès de propriation en quelque sens que ce soit.«[20] Derridas Versicherung mag die Frage nach dem Eigenen nicht in jeder Hinsicht erschöpfen, da er dazu auf Überlegungen von Heidegger zurückgreift, die ihrerseits auf einem, wenngleich besonderen, Selbst-Verhältnis und Selbst-Missverhältnis bestehen. Wenn Derrida schreibt, das »jeu« der differenziellen Spur »porte et borde le sens de l'être«, so liegt nicht nur Heideggers Rede vom Spiel und vom Zeit-Spielraum nahe, auch die Metaphern des Tragens und Umrandens bleiben in der Nähe des Horizontes von Heideggers – und nicht nur seinen – Metaphern des Tragens (des Austragens, zum Beispiel, der Differenz, des *hypokeimenon*, der *substantia*) und des Horizonts, der sich bei jeder Annäherung weiter entfernt. Doch diese Nähe und die Nähe dieser Nähe zum Eigenen – des *proche* zum *propre* –, die besonders in »Les Fins de l'Homme« detailliert untersucht wird,[21] lässt sie sich in der Tat auflösen? Lässt sich das Halten dessen, was Heidegger das *Ansichhalten* oder einfach das *Verhalten* des Seins, seine *epoché*, nennt, lösen? Wenn Derrida von der *différance* beteuert, sie habe keine »essence propre« und das »jeu de l'écriture en tant qu'il engage la différance« habe »ni être ni vérité«,[22] dann mögen diese Verneinungen zur polemischen oder edukativen Differenzierung im Feld der zeitgenössischen Philosophie hilfreich sein, aber sie weisen, auf Heidegger bezogen, zurück, was schon dieser zurückgewiesen hat, behaupten jedoch zugleich, was auch Derrida selbst in diesen Formulierungen zurückweist – und lassen das Spiel der *différance*, mehr oder weniger deutlich bemerkbar, in den Divergenzen, Diskrepanzen und Disjunktionen seines ›eigenen‹ Textes durchschlagen. Denn ein Spiel *en tant qu'il engage la différance* kann nicht einfach ohne Sein und Wahrheit sein, wenn es denn wahrhaftig engagiert, und kann nicht ohne Sein und ohne Wahrheit spielen, wenn es *mit* ihnen spielt. Wenn es von der *»différance«, qui n'est pas un nom,* emphatisch heißt: »Pour nous, la différance reste un nom métaphysique et tous les noms qu'elle

20 Ebd., S. 27.
21 Ebd., S. 155–161.
22 Ebd., S. 27.

reçoit dans notre langue sont encore, en tant que noms, métaphysiques«,[23] dann wird deutlich, dass dieser Name und Un-name nicht nur nicht einfach Derrida gehört – sondern Heidegger, Freud, Saussure, Nietzsche, Hegel, Heraklit etc. –, sondern dass er nicht einmal sich selbst gehört und in seiner Unzugehörigkeit und Inkonsistenz alle überlieferten und alle noch denkbaren Differenzen von sich selbst scheidet und verändert. Es wird aber damit zugleich deutlich, dass die *différance* als allgemeine und über-allgemeine Bewegung der *réinscrition déplacée* jene anderen Differenzen und ihre Andersheit allererst findet, indem sie diese, jedes Mal aufs Neue, zulässt, sich, jedes Mal anders, auf sie einlässt und sich, auf diese anderen sich einlassend, ihrer eigenen Veranderung aussetzt.

Die *différance* hält somit, mehr als paradox, an sich allein in der Weise fest, dass sie sich Anderem als ihr selbst überlässt. Sie hält an sich, indem sie sich an Anderes hält. An Anderes sich haltend und derart immer Anderem sich überlassend, hat sie, seit es sie gibt, sich selbst schon freigegeben und gibt (sich) jeweils als diejenige *différance*, die sie nie zuvor war. Sie ist die Differenz frei von ihr selbst; Sein in der Sonderung von ihm; Geschehen, das sich entlässt und, Ohne-Geschehen, *Un-wesen*, in seiner Entlassung, seiner Auslassung, seiner Überlassung an das beruht, was es selbst weder ist noch sein kann. Anders als sie selbst und anders als jedes vorstellbare ›selbst‹, ist die *différance* jeweils genau dasjenige, was (sie) niemals hat sein können. Sie ist – und deshalb *ist* sie so wenig wie sie *west* – die Alteration vor und noch in jeder Identifikation, die Alter-Alteration noch vor und in jedem *idem*, jedem *ego* und jedem *alter ego*. Sie findet sich nicht vor, sie *er*findet sich. Für ihre Selbst-Invention gibt es keine vorgängige Regel, kein Programm und keine Intention, die ihr zusichern könnte, dass sie es ist, die ihr Selbst erfindet, und dass sie aus ihrer Überlassung an Anderes zu sich selbst zurückfinden könnte. Das *Re-* jeder Restitution und Reform, jeder Revolution und Renaissance verwandelt sich mit der *différance* in ein *er-* und ein *err*: in die Markierung jener *errance*, von der Derridas Text – und der Text seines sogenannten Eigennamens – sagt: »il y a une certaine errance dans le tracement de la

---

23 Ebd., S. 28.

différance.«[24] Auch in dieser *errance* und in der *destinerrance*, von der *La Carte postale* redet, folgt Derrida, ohne es eigens zu vermerken, der Bemerkung von Heidegger, der in seiner Wahrheitsabhandlung von 1930 schreibt: »die Freiheit selbst [entstammt] dem anfänglichen Wesen der Wahrheit, dem Walten des Geheimnisses in der Irre«,[25] und der im »Spruch des Anaximander« 1946 schreibt: »Das Sein entzieht sich, indem es sich in das Seiende entbirgt. – Dergestalt beirrt das Sein, es lichtend, das Seiende mit der Irre. Das Seiende ist in die Irre ereignet, in der es das Sein umirrt und so den Irrtum (zu sagen wie Fürsten- und Dichtertum) stiftet. Er [der Irrtum] ist der Wesensraum der Geschichte.«[26] Gleich der Irre hält sich das Spiel, wie Derrida betont, jenseits der Opposition von Zufall und Notwendigkeit und kündigt deren Einheit in einem Kalkül ohne Ende an.[27]

Die Differenz spielt sich selbst. Doch sie könnte sich nicht spielen, wenn sie nicht von sich selbst losgelassen, und, derart losgelassen, sich selbst entzogen wäre. Sie spielt ›sich‹ und spielt *mit* ›sich‹, indem sie mit ihrem *Un-wesen*, doch mit diesem als dem ihr Un-eigenen, spielt mit dem Ohne-Sein, doch mit diesem als einem Ihrigen, das ihr allein als Irriges angehört. Ihr Element ist das Mit-Ohne-Mit, ein Sein, das sich gehören nur kann, wenn es sich als dem Unzugehörigen gehört.

Differenz oder *différance*, das ist nicht die Frage. Die eine wie die andere, die eine anders als die andere, zieht eine ›Spur‹ und zieht sich als ›Spur‹, die sich zu dem verhält, was sie nie gewesen ist, nie ist und niemals gewesen sein wird. Eine ›Spur‹, die sich erst findet, wo sie sich *er*findet. Eine solche mithin, die *mit* sich und also *vor* sich und somit *ohne* sich beginnt.

---

24 Ebd., S. 7.
25 Heidegger, »Vom Wesen der Wahrheit«, *Wegmarken*, a.a.O., S. 198.
26 Heidegger, »Der Spruch des Anaximander«, *Holzwege*, a.a.O., S. 337.
27 Derrida, *Marges*, a.a.O., S. 7.

## Ur-Spur ohne sie

Was bei Heidegger ›Spur‹ heißt, das ist kein positiv gegebenes Faktum, sondern das, was an jedem Faktum offen auf Anderes bleibt. Es ist, wie das Da des Da-seins, kein *hic et nunc* und kein *ibi et ubi*, sondern eine Vakanz ohne sichere Randung, die schlechterdings niemals ausgefüllt, besetzt oder auch nur unzweideutig identifiziert werden kann. Sie ist der Rest von dem, was nie gewesen ist, und deshalb der Rest keines Wesens. Der Unterschied von Sein zu Seiendem und somit das *Wesen* des Seins, so schreibt Heidegger, von Derrida zitiert, *bleibt vergessen*. Da nicht allein jener Unterschied, sondern auch das Unterschiedene, das seine ›Spur‹ trägt, getilgt bleibt, kann die ›Spur‹ der Tilgung der ›Spur‹ jenes Seins nur eine Doppel-Spur sein, die mit dem Getilgten zusammen auch seine Tilgung bewahrt. ›Spur‹ heißt bei Heidegger demnach ›Spur keiner Spur‹, ›Spur des Ohne der Spur‹, ›Spur der Spurlosigkeit‹. Wenn ›Spur-ohne-Spur‹ die Formel des Geschehens und der Geschichte des Seins ist; wenn das Ohne-Spur die Bewegung dessen, was Sein heißt, bahnt, dann bleibt dieses Sein unverlierbar, aber es bleibt unverlierbar allein in seiner Verlorenheit. Sein *bleibt*; doch es bleibt nur, indem es entfallen, gelöscht oder, nach einer Wendung, die Heidegger von Husserl entlehnt hat, *durchgestrichen* bleibt. Es *bleibt* also auf zweierlei Weise, ›zugleich‹ und ›unzugleich‹: zum einen als stetige und beständige, als beharrliche und verharrende Anwesenheit – Derrida nennt diese onto-theologische Hypostase der schrankenlosen Präsenz *monument [...] de la trace* –; zum anderen bleibt es als Spur eines Ohne und Freiraum vor jedem Raum der Rest dessen, was niemals gegenwärtig war – Derrida nennt dieses Surplus des Nichtseins, der bei Heidegger *Un-wesen* heißt, »mirage de la trace«.[28] Der Rest – und mit ihm die Geschichte der Philosophie und die Geschichte überhaupt – ist somit geteilt. Er zerfällt – und zwar in jedem seiner Teile – in einen Rest, der hält, und einen zweiten, der fällt; in eine Bewegung, die zusammen-, und eine andere, die auseinandertreibt. Er zerfällt in zwei inhomogene Zeiten, Räume, Sprachen und Erfahrungen: In

---

28 Ebd., S. 25.

die Pyramide der Substanz und den Abfall dessen, was als königlicher Kadaver darin enthalten ist; in *pleroma* und *kenosis*; in Erhebung und Sturz; *sujet* und *déchet*. Beide, Heidegger und Derrida, halten die eine Seite des Restes mit der entgegengesetzten anderen zusammen in einem ›Zugleich‹ von ›Zugleich‹ und Ùnzugleich‹, das beiden angehört und in dem beide einander zugehören. Beide richten ihre Aufmerksamkeit auf den Initialmoment der Zerklüftung des Seins; beide versuchen einen Anfang *vor* dem Anfang der Ontologie zu denken, eine *an-arché* in jeder *arché*, doch während Heidegger die Kontinuität zwischen *Un-wesen* und *Wesen* des Seins ebenso wie zwischen dem *An-wesen* (im verbalen und transitiven Sinn) und dem Anwesenden aufrecht erhält, dramatisiert Derrida ihre Zerstücklungen, akzentuiert ihre Inkonsistenzen und insistiert auf ihren Heterogenitäten. Er bleibt dabei, dass das Vergessene nicht es selbst bleibt, wenn es *vergessen* bleibt; er bleibt beim Nicht-Bleiben des Bleibens; bei der Spaltung der Differenz; beim Ohne des Wesens; beim *Un-wesen* und der mit ihm einhergehenden *Irre*. Er bleibt bei Heidegger, jedoch dem radikalsten, deradizierenden, indem er sich von den auch von ihm noch festgehaltenen Kontinuismen zwischen Sein und Seiendem, Sein und diesem selbst trennt – oder doch, immer aufs Neue, immer anders, zu trennen versucht. Derrida kann dabei von dem Gedanken ausgehen, den er, warum auch immer, an keiner Stelle entwickelt hat, dass Sein, das sich zu seinem *Un-wesen* verhält, allein als Über- und Übrig-sein zu denken ist, als Sein für anderes denn Sein und als anders denn Sein –: für Kommendes, von dem offen bleibt, ob es kommt, für das Denk- und Praxisoffene.

## Zwischen-Spiel mit *trace*, trans- + R

In einem »Judas« (einer Text-Intarsie, einer eingerückten Kolumne) zur Hegel-Kolumne von *Glas* schreibt Derrida 1974, sechs Jahre nach *La différance*, als wäre die Rede nicht von Hegel, sondern von Heidegger: Es sei nötig, den Rest zu denken »hors de l'horizon de l'essence, hors de la pensée de l'être«. Er fährt, kaum weniger assertorisch als parodistisch, fort: »Le reste *n'este pas*«. Da der Ausdruck *este* im Französischen nicht (mehr) geläufig ist, kommentiert er: »comme on traduit en s'aidant d'une béquille, d'un ersatz ou d'une prothèse«, und setzt in Klammern die deutsche Formulierung hinzu, die von den französischen Heidegger-Übersetzern mit jener Prothese wiedergeben wird: *west nicht.*[29] *Der Rest* also, er *west nicht.* Damit ist gesagt, dass der Rest, dem als dem beständig Bleibenden und Beharrlichen der Status des ›Wesens‹ im Sinne von *essentia* oder *substantia* zugeschrieben werden könnte, eben diesen Status nicht behaupten kann; dass dieser Rest – und somit auch die Spur – nicht ›Wesen‹ ist und deshalb auch nicht Seiendes von der Art des stetig Anwesenden; und dass ihm, diesem Rest, jedoch auch ein verbal zu verstehendes, bewegtes und bewegendes *Wesen* nicht zukommt, da er kein Rest *ist*, sondern nur ist, ohne zu sein: ein R*est* ohne *est* und somit – wie Derridas prothetische Formel nahelegt – ein ent-westes, ent-›estetes‹ *R.* Die Reduktion des ontologischen Restes durch die Durchstreichung des *este* – schon in *De la grammatologie* und *La différance* war das *est*, nach dem Beispiel von Heidegger in »Zur Seinsfrage«, der seinerseits dem Beispiel Husserls folgte, *sous rature* gesetzt –; diese trans-phänomenologische Reduktion macht den ›R(est)‹ zum bloßen Ansatz eines Nomens, zum Torso einer nominalen Einheit, zu einer referenzlosen Letter oder einem Laut ohne Sinn, einen Anfang der Sprache – doch zu einem prädiskursiven, prä-prädikativen Anfang noch vor jedem Denken und jeder begrifflichen Fassung. Mit diesem R verhält es sich ähnlich wie mit jenem von » + R – par dessus le marché«, in dem Derrida zugleich mit den Bildern von Valerio Adami sein »Glas« kommentiert. Die Reduktion des Restes auf R betreibt die Reduktion der Ontologie – des *logos*, der Sprache und des Wissens vom Sein – auf einen Signifikanten ohne Signifikat, somit auf einen Signifikanten, der nicht bezeichnet, *nicht west* und keinen Wesensbestand sichert, auf dessen Insignifikanz jedoch jedes Wort, jeder Begriff und Gedanke, jede Vorstellung und das gesamte System der Repräsentation angewiesen ist, weil erst mit ihm, prä-präsentativ, jede Präsentation einsetzen kann. Da vor diesem R eine Wahrheit keine Regel ihrer Erscheinung hat und das R

29 Jacques Derrida, *Glas*, Paris 1974, S. 30. [Dt.: *Glas. Totenglocke*, aus dem Französischen von Hans-Dieter Gondek und Markus Sedlaczek, Paderborn 2006.]

den ersten Anstoß zur Erscheinung, zum Verlauten und Vernehmen ist, kann dieses R als Rest ohne *est* niemals das Rechte, wohl aber kann er den Anfang einer *vérité* treffen, die sich als *vérrité* und *errance* verläuft – und als *errance* diesseits jeder gesicherten Erfahrung der Irre *als* der Irre, wie Heidegger sie mit ebenso großem Recht wie Unrecht in Aussicht stellt. Wenn *le reste n'este pas*, wenn er sich zu einem R kontrahiert, dann sind mit ihm die ontologischen Reservate der Philosophie in ihren dominanten Zügen auf eine sub-semantische und infra-diskursive Ressource reduziert, die dem Sinn wie dem Sein, das in jenem erschlossen wird, ein Raster zuzuschreiben erlaubt. Dieses Raster ist die Kontraktion und genauer, wie Derrida spätestens seit *Glas* immer wieder hervorhebt, die Konstriktion, die Striktion. (Er hat deshalb, mehr oder weniger scherzhaft, von seinem ›Strikturalismus‹ geredet.) R ist das Graphonem dieser Striktion, die als Würgung des Luftstroms ihn zu Morphemen moduliert, die aber nie zu einer gänzlichen Okklusion führen darf, sondern die Luft- und Lautschleuse immer wieder aufs Neue, in kurzen und kürzesten Rhythmen, öffnen muss, um fortsetzbar zu sein und weitere Laute, Konsonanten oder Vokale, zuzulassen. Zwischen Verschluss und Öffnung der Glottis bewegt sich das R wie geschmeidiger das GL und wie in jeder Sphinkterkontraktion und -distraktion des Digestions-, Genital- oder Augentraktes und jeder Pore des Leibes, öffnet und schließt eine Spalte, zieht sie zusammen und auseinander und macht sie erst derart zu einem Gang und Übergang, der diskrete Einheiten ebenso wie Zusammenhänge, Segmente wie Synthesen des Segmentierten zustande kommen und kappen lässt. Ohne R gibt es keinen Rest, weder das Wort noch die Sache; keinen Rest, der, ob als *Wesen* oder *Un-wesen*, bleiben könnte, und keinen Rest, der als Überschuss, Surplus und Sekret ausgeschieden werden und verwesen könnte. Deshalb ist R das Raster nicht nur jeder sub-semantischen und infra-diskursiven Bewegung; seine Striktur ist die generative – die gen-errative – Ursprungs- und Absprungsbewegung für alles, was im Horizont der Ontologie das Seiende im Ganzen und als solches strukturiert, und ›zugleich‹ für das, was aus deren Bezirk als *Un-wesen*, Nicht-Seiendes oder Nichtiges ausgeschieden wird. R, kurzum, organisiert und segmentiert zwei Reste: den ohne Sein und ohne Wesen und den anderen, seienden, essenziellen, der aus ihm resultiert. Sie ›ist‹ – aber *n'este pas* –, diesseits und jenseits des *Wesens* und seiner homogenen Bewegung, die *différance.* Deshalb ist R auch das Ziehen jener ›Spur‹, die bleibt, und das Entziehen dessen, was allein als vergessenes bleibt. Diesen Zug des R zum Entzug macht Derrida mit didaktischem Aplomb in den ersten Zeilen von » + R« deutlich, wenn er schreibt: »et si, le résonnement dans cette autre langue vous égarant encore, j'aimais les mots *pour trahir* (pour traiter, triturer, traîner, tramer, tracer, traquer).« Nur um, nachdem das Wort *cadre* gefallen ist, fortzufahren: »L'exhiberai-je sans reste?«[30] Und wenig später: »Je viens, sans trop d'arbitraire, d'accumuler des mots en *tr*: travaille en train, trait, trajet, tramé. J'aurais pu dire tressé, tracé, trajectoire, traversée, transformation, transcription, etc. – Pour transposer, autrement dit pour trahir la fonction ou la phase du trait chez Adami, quand celui-ci opère ›à la ligne‹, laissez tomber *gl,* traiter avec *tr.*«[31] Wenn diese »mots en *tr*« nicht alles sagen und nicht einmal den Rahmen einer Arbeit zum *tr* (derjenigen, zum Beispiel, von Adami) ohne Rest herausstellen, dann nicht wegen der Einschränkungen durch einen vorgegebenen Zeit- und Raum-Rahmen, auch nicht aus leichthin so genannten arbiträren Motiven oder gar aus wesentlichen Gründen, sondern aus dem, was Derrida strikturelle Zwänge hätte nennen können (wenn er sie nicht tatsächlich an irgendeiner Stelle so genannt hat). Denn »des mots en *tr*« besagt immer auch: ›des mots entrent‹, und besagt: ›l'entre des mots‹ und ›l'entrée des mots‹, derart, dass es nicht Worte sind, die eintreten, sondern das Eintreten, das Entrée von Worten, ihr Werden zu Worten, und zwar ein solches Entrée, das die Vakanz zwischen den Worten nie hinter sich lässt. *Des mots en tr,* das sind ›des mots-entrances‹. Wie Derrida schreibt: *travaille en train,* so sind sie ›mots en train (de se faire mots)‹. Wenn er von *cette autre langue* spricht, ist dieses *autre,* da gleichfalls ein *mot en tr* und *entrée* kein wohldefiniertes, als Gegenstand bereits konstituiertes Anderes, sondern ein solches, das allererst im Kommen, im Eintreten, ein ›autre-en-entrant‹ ist –: Alteration zu einem Anderen

---

30 Jacques Derrida, *La vérité en peinture,* Paris 1978, S. 171. [Dt.: *Die Wahrheit in der Malerei,* aus dem Französischen von Michael Wetzel, Wien 1992.]
31 Ebd., S. 195.

und, weil Alteration, nie schon abgeschlossen, fertiggestellt und besiegelt, sondern offen, anders als anders zu werden. *Sans trop d'arbitraire* heißt Derridas Wahl und Zusammenstellung jener ›mots-tr‹ – oder ›morts‹ –, da keines von ihnen einem *arbitrium*, ob als Urteil, Willkür oder Wahl verstanden, unterliegen kann, wenn sich jedes von ihnen – und auch jenes *arbitrium* selbst – als noch Ungewordenes der Wahl wie der Willkür entzieht. Nicht weil sie notwendig wären sind die ›en-tr-mots‹ oder ›en-tr(a)vestiges‹ nicht *zu* (*trop*) willkürlich oder zufällig, sondern weil sie nicht *sind*, was sie erst werden könnten, und nicht gewesen sind, bevor sie es geworden sein können. Tr und R jedoch sprechen vom Ungewesenen und Ungewordenen. Kann die Rede von einer ›Spur‹, einer *trace* noch den Anschein einer positiv gegebenen nominalen Einheit erwecken, *des mots en tr* – und somit das *tr* noch vor jedem *ace* – machen deutlich, dass sie erst Worte im Kommen, Anbahnungen, Annäherungen an nie gegebene Worte, und dass sie darum Abschiede, Scheidungen, Verlassungen dessen sind, was als je schon gegeben und festgesetzt erscheinen könnte: nicht aber definite, komplette Entitäten, nicht gegebene Worte für ihnen mitgegebene Sachen. Die Bahnung im *tr* geht der *trace* voraus, sie erst lässt die Spur ziehen und lässt sie zurück. Was also bleibt, ist das *en tr*, die *en-trance*, die *en-trans* als Transzendieren ohne Transzendenz und ohne anderes Transzendental als *tr* – oder *fr, br, cr, dr, …,* ohne ein anderes, kurzum, als ein *au* + *R* – ein *au tr.*[32] Was, da sich das T als + durch bloße Anreihung ersetzen lässt, bleibt, ist ein *au r*, ein *or* und *dehors*, ein Draußen, Überdies und Anders als das, was jeweils ist oder gesagt ist, und ein *Ohr* oder *oreille*, das hört, was noch nie gesagt oder, im Selbstgespräch der Seele mit sich, gedacht worden ist. Von diesem handelt, unüberhörbar, das »Tympan« zu *Marges* und »L'oreille de Nietzsche«. Was mithin bleibt, *ist* nicht, ist nicht ge*wesen* und *west* nicht – und es ist am wenigsten das, was unverständlicher, aber allzu verständiger Weise als ›Immanenz‹ und also als Bleiben bei sich und in sich von den Manen und Manitus der Ontologie konserviert und in Kurs gehalten wird. – *Être* spricht sich von Anbeginn als *tr* und *tr-être.*

32 Ebd., S. 199.

Es sagt sich aus einer Ent-fernung, die keine Entscheidung über seine Zugehörigkeit zu ihm, zu seiner Richtung oder seinem Sinn gewährt.

## La stricture mi-même

Was Derrida auf die Formel +*R* oder *tr* bringt und was, *sans trop d'arbitraire* und ohne sie allzu sehr zu verraten, in die anderen Formeln ›en-trance‹ und ›Transzendieren ohne Transzendenz‹ übersetzt werden kann, um dem Missverständnis vorzubeugen, es könnte sich dabei um ein glossolalisches Wortspiel handeln, das die Belange seriösen Philosophierens unberührt lässt; diese andere Bewegung einer *anderen Sprache*, einer Vor-, *Fort-* und *or-*Sprache ohne Nach und Zurück, durchzieht als Striktur die Struktur der großen Eröffnungs-, der Entrée-Szenen der okzidentalen Philosophie.

Eine dieser Szenen findet sich in Hegels *Phänomenologie des Geistes* im VII. Kapitel, »Die Religion«, und leitet als dessen erstes Segment die Darstellung der »Naturreligion« ein. Dieses erste Moment des ersten Moments der Religion und damit des Geistes beginnt mit dem, was Hegel *das Lichtwesen* nennt. Derrida hebt aus den hyperkomplexen Darlegungen Hegels diejenigen Züge heraus, die die Wendung des Geistes von seinem bloßen Aufgang zum Niedergang und zur Rückkehr in sich selbst bezeichnen. An seinem Anfang ist der Geist nichts als Aufgang; er ist, so schreibt Hegel, »das reine, alles enthaltende und erfüllende *Lichtwesen* des Aufgangs, das sich in seiner formlosen Substantialität erhält«.[33] Da diese *Substanz,* wie Hegel fortfährt, »nur *aufgeht*, ohne in sich *niederzugehen*«, bloßer Orient ohne Okzident bleibt, hat sie noch nicht die Gestalt des Subjekts, das sich erkennen und erfahren könnte, hat also noch gar keine Gestalt für sich selbst, sondern ist, paradox, *die Gestalt der Gestaltlosigkeit*. Nicht minder paradox muss darum dieser schiere Aufgang des Lichtes und darin des *reinen Ich* in dem verweilen, was Hegel »die Nacht seines Wesens« und »das schöpfe-

---

33 Georg Wilhelm Friedrich Hegel, *Phänomenologie des Geistes*, Werke 3, Frankfurt/M. 1986, S. 506.

rische Geheimnis seiner Geburt« nennt.[34] Das reine Licht des reinen Ich im Aufgang seines Wesens bleibt, so ist damit gesagt, Nacht, seine Offenbarung und Geburt ein Geheimnis, weil sie Selbstgeburt, nicht aber Entfaltung dieses Selbst zu *selbständigen Gestalten* des Tages ist. Das Licht bleibt Geheimnis, es selbst sich selbst verborgen und »verborgen« noch vor jeder Verbergung eines Selbst. Alles ist Geburt, alles Gabe, rückhaltlose Entäußerung – und eben darum Bleiben bei sich, aus dem kein einzelnes Dasein hervortritt und beständige Gestalt gewinnt. Das Hervorbrechen des Lichtes ist seine *eigene Entäußerung*, so schreibt Hegel, »seine Schöpfungen in dem widerstandslosen Elemente seines Andersseins sind Lichtgüsse; aber sie sind, so fährt er fort, zugleich sein Fürsichwerden und Rückkehr aus seinem Dasein, die Gestaltung verzehrende Feuerströme«.[35] Das Licht, so ist damit gesagt, löscht sich selbst; sein Brand verzehrt die von ihm entäußerten Gestalten und verzehrt mit ihnen sein eigenes *Dasein*, das Geschehen seines Außersichseins. Wenn Hegel schreibt: »Dies Geheimnis [der Geburt, der Entäußerung, des Erscheinens] hat in sich selbst seine Offenbarung«,[36] dann ist damit zum einen bekräftigt, dass es ein Außerhalb dieses Geheimnisses nicht gibt, da die *Lichtgüsse* sich immediat in *verzehrende Feuerströme* verwandeln und alles auflösen, was ihnen entgegenstehen könnte; zum anderen ist damit aber betont, dass das alles verzehrende Feuer in sich selbst von sich unterschieden ist und nichts als diese Unterscheidung von sich ist. »Der Unterschied, den es [das Licht] sich gibt«, wie Hegel zweideutig formuliert,[37] ist als sein Unterschied von sich das Lichtwesen selbst, das Selbst des Lichtwesens. Das Licht gibt sich, es gibt sich das Licht, doch da dieses Licht wesentlich Unterschied ist, gibt sich der Unterschied und in ihm das Selbst ihm selbst, und erlischt. Das Selbst – das Licht, das Ich, das Wesen – ist demnach absoluter Unterschied, der sich vom Unterschied unterscheidet und sich gegen sich selbständig macht. Doch selbständig gegen den Unterschied, der es ist, hat es zugleich aufgehört zu sein, was es ist, und ist zum Gegenüber

---

34 Ebd., S. 505.
35 Ebd., S. 506.
36 Ebd., S. 505.
37 Ebd., S. 506.

innerhalb eines Gegensatzes, ist zu einem *bestimmten* Unterschied geworden. Nur vermöge dieses Unterschieds vom Unterschied kann es einen Unterschied über jeden Unterschied hinaus – einen zum *Maßlosen* und zur *Erhabenheit*, wie Hegel schreibt, erweiterten Unterschied – geben; aber weil der Unterschied sich in seinem Sich-Geben von sich selbst ablöst, muss er auch aufhören, er selbst zu sein, und muss zum Gegensatz, zum Gegenstand und zur Vorstellung sich kontrahieren. Der Geist, *die Gestalt der Gestaltlosigkeit*, wird Gestalt der Gestalt, wird bestandhabende Substanz, die sich ihr selbst, dem Geist, als ihrem Subjekt *gegenüberstellt*. Das Geheimnis bewahrt sich, indem es sich *als* das Geheimnis, das es ist, offenbart und zum geheimnislosen, zum absoluten Wissen des Selbst-Bewusstseins herausbildet. Erst in diesem Wissen ist das reine Ich des Lichtes ein Ich *für sich selbst*, ist sowohl sein Subjekt als auch seine Substanz, und erst nun, da sein Geben von ihm selbst genommen, aufgefasst und begriffen wird, *ist* es und bleibt in Wahrheit. Hegel resümiert diese Bewegung der Resorption der Gabe des Lichtes im letzten Satz des Abschnitts über das *Lichtwesen*, indem er schreibt: »Das reine Licht [...] *gibt sich* dem Fürsichsein zum Opfer dar, dass das Einzelne das Bestehen an seiner Substanz *sich nehme*.«[38]

Entscheidend für Derridas Analyse dieses Opfers, dieser Hingabe und Übergabe des Lichtes ist der Umstand, dass seine Gabe den Prozess der Substantialisierung und der Subjektivierung eröffnet, ohne diesem Prozess selbst schon anzugehören. Sein Argument, entwickelt über zehn Seiten, ist in Kürze zusammengefasst dies: dass die Gabe, indem sie zur Gänze Gabe ist, auch sich selbst und also das Geben noch hingeben muss und somit Gabe nur sein und bleiben kann, wenn sie aufhört und immer schon aufgehört hat, Gabe zu sein. Sie, die Gabe, bleibt Gabe nur, indem sie *als* Gabe nicht bleibt. Beim Lesen dieser Deutung ist zu bedenken, dass Hegels Text über das *Lichtwesen* seinerseits eine Deutung des Feuers bei Heraklit (B 30–31, 64, 64a, 65, 84a, 90) zu sein scheint, und dass Derrida offenkundig auf dem Hintergrund von Heideggers »Zeit und Sein« (1962) – der Abbreviatur einer Fortsetzung

---

38 Ebd., S. 507, Hervorhebung W.H.

von *Sein und Zeit* – argumentiert: dass in ihr also vier Denker der Differenz zusammenkommen. Derrida schreibt: »le procès du don (avant l'échange) [...] engage l'histoire de l'être mais ne lui appartient pas. Le don n'est pas [...]. Mais dès qu'il brûle (l'incendie n'est pas un étant) il doit, se brûlant lui-même, brûler son opération de brûler et commencer à être.« Und weiter: »Même s'il surgit ›avant‹ la philosophie et la religion, le don a pour destination ou détermination, pour *Bestimmung*, un retour à soi dans la philosophie, vérité de la religion. Toujours déjà, il ouvre l'échange, il enchaîne, il construit ses monuments, calcule, sur deux registres, les dépenses et les recettes, le doit [...].«[39]

Derrida zeichnet in diesen Sätzen über die Bestimmung des Bestimmungslosen und somit über die Bestimmung des Nicht-Seienden zum Seienden den Gedankengang Hegels nach, für den es schlechterdings nichts Unbestimmtes gibt, das nicht schon einer Bestimmung zur Bestimmung und deshalb einer Bestimmung zu seiner Selbstbestimmung im Bewusstsein folgte. Doch gerade weil Derridas Paraphrase dem Übergang von Bestimmungslosem zur Bestimmtheit mit großer Präzision nachgeht, werden verwirrende Äquivokationen in Hegels Argumentation auffällig, die sich auch auf die Paraphrase und deren Konklusionen störend auswirken.

Gefragt ist nach der Struktur des Übergangs vom rückhaltlosen Geben zu einem Gegebenen – oder, in klassischer Terminologie, nach dem Werden zum Sein –, gefragt somit nach einer rigoros präreflexiven Bewegung, die in die Sprache des reflexiven Bewusstseins münden, diese begründen und von ihr begriffen werden kann. Nun sind die Bestimmungen der präreflexiven Phase sowohl in ihrer Darstellung durch Hegel wie in Derridas Kommentar durchsetzt von reflexiven Partikeln und Possessivpronomina, die suggerieren könnten, auch das pure Geschehen des Lichtes, des Ich, das weder Verlaufsform noch Ziel, weder einen Gegenstand noch sich selbst kennt, sei bereits auf *sich* bezogen, auf *sich* zurückgewendet und bewege sich darum in einer Selbst-Beziehung, wie sie diesem Geschehen doch erst entspringen soll. Wenn Hegel schreibt: »Der Unterschied, den es [das Licht] sich gibt«, und: »Das

---

39 Derrida, *Glas*, a.a.O., S. 270f.

reine Licht […] gibt sich dem Fürsichsein zum Opfer dar«,[40] dann insinuiert das *sich* in beiden Fällen ein reflexives Selbstverhältnis, noch bevor es ein solches gegeben haben kann. Wenn, wie Derrida resümiert, das Opfer sich opfert – »le sacrifice se sacrifie«[41] –, dann bezieht es sich bereits auf *sich* selbst, reflektiert *sich*, verhält *sich* und hält *sich* zurück, ohne dass es doch schon einen Anhalt für seine Bewegung zu *sich* finden könnte. Auf dieser Aporie des Übergangs zwischen Irreflexion und Reflexion, die von Hegel nicht als Aporie, sondern als dialektisches Kontinuum präsentiert wird, beharrt Derrida und insistiert darauf, dass der Übergang *zur* dialektischen Selbst-Bestimmung nicht seinerseits bereits dialektisch und nicht als Selbst-Bestimmung verfasst sein kann.

Derrida spricht in seiner Rekonstruktion des Hegel'schen Gedankengangs von einem »effet-reflet«[42] des Gebens und Verausgabens, der zum Gedanken des *Sich*-Gebens und *Sich*-Verausgabens und sodann zum Gedanken des *Sich*-Findens und *Sich*-Annehmens führen soll: aber dass ein Effekt des Gebens in einem Reflex und weiterhin in einer Reflexion bestehen könnte, widerspricht dem Gedanken der Richtungs- und Rückhaltlosigkeit des Gebens, da er nicht erlaubt, das Geben *selbst* in irgendeinem Effekt, einem Reflex oder einer Reflexion *als solches* wiederzufinden. Effekte gleich welcher Art können auf ein absolutes Geben nicht zurückgeführt werden, weil sie, wie Hegel deutlich macht, »in dem widerstandslosen Elemente seines Andersseins« aufgezehrt und in Elemente des Irreflexiven verwandelt werden müssen.[43] Reflexion müsste demnach selbst als jeweils primäre Gebung gedacht werden, könnte als solche Gebung jedoch keine Relation, am wenigsten eine reflexive, zu einer vorgängigen Gebung reklamieren und müsste deshalb jeden Anspruch, Reflexion oder gar Reflexion auf *sich* als auf ein ihr Vorgegebenes zu sein, aufgeben.

Da die Bewegung des Gebens reflexionstheoretisch nicht zu fassen ist, bleibt allein ihre Bestimmung aus dem, was Hegel ihren *Unterschied* nennt, eine Bestimmung, die in Derridas Text unkom-

---

40 Hegel, *Phänomenologie des Geistes*, a.a.O., S. 506f.

41 Derrida, *Glas*, a.a.O., S. 271.

42 Ebd., S. 270.

43 Hegel, *Phänomenologie des Geistes*, a.a.O., S. 506.

mentiert bleibt. Geben kann nur als Bewegung und nur als Bewegung eines Überlassens an Anderes gedacht werden, somit als ein Scheiden und Unterscheiden, aus dem sich erst das von ihm Unterschiedene ergeben kann. Derart unterscheidend geht das Geben sowohl dem Gebenden als auch der Gabe und dem Begabten voraus. Das Geben, von dem Hegel spricht, kann demnach nur ein unvordenkliches, voraussetzungsloses, vor-erstes Geschehen sein, aus dem allererst die ontologischen Bestimmungen einer Substanz, eines Subjekts und ihrer Relationen resultieren. Von ihm lässt sich nicht sagen, dass es *ist*, nur: dass es *gibt*, und dass es noch das gibt, was ›Sein‹ heißt. Wenn dieses pros-ontologische Geschehen von Hegel charakterisiert wird als *der Unterschied, den es* [das Licht] *sich gibt*, dann lässt sich verstehen, dass es nichts anderes gibt als just diesen Unterschied und erst mit diesem ein *sich* als Instanz der Reflexion, des Für-sich, der Subjektivierung und Substantialisierung ermöglicht. Licht – oder Ich – wäre das Geschehen des Unterscheidens, das ein von ihm Unterschiedenes entlässt. Als Geben wäre es ein Differieren, das ein Differentes ergibt. Es wäre diejenige Differenz, die allen bestimmenden Differenzierungen voraus den Spielraum solcher Differenzierungen eröffnet. Da jedoch zu diesen Differenzierungen nach Hegels Formulierung auch der *Unterschied* selbst und mit diesem ein reflexives *sich* des Lichtes ›Ich‹ gehört, können der *Unterschied* und das von ihm Unterschiedene voneinander nicht mehr unterschieden erscheinen. Was das Geben als ein Unterscheiden nie gewesen ist und nie sein kann, muss es, für Hegel, immer schon geworden sein und immerzu werden. Was nie *sein* kann, da es, von allen Bestimmungen frei, dessen Bestimmen ist, *muss sein* und als derart ontologisch und kategorial Notwendiges sowohl Substanz wie auch deren Subjekt sein.

Was an diesem Übergang des bloßen Gebens zu einem Ergebnis, einen Gebenden und Empfangenden; was, in Heidegger'schem Vokabular, am Übergang der ›ontologischen‹ zu einer ›ontischen‹ Differenz zweifelhaft bleibt, ist die schlichte Behauptung, dass sie Übergang sei, dass der gebende Unterschied der *selbe* sein könne wie sein Ergebnis, dass jenes Geben, Scheiden und Unterscheiden, so frei und ungerichtet wie es, im von ihm Unterschiedenen nur wieder sich selbst antreffen müsse. Diese Behauptung unterstellt, dass das Geben des Seins selbst schon in Kategorien des Seins fassbar, das Geben ein Gegebenes, die schiere Differenz in »ihre[n] Unterschiede[n] zu befestigen«[44] und Sein jeweils *seines* und sein *eigenes* sein müsse. Unbedacht bleibt dabei, dass es als unterscheidendes Geben jeder Befestigung entzogen und jeder Sistierung in einer beharrenden Substanz unfähig bleiben muss. Der Übergang von der ›ontologischen‹ zur ›ontischen‹ Differenz muss, wie Hegel ihn denkt, immer auch *kein* Übergang, die Differenz muss intransitiv, sie muss eine Differenz ohne Relata bleiben und einen Bruch im Sein öffnen, den keine dialektische Bewegung ohne undialektischen Sprung überwinden kann.

Derrida, der nicht von der Bewegung des Unterscheidens, mit umso größerem Nachdruck aber von der des Gebens handelt, richtet seine Aufmerksamkeit auf die Aporie im Übergang vom irreflexiven Licht zu seiner Subjektivierung in der Reflexion. Das Begreifen des Unbegrifflichen – dieses Selbst-Begreifen des Selbstlosen – nennt er Striktion und Restriktion: Bindung, Einschnürung und Determination des Indeterminablen zu einer Substanz, die als bleibender Rest eines insubstanziellen *Wesens* ihr eigenes Subjekt sein kann. Da die restriktive Bewegung dieser Selbst-Aneignung auf ein vor-anfängliches Geben und mit diesem auf ein Irrestringibles angewiesen bleibt, führt er in diesem Zusammenhang den Ausdruck *contre-bande* ein, mit dem, unter anderem, eine Bewegung charakterisiert wird, die jeder Bindung und Striktion entgleitet und zugleich in jede sich einschleicht. Zum Verhältnis und Missverhältnis zwischen Band und Konter-Band schreibt er:

> »La contre-bande *n'*est *pas* encore la contradiction dialectique. Elle le devient nécessairement, certes, mais son pas-encore n'est pas-encore l'anticipation téléologique, ce qui fait qu'elle ne devient jamais contradiction dialectique. Elle *reste* autre chose que ce que, nécessairement, elle est à devenir.«[45]

Die Konterbande *bleibt*, doch sie bleibt, was nicht *ist;* sie ist der Notwendigkeit zu sein nicht unterworfen, wird also niemals sein,

---

44 Ebd., S. 506.
45 Derrida, *Glas*, a.a.O., S. 272.

was sie wird; was in ihr bleibt, ist ihr Nicht- und Niegewesensein. Sie bleibt notwendig das absolut Un-notwendige, Un-wesentliche und Un-seiende – »ein wesenloses Beiherspielen«, wie Hegel schreibt[46] –, bleibt somit in einem kategorial unfassbaren Außerhalb aller fundierenden Kategorien und Modalitäten der klassischen und der spekulativen Ontologie; sie bleibt, was nicht Sein, nicht Bewusst-sein, Möglich-, Wirklich- oder Notwendig-sein ist. Sie geht jedem Zufall, der im Gegensatz zur Notwendigkeit stehen würde, voraus und kann deshalb nicht als kontingent, sondern nur als infra-kontingent charakterisiert werden. Da sie sich diesseits kategorialer Ordnungen bewegt, müssen aber diese Ordnungen selbst, so befestigt sie sein mögen, in jedem ihrer Elemente beunruhigt bleiben. Zur Reflexion in sich und zum Fürsichsein des reinen Ich kann es niemals kommen, ohne dass der Kreis der Rückkehr dieses Ich vom Band zum Konter-Band abgebogen, verzogen und verzerrt würde. Folgt man dem Gedanken der Irreflexibilität des Gebens, so muss konzediert werden, dass es auch jeder Möglichkeit der Wieder- und Rückgabe und also der von Derrida für unabdingbar gehaltenen Iterabilität vorausgeht und die Zirkulation von Austausch und quid pro quo in unabsehbarer Weise zersprengt. Iterationen müssen it*errativ* verfasst sein und jeder idealen Objektivation, jeder logischen und ontologischen Notwendigkeit entgleiten. Die Konterbande des Gebens bleibt also, anders als Derrida Hegel zugesteht, *nicht* notwendig dazu bestimmt, das zu werden, was sie niemals sein wird. Derrida schreibt: »Elle *reste* autre chose que ce que, nécessairement, elle est à devenir«.[47] Wo jedoch keine Bestimmung zur Bestimmung, keine *anticipation téléologique*, kein logisches oder chronologisches Voraus gegeben ist, kann keine Notwendigkeit und nicht einmal die Notwendigkeit eines Zufalls eintreten, sondern nur ein Zufall des Zufalls, dessen traumatische Faktizität sich noch in den Ausfällen der Substanz und ihres Werdens zum Subjekt erhält. Dieser Ur-Zufall freilich *muss* gegenüber allen ontologischen Kategorien, die sich nicht ohne ihn herausbilden können, in die Position einer Trans-Kategorie rücken, und

---

46 Hegel, *Phänomenologie des Geistes*, a.a.O., S. 506.
47 Derrida, *Glas*, a.a.O., S. 272.

*muss* es gerade dann, wenn er die Topographie des Trans und seiner Determinationen und Destinationen außer Kraft setzt. Er bliebe demnach gegenüber der dialektischen Notwendigkeit eine ultra-transzendentale Konter-Kategorie, eine, mit Derridas Wort, *contre-bande*, die als Rand, Saum oder Rahmen dasjenige strukturiert, was sie selbst niemals wird. »Chaque fois«, so heißt es deshalb in *Glas*,

> »qu'on tient un discours contre le transcendantal, une matrice – la striction même – contraint le discours à mettre le non-transcendantal, le dehors du champ transcendantal, l'exclu, en position structurante. La matrice en question constitue l'exclu en transcendantal du transcendantal, en simili-transcendantal, en contre-bande transcendantale. La contre-bande *n'est pas* encore la contradiction dialectique. Elle le devient nécessairement, certes, mais son pas-encore n'est pas encore l'anticipation téléologique, ce qui fait qu'elle ne devient jamais contradiction dialectique. Elle *reste* autre chose que ce que, nécessairement, elle est à devenir. Telle serait la loi (non dialectique) de la stricture (dialectique) [...].«[48]

Diese in vielleicht jedem Sinn programmatische Erklärung beschreibt das *non-transcendantal* in seinem Übergang zum *transcendantal du transcendantal* und weiter zum *simili-transcendantal*, indem sie ein drittes Moment einführt, das, nicht ohne Hintersinn, *matrice* heißt und mit *la striction même* gleichgesetzt wird. Es ist diese *matrice-striction*, die dem Nicht-Transzendentalen die ultra-transzendentale Position anweisen und es als *contre-bande transcendantale* konstituieren soll. Damit ist aber gesagt, dass die (dialektische) Striktur bereits in der (nicht-dialektischen) Striktion am Werk ist; dass das dritte Moment, die *matrice-striction*, nach Maßgabe des zweiten (dialektischen) operiert; und dass dieses zweite, zwingende, notwendige Moment das Feld des Diskurses beherrscht, indem es die (nicht-dialektische) Bewegung des ersten löscht. Es ist folglich im höchsten Maße zweifelhaft, ob die Striktion, wie Derrida es will, das (nicht-dialektische) Gesetz der

---

48 Ebd.

(dialektischen) Striktur ist; zweifelhaft, ob Nicht-Dialektisches überhaupt einem Gesetz folgen oder eine transzendentale – und sei es simili-transzendentale – Struktur des Transzendentalen ausbilden kann. Für Hegel konnte die Frage nach einem solchen Gesetz sich ebenso wenig stellen wie die nach einem Nicht-Dialektischen, da Dialektik für ihn die Entfaltung der nicht-dialektisch bloß *erscheinenden* Implikationen einer immer schon durchgängig dialektisch strukturierten Erfahrung war. Für ihn musste gelten: »Das reine Licht [...] gibt sich dem Fürsichsein zum Opfer dar«,[49] für Derrida hingegen muss jenes Geben vom Sich-Geben und Für-sich-Geben durch einen Unterschied getrennt bleiben, der keiner Logik der Reflexion assimiliert werden kann: *elle ne devient jamais contradiction dialectique.*

Derridas Postulat eines nicht-dialektischen Gesetzes der Dialektik lässt sich nach seinen eigenen Voraussetzungen nicht halten. Was sich dagegen wohl halten lässt, ist die Annahme einer generalisierten Simili-Dialektik und eines Simili-Transzendentals, da allein sie dem Umstand Rechnung trägt, dass es kein Moment in dem von Hegel beschriebenen Prozess des *Lichtwesens* gibt, das sich der dialektischen Integration entziehen, aber auch keines, das aus dem Bereich des Erscheinens *für sich* heraustreten könnte: auch das An-sich ist bereits so disponiert, dass es ihm ein An-und-für-sich sein muss. Wenn Derrida von einem Simili-Transzendental des Transzendentalen spricht und damit Hegels alle *Gestaltung verzehrende Feuerströme* des Anfangs meint, so trifft er wider seine Absicht denjenigen Zug der Dialektik, in dem diese der von ihr durchgängig prätendierten Logik der Erscheinung nicht gerecht werden kann. Nichts erscheint in der absoluten Erscheinung außer dem Absolutum dieses Erscheinens – und dieses Nichts kann von keiner Phänomenologie, am wenigsten einer spekulativ dialektischen, gedacht werden, ohne einer Löschung zu verfallen, die noch das Denken selbst verdunkelt. Wenn *bleibt*, was nicht *ist*, dann bleibt in diesem Bleiben ein Nicht auch des Bleibens, von dem weder Hegels Phänomenologie noch Derridas Simili-Phänomenologie Rechenschaft ablegen kann. Doch eben dies muss

49 Hegel, *Phänomenologie des Geistes*, a.a.O., S. 507.

Derridas *elle ne devient jamais contradiction dialectique* auch besagen: Es ›gibt‹ kein reines Licht, sondern immer nur das Halblicht einer schon erlöschenden Erscheinung; deshalb kann unter einem Trans- oder Simili-Transzendental kein Transzendental autonom und integral, ohne Brandflecken, fungieren; deshalb muss jenes Simili-Transzendental zum einen generalisiert und sogar absolutiert, zum anderen aber zu einem Semi-Transzendental vermindert gedacht werden.

Wie jedoch dem Gedanken eines Simili-Transzendentalen jedes Kriterium fehlt, das seine Ähnlichkeit, Gleichheit oder auch nur Vergleichbarkeit mit den Transzendentalien der ontologischen Tradition begründen könnte, so muss noch dem Gedanken des Semi-Transzendentalen jede Maßgabe abgehen, die den Anspruch auf dessen Halbheit oder auch nur Proportionalität rechtfertigen könnte. Sowenig es, wie schon Hamann und Herder gegen Kant bemerkt haben, eine reine transzendentale Sprache geben kann, sowenig kann es eine simili- oder semi-transzendentale Sprache geben, die sich nicht an der apriorisch unausweisbaren *Fiktion* eines Transzendentalen orientierten müsste, einer solchen Fiktion freilich, die ihrerseits irreduzibel und mithin unabweisbar bleibt. Begriffe vom Schlage ›simili-‹ und ›semi-transzendental‹, ›simili-‹ und ›semi-dialektisch‹ fungieren demnach als Indikatoren einer Aporie der Benennbarkeit, in der noch die obersten Begriffe – die der Substanz und des Subjekts, des Anwesenden und der Anwesenheit, des Seienden und seines Seins – sowohl un*ab*weisbar als auch un*aus*weisbar, deshalb aber notwendig unnotwendig, infrakontingent, labil und revozierbar bleiben. Dass sie es aber bleiben, besagt nicht weniger, als dass die Begriffs- und Gedankenbildung fortsetzbar und zur Fortsetzung sogar genötigt ist; dass ›simili-transzendentale‹ Bewegungen zu überführen sind in ›semi-transzendentale‹, diese jedoch wiederum in solche, deren Hälftigkeit zu scheiden ist in eine solche, die den Charakter einer Opposition, einer Gegenseitigkeit und Reziprozität annimmt, und eine andere, die zur Asymmetrie und Inkommensurabilität des Geschiedenen führt.

Was halb ist, zeigt, dass auch es noch halbiert werden kann und dass seine Segmentierung un-endlich, dass sie nie zu einem beständigen Fiktum, geschweige denn einem rein aktuellen Faktum kontrahierbar ist. Auch Differenzen bewegen sich im Zug einer Differenz – einer *différance* und *différrance* –, die von ihnen nicht reguliert werden kann.

## Langue lagune

Die Reduktion des Simili-Transzendentals auf Semi-Transzendentale findet in *Glas*, ohne von Derrida als solche benannt zu werden, durch das Arrangement der darin zusammengeführten Texte statt. Das Buch ist nicht eines, es ist, mindestens, ein Doppelbuch, gegliedert in zwei aufeinander nicht folgende, sondern nebeneinander verlaufende Kolumnen, in zwei Halbbücher, deren jedes mit dem anderen wohl korrespondiert, aber diese Korrespondenz zugleich unterbindet, verstümmelt und verstellt. Das Verhältnis der beiden Kolumnen, das durch in sie eingerückte zahllose Klein-Kolumnen kompliziert wird, stellt die Form des Verhältnisses, der Beziehung, der Verbindung und des Bandes überhaupt in Frage und setzt mit der konventionellen auch die apriorische Geltung des Miteinander-, des Mit-Anderem- und des Mit-seins außer Kraft. Wenn die beiden Bänder von *Glas* ein Paar bilden, dann ein solches, das nach konventionellen Begriffen der Konventionalität nicht kon-veniert, keine Kopula kennt, durch keinerlei empirische oder konzeptionelle Nähe gesichert ist. Die Hegel-Kolumne und die Genet-Kolumne ›gehören‹ nicht zueinander, sie sind nicht nur nach Sujet und Stoff, sondern auch nach Stil und analytischer Diktion voneinander grundverschieden. Was die zwei Hälften miteinander verbindet, ist die Analyse ihrer und jeder Unverbundenheit überhaupt. Aus dieser Differenz und zu ihrer Klärung sind in beide Hälften immer wieder Verweise auf die jeweils andere eingefügt, doch das eine Band verbindet sich mit dem anderen nicht nur als seinem Gegenstück, sondern als dem, was Derrida *contre-bande* und *contre-bande transcendantale* nennt. Ihre Komposition ist die von (semi-)transzendentalen Positionen, die sich gegenseitig dekomponieren: einander freisetzen, einander fort- und einander absetzen. Jedes Band verweist auf ein anderes und löst sich mit dieser Verweisung von ihm selbst. Das ›Gesetz‹ dieser Verweisung nennt Derrida ›Striktur‹.

Kurz vor dem Ende des Segments der Hegel-Kolumne, in dem er von einer *stricture même* spricht, weist Derrida ausdrücklich auf die andere, die Genet-Kolumne, hin, die *contre-bande*, indem er bemerkt: »On peut suivre, si l'on sait lire en contre-bande [...], l'enchaînement spiralé du cercle de cercles«.[50] Vage wie er bleibt, impliziert dieser Verweis doch, dass die erwähnte ›Verkettung‹ der anderen Hälfte bedarf, dass die Logik der Kontrabande, wie sie in der Hegel-Spalte skizziert wird, nur die eine Hälfte dieser Logik bietet, nur ihre Semi-Logik. Was Simili-Transzendental genannt wird, kann nur ein Semi-Simili-Transzendental sein. Was als *matrice* und als *striction même* definiert wird und als Übergang zur *stricture (dialectique)* fungiert, kann nur eine ›simili-‹ und semi-›matrice‹ sein. Die ›mère‹ ist ›mi-mère‹ – oder, wie in » + R«, *chimère* und ›mère en X (chi)‹, ›en chiasm‹, ›en chism‹, von sich selbst gespalten. *La striction même* ist, von ihr selber entfernt, ›la striction mimême‹, die eine ›mi-stricture‹ ausübt und keine dia-lektische, sondern nur eine hemi-lektische, keine semiologische, sondern eine bloß *semi*logische sein kann. Damit ist überdies gesagt, dass es keine andere als nur eine Simili- und Semi-Notwendigkeit geben kann, dass jedes *il faut* ein *faux-il faut* von Striktion und Struktur sein muss, mit dem ein Simili- und Semi-Rest, ein Schein- und Halb-Bleiben gewahrt wird. Sowenig dieses Halb-Bleiben die teleologische Suggestion abwehren kann, seine finale Komplettierung zu antizipieren, sowenig kann es sich davor schützen, seinerseits halbiert zu werden und eine infinite Proliferation weiterer Teilungen zu eröffnen. Jede Teilung, auch die Halbierung, hat indessen das, was ist, schon auf das geöffnet, was (es) nicht ist. Da diese Öffnung weder die eine noch die andere Hälfte, sondern der unbesetzte Leerraum *zwischen* beiden ist, berührt der Text in ihr ein Zero, das sowohl als *zéro textuel* wie auch als transzendentales Zero charakterisiert werden kann: eine Null, die der transzendentalen Ordnung nur ›angehört‹, indem sie ein Nicht in ihr freilegt. Auch das transzendentale Zero, das Derrida so nicht nennt, ist also der Semi-Struktur des Simili-Transzendentalen nicht enthoben: es kann nicht anders denn als ein Semi-Zero gelten, das am Anfang

---

50 Derrida, *Glas*, a.a.O., S. 272.

der Reihe des Zählbaren und mithin vor, zwischen und in allen deren Elementen ein Unzählbares markiert – und mit seiner Markierung maskiert. Deshalb ›gibt‹ es kein Zero, das nicht geteilt und ein ›mi-zéro‹, kein *moi*, kein reines und kein reflexives, das nicht ›moi-tié‹, kein *même*, das nicht – noch vor jeder Mimesis – ein ›mi-même‹ sein müsste.

Das Genet-Segment, auf das die Hegel-Kolumne verweist, wird, etwas verschoben, eröffnet von dem Genet-Zitat: »Stilitano recula lentement, protégé de son moi«. Es wird ohne Bindestrich unterbrochen und erst nach einem Einschub von vier Seiten Länge über die Logik der *anthérection*, der Blumen- und Konter-Erektion, fortgesetzt mit –: »gnon tendu, posé simplement devant lui. L'absence de la main était aussi réelle et efficace qu'un attribut royal, que la main de la justice«.[51] Das *moi* ist hier die Hälfte eines Ganzen, das *moignon* heißt und ein amputiertes Ganzes, nämlich nicht eine Hand, sondern einen Hand-Stumpf bezeichnet. Die Abwesenheit der Hand, so behauptet der mit *moi /-/ gnon* lange unterbrochene Text, sei ebenso real und wirksam wie ein königliches Attribut, wie die Hand der Gerechtigkeit. Wie das, was nicht ist, in ein Daseiendes invertiert wird, so verkehrt sich das Nicht-Ganze zum Ganzen eines Restes vom Ganzen, und so verkehren sich auf den weiteren vier Seiten des Genet-Segments das Maskuline ins Feminine, die *verge* der *vergité* in die *verginité*, das *investissement* ins *travestissement*, die Halbinsel in die Bucht, die *langue* anagrammatisch in die *lagune*, recto ins verso. Das Element dieser Verwandlung, Verwechslung und Kontraduktion ist hier nicht, was Derrida zuvor als *matrice* charakterisiert hatte, wohl aber *la mer* – eine weitere Mutter –, ihr geographischer Ort der Ort einer Konstriktion, einer Pressung: die *presqu'île. Péninsule*.[52] Eine *péninsule*, die wie die *penisolate* im zweiten Satz von *Finnegans Wake* den isolierten, den Beinahe-, den Kaum-noch- und Schon-nicht-mehr-Penis mitnennt, der als isolierter, amputierter, ›kastrierter‹ erst eigentlich Penis, ein erigierter, sein soll. Derrida schreibt dazu:

---

51 Ebd., S. 266–270.
52 Ebd., S. 273.

> »Mais la structure du travestissement est encore plus retorse. / Il ne va pas de la terre à la mer pour lui rendre ses toilettes. Il est déjà dans la mer, investi par elle, comme une île débordée de toute part ou presque. / Presque: le lieu idéal du travestissement est, bien entendu, presqu'île. Péninsule. / Il devient presque femme sur une langue de terre pénétrant au milieu de l'Océan. Verso ou autre version d'une lagune.«[53]

Genet beschreibt in der anschließend von Derrida zitierten Passage, wie er Landzunge und Lagune, Cadix und Barcelona verwechselt: »regarde donc à la fois vers l'Est et vers L'Ouest, terre et mer, le lever et le coucher du soleil«.[54] Wie also die Landzunge, die Halbinsel, die *presqu'île* unter der Pression des Meeres und seiner *matrice-striction* zum männlichen Attribut avanciert, so öffnet sich das Land unter der Pression eines anderen – oder desselben – Meeres, unter der *matrice-striction* zu einer *lagune*, einer *lacune*, einer Höhlung, mit der *beinahe*, wie Derrida betont: *presque*, die Weiblichkeit des Protagonisten erreicht wird. Zugleich wechselt die Richtung zur See in die von ihr weg, vom Orient zum Okzident derart, dass Barcelona und Cadix am selben Meer liegen. Wenn die Landzunge in Derridas Genet-Kommentar zur Zunge und Sprache wird, dann nur indem sie zugleich zum Hohlraum eines Mundes wird, das Da-sein zum Fort-sein, der Penis, der erigierte, zur Vagina, der invaginierten.

Der Druck, die Striktion, die Pression, ob *Im*pression oder *Ex*pression, macht also die Wahrheit des Daseins von Etwas zur Wahrheit seines Fortseins und damit des Seins, ›kaum‹ wie es sei. Was Derrida mit dem Kondensat *verginité* andeutet und was sich mit dem korrespondierenden ›vulvérité‹ andeuten ließe, besagt also ontologisch nicht weniger als dies: Was auch immer sein oder als Seiendes angesprochen sein mag, es kann allein ein inverses Anderes und Nichtseiendes bezeugen. Noch dieses Können, Vermögen und Mögen wird strukturell von einem Nicht-Können, einem Unvermögen und Un-möglichen konterkariert. Was ist, ist

---

53 Ebd.
54 Ebd., S. 274.

konvertiert aus dem, was (es) nicht ist. Was gesagt, gesehen oder phantasiert werden kann, ist das invertierte Bild dessen, was es nicht werden kann.

An dieser höchst sensiblen Stelle seines Durchgangs durch Genets Text erliegt Derrida offenkundig der Verführung durch einen fast aufdringlichen Binarismus und Synthetismus. Die Ineinsbildung von Gegensätzen, wie sie ihm, nicht Genet, zum Beispiel mit dem Anagramm *langue/lagune* und dem Kompositbegriff *verginité* gelingt, bestätigt den restriktiven Charakter und den Formalismus des gesamten sexual-ontologischen Szenarios. Denn nicht nur verhalten sich Orient und Okzident, Land und See, Abwesenheit und Realität, *langue* und *lagune* komplementär zueinander, sie werden zur reziproken Komplettierung durch ein und dieselbe synthetische Macht gedrängt, die als Matrix, *matrice*, *mer* und *mère* sowohl die *langue* der *presqu'île* oder *péninsule* als auch die *lagune* dominiert, die sich als *langue* in absentia präsentiert. Es ist die *striction* dieser *matrice*, die als jene *stricture (dialectique)* wirkt, der die Hegel-Kolumne die synthetische Kraft zuschreibt, das rein an sich selbst erlöschende Licht des Ich zum Fürsichsein und zur festen Gestaltung der Einheit von Subjekt und Substanz zu bringen. Dass die Macht dieser Restriktion im Fall von Genet mit einem offen eingestandenen phantasmatischen Schein, mit Vertauschungen, Verkennungen und Verkleidungen operiert, mindert nicht die transzendentale Funktion dieser Restriktion, denn es lässt sich kein nicht-konventionelles Kriterium benennen, nach dem phantasmatischer von transzendentalem oder dialektischem Schein unterscheidbar wäre. Was immer erscheint, ob Phänomen, Phantasma oder Phantom, unterliegt schon dem Zwang einer Formung, welche Oppositionen aus Positionen hervorgehen lässt und auf diese wieder reduziert. Die Agentin dieses Ponierens, Imponierens und Opponierens ist in den *Lichtwesen*- und *Cadix*-Segmenten von *Glas* als eine Matrix charakterisiert, die ebenso den Innen- wie den Außenraum, Rezeptivität wie Aktivität, die Gestalt des Peninsularen wie die des Vaginalen, kurzum den gesamten Bereich der *verginité* determiniert.

Dieser Bereich ist jedoch der der *vérité* einer bloß dualen Sexualität – derjenige von *verge* und *vierge*, des *virginal* und *varginal* –, somit der Bereich einer phallischen Mutter,[55] die sämtliche sexuellen Positionen besetzt hält, die ihr im engen Spielraum ihrer Wahrheit geboten sind: nämlich nicht mehr und nicht weniger als genau zwei. Derrida hält sich an diese Restriktion, wenn er dem Protagonisten Genets »l'incorporation de tous les sexes à la fois« zuschreibt, und bekräftigt, dass *tous les sexes* nicht mehr sind als zwei, wenn er fortfährt: »il y a deux bandes, s'agit un double sexe indécidable qui gaine père et mère tout à la fois«.[56] Nicht nur zwei Kolumnen oder Bänder, sondern auch zwei sexuelle Positionen, die weibliche und die männliche, die hier umstandslos mit der mütterlichen und väterlichen gleichgesetzt sind, werden in Derridas *il y a* – das einem *(il) lia*, einem *lien*, einer *ligature*, einem *desmos en générale* gleichkommt[57] – so miteinander verbunden, dass sie ununterscheidbar bleiben, selbst wenn sie von einander isoliert sind. Diese restriktive Text- und Sexual-Ökonomie, die trotz Derridas Suggestion keine Konter-Bande zur restriktiven Transzendental-Ökonomie darstellt, klärt weder ihre Herkunft, noch öffnet sie sich auf eine nicht-restriktive, eine generelle Ökonomie oder Meta-Ökonomie, sondern bleibt in der befangen – oder von der *um*fangen, beeindruckt und eingeengt –, die sie beschreibt oder zu beschreiben doch behauptet. Deshalb entgeht ihr eine Implikation auch dieser dualen Sexual-Ontologie, ohne die sie nicht auskäme. Sie lässt sich als nicht-komplementäre Differenz charakterisieren.

Fast zehn Jahre nach *Glas* wird diese Implikation in einem anderen Text deutlich, den Derrida 1983 über Heideggers Behandlung des Wortes ›Geschlecht‹ veröffentlicht. In »Différence sexuelle, différence ontologique«[58] erinnert er daran, dass einer der Grundzüge der Faktizität des Daseins, wie sie in *Sein und Zeit* 1927 beschrieben wird, seine *Zerstreuung* und sogar *Zersplitterung* in bestimmte Modi des In-der-Welt-Seins ist (§ 12, § 75). In seiner Marburger Vorlesung von 1928 »Metaphysische Anfangsgründe der Logik«, aus der Derrida einen einschlägigen Gedankengang minutiös kom-

---

55 Ebd., S. 98.

56 Ebd., S. 275.

57 Ebd., S. 272.

58 Jacques Derrida, »Geschlecht I : différence sexuelle, différence ontologique« (1983), in ders., *Psyché. Inventions de l'autre*, Paris 1987.

mentiert, setzt Heidegger seine Überlegungen aus *Sein und Zeit* fort und spricht von einer »faktischen Zerstreuung [des Daseins] in die Leiblichkeit und damit in die Geschlechtlichkeit«. Die *bestimmte Geschlechtlichkeit* nennt er *zwiespältig*, vermutlich in dem Sinne, dass Dasein jeweils in zwei Geschlechter ›gespalten‹ ist, vielleicht auch in dem anderen, dass jedes geschlechtliche Wesen zweigeschlechtlich ist. Wie es um diese Zweiheit auch bestellt sein mag, Heidegger sieht in ihr nur die Konkretion einer »Mannigfaltigung (nicht ›Mannigfaltigkeit‹), die je in jedem einzelnen faktischen Dasein als solchem liegt«. Aller Zwieschlächtigkeit voraus geht für ihn eine »transzendentale Zerstreuung – als die bindende Possibilität seiner je faktischen existenziellen Zersplitterung und Zerspaltung«.[59] Die Zweiheit von Geschlechtern wird von Heidegger also nicht zurückgeführt auf eine thetisch-synthetische Matrix, nicht auf eine transzendentale Striktion oder Striktur, sondern auf eine *transzendentale Zerstreuung*, die jeder möglichen Einschränkung, jeder Doppelbestimmung und Zweiheit, aber auch noch jeder gegebenen *›Mannigfaltigkeit‹* vorausgegangen ist. Da diese *Streuung* und *Zerstreuung* jedoch der dualen Konkretion als *Mannigfaltigung* vorausgehen muss, ist sie unabschließbar, muss sich als Zeitigung, räumliche Ausdehnung und, sit venia verbo, Leibung in die Zukunft erstrecken und bleibt wegen ihres fortgesetzten Geschehens prinzipiell irreduzibel auf eine Einheit, die unzerspalten oder unzerstreut gewesen sein oder noch werden könnte. Die *transzendentale Zerstreuung* ist als Geschehen der *Mannigfaltigung* für Heidegger die einzige Bindung und, präziser, die *bindende Possibilität* aller faktischen Zersplitterungen und somit aller Zweiheiten, insbesondere der sexuellen.

Derrida, der in diesen Gedanken eine Bestätigung seiner Überlegungen zur *dissémination* erkannt haben mag, versäumt nicht, darauf aufmerksam zu machen, dass Heidegger seinen Gedankengang lange Zeit nicht fortgesetzt hat und, als er in den fünfziger Jahren darauf zurückkommt, vom Geschlecht mit einem Trakl-Wort als dem *verwesendem* spricht. Er bekräftigt jedoch, was im

---

59 Martin Heidegger, *Metaphysische Anfangsgründe der Logik*, GA 26, Frankfurt/M. 1990, § 10, S. 173f.

Zentrum von Heideggers Überlegung steht: »la pensée d'une différence sexuelle qui ne serait pas encore dualité sexuelle, différence comme duel«. Von einer *stricture*, einer *restriction* oder gar einer *matrice* ist zwar explizit nicht mehr die Rede, gefragt wird nur noch, wie die anfängliche *Mannigfaltigung* sich in einer Zweiheit, die Differenz in einer Opposition verfestigen könne: »comment la différence s'est-telle déposée dans le deux?«[60] Mit dieser Frage ist jedoch das kardinale Problem wieder aufgenommen, das in *Glas* mit der Einführung einer restringierenden Matrix beantwortet werden sollte, aber selbst nur restriktiv und also gar nicht beantwortet wurde. Derridas Frage unterstellt, dass die *transzendentale Zerstreuung* in einer Zweiheit *s'est déposée*, also sich abgesetzt und niedergelassen hat, oder, wie es auch heißt, *s'arrête*, sich anhält und zum Stillstand bringt. Nun kann aber eine *Zerstreuung*, die *transzendental* ist, nur als vor-subjektives Geschehen eines Ausgesetztseins verstanden werden, das weder an einer transzendentalen Einheit noch an einem ihr entgegenstehenden Faktum einen Anhalt, ein Depositum oder eine Bleibe findet. Die faktische Dualität der Geschlechter ist für Heidegger, anders als Derrida unterstellt, keine Stillstellung der Zerstreuung, sie ist vielmehr ihre minimale Bezeugung, nicht die Restriktion oder gar Tilgung der Differenz, sondern ihr Geschehen, nicht ihr Abschluss, sondern eine der Eröffnungen ihrer unabsehbaren Multiplikationen. Dass die *existenzielle Zersplitterung und Zerspaltung* ihr absolutes Minimum in der Entzweiung und im Zwei findet, besagt ausdrücklich nicht, die *Mannigfaltigung* nehme die Form einer faktischen ›*Mannigfaltigkeit*‹ oder gar der gegenseitigen Komplettierung von Opposita an, wie sie von Derridas Konstruktion eines »double sexe indécidable qui gaine père et mère tout à la fois« nahegelegt wird.[61] *Mannigfaltigung, Streuung* und *Zerstreuung* können, wenn sie denn *transzendental* sind, keinen Halt finden, der nicht zugunsten weiterer Mannigfaltigungen, Streuungen und Zerstreuungen schon verlassen wäre.

---

60 Derrida, »Geschlecht I : différence sexuelle, différence ontologique«, a.a.O., S. 414.

61 Derrida, *Glas*, a.a.O., S. 275.

Nicht die Kontraktion dieser Bewegung des Da-seins zu einer dualen Struktur ist deshalb das Problem, das in Heideggers Überlegungen zu einer anfänglichen und durchgängigen, einer transzendentalen Streuung unerörtert bleibt, sondern deren Transzendentalität. Als Zerstreuung keiner vorgegebenen Substanz und keines konstituierenden Subjekts, als anfangslose Zerstreuung müsste sie auch endlos, sie müsste un-endlich sein, aber als eben diese Zerstreuung kann sie nur Verendlichung, Entfernung, Differenzierung und Öffnung auf Unstetes und Unbesetzbares sein. Als *Possibilität* einer *je faktischen existenziellen Zersplitterung und Zerspaltung* muss sie ihren Status als fundierendes Bindevermögen dahingeben und kann *bindende* Possibilität nur sein, indem sie noch das Band, das sie bietet, zerspaltet, sich als Possibilität ihrer Impossibilität erweist und dieser Impossibilität sich überlässt. Streuung und Mannigfaltigung sind demnach keine kategorialen Bestimmungen innerhalb einer zuvor festgelegten ontologischen Ordnung, noch weniger sind sie schlichte Anti-Kategorien oder Bewegungen, die sich als De-Transzendentalisierung, Empirisierung oder gar Objektivierung charakterisieren ließen. Sie durchlaufen vielmehr die für die Struktur des von Heidegger gedachten Transzendentalen konstitutive Ablösungsbewegung und lassen deutlich werden, dass auch diese Struktur selbst, von Heidegger ungedacht, der Ablösung nicht widerstehen kann.

Heideggers lapidare Bemerkungen und Derridas Kommentare zu Streuung und Zerstreuung sind also zu präzisieren. Sie skizzieren innerhalb der Ordnung des Transzendentalen dasjenige Geschehen, das frei von sich selbst bleibt –: eine Bindung nicht an sich und für sich selbst, sondern eine Bindung *zur* Entbindung, *für* diese Entbindung und somit *ohne* festen Halt *an* dieser Bindung ›selbst‹. Jede Zersplitterung und sogar jede Dualisierung kann deshalb nicht anders als von dieser Entbindung begleitet zu sein: Sie kann nicht anders, als von dem begleitet zu sein, was ihr entgleitet. Die *transzendentale Zerstreuung* ist demnach in keiner Zweiteilung zu fassen, die als Arrangement zweier oder auch mehrerer transzendentaler Strukturen, einerseits als Transzendental und andererseits als Simili-Transzendental komponiert wäre oder als eine Zweiheit von Bändern, deren jedes dem anderen als *contre-bande* gegenüberstünde. Sie ist transzendental, doch sie ist es als *Streuung* oder *Zerstreuung* und mithin in der Weise, dass ihr Geschehen und alles durch dieses Geschehen Konstituierte von ihr entlassen und freigegeben wird. Nicht in zwei Kolumnen oder komplementären Gegen-Bändern bewegt sich mithin diese Streuung, sie bewegt sich als Entbandung, als Band mit einem Anderen, das kein Band ist, als Band in Begleitung dessen, was ihm entgleitet: als Band ohne Band und ohne ein Ohne, das von einer Bindung, Restriktion oder Reflexion determiniert werden könnte. Dieses Transzendental der Streuung und der Zerstreuung des Transzendentals ist demnach zu denken – aber das besagt auch: zu praktizieren – als Bewegung mit dem, was, in Anspielung auf Derridas *zéro textuel*, als transzendentales Zero und Para-Zero charakterisiert worden ist. Es ist eine Bewegung aus dem, mit dem und zu dem, was in keinem Sinn – und in keinem Sinn von Sinn – eine Bewegung ist. Ein Geschehen mit dem, was zu keinem Geschehen als das Seine gehört, ein Sein *mit* dem *Ohne*-Sein.

Es würde Derridas Analysen und Fragen nicht gerecht, wollte man ihnen die Vernachlässigung dieses Zugs in der Disposition seines Textes zur Last legen. Er fehlt nicht, und genauer: sein Fehlen fehlt nicht. Dieser Zug macht sich, nolens volens, bemerkbar als der Leerraum – oder, präziser, die Raumleere – *zwischen* den beiden Kolumnen von *Glas* und *als* das Zwischen, das *bande* und *contre-bande* voneinander trennt. Dieses Zwischen, das von Derrida seit *La double séance* wie von keinem zweiten kommentiert und exploriert worden ist, erstreckt sich nicht allein zwischen den Banden und ihren verschiedenen Synthesis-Strukturen, sondern auch zwischen den Zeilen, den Syntagmen, Worten, Graphemen und Phonemen. Es ist das, was vermöge der gestischen, sprachlichen oder schriftlichen Artikulation zwar selbst eine Form – eine Hohlform – annehmen kann, aber eine solche nur annehmen kann, als es jeder Form als amorphe Ausdehnung schon vorausliegt und sich jeder Begrenzung, also auch jeder Restriktion und Reduktion entzieht.

*Langue* und *lagune*, recto und verso mögen sich zwar ineinander konvertieren lassen, doch sie können es nicht ohne den Vor- und Leer-Raum, die Vor- und Leer-Schrift, nicht ohne die Sprach- und Leib-Leere, in welcher – als einem absoluten Außen oder absoluten Innen – ihre Konversionen und schon ihre Differenzierungen vonstatten gehen. Es bedarf mindestens einer Stellenvakanz, um Stellen wechseln zu können, es bedarf mehr als eines Ortes, es bedarf mehrerer und keines, damit ein Ort allererst als der, der er ist, erschlossen werden kann. Wenn Fragen nach der Textualität einzelner Idiome und der Sprache insgesamt solche nach deren Generierung und dem sie begleitenden Ad- und Atextuellen nicht ausschließen können, müssen auch Fragen nach der Sexualität nicht nur auf Sexuierung und Multisexuierung, sondern damit zugleich auf die Bewegung der Ad- und Asexuierung – die keine Desexualisierung ist – und der Multi-Asexuierung eingehen. Von dem, was ist, lässt sich nur reden, wenn auch von seinem Geschehen, von diesem Geschehen wiederum nur, wenn auch von seinem Nicht-Geschehen – von dem, was Heidegger sein *Un-wesen* nennt – geredet wird.

Die Sprache spricht und *ver*spricht (sich) nicht nur, sie *ent*spricht (sich) auch. Sie kann es aber nur, weil sie nicht bei und für sich selbst, sondern frei von sich immer schon bei Anderem, nicht dem ihren, ist. Dieses *Ent*sprechen, wenn es praktisch ist, kann nicht anders, als mit jeder Konstitution eines Eigenen dessen Enteignung betreiben: eine Enteignung *vor* jedem Eigenen.

## Ja, I A H. Janus, inanis

Wenn das, was Husserl ›transzendentale Reduktion‹ nennt, bei Heidegger und sodann bei Derrida zu einer Reduktion des Transzendentalen auf eine Streuung und weiterhin zur Zerstreuung des Transzendentalen selbst wird, stellt sich die Frage nach dem, was *in*, was *vermöge* und vielleicht *trotz* dieser Zerstreuung von der Rücksicht auf eine ›Reduktion‹ und von der Frage nach ihr noch bleibt. Da jene Reduktion der Reduktion nicht zu einem Rückfall in Empirismus, Realismus oder Relativismus führt – denn diese müssten die Antwort auf die Frage nach der Möglichkeit und Struktur von Relaten und Relationen, von Realia und empirischen Gegenständen schuldig bleiben –, da sie auch nicht zu der Annahme von ›historischen Aprioris‹ führen kann, ohne den Status von deren Geschichtlichkeit, Apriorizität und Multiplizität weiter zu klären, kann sie zunächst nur zu der anderen Annahme hinführen, allein die Reduktion ›selbst‹ bleibe übrig, und sie bleibe als Bewegung des Reduzierens und somit als ein Gang, dem kein Ausgangs- und kein Endpunkt, dem deshalb aber auch kein Weg vorgegeben sein kann. Diese Reduktion auf das Reduzieren kann nun wiederum nur eine janusköpfige Bewegung sein, denn sie muss zum einen auf sich selbst als eine letzte und in diesem Sinn transzendentale oder auch ultra-transzendentale Bedingung der Möglichkeit von Verhältnissen überhaupt zuhalten, muss jedoch andererseits einräumen, dass eben diese Möglichkeitsbedingung im Prozess ihrer Klärung noch nicht erfüllt und nicht *als* diese selbst realisiert sein kann. Das Reduzieren muss ein anderes Reduzieren sein und ein anderes bleiben als das, worauf es sich reduzieren muss, um das, was es ist, zu sein. Es muss jedoch auch schon sein – soll heißen: ein minimales Verhältnis zu dem unterhalten –, was es nie sein wird. Dieses Reduzieren muss demnach, seit jeher sich voraus und hinter sich zurück, ursprünglich zeitlich, es muss architemporal sein, indem es auf sich als ausstehendes zuhält, ur-räumlich, indem es allererst den Raum seiner Gemeinsamkeit mit sich eröffnet, ur-sprachlich, indem es den Weg seiner Verweisung auf sich erst bahnt, ur-lebendig, sofern es sich zu sich bringt, jedoch ur-sterblich, indem es sein Nie erfährt. Damit ist aber gesagt, dass das Reduzieren auf das Reduzieren sowohl seine Reduktion auf ein Irreduzibles als auch eine nicht reduzierende Reduktion sein muss. Eine Reduktion, die ihr Reduzieren nicht vollzieht, kann nur ihr Nicht vollziehen. Sie kann es nur als Ja zu ihrem Nein, als ein Reduzieren, ohne es zu sein –: als Irreduktion.

Derrida wendet seine Aufmerksamkeit, nicht zum ersten Mal, dem vorprädikativen Geschehen der Sprache als einer Affirmation zu, als er, 1987, vierzehn Jahre nach *Glas*, unter dem Titel »Nombre de oui« auf eine Passage in Michel de Certeaus Buch *La fable mystique* (1982) eingeht. »Ja«, so lautet diese erste Affirmation, die de Certeau im Zweiten Korintherbrief (1,19) als Charakterisierung Christi findet, von dem es dort heißt: *nai en autó gégonen* – ›Ja ist in ihm geschehen‹ –, und die er wiederfindet im *Cherubinischen Wandersmann* (II 4) von Angelus Silesius, der schreibt: »Gott spricht immer nur Ja«, und zu diesem *Ja* bemerkt, es sei eine Anspielung auf den hebräischen Gottesnamen *I A H*.[62] Wenn Derrida betont, dieses Ja fordere, ohne die Alternative zwischen der jüdischen und der christlichen Affirmation zu annullieren, beide auf eine »possibilité plus ›ancienne‹« zurückzuführen,[63] dann widerspricht er nicht de Certeau, sondern zieht nur die Konsequenz aus dessen Befund, dasselbe Phonem (*Ja*) lasse den Bruch mit der Öffnung zwischen dem Nicht-Namen des Anderen (Jahwe) und dem negationslosen Ja (Jesus) koinzidieren. Jene *»ältere«* Möglichkeit umfasst demnach beide, Ja und Nein, Bejahung und Verneinung, und kann sie als Affirmation von Affirmation und Negation nur umfassen, da sie beiden apophantischen Stellungnahmen als a-topisches Geschehen vorausgehen muss. *Ja* bedeutet also weder ›Ja‹ noch ›Nein‹, sondern besagt, dass Bedeutungen, Benennungen und Urteile allein dann möglich sind, wenn sie im Bereich eines *Ja* stattfinden, das sich in keiner propositionalen Äußerung erschöpft. Noch wenn ›Nein‹ gesagt wird, ist dieses ›Nein‹ eine Affirmation, eine Zustimmung zu der Sprache, in der es gesagt wird, und eine Zustimmung dazu, dass es überhaupt ausgesprochen oder auch nur gedacht oder gefühlt wird. Und so auch das ›Ja‹: es ist ›Ja‹ zu seinem Sagen, noch bevor und unabhängig davon, in welchem Idiom und in welchem Sinn es gesagt wird. *Ja* besagt, so lässt sich deshalb behaupten, Sprechen der Sprache, noch bevor es die Sprache eines Subjekts von einem Objekt ist: Sprechen der Sprache, noch bevor sie Aussage ist. In diesem Sinn ist das Ja transzendentale Sprache. *Über* sie lässt sich nicht sprechen, ohne dass diese Sprache schon mitgesprochen würde. Es lässt sich *über* dieses Ja und *mit* ihm aber auch nichts sagen, ohne dass es verstellt, verzerrt und unsprechbar würde. Derrida nennt es deshalb, mit einer adverbialen Partikel, die Husserl wichtig war, *quasi* transzendental und *quasi* ontologisch.[64]

Diese adverbiale Bestimmung ist, strenger gefasst, die Entfernung der Bestimmung des Ja in seiner Funktion als transzendentaler Grund aller Rede und sogar deren Aufhebung, denn durch das

62 Jacques Derrida, »Nombre de oui«, in ders., *Psyché. Inventions de l'autre*, Paris 1987, S. 641.

63 Ebd., S. 642.

64 Ebd., S. 642ff.

*quasi* wird das Ja zum einen in seinem transzendentalen Status bestätigt, zum anderen jedoch wird es dadurch derart modifiziert, dass es als in sich und aus sich selbst seiender Grund nicht mehr angesprochen werden kann. Da es in keiner Aussage über es als dieses selbst gegenwärtig ist, kann das Ja nur als Quasi-Seiendes gelten, dem nur ein Quasi-Sein zukommt. Derrida bekräftigt dieses Argument durch ein langes Zitat aus dem Anfang von Rosenzweigs *Stern der Erlösung*:

> »Das Ja ist der Anfang. Das Nein kann nicht Anfang sein; denn es könnte nur ein Nein des Nichts sein; das setzte aber ein Nichts voraus, das verneinbar wäre, also ein Nichts, das sich schon zum Ja entschlossen hätte. Das Ja ist also der Anfang. [...] Und da das Ja also nicht auf das Nichts gehen darf, so muss es auf das Nichtnichts gehen. [...] Es ist das Urwort der Sprache, [...] kein Satzteil, [...] sondern es ist der stille Begleiter aller Satzteile, die Bestätigung, das ›Sic‹, das ›Amen‹ hinter jedem Wort. Es gibt jedem Wort im Satz sein Recht auf Dasein, es stellt ihm dem Sitz hin, auf dem es sich niederlassen mag, es ›setzt‹. Das *erste Ja in Gott begründet in alle Unendlichkeit das göttliche Wesen. Und dies erste Ja ist ›im Anfang‹.*«[65]

Als *Urwort* ›Ja‹ gehört zwar zur Sprache, da es jedoch der Grund aller Sprache, ihr Anfang und ihre Setzung ist, kann es selbst in keinem Wort, das als Satzteil dient – somit auch im Wort ›Ja‹ nicht –, verlauten und muss deshalb als *der stille Begleiter aller Satzteile, die Bestätigung, das ›Sic‹, das ›Amen‹ hinter jedem Wort* charakterisiert werden. Die ›Stille‹ dieses Begleiters ist kein voluntatives Schweigen, das auch gebrochen werden könnte; sie ist eine strukturelle Stummheit. Das in allen Worten mitsprechende Ja kann nicht anders als in allen mitzuschweigen. Diese asymmetrische Doppelung der Sprache im Ja bezeichnet Derrida in den Wendungen »langage sans langage« und »appartient sans appartenir à l'ensemble qu'il institue et qu'il ouvre à la fois«.[66] Seine Formulierungen nach dem Schema X-ohne-X werden im Folgenden multi-

---

65 Ebd., S. 643f.; siehe Franz Rosenzweig, *Der Stern der Erlösung*, Den Haag 1976, S. 28f.

66 Derrida, »Nombre de oui«, a.a.O., S. 644.

pliziert, wenn es heißt, bei diesem Ja handle es sich um ein »mot sans mot [...], d'une expérience sans expérience, d'une description sans description«, und besonders prononciert: »Il est sans être du langage [...]«. Damit kann zum einen gesagt sein, Ja gehöre der Sprache nicht als deren Eigentum oder auch bloß Derivat an, zum anderen, es gehöre ihr an, ohne jedoch zu sein, ohne das Sein der Sprache – ohne das Sein, zum Beispiel, des johanneischen Logos – zu haben. Der Grund des Seins hat somit selber am Sein nicht teil. Da dieser Grund aber keine bestimmte oder auch nur bestimmbare Gegenwart, kein Objekt, kein mögliches Thema ist, kommt diesem Sein-ohne-Sein allein ›so etwas wie‹ Sein, ein Quasi-Sein vor jedem Sein und vor jeder transzendentalen, dialektischen und ontologischen Ordnung zu, in der seine Verlaufsform determiniert werden könnte.

Die Strukturformel X-ohne-X – *il est sans être* –, die im *quasi* angezeigt wird, ist nicht etwa Formel der Selbst-Subtraktion eines ursprünglich gegebenen Seins zu lesen, sondern als Formel der Vorgängigkeit von ›so etwas wie Sein‹ vor jedem Sein, denn das mit jenem Quasi-Sein eröffnete Geschehen, so betont Derrida, »précède toute présence, tout être«.[67] Wenn das Ja »im Anfang« ist, dann ist »im Anfang« das Quasi-Sein, das *quasi* vor jedem *qua*, das Als-ob vor jedem Als. In ihm, das ist, ohne dass es ist, im Sprechen eines Gesprochenen, im *fari* einer *fable*[68] gründet das Sein und das Sein der Sprache. Sein Grund ist nicht nur ohne Grund, er *ist* nicht. Mit dieser Radikalisierung des kantischen Kritizismus noch über Nietzsches Erklärung »Wie die wahre Welt zur Fabel wurde« hinaus, ist eine Diremption im Sein geöffnet, die schlechterdings keinen Anhalt an einem beständig Anwesenden und seiner Anwesenheit bietet, keinen an einer absehbaren Zukunft, keinen an Gewesenem, sondern allein noch den an der unabweisbaren Faktizität dieses *kein*, das nicht weniger besagt als: *kein Sein*.

Nun bleibt das *kein* zwar das *kein* des *Seins*, wie das Ohne-Sein das des Seins bleibt, doch dieses Sein hat seinen Sinn nicht nur innerhalb der Grenzen seines traditionellen Begriffs modifiziert,

---

67 Ebd., S. 649.
68 Ebd., S. 643.

sondern hat diese Grenzen verlassen, indem es sich als ein Sein jenseits der Grenzen seiner Übereinstimmung mit sich, ohne reflexive und somit restriktive Bestätigung erwiesen hat. Dieses Sein ohne es selbst, das deshalb Nicht-Sein eines Nichtseienden heißen müsste, kann keine Gemeinschaft mit dem logischen Nichts unterhalten, das durch negative Prädikationen konstatiert wird, denn gerade das Nein und Nicht der Aussage kann von jenem Nicht-sein nicht gelten, als das bei Paulus, bei Angelus Silesius und bei Rosenzweig das Ja allen Aussagen vorausgeht. Derrida schenkt diesem Ohne-Sein des Nicht, des Nein und des Nichts keine Aufmerksamkeit, obgleich er das Ohne als operativen Begriff nicht vermeidet und obwohl er Rosenzweigs umfängliche Analyse dieses Nein zu einem gewichtigen Teil zitiert. Für Rosenzweig kann das Nein nicht Anfang sein; könnte es dies, dann müsste es sich als *Nein des Nichts* bereits zum *Nichtnichts* und zum Ja entschlossen haben, wie der von Derrida zitierte Text argumentiert, wäre also Nein nur im Hinblick auf ein Ja, würde dieses Ja bereits als seine Zukunft in sich tragen und das Ja wäre ihm in jedem Sinn voraus. In dem von Derrida nicht zitierten Textstück geht Rosenzweig jedoch auf einen zweiten Zug des Nichts ein, der nicht schon ein Ja antizipiert und durch kein *Nichtnicht* negierbar ist. In dieser übersprungenen Passage heißt es vom Nichts: »Es ist noch nicht einmal Anfang. Es ist […] schlechthin unfähig, selber bejaht zu werden. Ebenso unfähig freilich auch, wie schon gesagt, verneint zu werden. Es liegt vor dem Ja wie vor dem Nein. […] Es ist nur der virtuelle Ort für den Anfang unseres Wissens.«[69] Rosenzweig unterscheidet also zwischen einem negierbaren und einem nicht-negierbaren Nichts, einem, in dem das Ja antizipiert ist, und einem gänzlich anderen, das von keiner Bejahung und keiner Verneinung getroffen, aufgeschlossen und in den Dienst des Ja und der Entfaltung seines Seins gestellt werden kann.

Dieses Nichts kann wohlgemerkt vom transzendentalen oder, wie Derrida schreibt, quasi-transzendentalen Ja nicht bejaht werden; es liegt sogar vor diesem Ja, ist *noch nicht einmal Anfang* und kann in diesen Anfang nicht eingehen und zu ihm nicht überge-

---

69 Rosenzweig, *Der Stern der Erlösung*, a.a.O., S. 28.

hen: es ist schlechthin intransiv, mithin intranszendental. Anders Nichts als ein benennbares, prädizierbares und dialektisierbares Nichts, ist es gegen das Ja des Anfangs zwar immun und dennoch unverzichtbar für es, da es den *virtuellen Ort für den Anfang* und das Ja bietet. Während das Ja sich *aus* dem und *als* Nichtnichts ergibt, bleibt das Nichts für jede Negation, aber auch für jede Affirmation irreduzibel. Es bleibt Nichts – Nichts jedoch als die Absprungstelle des Anfangs, Nichts als der *Ort* für den Anfang, als der *virtuelle* Ort, der nie die Kontur des Wirklichen annimmt und nie Möglichkeiten bietet, die den kategorialen Bestimmungen des Seienden angehören. *Ort für den Anfang*, ist das Nichts noch vor allem Anfang, geht, unter welchen Pressionen und Striktionen auch immer, in keinen Anfang über und ist keinem integrierbar. Unverzichtbar, aber unbezüglich, gebraucht, aber unverbrauchbar, unabweisbar, aber unvergleichlich, bleibt es außerhalb des Horizonts, in dem noch von einem Transzendental, und sei es einem Simili- oder Quasi-Transzendental, die Rede sein könnte. Es bleibt das schlechthin Inappropriierbare, das Improprium, da es nicht das Nichts *des* Seins und nie sein Gegenüber sein kann. Deshalb kann Rosenzweig schreiben: »Das Nein ist ebenso ursprünglich wie das Ja.«[70] Wenn es vom Ja heißen kann, es sei der »stille Begleiter aller Satzteile« und Aussagen, so lässt sich vom unnegierbaren Nichts allenfalls sagen, es sei der Begleiter, der niemals, nirgends und nichts begleitet.

Im weiteren Verlauf von Rosenzweigs Analysen des unnegierbaren und des negierbaren Nichts zeigt sich, dass beide sich miteinander verflechten. Aber noch in dieser Verflechtung erweist sich das Nichts und sein Nein nicht Bestätigung des Seins, sondern Freiheit von ihm, nicht als »Sic« oder »So«, sondern ein *anderes*, das von der Unendlichkeit des Ja nicht erschöpfbar ist. Deshalb kann Rosenzweig schreiben: »Gottes Freiheit ist schlechthin gewaltiges Nein«.[71]

Von den zahllosen Implikationen, die Rosenzweigs Gedanke eines unnegierbaren Nein für Derridas Ja birgt, soll an dieser

---

70 Ebd., S. 30.
71 Ebd., S. 31f.

Stelle nur die eine genannt werden, dass dieses Ja, quasi-transzendental wie es ist, als Sein-ohne-Sein nur in der Begleitung eines Nichts-ohne-Gleichen – eines weder transzendentalen noch quasitranszendentalen – gedacht werden kann. Nicht dem bloßen Ja, dem Derrida seine Aufmerksamkeit vorbehält, vielmehr dem Nein der Freiheit *vom* Ja und *im* Ja verdankt die quasi-transzendentale Affirmation ihr Vermögen, sich zu differenzieren, zu multiplizieren und ihrer Feststellung sowohl in transzendentalen wie in empirischen Positionen zu entgehen. Die Abgelöstheit des Nein vom Ja, die sich aus der Freiheit dieses Nein noch von diesem selbst ergibt, gewährt erst die Ablösung des Ja von dem, was bloß *ist*. Mag das Ja der Anfang des Wesens sein, das Nein und sein Nichts bleiben, voranfänglich, dessen Freiheit, noch anders als zu sein und anderes als bestimmtes Anderes zu werden.

Keine Änderung, keine Geschichte, keine Sprache, nicht einmal ein Gott ohne Nein, kein Nein ohne Nichts, kein Nichts ohne die Freiheit vom Nichts, kein Ohne ohne ein Ohne, das allen begründenden Möglichkeiten einer Benennungs- und Urteilssprache vorausgeht.

Derrida beharrt, und nicht zu Unrecht, darauf, dass Rosenzweigs anfängliches Ja, quasi-ontologisch wie es verfasst ist, allein einer *quasi-analytique ontologico-transcendantale* zugänglich sei, da eine Analytik nur auf unauflöslich *einfache* Strukturen, Prinzipien oder Elemente zurückführen könne, das Ja jedoch vermöge seiner Iterierbarkeit, also seiner Alterierbarkeit niemals auf eine einfache Struktur letzter Instanz reduzierbar sei.[72] Sowenig Unrecht diese Behauptung hat, sowenig Recht hat sie auch. Rosenzweigs Analyse reduziert das Ja auf seinen *virtuellen Ort* in einem Nichts und Nein, das, anders als das Ja des Wesens, von sich frei und alles andere als mit sich einsinnig und einfach ist. Das Ja ist demnach sehr wohl analysierbar und reduzierbar, doch reduzierbar nur auf das, was als Nichts frei bleibt von sich und frei für Anderes, das somit erst eine Alteration diesseits der Grenzen der Iteration und jenseits der Wiederkehr des Gleichen zulässt. Wie die Affirmation, so ist die Iteration auf ein Nein und ein Nichts – ein Anders-als-

---

72 Vgl. Derrida, »Nombre de oui«, a.a.O., S. 648.

so – angewiesen, das weder negiert noch negierbar ist: auf eine, so ließe sich sagen, infra-negative Negation ohne Negativismus, ein Nihil jenseits aller möglichen Nihilismen.

Rosenzweig ist nur eine der Ressourcen von Derridas Ja; andere sind Joyce mit Mollys: *yes I will Yes*, Nietzsches Ja des Zarathustra und seine Parodie im Schrei des Esels: *Der Esel aber schrie dazu I-A*, eine besonders gewichtige weitere Heideggers *Zusage*, auf die »De l'esprit« mit großer Ausführlichkeit eingeht. Von Heideggers einschlägigen Überlegungen bietet »Nombre de oui« nur eine Abbreviatur, die den Befund rekapituliert, das Privileg, das von Heidegger zunächst dem Fragen als der *Frömmigkeit* – soll heißen: als der äußersten Spitze – *des Denkens* zugewiesen wird, werde später einer anderen, *eigentlichen* Erfahrung des Denkens nachordnet, nämlich der *Zusage* oder dem *Zuspruch* der Sprache. Diese *Zusage* wird von Derrida charakterisiert als »cette acceptation confiante, cette assentiment à la parole adressée (*Zuspruch*) sans lesquels aucune question n'est possible, un oui en somme, une sorte de pré-engagement présupposé par toute langue et par toute parole (*Sprache*)«.[73] Tatsächlich könnte Heideggers Retraktation der Frage in ihrem Verhältnis zur *Zusage* der Sprache, wie sie besonders deutlich in »Das Wesen der Sprache« vollzogen wird, kaum prononcierter, sie könnte aber auch kaum fragwürdiger sein. Wie sehr sie dies ist, wird an einem der zahlreichen Sätze deutlich, die das zentrale Argument für die Vorgängigkeit der *Zusage* vor der Frage darlegen: »Jeder Ansatz jeder Frage hält sich schon innerhalb der Zusage dessen auf, was in die Frage gestellt wird.«[74] Mit diesem Argument wird nicht behauptet, dass fragen nur derjenige kann, der schon in irgendeiner Weise über Sprache verfügt und deshalb außer Fragen auch Aussagesätze, Interjektionen, Bitten etc. äußern kann. So formuliert, würde das Argument einen Begriff von Sprache voraussetzen, der ebenso unverbindlich wie dogmatisch wäre, da er unterstellen müsste, das, was Sprache ist, sei bereits vorgegeben und in seiner Gegebenheit bekannt. Da nun aber just nach der Sprache und ihrem (verbal zu verstehenden) *Wesen* gefragt

73 Ebd., S. 646.

74 Martin Heidegger, »Das Wesen der Sprache« (1957/58), in ders., *Unterwegs zur Sprache*, GA 12, Frankfurt/M. 1985, S. 165.

wird, kann Heideggers Argument sich nicht auf jenen dogmatisch unverbindlichen Begriff einer gegebenen Sprache ›im Allgemeinen‹ beziehen, sondern allein auf diejenige besondere, da besonders exponierte Sprache, die sich in der Frage nach ihr bekundet. Genau so verfährt der zitierte Satz, indem er ausschließlich von der Sprache der *Frage*, von der *ihr* impliziten Annahme und der daraus zu gewinnenden Einsicht in den Grundriss der Sprache überhaupt spricht. Die Rede ist somit nicht von einem allgemeinen Sprachvermögen, das die abstrakte Bedingung der Möglichkeit des Fragens nach ihm bieten soll, sondern allein von derjenigen Sprache, die sich im Fragen selbst äußert: *Jeder Ansatz jeder Frage hält sich schon innerhalb der Zusage dessen auf, was in die Frage gestellt wird.* Die Frage, so ist damit gesagt, hält sich *innerhalb* des Horizonts desjenigen auf, was *in* die Frage gestellt wird. Sie hält sich mithin in dem von ihr selbst ihr Zugesagten, hält sich in dem erst von ihr eröffneten Bezirk einer Zusage auf und hält sich an das, was sich als *ihre*, als die Zusage der Frage erschließt. Wenn die Frage sich jedoch innerhalb der von ihr selbst eröffneten Zusage aufhält, dann ist ihr Privileg als »die eigentliche Gebärde des Denkens« gesteigert zum Privileg des Hörens dieser zusagenden Frage und, wie Heidegger genauer formuliert, des Hörens »der Zusage dessen, was in die Frage kommen soll«.[75] Ähnlich akzentuiert er das *kommen* in dem Satz, das Fragen werde »schon von der Zusage dessen getragen, was in die Frage kommen soll«.[76] Gehört wird demnach die Zusage der Frage, aber nicht der bereits gestellten und anwesenden, sondern der Frage als des Ortes, an den das Befragte – nämlich die fragende Sprache – erst noch *kommen soll.* In jener Zusage *kommt* das Befragte, das die Frage selbst ist, erst auf die Frage *zu* und kann nicht anders, als die Zu-kunft der Frage zu bleiben. Da die Frage – und zwar jede – nach dem Wesen der Sprache fragt, kann gesagt werden, jede warte auf die Frage, und Sprache sei wesentlich Warten auf die künftige Sprache. Heidegger nennt dieses Warten Hören, genauer: Hinhören und bemerkt dazu: »Weil jedoch das Hinhören ein Hinhören auf das entgegnende

---

75 Ebd.
76 Ebd., S. 169.

Wort ist, entfaltet sich das Hören auf die Zusage des zu-Denkenden stets in ein Fragen nach der Antwort.«[77] Das Hören der Zusage, *die eigentliche Gebärde* der Sprache, ist demnach die ›Falte‹ der Sprache, die sich *entfaltet*, die Implikation, die sich expliziert und auslegt im *Fragen* nach der Antwort und auf diese *hin*.

Die Zusage, von der Heidegger spricht, ist also kaum ein Ja im Sinne der Affirmation, als die Derrida sie deutet, sie ist vielmehr das vakante Intervall zwischen dem Fragen und dem *in die Frage* kommenden Fragen, zwischen der Sprache und der zur Sprache kommenden Sprache –: mit der Konsequenz, dass das *Wesen* der Sprache wie der Frage ihr stets noch bevorstehendes Kommen, ihr Unterwegs, ihr Unterschied von ihr selbst als positivem Bestand ist. Die *Zusage* ›ist‹ für Heidegger das noch – und immer schon noch – zu Sagende und zu Fragende. Vor ihrem und jedem Sein bleibt sie dessen Noch-nicht. Es fehlt nicht sehr viel, und sie wäre ein Nein, wie Rosenzweig es gedacht hat, und ein Nein, wie Heidegger es in einer Passage seines »Briefs über den Humanismus« charakterisiert, die sich wie ein schwaches Echo von Rosenzweigs Analysen liest: »Alles Nein ist nur die Bejahung des Nicht.«[78]

Die Frage tritt in Heideggers Retraktation nicht hinter eine vorgängige Beglaubigung, Billigung oder Affirmation zurück, sie tritt hinter sich selbst zurück, um so erst *zur* Frage und *in* Frage *kommen* zu können. Die Reduktion der Frage auf das Hören der *Zusage* lässt *an* ihrem Sein deutlich werden, was sich *auf* dieses Sein nicht reduziert. Sie öffnet sie auf ihre Zukunft und lässt sie derart erst zu einer Frage werden: zu einer offenen, die so lange unbeantwortet bleiben muss, wie sie noch Frage ist. Nicht nur gibt es in dieser Öffnung auf das, was nicht *ist*, kein vorgängiges, es gibt auch kein nachträgliches Ja, denn jedes müsste die Öffnung verschließen, die sie Frage und Sprache sein lässt. Die *Zusage* bejaht nicht, was *ist*, sie bejaht, was *vor* jedem Sein *nicht* ist; weder bejaht noch wiederholt sie ein Ja, sie bejaht, dass es ein Ja nicht gibt, und lässt sein Ausbleiben wieder und wieder zu. Dieses Zulassen wie jenes Bejahen sind deshalb strukturell verwiesen auf das, wovon

---

77 Ebd.

78 Martin Heidegger, »Brief über den Humanismus«, in ders., *Wegmarken*, GA 9, Frankfurt/M. 1976, S. 359.

sie verneint werden; sie bieten Möglichkeiten, die es ohne sie *nicht* gäbe, geben, was es *nicht* gibt, und geben just dieses *Nicht* – mitsamt seinem Nicht-Geben –, sei es im Modus des Nochnicht, des Nichtmehr oder des Niemals und Nirgends.

Wenn Rosenzweig das Ja auf ein weder affirmierbares noch negierbares Nichts zurückführt, das *vor dem Ja wie vor dem Nein* liegt,[79] dann führt er zugleich die gesamte transzendentale Ordnung, die auf jenes Ja aufbaut und ihrerseits die Ordnungen der Erfahrung begründet, auf ein transzendental irreduzibles Nichts zurück, das nicht bloß als *stiller Begleiter* wie das Ja, sondern als strukturell stummer und abwesender Begleiter das Ja nie verlässt. Wenn Heidegger die *Zusage* der Frage als Öffnung *auf* deren Fragecharakter, wenn er somit die ultra-transzendentale Frage nach der Sprache und nach dem Sein als selber nur *offen* auf Sprache und Sein deutet, dann lässt er ein Nicht und ein Nichten in der Sprache bemerklich werden, das ihr erst zu kommen erlaubt, doch damit ineins ihr Angekommen-Sein verwehrt. Mit der Öffnung der *Frage* nach dem Sein versetzt er dieses selbst, *»das transcendens schlechthin«*,[80] in eine *epoché*, die nicht einfach die seine, nämlich keine gegenwärtig, präterital oder künftig seiende sein kann. Er überlässt das *transcendens* einer Intranszendenz, ohne die es nicht *transcendens schlechthin* sein und es nicht bleiben könnte. Indem Derrida die Ordnung des Ja, die auch für ihn eine Ordnung ohne Sein – »il est sans être du langage«[81] – und ohne mögliche Negation bleibt, als *quasi*-transzendentale bestimmt, insistiert er auf ihrem sprachlichen, ihrem Versprechens- und Vor-Charakter, beharrt mit dem *quasi* jedoch zugleich auf der Vergleichbarkeit des Ja mit einem Transzendental und versäumt es überdies, obgleich er jede positive Bestimmung revoziert – »mot sans mot, expérience sans expérience«[82] –, die sowohl von Rosenzweig wie von Heidegger herausgehobene Dimension eines nicht-prädikativen und imprädikablen Nein noch *vor* jedem Ja zu beachten. Wenn aber das Ja ein *mot* sans *mot* und eine *expérience* sans *expérience* ist, und wenn

79 Rosenzweig, *Der Stern der Erlösung*, a.a.O., S. 28.
80 Martin Heidegger, *Sein und Zeit*, Tübingen 2006, S. 38.
81 Derrida, »Nombre de oui«, a.a.O., S. 644.
82 Ebd., S. 645.

von ihm gilt: *il est* sans *être du langage*, dann kann es gedacht, gesprochen und erfahren werden allein *aus* jenem Ohne, vermöge eines Ohne, das als Nicht, Nein oder Nichts *vor* dem Ja und somit *in* jedem Wort und jeder Erfahrung der Sprache und ihrer Welt am Werk ist: eines Ohne, das nicht der Ordnung von Aussagen angehört, da es diese allererst gewährt, mithin eines Ohne ohne Ohne, das in keiner transzendentalen, aber auch in keiner *quasi*-transzendentalen Verfassung fehlen kann. Dieses Ohne ohnegleichen muss zum *quasi*-transzendentalen Wirken jedes Ja als dessen *at*transzendentale Freigabe hinzukommen, wenn Derridas Analyse der ›ursprünglichen Affirmation‹ stimmig sein soll.

*At*transzendental besagt hier zunächst *ad*-transzendental, wobei *ad* im Sinn von ›bei‹, ›in der Nähe von‹, ›neben‹ und ›außerdem‹, aber auch im Sinn von ›gegen‹ und, in seiner archaischen Schreibung als *at*, im Sinn von ›auf zu‹ und ›hin‹ zu verstehen ist. In diesem Sinn einer Lokalisierung *beim* Transzendentalen und einer Bewegung auf dieses *hin* impliziert es eine Orientierung an ihm, die, ob affirmativ oder repulsiv, demjenigen Verhältnis gleicht, das Derridas Quasi-Transzendental zu ihm unterhält. Das gilt auch noch, wenn *at*transzendental als *a*-transzendental verstanden wird, sofern das *a* privativum eine negative Modifikation von transzendental bezeichnet, die nur dann denkbar ist, wenn das Transzendental als negierbar oder affirmierbar angesetzt wird und, wie Rosenzweigs *Nichts*, in ein *Nichtnichts*, in ein Ja und mit diesem in die Bestimmbarkeit zu einem Etwas übergehen kann, oder, wie Heideggers Nichts und sein Nichten, einer *Zusage* zum zwar künftigen, jedoch prinzipiell möglichen *Hören* fähig ist. *A*transzendental besagt jedoch auch, dass ein solcher Übergang allein dann und immer nur dann angenommen werden kann, wenn er noch *nicht* vollzogen, wenn auch das transzendentale Vermögen zu einem solchen Übergang fehlt, wenn es, wie das von Rosenzweig berührte, jedoch schnell geflohene unbedingte Nichts, in kein *Nichtnichts* umspringen kann, und wenn es, wie das Nichten von Heideggers Sein, *in*transzendent und mithin *in*transitiv bleiben muss, um als *transcendens schlechthin* charakterisiert werden zu können.

Ein intransitives Sein oder ein Nichts, das nicht schon Bejahung eines möglichen Etwas und somit immediat ein Nichtnichts wäre, kann im Horizont transzendentaler Bestimmungen zwar nur als ein Unding erscheinen, es ist jedoch genau dieses Unding, das jede transzendentale – und auch jede quasi-transzendentale – Bestimmung der Möglichkeit eines Dings unabweisbar, aber auch unassimilierbar begleiten muss, wenn ein Übergang und somit eine Verbindung, ein Verhältnis oder eine Korrelation zwischen Nichts und Nichtnichts, zwischen Sein und Seiendem, zwischen einem Ja und einem anderen, früheren oder späteren, soll gedacht werden können. Wird dieser Übergang oder dieses Verhältnis, wie es bei Rosenzweig, bei Heidegger und bei Derrida geschieht, als notwendig und zugleich unabschließbar gedacht, dann wird er, ob explizit oder nicht, als unvollziehbar, unsaturierbar und somit – in seiner Übergängigkeit und Relationalität ›selbst‹ – als Nicht-Übergang und Irrelation gedacht. Jede Annahme transzendentaler Funktionen muss mithin begleitet sein von der paradoxen, und deshalb verweigerten, Annahme ihrer Dysfunktionalität, begleitet von einem *a*-transzendentalen Widerstand gegen transzendentale Bestimmungen in diesen ›selbst‹, begleitet sein, kurzum, von dem, was nicht begleiten kann, da es kein mögliches Was und keinen Grund der Möglichkeit eines Was, aber auch kein mögliches Dass und keinen Grund zu ihm bietet.

Der Ausdruck ›attranszendental‹, nicht weniger befremdlich als Derridas Ausdruck ›quasi-transzendental‹, macht bei all seiner Mehr- und Gegendeutigkeit die Komplexität der mit ihm skizzierten Implikationen nicht hinreichend klar. Anders als ›Aufhebung‹ ist er nicht das, was Hegel einen glücklichen Ausdruck hätte nennen können. Aber nicht auf ihn kommt es an, sondern auf das, was er nur ungenügend andeutet: dass, damit verständlich werden kann, was seit jeher von der Philosophie gedacht werden sollte, auch das noch zu denken bleibt, was sich weder im Horizont der Objektivität noch in dem einer sie konstituierenden Subjektivität, also weder in substanz- noch in transzendental-philosophischen Einstellungen und der für sie ausgebildeten Sprache fassen lässt. Es ist dies eine irreziproke, nicht-komplementäre, irrelationale Negativität, eine Infra- und In-Negativität, die allein im Absprung von ihr, im Widerstand gegen sie, in ihrer Verneinung oder Verleugnung – auch in ihrer Denunziation als einem bloß Nichtigen – sich bezeugt, aber derart sich zu bezeugen nicht aufhören kann. Wenn sich das vor-anfängliche Nichts jedoch allein in der Abwehr, die ihm ein Nein entgegenstellt – wenn es sich nur negativ, als nicht-bezeugbar – bezeugen lässt, dann nicht schon als Nichtnichts und Anfang eines Etwas, sondern als Vor Nichts, dann also so, dass noch sein Nichten aus einem Vor-Nichten gedacht werden muss und also aus dem, was es selber nicht ist. Zu denken ist deshalb ein ›älteres‹, vor-relationales Nein als, wie Rosenzweig schreibt, der *virtuelle Ort*, der immer unwirkliche Atopos, dessen *Un-* und *Vor-wesen* nichts bewirkt, jedoch just darum manches zulässt. Er *ist* nicht, er *lässt* nur sein. Von seinem Lassen – Zulassen, Verlassen und Auslassen – her ist das Sein des Ja zu denken. Das Ohne des Seins – Derridas … *est sans être* … – ›gehört‹ nicht dem Sein, dieses ›gehört‹ vielmehr dem Ohne, dem Unzugehörigen, Ungehörigen, Ungehörten.

Die relationsfreie Negativität, der attranszendentale Zug von Erfahrung und Sprache, ist es, der als das schlechthin Uneigene nicht anders kann als inappropriierbar zu bleiben: inassimilierbar, in keinem Simulakrum erkennbar, jeder Position und noch jeder Iteration voraus, mithin auch keiner dialektischen Transformation unterwerfbar: deshalb jedoch das unverwerfbare und ununterdrückbare *sub-jectum* jeder Subjektivität und zu jeder Substanz, sit venia verbo, die *sub-sance*.

Wenn von ihr nichts gesagt werden, das seine eigene Triftigkeit bestreiten müsste, dann kann doch so viel gesagt werden, dass es ohne jene *sance* und *sub-sance* kein Ja zu einem göttlichen und zum Gott, zu I A H, und keines zum IA-Schrei eines Esels – eines *asinus* – werden könnte. Jede Antwort auf dieses – oder auf jenes – Ja, das selbst schon ein plurale tantum von Antworten auf ein Ja und das ihm inassimilierbare Nein sein muss, kann nur von dem unbesetzbaren Freiraum zwischen Ja (– aber – ) Ja und dem nicht minder unbesetzbaren Freiraum zwischen Nein (– aber –) Nein ausgehen.

Diesem Freiraum haben sich nicht viele so weit genähert wie Jacques Derrida. Einer von den wenigen unter ihnen, über die er nicht publiziert hat, Beckett, schreibt in *Mercier et Camier*, nachdem von den Fatalitäten eines *oui* und einer zweiten Form des *oui* die Rede war, von dem *mais* – dem Aber –, das beide voneinander sondert und sich mit einem *sauf* – einem Außer, Vorbehaltlich und Unberührt – liiert:

On fait ce qu'on peut, mais on ne peut rien. [...] Mais! En voilà un vocable de valeur, si je ne me trompe. Tout est vox inanis sauf, certains jours, certaines conjonctions, voilà la contribution de Mercier à la querelle des universaux.[83]

(25. Februar 2016 / 1. März 2016)

83 Samuel Beckett, *Mercier et Camier*, Paris 1970, S. 141f.

# LINGUA AMISSA

## Vorwort zur spanischen Ausgabe[1]

Mit der Sprache – so wird angenommen – sprechen wir zu anderen Sprechenden über Gegenstände, die ihrerseits von der Sprache bestimmt – nämlich benannt, bezeichnet, gedeutet sind –, und sprechen so auch mit der Sprache über die Sprache als einen, und vielleicht den vordringlichsten, ihrer Gegenstände. Dass aber *mit* ihr *über* sie gesprochen werden kann, muss besagen, dass die Sprache und alle ihre Elemente und Instanzen von der Sprache abgelöst, von ihr verschieden und entfernt sind: entfernt, verschieden und abgelöst also von sich und darum auch von ihren Gegenständen, Sprechern und Adressaten. Allein aus ihrer Entfernung kommt sie sich nahe, nähert sich dem, was sie anspricht, und erlaubt auch den Sprechenden selbst in die Nähe zu sich zu gelangen. Die Struktur dessen, was Sprache heißt, ist also in allen Zügen charakterisiert durch die paradoxe Bewegung der Ent-fernung: einer Entfernung, die erst Nähe verschafft, und einer Annäherung, die niemals zur Übereinstimmung, zur Synthesis und zur Gleichzeitigkeit mit ›sich selbst‹ führen kann. Sprache ist sie ›selbst‹ nur, indem sie von sich absteht. Sie ist nur im Unterschied zu sich. Ihr Sein liegt in ihrer Selbst-Alteration. Auf sich kann sie nur zukommen, kann sich selbst, überraschend, nur überkommen – aber bei sich *an*kommen und, derart *an*gekommen, sie selbst sein kann sie nicht. Da sie strukturell künftig ist, muss sie un*an*künftig bleiben.

Von den Implikationen dieser paradoxen Sprachbewegung handeln die hier versammelten Studien. In ihnen wird keine systematische Theorie geboten, denn die Bewegung der Sprache ist niemals eine der Synthesis, ohne zugleich eine der Eröffnung

---

1 [Werner Hamacher, *Lingua Amissa*, Buenos Aires 2012. Es handelt sich hierbei um die spanische Übersetzung durch Laura Carugati und Marcelo Burello von acht noch nicht gesammelt erschienenen Aufsätzen zu Kafka, Benjamin, Celan, Marx und Derrida.]

von unregulierbaren Differenzen zu sein; eine Theorie aber, die ihrem emphatisch verstandenen Begriff genügte, könnte nur die Form einer Metasprache annehmen, die einerseits selber sprachlich verfasst wäre, andererseits ihren historischen Kontingenzen überhoben wäre und derart ihre eigene Sprachlichkeit und mit ihr ihre Metasprachlichkeit dementieren müsste. Weder systematisch noch im klassischen Sinn einer Theorie verpflichtet, bieten diese Studien Einzelanalysen von Texten sehr verschiedenen Charakters und bleiben bei aller Aufmerksamkeit auf das Detail von Argumenten, philosophischen Konstruktionen, narrativen und rhetorischen Figurationen durchweg dem zugewandt, was von jenen Texten selbst als unstimmig, disharmonisch, widersprüchlich oder sogar wider-sprachlich exponiert wird. Sie exponieren Expositionen. Sie tun es in dem doppelten Sinn, dass sie noch einmal herausstellen, was schon zuvor mit anderem Gestus, in anderen Zusammenhängen und verschiedenen theoretischen und dichterischen Genres herausgestellt worden ist; sie stellen aber auch heraus, dass die hier diskutierten Texte und Theoreme von der Logik der Position, der Thesis, der Setzung und Gesetzgebung abrücken und sich auf eine Logik, eine Alogik der Aus-setzung und der Pause, der Ent-setzung, der Über-setzung und des Setzungs-Entzugs öffnen. Wenn die klassische Philosophie Europas mitsamt ihren Regionaldisziplinen *onto-theseo-logisch* verfasst ist, so sind die hier analysierten Texte Zeugnisse einer Denk- und Sprachbewegung, in der sich die *Exthesis* des Seins abzeichnet. Sie halten sich in der Ent-fernung und das heißt zunächst in der Bewegung einer Sprache, die sie zugleich als die ihre und als eine inkommensurabel andere sprechen. Die Gemeinsamkeit der hier erläuterten Texte liegt darin, dass sie mit sich selbst keine gemeinsame Sache machen. Ihre Erläuterungen versuchen ihrerseits, gemeinsame Sache mit dieser Ungemeinsamkeit zu machen.

Sprache ist keiner durchgängigen Theoretisierung fähig, weil sie kein Gegenstand und am wenigsten ein Gegenstand unter anderen ist. Sie erst eröffnet den Weg zu ansprechbaren Phänomenen, erst sie umreißt das Feld möglicher Gegenstände, und sie ist es, die jeden Horizont übersteigt, innerhalb dessen sie zu einem Phänomen, zum Gegenstand einer Theorie und einer theoriegeleiteten Praxis werden könnte. Ihre Bewegung ist die eines

Transzendierens ohne Transzendenz und ohne Transzendental. Wenn Sprache aber nie dasjenige ist, was von einer Theorie zerniert, erfasst und vorgestellt werden kann, dann ist es umso dringlicher, die Modalitäten ihrer Theoretisierungsversuche und die Effekte ihres Entgleitens aus dem Bereich der Theorie zu untersuchen. In welchem Sinn und ob Sprache überhaupt *ist*, in welcher Weise *von* ihr die Rede sein kann, mit welchen Effekten sie sich der Vergegenständlichung widersetzt, die Vorstellungen von ihr durchkreuzt, die Bilder und Mythen von ihr auflöst und sich den Begriffen entzieht, mit denen sie, die mehr als Alles umfassende, umfasst werden soll: das und, genauer, etwas davon wird in den hier versammelten Studien nachgezeichnet. Das geschieht, ohne dass auf die Mittel philosophischer Argumentation verzichtet würde, vornehmlich auf den Wegen, die von philologischer Aufmerksamkeit gewiesen werden. Philologie ist hier nicht die *ancilla philosophiae*, sondern der Königsweg eines Nachdenkens, das die Möglichkeiten und Grenzen des Philosophierens ebenso wie diejenigen der Dichtung und der Sprache überhaupt zu klären und auf weitere Klärungen zu öffnen versucht. Ob dabei die Rede von Kafka oder Benjamin, von Celan, Marx oder Derrida ist; ob Strukturen der Benennung oder der Erwartung, des Handelns oder des Innehaltens, der politischen Ökonomie oder der Performativität untersucht werden, immer geht es dabei um jene *philía*, mit der die Philologie die Bezirke der Philosophie definiert und erweitert, mit der sie das Gesagte wieder zur Sprache und das Ungesagte zu Wort oder zum Widerwort kommen lässt. Was in diesen Studien mit überkommenen, gefundenen oder erfundenen Wörtern als Geste, Ungerufenheit und Rhythmus, als Ammarkierung und Zukunft, Häm und Afformativ charakterisiert wird, sind keine stabilen Elemente einer systematischen Theorie oder Metatheorie, sondern mobile Skizzen einer *theoria amissa* –: einer losgelassenen, aus den Händen gegebenen, noch von ihrem eigenen Begriff befreiten und eben deshalb vielleicht umso sprechenderen, umso philosophischeren Theorie.

***

Ist von Sprache die Rede, so zumeist in dem Sinn, dass sie als Mittel der Verständigung und deshalb zunächst als Mittel der Mitteilung gedacht wird. Als ein solches Mittel kann sie aber nur fungieren, wenn sie mindestens zwei Bedingungen erfüllt, die nur ein widersprüchliches Verhältnis zueinander unterhalten können: Sie muss zum einen ablösbar sein von dem, wovon sie spricht, von dem, der sie spricht, und dem, an den sie gerichtet ist. Sie muss zum anderen eine Aussage enthalten über das, wovon in ihr die Rede ist, muss Anrede an einen Adressaten sein und Mittel dessen, der sie gebraucht. Beide Forderungen stehen in einem paradoxen Verhältnis, weil die eine Ablösbarkeit gebietet, die andere aber strenge Bezogenheit verlangt. Wenn aber das Mittel von seinem Zweck, seinem Bestimmungsort und seiner Herkunft muss abgelöst werden können, dann muss es auch dann noch wirken können, wenn weder das intendierte Ziel noch der Adressat noch der Sprecher der Sprache in irgendeinem Sinn gesichert, verfügbar oder gegenwärtig ist; dann muss es Mittel ohne Mitteilung, Intention ohne Intendiertes, Instrument ohne Funktion sein können –: und kann nur unter der Bedingung seiner möglichen Unbrauchbarkeit einem Gebrauch zugeführt werden. Sprache, so ergibt sich aus dieser einfachen Überlegung, kann Sprache allein dann und immer nur dann sein, wenn sie auch nicht sprechen kann. Ihre Struktur gebietet also, sie als diejenige Mitteilung anzusehen und sie als diejenige zu gebrauchen, die sich ihrer Funktion und ihrem Gebrauch a priori muss versagen können.

Sprache spricht nur, weil sie auch nicht sprechen kann. Es ist dieses Nichtsprechen, das in allen als sprachlich charakterisierbaren Äußerungen mitspricht; und das mitspricht, ohne den Maßen der Instrumentalität, der Intentionalität und der Expressivität zu entsprechen. Jedes Mit, in dem sich das nicht-teleologische und, in diesem Sinn, nicht-logische Sprechen mit demjenigen verbindet, das einen Zweck verfolgt, an Adressaten ergeht und eine Aussage formuliert, kann seinerseits nur ohne Intention, Adresse und Funktion bleiben und muss deshalb als schlechthinnige Nicht-Synthesis und Nicht-Korrespondenz in allen Mitteilungen, es muss als der Sprache Inkommensurables mit der Sprache sprechen, mit ihr schweigen. Jedes Mit einer Mitteilung kann also nur ein doppeltes sein: eines, das semiotische, psychische, soziale

Verbindungen herbeiführt, und ein anderes, das diese Synthesen suspendiert, sie auflöst und offen hält auf andere, ungemeinte oder keine. Sprache insgesamt und jede einzelne sprachliche Äußerung ist demnach jeweils zugleich ein semiotischer und psychosozialer Komplex und ein eksemiotisches, extra-psychisches und dissoziatives Geschehnis, dessen Gewalt sich nicht nach der Logik teleologisch schematisierter Mitteilungen bemessen lässt, da sie mehr und anderes erwirkt als eine mitteilende Verneinung der Mitteilung und mehr und anderes, als die Setzung von Normen es könnte. Die Extreme dessen, was durch den nicht-intentionalen Zug der Sprache erwirkt werden kann, werden denn auch in Erfahrungen verspürt, die sich deutlich nur am Saum der Sprache zeigen, im Glück und im Unglück.

Der Begriff von Sprache, der für die dominante sprachphilosophische Tradition Europas von Aristoteles als *logos apophantikos* kodifiziert worden ist: als mitteilende Rede, die etwas für jemanden zum Erscheinen bringt; dieser Begriff der Sprache als Prädikation unterschlägt also, dass sprachliche Äußerungen, um als Aussagen gefasst werden zu können, von der Form der Aussage selbst unabhängig sein müssen und nicht im Horizont der Aussage und somit auch nicht in dem des Gedachten, Gemeinten oder Gewollten allein sich aufhalten können. Wenn sie überhaupt Aussagen sollen sein können, müssen sie mehr und anderes sein können als Aussagen. Deshalb sind Aussagen nicht schlechtweg unmöglich; sie sind aber möglich nur unter Bedingungen, die sie selbst nicht bereitstellen, nicht kontrollieren und nicht auf Dauer sichern können. Die Inzidenzen des Nicht-Gemeinten, des Inexpliziten und dessen, was keiner Prädikation zugänglich ist, suchen jede Aussage und jeden Aussagen-Komplex, suchen aber auch jeden pragmatischen, sozialen und ökonomischen Komplex heim, der nach dem Prädikationsmodell schematisiert ist. Ihre deutlichsten Einbruchsstellen liegen dort, wo die ›normalen‹, die ›normativen‹, die normalisierenden Funktionen der Sprache und dessen, was behelfsmäßig und irreführend sprachliche ›Interaktion‹ genannt wird, aussetzen: in den Zweideutigkeiten der Umgangssprachen, in Fehlhandlungen, Träumen, in den Diskontinuitäten der Geschichte und der Geschichtserzählungen, in den Normbrüchen und Normalitätsverweigerungen sozialer Kämpfe und denjenigen, die in Literatur und Dichtung exponiert werden. Sie gehören keinem Sprachspiel an, das nach unstrittigen Regeln ablaufen könnte, sondern einem solchen, das noch mit seinen Regeln spielt: sie immer aufs Neue und auf eine nicht-antizipierbare Weise immer wieder anders definiert. Mag es in diesem Spiel auch Routinen geben, es kann sie nur geben, weil sie deroutiert und deroutiniert werden können.

Der meta- und me-teleologische Zug der Sprache macht sie zu genau dem, was man sich unter ›Sprache‹ nicht vorstellen mag und nicht vorstellen kann – und dieses ›man‹ umfasst die dominante europäische Ontologie, die von ihr geleiteten Rechtsvorstellungen, die von ihr legitimierten politisch-bürokratischen Operationen nicht weniger als die Theorien der Intersubjektivität und der Geschichte, die von dieser Ontologie promulgiert worden sind und die – man mache sich keine Illusionen – noch heute und in absehbarer Zukunft von ihr festgehalten werden.

Sprache ist kein Gegenstand einer Regionaltheorie. Sie ist überhaupt kein Gegenstand, und am wenigsten ist sie ein Gegenstand unter anderen. Sie allein eröffnet den Weg zu ansprechbaren Phänomenen, allein sie umreißt das Feld möglicher Gegenstände; allein sie übersteigt den Horizont, innerhalb dessen sie selbst zu einem Phänomen und zum Gegenstand einer Theorie und einer theoriegeleiteten Praxis werden kann. Wenn sie aber nie dasjenige ist, was von einer Theorie erfasst, zerniert und vorgestellt werden kann, dann ist es umso dringlicher, die Modalitäten ihrer Theoretisierung und die Effekte ihres Entgleitens aus dem Bereich der Theorie zu untersuchen. In welchem Sinn und ob sie überhaupt *ist*, in welcher Weise *von* ihr die Rede sein kann, mit welchen Effekten sie sich der Vergegenständlichung widersetzt, die Vorstellungen von ihr durchkreuzt, die Bilder und Mythen von ihr auflöst und sich den Begriffen entzieht, mit denen sie, die mehr als Alles umfassende, umfasst werden soll: das und, genauer, etwas davon wird in den hier versammelten Studien nachgezeichnet. Was darin mit überkommenen, gefundenen oder erfundenen Wörtern als Geste, Aklesis und Rhythmus, Ammarkierung und Zukunft, Häm und Afformativ charakterisiert wird, sind keine stabilen Elemente einer systematischen Theorie oder Hypertheorie, sondern mobile Skizzen einer *theoria amissa* einer losgelassenen, aus den Händen gegebenen, einer noch von ihrem eigenen Begriff abrückenden und eben deshalb vielleicht umso sprechenderen Theorie.

Sprache ist kein möglicher Gegenstand einer Theorie. Könnte sie ein solcher Gegenstand sein, so wäre sie bloßer Gegenstand einer Vorstellung, und diese Vorstellung könnte über die Sprache nichts sagen, ohne sich selbst aus ihr auszuschließen. Die Theorie müsste etwas sagen, ohne zu sprechen; die Sprache müsste aufhören zu sprechen und dennoch Sprache bleiben. Wenn also Sprachtheorien selber sprachlich verfasst sind, müssen sie sich selbst sowohl ein- als auch zugleich ausschließen: sie sind paradoxe Gebilde und deshalb, nach allen Regeln der klassischen Logik, Missbildungen, unförmig und inkorrigibel monströs. Das macht sie nicht ›falsch‹; darin zeigt sich vielmehr die aporetische Struktur der Sprache wie jeder Theorie, die die Strukturen einer sprachlich verfassten Welt zu erfassen versucht.

# LINGUA AMISSA

## Vom Messianismus der Warensprache

Die Leinwand spricht.

Es ist Marx, der sagt, dass die Leinwand spricht. Er spricht selbst, indem er das sagt, die Sprache der Leinwand, und spricht ihr genau so »aus der Seele«, wie er es von den bürgerlichen Ökonomen, die er kritisiert, behauptet. Aber diese Sprache der Leinwand wird in der Sprache von Marx zugleich übersetzt in die analytische – und ironische – Sprache der Kritik eben jener politischen Ökonomie, welche die Kategorien der Leinwandsprache definiert. Marx spricht also, so muss man annehmen, zwei Sprachen: diejenige Sprache, in der die Leinwand sich ausspricht, sich webt und sich mit vergleichbaren Leinwänden verknüpft, und eine andere Sprache, die über jene Leinwandsprache und über sie *hinaus* spricht, ihr Gewebe auflöst, ihr Verhältnis zu anderen, gleichfalls aufgelösten, Geweben analysiert und sie in ein anderes kategoriales Gewebe verspinnt. Aber handelt es sich tatsächlich um zwei Sprachen, um zwei verschiedene sprachliche Strukturen, oder bloß um eine Verdopplung einer und der selben? Spricht die Kritik der politischen Ökonomie eine *andere*, eine *neue* Sprache, oder nur einen der Dialekte der Leinwandsprache? Gehört nicht die Verdopplung einer Sprache vielleicht noch zur Struktur dieser Sprache selbst – und steht nicht die Kritik der politischen Ökonomie noch im Bann eben derselben Ökonomie? Wenn Marx tatsächlich eine zweite, eine andere Sprache sprechen sollte, dann müsste diese neue, diese Marx'sche oder marxistische Sprache mindestens eine Bedingung erfüllen, die von der Sprache der Leinwand nicht erfüllt werden kann: in ihr müsste sich wenigstens eine – eine einzige – Kategorie erschließen, die in jener politischen Ökonomie keinen Platz hat, die sich in ihr andeuten, sich in ihr sogar bezeugen mag, die aber nicht zum Repertoire, nicht zur Matrize oder Patrize von deren Sprache selber gehören kann. Diese andere, diese *Allokategorie* könnte – und müsste sogar – eine durchaus befremdliche Form haben, die nicht mit den Kategorien der politischen Ökonomie kommensurabel und vielleicht nicht einmal eine Form wäre.

Die nicht die Sprache »der« Leinwand, sondern, zum Beispiel, eine solche »Sprache« wäre, in der es allererst eine Leinwand und »ihre« Sprache geben kann. Vielleicht kein beredtes Ding, vielleicht eines, das gar nicht – oder nicht einfach – spricht und das, noch nicht sprechend, sich selber voraus *dennoch* eine Sprache verspricht.

Ich spreche – wenn ich denn einfach »spreche« – von der Leinwand aus zwei oder drei Gründen: weil Marx im Eröffnungskapitel des *Kapitals* – im ersten Buch »Der Produktionsprozeß des Kapitals« unter dem Titel »Die Ware«, im Abschnitt »Die Wertform oder der Tauschwert« – von ihr spricht und dort sagt, dass die Leinwand selber spricht; weil Jacques Derrida in *Spectres de Marx* von so etwas wie einer Leinwand, einem »écran«, als einer Projektionsfläche für Phantome spricht[1] und weil beide Beziehungen auf die Leinwand ein gespanntes Verhältnis zu einer der mächtigsten Metaphern der philosophischen Tradition unterhalten: der Metapher der Hülle, der Verschleierung, der Mystifikation und des Fetischs. Und also auch des Fetisch-Tischs, der in dem Kapitel über den »Fetischcharakter der Ware und sein Geheimnis« sich nicht nur auf seine eigenen Beine und auf den Kopf stellt, sondern auch tanzt, und aus dessen »Grillen« Derrida sehr weitreichende Konsequenzen zieht. Diese Konsequenzen betreffen die Struktur des Messianischen als einer Dimension – einer freilich unausmessbaren Dimension – der Ware und ihrer Sprache, ob sie nun Tisch oder Leinwand, Bildschirm oder Phantasie sei, sie betreffen ein messianisches Versprechen der Ware und somit zum einen die

---

1 Jacques Derrida, *Spectres de Marx*, Paris 1993, S. 165. Ich zitiere diese Anknüpfungsstelle aus der modifizierten deutschen Übersetzung (*Marx' Gespenster*, aus dem Französischen von Susanne Lüdemann, Frankfurt/M. 1995, S. 162): »Das Gespenst ist unter anderem auch das, was man sich einbildet, was man zu sehen glaubt und was man produziert: auf eine imaginäre Leinwand (*écran*), dahin, wo es nichts zu sehen gibt. Zuweilen noch nicht einmal eine Leinwand. Und eine Leinwand ist im Grunde, in dem Grund, der sie ist (*au fond qu'il est*), immer eine Struktur der entschwindenden Erscheinung (*de l'apparition disparaissante*).« Zwei Seiten zuvor heißt es: »Alle Phantasmen werden auf den Bildschirm (*écran*) dieses Phantoms projiziert (das heißt auf etwas Abwesendes, denn der Bildschirm selbst ist phantomatisch, wie das Fernsehen von morgen…).« (*Marx' Gespenster*, S. 160; *Spectres de Marx*, S. 163) Der Schirm, die Leinwand ist die Grund-Figur, die nur im Verschwinden erscheint und in der das Verschwinden erscheint, der Abgrund also als Grund und diese Figur als keine.

Sprache der Ware und zum andern das Messianische des Kapitals, das sich in seinen Waren ankündigt. Denn das Messianische, von dem Derrida spricht, das »Messianische ohne Messianismus« gilt ihm – obgleich er im Anschluss an Marx dem Religiösen einen Sonderstatus unter den ideologischen Phänomenen einräumt – nicht zunächst als ein religiöses Phänomen, sondern als eines, das aus der Struktur der Phänomenalität selber – aus seiner Spektralität – ersteht und das sich deshalb an dem beherrschenden, dem Urphänomen der ökonomischen Welt, der Ware, bekunden muss. Die entwickelte Warenanalyse, so kann man eine der leitenden Ideen von Derridas Marx-Lektüre bestimmen, muss Analyse ihrer Spektralität, und das heißt der Phänomenalität der Ware und des Exzesses über diese Phänomenalität, ihre para-phänomenale Geist- und Gespenstigkeit sein. Damit ist zugleich – und zwar über die traditionellen Phänomenologien und Marxismen hinaus – gesagt, dass diese erweiterte Waren- und Kapitalanalyse eine Analyse ihrer messianischen Kraft – oder, ich denke an eine berühmte Formulierung von Benjamin, ihrer messianischen *Schwäche* – enthalten muss: und zwar nicht als Appendix, nicht als »ideologisches« oder »propagandistisches« Ornament, nicht als eine Ankündigung oder eine Frohe Botschaft, die noch jenseits dieser Analyse der Warenwelt präsentiert würde, sondern als integrales und sogar »fundierendes« Element dieser Analyse selber. Die Ware Leinwand spricht nicht nur, sie verspricht (sich) und sie *ist* ihr Versprechen: sie ist, wie jedes Phänomen und jede mögliche und wirkliche Welt, als Phänomen spektral und weiterhin messianisch verfasst.

Die Leinwand also spricht. So schreibt Marx. »Man sieht«, so heißt es in dem Abschnitt, der der »relativen Wertform« gewidmet ist, »alles, was uns die Analyse des Warenwerts vorher sagte, sagt die Leinwand selbst, sobald sie in Umgang mit anderer Ware, dem Rock, tritt. Nur verrät sie ihre Gedanken in der ihr allein geläufigen Sprache, der Warensprache. Um zu sagen, dass die Arbeit in der abstrakten Eigenschaft menschlicher Arbeit ihren eignen Wert bildet, sagt sie, dass der Rock, soweit er ihr gleichgilt, also Wert ist, aus derselben Arbeit besteht wie die Leinwand.«[2] Die Waren-

---

2 Karl Marx, *Das Kapital. Kritik der politischen Ökonomie*, Bd. 1, Berlin 1969, S. 66.

sprache, die von der Sprache der Marx'schen Analyse übersetzt – oder zitiert – wird, diese Warensprache »verrät« etwas und zwar »verrät« sie, was man gemeinhin den Waren, der Leinwand zum Beispiel, nicht zutrauen würde, nämlich »Gedanken«. Die Leinwand spricht nicht nur, sie denkt auch. Aber sie denkt und spricht ausschließlich im Verkehr mit anderen Waren, mit ihresgleichen, im Hinblick auf sie und auf die Möglichkeit, in ihnen ihr Echo oder ihren Reflex zu finden. Sie ist *pragma* oder sogar *zoon logon echon* nur, sofern sie zugleich ein *zoon politikon* ist. Aber ihre Politik, die Warenpolitik, untersteht dem strengen Diktat der Gleichheit unter abstrakten Begriffen. Die Warenverkehrssprache ist demgemäß auf ein grammatisch-syntaktisches Minimum beschränkt, in dem allein Gleichheitssätze gebildet werden können. Sie besagen regelmäßig, dass ein bestimmtes Quantum einer Sache gleich ist einem bestimmten Quantum einer anderen Sache, gleichgültig ob diese Sache gegenwärtig existiert oder nicht. Die Aussagen der Warensprache sind also keine Existenzsätze, sondern arithmetische Relationssätze, die auch dann Geltung beanspruchen, wenn die Existenz eines ihrer Glieder nicht gesichert ist. Sie können also jederzeit eine Suggestion enthalten, die noch nicht durch eine Wirklichkeit abgegolten ist oder niemals abgegolten werden kann. Dass die arithmetische Kommunikation unter Gleichen universelle Geltung beansprucht, bedeutet aber, dass die Warensprache als funktionale Gleichheitssuggestion strukturiert ist und ihre Äquivalenzsätze – und sie kennt keine Sätze, die sich nicht auf solche Äquivalenzsätze reduzieren ließen – nur sprechen, indem sie prinzipiell die Äquivalenz ihrer Elemente fingieren. Indem die Waren miteinander sprechen, *versprechen* sie sich ihre Austauschbarkeit: das einzige Medium, in dem sie miteinander verkehren und sich ineinander verkehren können. Indem sie sprechen, versprechen die Waren sich also die Warensprache als die Sprache ihrer universellen Kommunikation. Ihre Sätze, so arithmetisch und reduziert sie klingen mögen, sind also keine Konstatierungen, ohne zugleich Fingierungen, Projektionen, Ankündigungen oder Forderungen zu sein. Sie haben, so lässt sich mit einem vielverwendeten und vielsagenden Wort behaupten, performativen Charakter.

Ist die Grammatik der Sätze in der Warensprache durch den Horizont der Äquivalenz begrenzt, ist die Pragmatik dieser Sätze im Wesentlichen die der Fiktion, also der Performanz einer logischen Forderung oder einer historischen Ankündigung, so ist ihre Semantik durch einen gleichfalls ökonomisch engen Horizont umschrieben: sie sind sämtlich Sätze über den Wert. Die Leinwand verständigt sich in Marx' Beispiel mit dem Rock nicht über ihr Liebesleben oder das Wetter, sondern allein über die Relation, die sie zu ihm und über ihn zu sich selbst als Tauschwert unterhält. Wie in ihrer Grammatik und ihrer Pragmatik ist die Warensprache in ihrer Semantik eine abstrakte und eine spekulative Sprache: sie sieht von allen »natürlichen« Bestimmungen ab und hält sich ausschließlich an die formellen Determinanten ihrer abstrakten Symmetriebeziehung. Gerade deswegen ist sie aber nicht nur eine Sprache des Verkehrs, sondern eine Sprache der Verkehrung, der Umkehrung, der spiegelbildlichen Inversion. In ihr abstrahiert jede einzelne Ware von ihrer Einzelheit und stellt sich als Repräsentant, Ausdruck oder Gleichung, als Quidproquo oder Metapher einer allgemeinen Substanz, der Arbeit, dar. »Um zu sagen«, so sagt Marx, »daß die Arbeit in der abstrakten Eigenschaft menschlicher Arbeit ihren eigenen Wert bildet, sagt sie [die Leinwand], daß der Rock, soweit er ihr gleichgilt, also Wert ist, aus derselben Arbeit besteht wie die Leinwand. Um zu sagen, daß ihre sublime Wertgegenständlichkeit von ihrem steifleinenen Körper verschieden ist, sagt sie, daß Wert aussieht wie ein Rock und daher sie selbst als Wertding dem Rock gleicht wie ein Ei dem andern.«[3] Um also die Verschiedenheit – und zwar die Verschiedenheit ihres Werts von ihrem Körper – auszusagen, sagt die Ware ihre Gleichheit mit etwas anderem aus. Sie macht sich, sie produziert sich als Wert und transformiert sich in ein Wertding nur in der Weise, dass sie von sich als Ding absieht und durch ihre abstrakte und spekulative Gleichsetzung mit anderem sich selber als Wert setzt. Indem das Ding – die Leinwand zum Beispiel – sich mit einem anderen Ding unter der Form der Gleichheit, der Äquivalenz, der Symmetrie und Reversibilität vergesellschaftet, gibt sie – diese Leinwand – sich das, was sie zuvor nicht hatte, sie gibt sich einen Wert und erscheint so zum ersten Mal in der Welt der Waren-Gesellschaft, erscheint

3 Ebd., S. 66f.

zum ersten Mal in der Welt und *erscheint* zum ersten Mal. Ihre Verkehrung ins andere ihrer selbst bringt die Leinwand also überhaupt erst hervor und macht sie zu einem Gegenstand des Tausches und vermittels des Tauschs auch zu einem des Gebrauchs. Indem sie sich verkehrt, wie es die Logik ihrer Sprache gebietet, indem sie sich, so sagt Marx, »auf den Kopf stellt«, stellt sie sich allererst auf sich selbst, auf ihre »eigenen« Füße: sie wird zu einem Gegenstand nur, indem sie als Gegenstand verschwindet und sich der abstrakten, der spekulativen, der »übersinnlichen«, »sublimen Wertgegenständlichkeit« anheimgibt. Der Gebrauchswert ist fortan »Material ihres eignen Wertausdrucks«,[4] er ist Material sogar nur von Gnaden des Tauschwerts und das heißt, so dekretiert die Warensprache, er *ist* nur *als* Wert. Und dieser Wert, wie er sich in der »einfachen Wertform«, der Urfigur der Warensprache darstellt, ist seinerseits niemals anders gegeben als so, dass er sich im Material des Gebrauchswerts »verkörpert«. Der Rock, so schreibt Marx, ist »›Träger von Wert‹, obgleich diese seine Eigenschaft selbst durch seine größte Fadenscheinigkeit nicht durchblickt. […] Trotz seiner zugeknöpften Erscheinung hat die Leinwand in ihm die stammverwandte schöne Wertseele erkannt.«[5] Was von einer Ware in der anderen nur auf unsinnliche Weise erkannt wird, da es niemals als »natürliche« Eigenschaft durchblickt, diese »Warenseele« ist gleichwohl inkarniert: sogar die Leinwand, die »als Wert […] ›Rockgleiches‹ [ist], sieht daher aus wie ein Rock«[6] und gleicht ihm »wie ein Ei dem andern«.[7]

Die warensprachliche – und warenpsychische – Wirklichkeit des allgemeinen und abstrakten Werts wird also kraft der semantischen und grammatischen Struktur dieser Sprache von Anbeginn vertauscht mit dem, was Marx ihre Naturalform nennt: die Tauschsprache der Waren ist eine Sprache der Vertauschung von Sprache und Wirklichkeit der Waren – einer Vertauschung, die umso unvermeidlicher scheint, als es eine andere Sprache und eine andere Wirklichkeit als die der Waren nicht zu geben scheint.

---

4 Ebd., S. 67.
5 Ebd., S. 66.
6 Ebd.
7 Ebd., S. 67.

Die Leinwand, die Ware spricht nämlich auch im Menschen. Nach der Logik der Warensprache muss sich Peter, da »er weder mit einem Spiegel auf die Welt kommt noch als Fichte'scher Philosoph: Ich bin ich«, in Paul »bespiegeln« und erwirbt derart seine »Erscheinungsform« als Peter des Genus Mensch allein dadurch, dass er sich als Inkarnation seines verallgemeinernden Spiegelbildes identifiziert.[8] Erst im spekularen Medium der Warensprache, erst in der Warensprache als der Spiegelsprache kommen Peter und Paul zu sich, kommen zu sich als Exemplare der Gattung Mensch und definieren sich als Elemente einer Gattung. Die Warensprache ist demnach das Schema der Humanisierung, das jeden, der sich in ihr verständigt, zu den Aposteln Peter und Paul der allgemeinen Menschlichkeit und Gleichheit erhebt. »Der Mensch« kommt also, obgleich Marx es explizit bestreitet, tatsächlich mit einem Spiegel auf die Welt, denn bevor es einen spekularen anderen und das Ich als dessen Inkarnation oder Reinkarnation gibt, gibt es ihn nicht als Menschen. Wie erst der Wertspiegel die Ware, so erzeugt der Ichspiegel das Ich. Die spekulative Dialektik der Selbstkonstitution folgt also dem spekulativen Schema der Waren- und Kapitalproduktion. Und wie diese ist sie nur möglich als Verkehrung der vor-menschlichen Gestalt des »Ich« in den Repräsentanten seiner nicht-menschlichen, nämlich absolut formellen Abstraktion. Ich, Mensch, Ding und Ware erscheinen nur, indem sie als Elemente der Wertform und als durch die Wertform geformte erscheinen. Sie haben eine Sprache nur als formsetzende, wertsetzende und also gleichsetzende. In der Warensprache verwerten sie sich, in ihr sind sie – wenn das Wort für einen Augenblick erlaubt ist – verwart.

---

8 Marx erklärt in einer Fußnote zu der Beobachtung, der Körper einer Ware sei der »Wertspiegel« der anderen Ware, ihr Körper sei Spiegelbild eines Nichtkörperlichen und also die Inkarnation eines Allgemeinem in einem unmöglichen Simulakrum: »In gewisser Art geht's dem Menschen wie der Ware. Da er weder mit einem Spiegel auf die Welt kommt noch als Fichtescher Philosoph: Ich bin ich, bespiegelt sich der Mensch zuerst in einem anderen Menschen. Erst durch die Beziehung auf den Menschen Paul als seinesgleichen bezieht sich der Mensch Peter auf sich selbst als Mensch. Damit gilt ihm aber auch der Paul mit Haut und Haaren, in seiner paulinischen Leiblichkeit, als Erscheinungsform des Genus Mensch.« (*Das Kapital*, a.a.O., S. 67)

Ihre Sprache formiert sie, die »Menschen« und die »Dinge«, zur Ware. Warensprache heißt also nicht etwa, dass es Waren gibt, die außerdem noch mit einer bestimmten Sprache begabt sind, es heißt, dass sie Waren nur vermöge dieser Sprache sind und dass diese Sprache sie allererst als Waren qualifiziert, sie identifiziert und formiert. Warensprache ist diejenige, die sie zu Waren ernennt, sie als Waren syntagmatisiert und sie als Waren performiert. Marx betont sowohl im *Kapital* wie in seinen früheren Schriften immer wieder, dass die universelle Verwarung, die sich mit der Entwicklung des Kapitalismus durchsetzte, das Ergebnis einer komplexen Geschichte techno-ökonomischer und politischer Entwicklungen darstellt und dass sie einen irreversiblen Fortschritt sowohl in der Freisetzung von Produktivkräften wie in der Befreiung von Sklaverei, Knechtschaft, Ungleichheit und Armut anzeigt. Die Warensprache ist nicht nur eine historische – also eine endliche – Sprache, sie ist auch, das zeigt seine Fußnote über die spekulative Genesis des »Genus Mensch«, eine Sprache der Egalisierung, Sozialisierung und Autonomisierung und also des Versprechens weitergehender Befreiungen von den Lasten der Isolation auf der einen, der hierarchischen Organisation auf der anderen Seite – und noch der Befreiung von den an die Warensprache fixierten Begriffen der Freiheit. Dazu gehört zuallernächst dasjenige messianische Versprechen der Befreiung, das von der jüdisch-christlichen Religion gegeben wird. Sie tut es, so insistiert Marx in allen seinen Schriften, innerhalb der Grenzen des spekulativen Satzes der Warensprache. Das Wertsein der Leinwand, so schreibt er (immer noch im selben Abschnitt über die relative Wertform), »erscheint in ihrer Gleichheit mit dem Rock wie die Schafsnatur des Christen in seiner Gleichheit mit dem Lamm Gottes«.[9] Wie in der Warensprache der Kultus der abstrakten Arbeitszeit, so wird im Christentum der »Kultus des abstrakten Menschen« gefeiert.[10] Schafsnatur und Gottesabstraktion kommen im Lamm als der Inkarnation der formellen Äquivalenz überein, sie erscheinen als gleich, weil in ihnen die Gleichheit selbst erscheint. Die Warensprache ist also

---

9 Marx, *Das Kapital*, a.a.O., S. 66.
10 Ebd., S. 93.

nicht allein eine Sprache der bürgerlichen Ökonomie, sie ist nicht bloß die Sprache der Konstitution des bürgerlichen, des abstrakten Subjekts und also die Sprache der Ontologie der Subjektivität, sie ist zugleich die Sprache der Theologie, der Ontotheologie und namentlich, so setzt Marx hinzu, »in seiner bürgerlichen Entwicklung, dem Protestantismus, Deismus usw.«.[11] Der Messianismus des Christentums ist, mit einem Wort, der Messianismus der Warensprache, sein Erlösungsversprechen ist das Versprechen der Waren, in ihnen verkörpere sich ein allgemeiner, konstanter und transhistorischer Wert. In diesem Sinn ist auch die folgende Bemerkung von Marx zu lesen: »Nebenbei bemerkt, hat auch die Warensprache, außer dem Hebräischen, noch viele andere mehr oder minder korrekte Mundarten. Das deutsche ›Wertsein‹ drückt z.B. minder schlagend aus als das romanische Zeitwort *valere, valer, valoir*, daß die Gleichsetzung der Ware B mit der Ware A der eigne Wertausdruck der Ware A ist. Paris vaut bien une messe!«[12] Die Sprachen, einschließlich der heiligen und der Kaufmannssprache Hebräisch, so findet Marx, sind Dialekte der universellen Warensprache. Am genauesten spricht ihre polit- und theo-ökonomische Botschaft das romanische Verb *valere* im Satz Heinrich des Vierten aus, in dem die Konversion zum Katholizismus verbunden wird mit der Konvertibilität des Werts, der der französischen Kapitale und ihrer politischen Funktion innewohnen soll. *Paris vaut bien une messe.* Das ist die Formel der theo-ökonomischen Transsubstantiation und also des Messianismus der Warensprache.

Die Leinwand also, die Ware spricht. Sie spricht eine historische Sprache, die behauptet, universell und transhistorisch zu sein. Sie spricht eine abstrakte Sprache, die limitiert ist auf eine einzige Aussage, den Wert, und eine einzige grammatische Struktur, die Gleichsetzung, aber dennoch behauptet, für eine unbegrenzte Mannigfaltigkeit von Singularitäten zu gelten. Sie ist eine Sprache des Verkehrs, aber allein in der Weise, dass sie eine der Verkehrung ist. Die drei massivsten Verkehrungen werden von Marx auf die folgenden Sätze gebracht: Gebrauchswert wird zur Erscheinungsform

11 Ebd.
12 Ebd., S. 67.

seines Gegenteils, des Werts.[13] »Konkrete Arbeit [wird] zur Erscheinungsform ihres Gegenteils, abstrakt menschlicher Arbeit.« Und drittens: »Privatarbeit [wird] zur Form ihres Gegenteils, zur Arbeit in unmittelbar gesellschaftlicher Form.«[14] Dieser Austausch und diese Verkehrung kann sich im Medium der Warensprache indessen nur vollziehen, weil ihre einzelnen Elemente allesamt auf ein gemeinsames Substrat bezogen werden, auf eine Ware, die zur Reihe aller anderen Waren gehört und gleichzeitig, um die Konsistenz dieser Reihe zu garantieren, als einzige von ihr ausgeschlossen bleiben muss, ihr allgemeines Äquivalent, die Geldware. Geld ist das Transzendental der Warensprache, diejenige Form, die allen anderen Formen ihre Kommensurabilität gewährt und in allen Aussagen und Postulaten der Warensprache als Kopula auftritt. Diese Kopula, die nur scheinbar einen vollkommen formellen Charakter hat, bezieht sich tatsächlich auf einen historischen Referenten und ist selber sowohl historisch wie auch historialisierend: sie bezieht sich nämlich auf die »gemeinschaftliche Substanz«,[15] die in allen Elementen der Warensprache am Werk ist, auf das allen Gemeine und vermöge ihrer Formalisierung Gleiche: auf die menschliche Arbeit. Die Warensprache ist also – das wäre ihre vollständigere, wenn auch noch immer nicht komplette Charakteristik – eine transzendental schematisierende Sprache der gesellschaftlichen Substanz ›Arbeit‹ in einer bestimmten historischen Epoche; sie ist die transzendentale Ergologik und Ergo-onto-theo-Logik des Kapitalismus.[16]

---

13 Ebd., S. 70.
14 Ebd., S. 73.
15 Ebd., S. 74.
16 Die Historizität dieser Ergontologie macht Marx in einer Bemerkung zum Scheitern des »großen Forschers« Aristoteles vor der Wertform deutlich: »menschliche Arbeit« konnte von ihm noch nicht als die »gemeinschaftliche Substanz« verschiedener Waren erkannt werden, weil der »Begriff der menschlichen Gleichheit« zu seiner Zeit noch nicht »die Festigkeit eines Volksvorurteils« gewonnen hatte. (Ebd., S. 73f.) Damit ist auch gesagt, dass menschliche Arbeit in ihrer Funktion als Maßstandard und als Wertsubstanz inzwischen nicht etwa die Wahrheit der Politökonomie, sondern dass sie in dieser Funktion zu einem »Volksvorurteil« geworden ist, das die *historische* Wahrheit der kapitalistischen Ökonomie stützt.

Diese Charakteristik der Warensprache ist noch nicht komplett; unter den fehlenden Determinanten nenne ich an dieser Stelle bloß die in diesem Zusammenhang wichtigste und scheinbar perverseste: dass sie überhaupt eine Sprache ist. Jeder Rhetoriker oder Semiologe, der auf sich hält, wäre angesichts des kuriosen Doppelworts »Warensprache« sogleich versucht, von einer Metapher oder einer Personifikation oder, präziser, einer Prosopopöie zu reden. Das wäre nicht falsch, aber es wäre noch weniger richtig. Nicht falsch wäre es, weil Waren normaler- und natürlicherweise nicht sprechen. Aber Waren sind keine natürlichen, sondern, so sagt Marx und hat recht, Dinge mit einer »übernatürlichen Eigenschaft«, ihrem Wert, »etwas rein Gesellschaftliches«.[17] Nur – und das geht schon aus der Analyse der einfachen Wertform hervor – ist diese »übernatürliche Eigenschaft«, ein Wertding zu sein, von der Art, dass sie nicht übernatürlich bleibt, sondern zu einer gegenständlichen Eigenschaften wird, eine »Naturalhaut« überstreift,[18] »sinnlich übersinnlich«,[19] übersinnlich also auf sinnliche Weise wird und als ein relativ selbständiges Ding zu sprechen beginnt. Nicht also Marx verwendet eine Metapher oder eine Prosopopöie, sondern die Ware, von der er spricht, ist als Prosopopöie strukturiert. Die Leinwand spricht also nicht figurativ, sondern weil sie eine Ware und also Figur ist, spricht sie wirklich. Ihr kommt eine Sprache zu – und sogar die einzige in der Warenwelt dominante Sprache –, weil Sprache die abstrakte und zugleich materielle, also die inkarnierte Äußerungsform des Menschen und die Organisationsform seiner Arbeit ist. Dass Waren – und überdies alles, was von ihnen affiziert ist – eine Sprache, und vielleicht *die* Sprache, sprechen, ist das, was Marx ihren Fetischcharakter nennt. Warenfetisch, das heißt Warensprache, Warenfetisch-Sprache. Sprache, das ist der Fetisch par excellence. Was ist ihr Geheimnis?

Was ist es, das die Leinwand verhüllt, wenn sie sich selber verhüllt und spricht? Was kann die Leinwand nicht sagen? Was kann sie nur *nicht* sagen? Was verschweigt sie, indem sie spricht? »Woher«, so fragt Marx im Kapitel »Der Fetischcharakter der Ware und sein

---

17 Ebd., S. 71.
18 Ebd.
19 Ebd., S. 86.

Geheimnis«, »woher entspringt also der rätselhafte Charakter des Arbeitsprodukts, sobald es Warenform annimmt?« Und seine Antwort lautet: »Offenbar aus dieser Form selbst.«[20] Es ist nämlich, so erklärt er, diese Warenform – also die Warensprache als *sachliche* Form –, die der menschlichen Arbeit den gegenständlichen Charakter von Produkten, der Zeit jener Arbeit den Charakter des Werts und den Verhältnissen unter den Produzenten den Charakter von Verhältnissen zwischen Produkten aufprägt. Die Produktion wird zum Produkt. Die Zeit zum Gegenstand. Der Mensch zur Sache. Der »rätselhafte Charakter«, die »phantasmagorische Form«,[21] der »mystische Charakter« der Ware als »vertracktes Ding [...], voll metaphysischer Spitzfindigkeit und theologischer Mucken«,[22] diese »verrückte Form«,[23] ihr Fetischcharakter ist nun nichts, das sich von den Produkten ablösen ließe, um ihren wahren, ihren authentischen, ihren eigentlichen Charakter zu enthüllen. Die Verrücktheit, Vertracktheit und Rätselhaftigkeit gehören für Marx zu den irreduziblen, den konstitutiven »Kategorien« der bürgerlichen – also der bislang avanciertesten – Ökonomie: »Es sind gesellschaftlich gültige«, so schreibt er, »also objektive Gedankenformen für die Produktionsverhältnisse dieser historisch bestimmten gesellschaftlichen Produktionsweise, der Warenproduktion.«[24] Und er schreibt weiter: »Die späte wissenschaftliche Entdeckung« [dieses Fetischcharakters der Warenform als einer objektiven Gedankenform] »verscheucht keineswegs den gegenständlichen Schein der gesellschaftlichen Charaktere der Arbeit.«[25] Wenn Marx also notiert: »Sie [die Menschen] wissen das nicht, aber sie tun es«,[26] so fügt er alsbald hinzu, dass sie es auch dann tun müssen, *wenn* sie es wissen. Die Formen des Wissens nämlich, sofern sie Formen und sofern sie solche des Wissens sind, können ihrerseits keine anderen als die der Warenform und müssen also apriorisch »verrückte«, »phantas-

---

20 Ebd., S. 86.
21 Ebd.
22 Ebd., S. 85
23 Ebd., S. 90.
24 Ebd.
25 Ebd., S. 88.
26 Ebd.

magorische«, »mystische«, »fetischistische« sein. Es ist die Warensprache selbst, welche die gesellschaftlichen Verhältnisse »sachlich verschleiert, statt sie zu offenbaren«.[27] »Sachlich verschleiert«, das heißt: die Sachen selber sind der Schleier, den die Warensprache über deren Substanz, die gesellschaftlichen Produktionsverhältnisse, breitet, die Objektivität der Objekte ist der Fetisch, die Gegenständlichkeit der Gegenstände, der Vorstellungen und Formen ist die Hülle, die sich in der Warensprache als irreduzibel darstellt. Die Leinwand verschleiert die Leinwand. Die Sache ›Leinwand‹ muss der Schleier über der wirklichen *Leinwand* sein, die vom historischen gesellschaftlichen Leben gewebt wird. Aber eben dies Weben des gesellschaftlichen Lebens resultiert in der Tat wie im Wissen, im Warenverkehr wie in den Formen seiner Erkenntnis in einer Sache, in der Sache ›Leinwand‹, und ist also der Prozess seiner Selbstverhüllung, Selbstmystifikation, Selbstfetischisierung. Die Sache, die von der Warensprache benannt wird, ist der Fetisch, in den sich die Produktionsverhältnisse nicht so sehr verhüllen als verwandeln. Wenn die Leinwand spricht, dann spricht, ach, schon die Leinwand nicht mehr. Aber die Leinwand spricht jetzt nur, sie spricht jetzt ausschließlich in der Weise, dass sie schon nicht mehr ›selbst‹, dass sie schon in den Kategorien, den Worten und der Grammatik der Warensprache spricht. Nur die verrückte Leinwand »voll metaphysischer Spitzfindigkeit und theologischer Mucken« kann sprechen. Die Warensprache spricht selber nur als Ware Sprache, tauscht sich gegen äquivalente Waren oder Sprachen aus und dient der Plusmacherei des Kapitals. Und das ist ihr kapitales Geheimnis: dass sie keines verbergen kann. Sie verhüllt nichts, das hinter oder unter ihr läge; sie verbirgt kein Ding und keine Form, die anders wäre als sie, sondern als kategoriale Form verhüllt sie diese Form, sich selbst, und mit ihr die Formierung: die generative Struktur, die ihrem transzendental-fetischistischen Rahmen vorausgeht und nicht aufhört, ihn zu verziehen. Was sie sagt, das ist sie, hier und jetzt, in gegenständlicher, objektiver, materieller Form.

---

27 Ebd., S. 90.

Obwohl er sie eine »Verrücktheit« nennt, macht Marx kein Geheimnis daraus, dass die Warensprache recht hat und dass sie es ist, die das herrschende Recht diktiert. Sie spricht nicht eine andere Sprache als die historische Realität, sondern ist diese Realität in den Formen der Sprache – in »objektiven Gedankenformen«, in »Kategorien«. Er schreibt, und zwar wiederum im Kapitel über den Fetischcharakter der Ware: »Wenn ich sage, Rock, Stiefel usw. beziehen sich auf Leinwand als die allgemeine Verkörperung abstrakter menschlicher Arbeit, so springt die Verrücktheit dieses Ausdrucks ins Auge. Aber wenn die Produzenten von Rock, Stiefel usw. diese Waren auf Leinwand – oder auf Gold und Silber, was nichts an der Sache ändert – als allgemeines Äquivalent beziehn, erscheint ihnen die Beziehung ihrer Privatarbeiten zu der gesellschaftlichen Gesamtarbeit genau in dieser verrückten Form.« Die Verrücktheit der Warensprachform liegt also in der transzendentalen Funktion, die dem allgemeinen Äquivalent – der Leinwand, dem Gold oder der gesellschaftlichen Gesamtarbeit – beigelegt wird, denn als Transzendental hat es die Struktur eines universellen Maßes, das gleichzeitig und *trotz* seiner Universalität in einem besonderen, entweder stofflichen oder abstrakten Gebilde inkarniert sein soll. Die Leinwand als *allgemeines* Äquivalent verschleiert oder verkehrt die Leinwand, das historisch bedingte *einzelne* Produkt. Als transzendentale Form muss sie die Singularität alles unter ihm Befassten tilgen und seine Geschichte in Gegenständen stillstellen: mystifikatorisch, fetischistisch und ein Spuk ist die Warensprache deshalb, weil sie nicht die Produziertheit der Produkte, sondern allein ihre stabile Form, nicht die Geschichtlichkeit der Erzeugnisse, sondern allein ihre ständige Gegenständlichkeit, nicht die Singularität der Arbeiten, sondern allein ihre abstrakte Funktion aussprechen kann. Die Warensprache ist die Sprache statischer Kategorien, die ihre Vergangenheit wie ihre Zukunft verleugnen. Der historischen Analyse kommt die Aufgabe zu, sie als geschichtlich gewordene Kategorien zu erweisen und eine andere Zukunft für sie zu eröffnen. Marx schreibt: »Derartige Formen [die verrückten Formen des allgemeinen Äquivalents, des Goldes, der Leinwand] bilden eben die Kategorien der bürgerlichen Ökonomie. Es sind gesellschaftlich gültige, also objektive Gedankenformen [Gedankenformen, die sich in Objekten sedimentiert haben] für die Produktionsverhältnisse dieser historisch bestimmten gesellschaftlichen Produktionsweise, der Warenproduktion. Aller Mystizismus der Warenwelt, all der Zauber und Spuk, welcher Arbeitsprodukte auf Grundlage der Warenproduktion umnebelt, verschwindet daher sofort, sobald wir zu anderen Produktionsformen flüchten.«[28] Die Flucht zu anderen Produktionsformen ist eine Flucht aus dem Gefängnis der starren »objektiven Gedankenformen« der Waren-, der Kapitalkategorien, die Flucht ins Freie, die nur einer historisierenden, singularisierenden, attranszendentalisierenden Sprache gelingen könnte. (Und vielleicht nur um den Preis gelingen kann, dass sie auf dieser Flucht noch vom Spuk der Warensprache verfolgt wird.)

Die Leinwand – und durch sie das Kapital – spricht also nicht allein in den transzendentalen Formen der Ergontologie, sie spricht nicht nur in den reinen Formen des Maßes und der Äquivalenz oder des kontrollierten Surplus und der geregelten Asymmetrie, sondern sie exhibiert diese Formen in sachlicher Gestalt, als gegenständliche Wirklichkeit, als stoffliche Leinwand. Sie ist eine Sprache nicht nur des abstrakten Formalismus, sondern der »verrückten« materiellen Inkarnation dieses Formalismus, also eines »verrückten« transzendental-historischen Konkretismus, eines *Formaterialismus*. Die Abstrakta Wert, Arbeit und Zeit haben sich in das Gespinst der Leinwand eingewoben und sprechen nun – wie anders könnten sie sprechen? – allein durch sie und als sie.

— Die Leinwand, das Gespinst spricht, das heißt: es spricht das Gespenst. Es spricht: Es spukt. Die Warensprache, ein Fetisch, ist ein Gespenst: die materielle Verkörperung universeller Abstraktionen, weder Fleisch noch Blut, sondern stofflich erscheinende Form, Morphantom.

Die »Kritik der politischen Ökonomie« versteht sich als Kritik dieses gespenstischen Inkarnationismus. Sie versucht den Tisch, der sich »allen andern Waren gegenüber auf den Kopf« stellt und dadurch zum Fetisch geworden ist,[29] wieder auf seine vier Füße

28 Ebd.
29 Ebd., S. 85.

zu stellen, so wie sie versucht, die Hegel'sche Dialektik »umzustülpen, um den rationalen Kern in der mystischen Hülle zu entdecken«. Denn, wie Marx im Nachwort zur zweiten Auflage des *Kapitals* sagt: »Sie steht bei ihm auf dem Kopf.«[30] Dabei setzt Marx voraus, dass es jene Füße ohne den Kopf, dass es den rationalen Kern ohne eine Hülle und dass es eine gesellschaftliche Produktionsform geben könne, die nicht von der Warenform affiziert wäre. Marx glaubt also an eine andere als die transzendentale Sprache des Formaterialismus, er glaubt an eine wahre Sprache, die von der Warensprache unverstellt bliebe, aber er bietet zugleich etliche Argumente für die Auffassung an, auch noch eine solche andere Sprache sei im Netz der Waren- und Wertkategorien befangen. Er hält daran fest, dass die historisch-individuelle Arbeit und ihre jeweilige Zeit die wirkliche, die wahre Substanz und das Geheimnis des gesellschaftlichen Scheins sei; aber er lässt gleichzeitig keinen Zweifel daran, dass diese Substanz bisher nie anders als in der mystifizierenden und theologisierenden Hülle der Warenform erschienen ist. Er propagiert eine Ontologie der Produktion, wendet aber ein, dass sie bisher allein als Ontologie der Produkte und also als Pseudologie oder Spektrologie möglich sei: »Die späte wissenschaftliche Entdeckung, daß die Arbeitsprodukte, soweit sie Werte, bloß sachliche Ausdrücke der in ihrer Produktion verausgabten menschlichen Arbeit sind, macht Epoche in der Entwicklungsgeschichte der Menschheit, aber verscheucht keineswegs den gegenständlichen Schein der gesellschaftlichen Charaktere der Arbeit.«[31]

An einer Stelle des dritten Bandes des *Kapitals*, im 48. Kapitel »Die trinitarische Formel«, eröffnet eine oft zitierte Passage einen Ausblick auf nicht mehr kapitalistische Produktionsformen. In ihr wird das Ende der Arbeit, aber genauer: der erzwungenen und warenproduzierenden Arbeit in Aussicht gestellt. »Das Reich der Freiheit«, so schreibt Marx dort, »beginnt in der Tat erst da, wo das Arbeiten, das durch Not und äußere Zweckmäßigkeit bestimmt ist, aufhört; es liegt also der Natur der Sache nach jenseits der Sphäre der eigentlichen materiellen Produktion. [...] Jenseits [des Reichs

---

30 Ebd., S. 27.
31 Ebd., S. 88.

der Notwendigkeit] beginnt die menschliche Kraftentwicklung, die sich als Selbstzweck gilt, das wahre Reich der Freiheit, das aber nur auf jenem Reich der Notwendigkeit als seiner Basis aufblühn kann. Die Verkürzung des Arbeitstags ist die Grundbedingung.«[32] Was Marx hier verspricht – und er *verspricht* es, auch wenn er es unter der Form der wissenschaftlich begründeten Ankündigung konstatiert – und was er als Versprechen des kapitalistischen Produktions- und Zirkulationsprozesses hört, ist nicht so sehr die Befreiung *von* der Arbeit als die Befreiung *zu* ihr. Nämlich zur Arbeit selbst, zur Arbeit als »Selbstzweck«, zur Arbeit als dem eigentlichen Selbst des Menschen, das sich nur noch in ihr selbst und nicht mehr in gegenständlichen Gestalten realisiert, das sich also nicht mehr inkarniert, kein Geheimnis mehr verbirgt – auch nicht das Geheimnis, dass es kein Geheimnis hat – und keine theologischen Grillen mehr kultiviert. Nur noch die Performanz, die Auto-Performanz, so lautet das Versprechen, spreche in der substanziellen Arbeits-Sprache der kommenden Gesellschaft und definiere das »Reich der Freiheit« als Reich der vollendeten Ergokratie. Aber muss dies Versprechen nicht immer noch das Versprechen des Kapitals, der sich selbst kapitalisierenden abstrakten Arbeit bleiben, das Versprechen, dass die Arbeit selbst das Kapital, die sich selbst produzierende und reproduzierende Substanz sei? Das »Reich der Freiheit«, so konstatiert Marx ausdrücklich, kann »nur auf jenem Reich der Notwendigkeit als seiner Basis aufblühn«. Die Zukunft wäre dann nur die prolongierte Gegenwart des Kapitals, es gäbe, wie in jedem Substanzialismus, überhaupt keine Zukunft, sondern nur die Gegenwart noch einmal, nur die ewige Wiederkehr des Gespensts, das die sogenannte Gegenwart schon jetzt ist. Der Kommunismus wäre dann nur die Ideologie des Kapitalismus, dass seine weitere Entwicklung in der tatsächlichen Enthüllung ihres theo-ökonomischen Geheimnisses – des Sakraments der Arbeit – kulminieren würde. Ich belasse es hier bei dieser Frage, denn die Arbeit oder die »menschliche Kraftentwicklung« als »Selbstzweck« könnte, auch wenn Marx sich hütet, in programmatischen Begriffen davon zu sprechen, in ihrer innersten Struktur noch auf etwas

32 *Das Kapital*, Bd. III, a.a.O., S. 828.

anderes deuten: auf eine Ablösung der Arbeit von der Produktion, von der Erzeugung von Subsistenzmitteln, schließlich von sich selbst als Substanz, die sich in Gegenständen zeigt und im Menschen verkörpert; sie könnte, kurzum, auf eine interne Disjunktion der Arbeit und ihrer Autoteleologie und damit auf ihre Befreiung nicht nur von der Not, sondern von ihr selbst als der unbefragten Notwendigkeit deuten. In diesem Sinn erklärt die »Deutsche Ideologie«, »daß in allen bisherigen Revolutionen die Art der Tätigkeit stets unangetastet blieb und es sich nur [...] um eine neue Verteilung der Arbeit an andre Personen handelte, während die kommunistische Revolution sich gegen die bisherige *Art* der Tätigkeit richtet, die *Arbeit* beseitigt [...].«[33] Das »automatische System« der »großen Industrie«, so schreibt er im selben Zusammenhang, »macht dem Arbeiter nicht bloß das Verhältnis zum Kapitalisten, sondern die Arbeit selbst unerträglich.«[34] Im Hinblick auf die Ideologie und den praktischen Terror der Arbeit, die in allen totalitären Regimes, einschließlich derjenigen, die sich auf das Erbe von Marx berufen haben und die auch unterm »liberalen« Kapitalsozialismus der westlichen Demokratien herrscht, ist die Frage der Arbeit, der Selbstbetätigung und ihres möglichen »Selbstzwecks« nicht die letzte, mit der an Marx anzuknüpfen ist. Es ist die erste. Befreiung von der Arbeit ist der Sinn des Marx'schen Versprechens, das Ziel der welthistorischen Entwicklung der kapitalistischen Produktionsform, der Fluchtpunkt der kommunistischen Revolution.

Dass keine Arbeit mehr sein werde, das ist das Versprechen der Warensprache. Und dies Versprechen gehört nicht mehr einfach zu den »Kategorien« oder »objektiven Gedankenformen« der transzendentalen Warensprache und der sich in ihr artikulierenden Ergontologie, es gehört nicht mehr einfach zu ihrer Syntax der Äquivalente und des Quidproquo, es gehört nicht zur enthistorisierenden Rhetorik der Konstatierungen dessen, was ist und in den Warenverhältnissen inkarniert ist; dies Versprechen besagt, dass eine andere als die Warensprache möglich und in seiner Möglichkeit notwendig sei; es besagt, dass andere als die Warensprach-

33 »Die deutsche Ideologie«, in Karl Marx/Friedrich Engels, *Werke*, Bd. 3, Berlin 1969, S. 69f.
34 Ebd., S. 60.

kategorien und eine andere als eine kategoriale Sprache erreicht werde; und dies Versprechen ist selbst schon keine Kategorie mehr, sie weist auf ein strukturell anderes, sie ist, so könnte man sagen, eine Allokategorie, die, in allen »objektiven Gedankenformen« der Warensprache mitsprechend, über sie hinausspricht und ihr syntaktisches Arrangement und ihren Sinn auf etwas anderes hin öffnet.

Es geht, noch einmal, um die Sprache der Warenwelt und das, was sie verspricht. Um die Warensprache und ihr Versprechen. Es ist dieses von Marx in der Verfassung der Warenwelt entzifferte Versprechen, das Jacques Derrida in eins der Zentren seines Marx-Buches stellt. Ich habe die Frage der Warensprache, die darin keine Rolle spielt, mit relativ großer Ausführlichkeit entwickelt, um einen leichteren Zugang zu den Fragen zu gewinnen, die dies Buch bei mir ausgelöst hat. Sie kreisen um den Formalismus des messianischen Versprechens, um die Struktur der Performanz, um den Status der Arbeit und um die Konjunktion, die Derridas Buch zwischen ihnen allen und der Erscheinung des Gespenstigen herstellt. Meine Bemerkungen haben – auch wenn es ihnen nicht ›auf der Stirn geschrieben steht‹ – den Charakter von Fragen im Werden, sind nicht in jeder Hinsicht mit der Hoffnung verbunden, in effektiven Fragen oder gar Feststellungen zu münden, wollen nicht unmittelbar produktiv sein und legen es nicht darauf an, vorgesetzte theoretische oder praktische Ziele zu erreichen. All diese Terme stehen hier vielmehr implizit oder explizit zur Diskussion und stehen schon, wenn auch in jeweils anderer Weise, in den Texten von Marx und von Derrida zur Diskussion, auf die ich mich beziehe.

Die Leinwand spricht. Derrida übersetzt: Das Gespenst – oder vielleicht der Geist – spricht. Und er beginnt sogleich zu differenzieren, zu spezifizieren, zu klassifizieren: es gibt nicht nur ein Gespenst, sondern mehrere, immer mehr als eins und dies ›Mehr als eins‹ oder ›Nicht mehr eins‹ macht schon die konstitutive, die destitutive Struktur des Gespenstischen aus. Der Gespenster sind irreduzibel viele – bei Marx, in den Texten, die er bannend oder beschwörend zitiert, bei den Marxisten und Antimarxisten, den Verfolgern und den Totsagern des Marxismus und auch bei denen, die nie daran geglaubt haben, dass es marxistisch inspirierte

Staaten gegeben habe – Derrida zählt sie auf, analysiert sie und schreibt ihre Spektrologie. Und diese Spektrologie wird nun ihrerseits von den Gespenstern von Marx, von Freud und Nicolas Abraham, von Husserl und Valéry, Benjamin, Heidegger und Blanchot heimgesucht, man könnte einige mehr aufzählen, aber ihre Zahl ist prinzipiell nicht fixierbar, sie sind transnumeral. Gespenster, das, was sich von Abgeschiedenen scheidet und sich selbständig macht, bestehen aus Spaltungen, leben in Spalten und Fugen, in Intermundien, wie Marx, der Kenner von Demokrits und Epikurs Systemen, von Epikurs Göttern sagt:[35] sie sind Monstren der Differenz. Trotz seiner irreduziblen Disparität *gibt es* das Gespenstische – und sei's auch nur in der beunruhigten oder süffisanten Frage, ob es es denn *wirklich* gebe. In ihm fordert ein Vergangenes, das seinerseits von einem Künftigen, Ausstehenden, noch Unabgegoltenen provoziert wird, hier und jetzt seine Rechte ein. Es ist, so könnte man deshalb sagen, das Gegenwärtigste, das sich erfahren lässt, weil es genau in der offenen Fuge zwischen Zukunft und Vergangenheit erscheint – oder dort, wo ihr scheinbar dichter Zusammenhang »aus den Fugen« ist. Was als gespenstisch erscheint, ist immer die Zukunft und auch noch die Zukunft des Vergangenen, das, was noch nicht ist und nie jemals gegenwärtig sein wird. Wenn man von einer Zeitigung der Zeit sprechen kann, wie Heidegger und nach ihm Derrida es tun, dann ist die Zeit von der Zukunft gezeitigt. »Das in der Zeit eigentlich Zeitliche ist die Zukunft« – so hatte Schelling in seinen »Aphorismen über die Naturphilosophie« konstatiert und zur Erklärung hinzugefügt, sie sei »offenbares Produkt bloßer Imagination«.[36] Die produktive Einbildungskraft, der die Zeit und durch sie die verschiedenen Zeiten entspringen, ist aber weder für Heidegger noch für Derrida die entscheidende, die Ursprungs-Instanz, die *Ekstanz* der Zeitigung. Es ist nicht die produktive Bildungs- und In-Eins-Bildungskraft, es ist vielmehr die *Ent*-bildungskraft oder Bildungs*schwäche*, die Abstinenz von Bildern und ihr Entzug, was die Zeit aus sich entlässt und zeitigt. Bei Marx, der nie weit davon entfernt war, ein

---

35 Ebd., S. 93.

36 Friedrich Wilhelm Joseph Schelling, Aphorismen CCXIVf., in *Schellings sämmtliche Werke*, Erste Abtheilung, Siebenter Band, Stuttgart und Augsburg 1860, S. 238.

Bilderverbot über die Zukunft zu verhängen, und es vorgezogen hat – aber freilich, keine Präferenz kann anders als paradox sein –, sie allein in den Spannungen und Asynchronien der »Gegenwart« zu lesen, ist von der Zukunft kaum anders die Rede als so, dass sie proklamiert, beschworen und als unausweichlich annonciert wird. Warum also verbindet sich mit der Zukunft die Vorstellung von einem Gespenst?

Für Derrida antwortet auf die Frage nach der Zukunft das Gespenst. »Wie ist es mit der Zukunft?«, so fragt er, und die Antwort lautet: »Die Zukunft kann nur den Gespenstern gehören.«[37] Das Phantom ist auch die Antwort auf die Frage nach der »messianischen Extremität«, der Derrida – in der wichtigsten terminologischen Entscheidung seines Buchs – den Namen »Eschaton« gibt. »Gibt es nicht eine messianische Extremität, ein Eschaton, dessen Unletztes und höchstes Ereignis (plötzlicher Einbruch, unerhörte Unterbrechung, Unzeitigkeit der unendlichen Überraschung, Heterogenität ohne Erfüllung) *in jedem Augenblick* den terminus ad quem einer *physis* ebenso übersteigen kann wie die Arbeit, die Produktion und das *telos* der Geschichte?« (M 66–67, S 68) Diese messianische Extremität, die über jedes Telos und jede Arbeit hinausgeht; diese Extremität, ohne die keine Zukunft denkbar sein kann, weil sich erst ihr das Denken selber verdankt; diese unvordenkliche Extremität, die weder ein Gegenstand des Wissens noch der Anschauung sein kann und nur, weil sie sich beider Kontrolle entzieht, die Möglichkeit der Zukunft offenhält –, diese *Offenheit* der Zukunft könnte sich nur in der barsten Abstraktheit noch jenseits der Form oder, wenn denn auf Formen bezogen, so nur in ihrer irreparablen Desintegration bekunden. Derridas wiederholte Aufforderung, zwischen Eschatologie und Teleologie zu unterscheiden (M 66, S 68), insistiert, so scheint mir, just auf dieser Differenz zwischen der Form, die vom Telos als seiner Grenze determiniert

---

37 Hier zitiert nach Derrida, *Marx' Gespenster*, a.a.O, S. 67; vgl. *Spectres de Marx*, S. 69. Die Seitenzahlen sind hier und im Folgenden mit dem Kürzel M im Text angegeben. Auf den französischen Text (S) bezieht sich die jeweils zweite im Text angegebene Seitenzahl. – Ich halte mich in meinen Zitaten im wesentlichen an die vorliegende Übersetzung, weiche von ihr allerdings immer dort ab, wo der französische Text es fordert.

wird, und der Extremität, die in der Grenze oder an ihr noch diese Grenze überquert und als extern und *exform* nicht mehr unter die Kategorien der Form, der Gedankenform oder Anschauungsform fallen kann. Wenn Zukunft aber eine Allokategorie des Trans-Formativen und *Exformativen* ist, wenn sie aus dem kategorialen Gerüst der Denk-, der Wahrnehmungs- und Anschauungsformen a priori ausschert, dann muss sie scheinlos sein, aphänomenal und kann sich allein im Vergehen aller phänomenalen Gestalten, in der Auflösung und fortgesetzten Dissoziation ihrer Phantasmagorien bekunden. Zukunft »ist«, wenn sie denn ist, das, was sich zeigt, indem sie die Zeichen tilgt, die sie zulässt. Zukunft zeigt sich allein als Entzug ihrer Zeichen. Sie ist die Aphanisis noch vor jedem und nach jedem möglichen Phänomen. Wie kann sie dann – und wie kann dann das Messianische und die »messianische Extremität«, als die sie in jedem Augenblick bevorsteht und in jedem noch aussteht –, wie kann sie dann den Phantomen gehören? Was kann der Satz bedeuten: »Im Grunde ist das Gespenst die Zukunft, es ist immer zukünftig, es präsentiert sich nur als das, was kommen oder wiederkommen könnte: […]« (M 69) (*Au fond, le spectre, c'est l'avenir, il est toujours à venir, il ne se présente que comme ce qui pourrait venir ou re-venir […].* (S 71))

Die Fragen, die sich im Hintergrund von Derridas Marxbuch abzeichnen – zumindest *einige* seiner Fragen –, ließen sich vermutlich so paraphrasieren: Wie kann sich die Zukunft bekunden? Und wie kann sie sich *als* Zukunft, in ihrer Künftigkeit bekunden? Wie ist es möglich, dass die schiere Möglichkeit, unter deren Aspekt es erst Wirklichkeit gibt, nicht als die Leere der Abwesenheit von Wirklichem, sondern als dessen Ankunft erscheint – aber als ein Gang der Verwirklichung, der offen auf andere Verwirklichungen bleibt? Diejenige Figur, die einer Antwort auf diese Fragen vielleicht am nächsten kommt, die Figur der Figuration, ist, in all seiner Disparität – als Phantom, Geist, Wiedergänger, Erscheinung und Spektrum – das Gespenst. Es ist diejenige »Figur«, die die Texte von Marx in aller Massivität und unter den verschiedensten Namen heimsucht – ob als Phantasmagorie oder Rätsel, als Fetisch oder Ideologie, als theologische Mucke oder sachliche Hülle –, und es ist dasjenige Phänomen oder Phänomen der Phänomenalität, für das die Wände und Leinwände zwischen so verschiedenen Feldern wie Literatur und Philosophie, Psychoanalyse, Ökonomie, Theologie und Politik durchlässig sind. Vom Gespenst werden die verschiedensten Diskurstypen heimgesucht, weil es das von ihnen allen – und noch von sich selbst – Verschiedene ist. In ihm trägt sich zwischen Materie und Geist, Erscheinung und Verschwinden etwas zu, das beide erst zulässt. Aber so komplex diese Figur der Figuration und der Defiguration, diese Stammfigur der Differenz sein mag, sie bleibt immer noch Figur. Derridas Sache ist es aber nicht, sie zu beschwören, sondern die Heimsuchungen und Verfolgungen, Bannungsriten und Exorzismusformeln, in denen sie umgeht, zu analysieren: ein großer Teil des Marxbuchs ist der Reduktion der dominanten Gespensterfiguren auf das irreduzibel Gespenstische an ihnen gewidmet. Ich nenne nur drei oder vier jener Figuren der Figur:

Da ist zunächst das Gespenst des Vaters, dessen »*patrimoniale* Logik« (M 173, S 175) sich wie zwischen Hamlet und dem Geist seines Vaters zwischen Marx und seinem Schwiegervater Ludwig von Westphalen und in den metaphorischen Szenarien des »Achtzehnten Brumaire des Louis Bonaparte« entfaltet. Derrida leitet die entsprechenden Bemerkungen dazu mit der hier zum ersten Mal gebrauchten doppelsinnigen Formulierung von der *persécution* de *Marx* ein: der Wiedergänger sei das, *was Marx verfolgte* – wovon er verfolgt wurde und dessen Verfolger er war. Derrida, der in *Glas* von einer »mère sécutrice« spricht,[38] wird das Wort in dieser Szene einer Konfrontation mit dem Vater nicht ohne Bedacht platziert haben. Die *persécution de Marx* wird, wo immer sie droht, als *pèresécution* erfahren. Davon zeugen die mannigfaltigen Sarkasmen, die sich gegen Papst, Landesvater, Gottvater, gegen alle religiösen und politischen Autoritäten und Institutionen wenden und die Derrida nicht versäumt, in regelmäßigen Rhythmen beim Namen zu nennen. Die Geschichte des Marxismus ist bis heute unablösbar von der Geschichte dieser *pèresécution*: sie ist eine Geschichte der Verfolgung des Marxismus durch präsumtiv väterliche Autoritäten und eine Geschichte der Verfolgung, die der Marxismus selber als eine solche Autorität zu erleiden hat. Sie ist eine Geschichte der Rivalität um die Vaterschaft und also der Vater-Verdopplung, des

---

38 Jacques Derrida, *Glas*, Paris 1974, S. 134 b.

Doppelgängertums, der Duplizität von Herkunft und Zukunft, des doppelten Gangs, des *double pas*, des pas-pas. Derrida hat diese befremdliche Struktur der unvermeidlichen und gleichzeitig dekonstitutiven Dopplung originärer Instanzen, diese Struktur der Desoriginierung und Desorientierung, diese *Di- und Destruktur* in all ihrer Komplexität bereits in früheren Texten entwickelt – am ausführlichsten 1976 in »Pas« –; an dieser Stelle ist davon vor allem festzuhalten, dass die Duplikation zum einen die Autorität des Vaters zerspaltet und entsetzt – dass sie diese Autorität einer Bewegung aussetzt, die, präautoritär, mächtiger ist als jede Autorität und deshalb nicht mehr am Standard der Autorität gemessen werden kann –; dass diese Duplikation des Vaters und der *pèresecution* auch eine Gabelung in der Folge, der Verfolgung, der Sequenz und der Logik der Sequenzialität mit sich führt; dass sie also die Logik der Konsequenz wie der Genealogie, der temporalen Linearität wie der familialen Homogenität zerreißt; und dass sie auch die Logik der Performanz – wenn diese nämlich als Logik des originären, inaugurativen Sprachakts und somit paternalistisch, als Logik der *Pèreformanz* verstanden wird – auf dasjenige Feld öffnet, in dem sich ein Vater gegen den anderen, ein *pas* gegen ein *pas* – gegen sich ›selbst‹ – wendet: in dem sie eine Logik der Pas-pas-formanz und somit nicht mehr der originären Setzung, sondern der disoriginären, der Aus-setzung wird. Derrida spricht diese Wendung von der Logik der Performanz zur Allologik ihres internen Antagonismus und damit zur Aporie der Performanz nicht aus, aber sie lässt sich in seinem Text lesen.

Da ist zum zweiten, in Derridas Text nicht allzuweit vom Vater entfernt, die Mutter in der Gestalt der »Muttersprache«. Sie ist eine unverzichtbare Voraussetzung für den Antritt des väterlichen Erbes, aber ebenso unverzichtbar ist es, sie zu vergessen. Derrida schreibt: »Dieses revolutionäre Erbe setzt sicherlich voraus, dass man das Gespenst zu guter Letzt vergisst, das Gespenst der primitiven Sprache oder Muttersprache. Nicht, um zu vergessen, was man erbt, aber um das Vor-Erbe zu vergessen, von dem ausgehend man erbt«.(M 178, S 180–181) Dies »Vergessen des Mütterlichen« (*l'oubli du maternel*) ist nötig, »um den Geist in sich zum Leben zu erwecken«, aber es macht das Leben selber zum »Leben des Vergessens«, zum »Leben als Vergessen« des mütterlichen Gespensts

(M 177, S 180). Das Leben des Marx'schen Geistes – oder seines Gespensts – bleibt mithin an das Gespenst der Mutter ebenso unendlich gebunden wie an sein Vergessen. Die Figur der Mutter überlebt in ihrem grenzenlosen Verschwinden.

Dem dritten Gespenst in dieser Familiengespenster-Geschichte, dem des Bruders, widmet Derrida seine ausführlichste Analyse: es ist das Gespenst Stirners und seiner Gespenstergalerie. Stirner ist für Marx, so Derrida, der »schlechte Bruder« (M 194, S 198), weil er »der schlechte Sohn Hegels« ist (ebd.). Nachdem Derrida von seinen eigenen Empfindungen (»*mon* sentiment, M 219, S 221–22) gesprochen hat, fährt er, in der einzigen Passage, die einen explizit autobiographischen Ton anschlägt, fort: »Meine Empfindung also ist die, daß Marx sich angst macht, daß er *sich selbst* über jemanden ereifert, der nicht weit davon entfernt ist, ihm zum Verwechseln ähnlich zu sehen: ein Bruder, ein Doppelgänger, und mithin ein teuflisches Bild. Eine Art Gespenst seiner selbst.« (M 219) *Une sorte de fantôme de lui-même.* (S 222)[39] Marx wird mit diesem Bruder, Doppelgänger und Gespenster seiner selbst nicht fertig, weil er in ihm sich selbst und seine eifersüchtige Identifikation mit Hegel, dem Vater, wiedererkennt und in ihm sieht, dass er selbst nicht dieser Vater, also nicht er selbst, also sein eigenes, also nicht sein *eigenes* Spiegelbild ist. Der Satz der unbezweifelbaren Selbst- und Seins-Vergewisserung muss für ihn wie für Stirner also die zweifelhafte Form annehmen »Ich = Gespenst« (M 209) [»Moi = fantôme«, S 212][40] oder »Ich = mein schlechter Bruder«. Das Ich hat sich a priori an einen anderen, an sein Gespenst abgetreten. Von seinem Spuk sagt Derrida, es sei eine »Operation ohne Handlung, ohne reales Subjekt oder reales Objekt« – womit

---

39 Wenig später noch einmal: »eine Art Doppelgänger oder Bruder« (M 221) (*une sorte de double ou de frère*, S 224). Damit nimmt Derrida ein Motiv wieder auf, das in seiner Auseinandersetzung mit Lacan eine große Rolle gespielt hat (»Le facteur de la vérité«, in Jacques Derrida, *La carte postale*, Paris 1980).

40 »Ich bin«, so fährt Derrida fort, »würde also heißen »Ich bin heimgesucht»: Ich bin heimgesucht von mir selbst, der ich (heimgesucht bin von mir selbst, der ich heimgesucht bin von mir selbst, der ich… usw.). Überall, wo es Ich oder Mich (*Moi*) gibt, *spukt es*, ›sucht es heim‹ (›*ça hante*‹). […] Die wesenhafte Weise der Selbstpräsenz des *cogito* wäre die Heimsuchung dieses ›Es spukt‹.« (M 209–10, S 212)

selbstverständlich, was er nicht sagt, die unverzichtbare Prämisse jeder bisherigen speech act theory, dass es sich bei Performativa um Akte von realen Subjekten handle, dahinfällt. Jede politische Aktion droht folglich zu einer automatischen Farce in einem spektropolitischen Theater zu werden. Da Marx das am wenigsten dulden kann, muss er sich von seinem Stirner'schen Gespenst, seinem Eigenen und seinem Eigentum, in einer unabsehbaren Kette von Distanzierungsmanövern trennen – muss ihn aber eben deswegen unablässig beschwören, wiederkehren lassen und in seiner Nähe halten. Er muss sich selbst und dem Subjekt der politischen Aktion eine andere Zukunft als die Gespensterzukunft Stirners versprechen – muss aber dieses Versprechen *selber* immer aufs neue von der Drohung seines bloß phantasmatischen Charakters heimsuchen lassen. Die *persécution de Marx* hört nicht auf, seine *frèresécution* und seine *mèresécution* zu sein. Sie ist es aber nur, weil sie, von Anfang an, eine *pèresécution* war. »Denn das singuläre Phantom, das Phantom, das diese unkalkulierbare Vielfalt erzeugt, das Ur-Gespenst, ist ein Vater oder es ist das Kapital.« (M 218, S 221)

Es ist nicht schwer, in Derridas Hinweis zugleich die Vermutung zu lesen, dass Marx, gerade weil er sich auf die permanente Jagd auf den Vater und das Kapital verlegt hat, dieses Kapital hat erhalten wollen, um in ihm sich selbst zu erhalten – um in ihm sich selbst zu erreichen und zu bewahren. Wer sich, gleichgültig ob im Zeichen eines welthistorischen Gesetzes oder im Zeichen der Selbsterhaltung, auf die Verfolgung eines anderen einlässt, der meint in diesem anderen immer sich selbst, seine eigene Prärogative oder seinen Anspruch auf eine prinzipiell gleiche und nur deshalb strittige Macht. Er muss im andern ein Ebenbild seiner selbst verfolgen – da er in ihm aber nur einer entäußerten und fremd gewordenen Gestalt seiner selbst nachjagt, steht seine Verfolgung von Anbeginn unter einem doppelten und doppelt widersprüchlichen Zeichen: er kann er selbst nicht sein, ohne des andern habhaft geworden zu sein, aber als dieser andere kann er nicht mehr er selbst, sondern bloß seine entäußerte, fremde und falsche Gestalt, ein Phantom seiner selbst sein. Aus dieser Aporie der Selbst-Verfolgung ergibt sich aber zwingend, dass ein Selbst nicht anders denn als verfolgtes und phantasmatisches möglich ist; dass die Chance der Selbst-Erhaltung nur darin liegt, dass es sich von sich selbst fernhält; und dass die Struktur des Subjekts – des egologischen, welthistorischen, klassenkämpferischen Subjekts – in letzter Instanz determiniert ist als uneinholbarer, aber permanent verfolgter Vorsprung: als Projekt und Projektion, als verfolgtes Projekt und als Projekt der Verfolgung der Projektion. Ich, so lautet die Formel des Marx'schen, des agonalen, des Klassensubjekts, wie Derrida es liest, Ich ist nicht nur ein anderer, Ich ist der uneinholbare andere, den das Ich verfolgt, das Phantom eines künftigen und aus seiner Künftigkeit noch seine vergangenen Gestalten virtualisierenden Ich, eines phantomalen Vaters und eines virtuellen Kapitals. Ich kann immer nur ein künftiges, muss deshalb ein immer unerreichbares Ich – und also muss Ich ein Phantom-Ich sein. Ich *ist* allein als Versprechen, und dies Versprechen, in dem es sich, über jede gegebene Sprache hinaus, sich selber voraus-spricht und aus diesem Voraus allererst sich seine gegebenen Sprachen zuspricht, muss immer zugleich eine Ankündigung und eine Drohung, immer eine Drohung und das Bedrohte sein, das virtuelle Subjekt und Sujet, das Projekt der Verfolgung im Zeitspalt zwischen uneinholbarem Voraus und unwiederholbarem Zuvor.

— Es ist nie das Ich, das spricht, sondern immer spricht die Leinwand: die Projektion auf der Leinwand und die Leinwand als Projektion. Was spricht, ist das Projekt, das das Ich dem Ich vorhält und vorenthält, verhüllt und entzieht. Was spricht – verspricht und droht – ist der Fetisch: des Ich, des Vaters, des Kapitals. Eine Sprache gibt es erst als Sprache des Kapitalfetisch, des Arbeitsfetisch, des Substanzfetisch – nicht als Substanz, Realie, Arbeit, nicht als die Sprache *selbst*: es wäre denn, dass dieses *Selbst* ihr absolutes Voraus, ihre Vorsprache, ihr Versprechen ist.

— Die Leinwand spricht. Aber die Leinwand spricht nur, um die Leinwand zu *erhalten* – um sie zu erreichen, sie sich anzueignen, sie an sich zu ziehen und anzuziehen, festzuhalten und sich in ihr Ideal aufzulösen. Dass die Leinwand spricht, heißt, dass allein ein Versprechen spricht. Und es heißt, dass in diesem Versprechen immer die doppelte Drohung mitspricht, sie könnte ihr Versprechen erfüllen – und damit der Sprache ein Ende machen – und sie könnte ihr Versprechen niemals erfüllen – und damit alles zur unendlichen Simulation von Simulationen verfallen lassen.

— Die Leinwand – Versprechen, Projekt, Ideal, Kapital und Fetisch des Ich – ist immer auch ein religiöses Linnen, das Schweißtuch der Veronica, mit dem Abdruck des abstrakten Menschen, das seine Wiederkehr, seine Auferstehung und Reinkarnation ankündigt; in dem das Kapital spricht und dies Kapital, *Monsieur le capital,* wie Marx es genannt hat, nur sich selbst, nur ein Gespenst, nur die Leinwand noch einmal verspricht. Das Kapital als unendliches Projekt – als Projekt seiner Ankunft, seiner Wiederkehr, seiner Revenüen und seiner Revolutionen.

Derrida stellt angesichts der Familiengeschichte von Gespenstern, deren einzelne Gestalten und deren Dramen er rekonstruiert, die Vermutung auf, »dass die Figur des Spuks dabei keine Figur unter anderen ist. Vielleicht«, so gibt er zu bedenken, »ist sie die Figur, die hinter allen Figuren steckt.« Ich zitiere: »Wenn das phantastische Waffenarsenal die Rhetorik oder die Polemik mit Bildern und Phantasmen beliefert, dann gibt es vielleicht zu denken, dass die Figur des Spuks dabei keine Figur unter anderen ist. Vielleicht ist sie die Figur, die hinter allen Figuren versteckt ist. In dieser Eigenschaft würde sie vielleicht nicht die Waffe einer Trope unter anderen darstellen. Es gäbe dann keine Metarhetorik des Spuks.« (M 191[41], S 194) Aber die Urfigur – das Urgespenst, das hatten die voraufgehenden Kommentare gezeigt und das zeigen die nachfolgenden – ist das Gespenst des Vaters und also das Versprechen, dass er der Vater sein wird, dass er als Sohn wiederauferstehen und den abstrakten Menschen zum konkreten und zum Heil führen wird. *La figure cachée de toutes les figures* ist gewiss keine Figur unter anderen, aber sie ist immer noch und sie ist vor allem eine Figur. Sie ist die Figur der Figuration selbst, die transzendentale oder quasi-transzendentale Generationsfigur – diejenige, die in der Marx'schen Wertformel und der von ihm entzifferten Warensprache gleichfalls als Transzendental, als historisches

41 Die deutsche Übersetzung ist an dieser Stelle unrichtig; sie gibt »méta-rhetorique« als »Metaphorik« wieder.

und historisierendes, also Quasi-Transzendental, namentlich als Geld – oder als Leinwand in der Funktion des allgemeinen Äquivalents – und weiterhin als Kapital figurierte. Und diese Figur, so unsichtbar und unter allen Figuren verborgen sie sein mag, ist nicht anonym und nicht besonders unheimlich, sie trägt einen Namen und einen familiären Namen, sie heißt, für Marx, wie Derrida ihn liest, Phantom des Vaters. Die Urfigur des Spuks trägt den Namen einer der Figuren, die sie verdecken. In ihm, im Namen des Vaters, wird die Metafigur – man sollte annehmen, es sei eine mütterliche, eine Metérfigur – zur phänomenalen Figur der generativen, der väterlichen Phänomenalität. Das Transzendental wird empirisch. Phänomenalität phänomenal und nominal. Das Versprechen des Gespensts in seiner Väterlichkeit, in seiner Spektralität, diktiert das Drama der *pèresécution de Marx*, weil es das Versprechen des Vaters, das Versprechen, das der Vater sich selbst gibt, bleibt und also das Versprechen der universellen Kapitalisierung, der Präsenz des Vaters, der *pèresense*. In ihm ist er noch sich selber voraus, er selbst sein eigener Großvater und sein eigener Enkel, er selbst, augenblicklich, wiewohl unsichtbar, sein eigener Geist, das Versprechen des Vaters seine eigene messianische, promessianische Operation und *Aupèreation*.

Und gleichzeitig nicht und niemals seine eigene. Denn im Versprechen des Vaters muss er, sich selber voraus, zugleich asynchron und anachron hinter sich selber zurückfallen, kann seine eigene Väterlichkeit nur versprechen, nicht verwirklichen, und kann sich also niemals *als* Vater versprechen. Das Versprechen des Vaters – das gehört zu seiner aporetischen Struktur, zu seiner unabstreifbaren Hülle – wird nie das Versprechen des *Vaters* gewesen sein. Der Vater ist nur versprochen – und immer von etwas anderem als dem Vater. Das Versprechen verspricht nicht. Seine privilegierte Figur, die mit dem, was Vater *genannt* wird, mit dem, was unter dem Namen Vater *versprochen* wird, identifiziert werden konnte, ist einem anderen als dem Vater überantwortet, es ist eine Grenzfigur, verborgen unter allen Figuren, eine Figur ohne Figur – und somit eine Figur, die den Bestimmungen der Figuralität nicht genügt und allein vermöge dieses Ungenügens das zulassen kann, was ›Figur‹ heißt. Von der »unter allen Figuren verborgenen Figur« könnte man also sagen, was Derrida nicht sagt oder nicht so sagt: Eine endliche, eine Figur ohne Figur, ist sie die Eröffnung und Öffnung aller Figuren, *an* allen Figuren das, was sich auf keine einzige reduzieren lässt und also das Geschehen einer Ad-, einer A-, einer Affiguration.

— Die Leinwand spricht und in ihr das Kapital. Aber die Leinwand, das Kapital spricht zunächst nicht in propositionalen Sätzen und nicht in Kategorien oder objektiven Gedankenformen, sondern indem sie sich, die Leinwand, das Kapital, verspricht. Also sprechen sie nicht, weder das Kapital, noch die Leinwand, noch die Warensprache, sondern eröffnen die Möglichkeit eines Sprechens, das sich nicht auf ihre »Realabstraktionen«, das heißt auf die politökonomische Grammatik und Rhetorik der Kategorien der Warensprache reduzieren lässt – denn deren Figuren existieren ihrerseits allein im Modus des Versprechens. Weder das Kapital noch die Arbeit sind die Agenten ihres Entwurfs, beide sind nur die historischen Protagonisten einer Struktur, die in keiner grammatischen, rhetorischen oder pragmatischen Figur aufgeht – und also auch nicht in der Figur des Performativs, wie sie traditionell determiniert wird. Das Versprechen ist keine Figur, sondern das Versprechen einer Figur. Als unendliches und immer defizientes Versprechen ist es die Vorfigur (Husserl würde vielleicht sagen die Urfigur) aller möglichen Figuren, die nie in einer Figur abgeschlossen und erfüllt ist, die unversprechbare Affiguration der Arbeit, des Kapitals, der Leinwand. Von ihr herkommend – und also immer und unendlich generös und generativ kommend, aber nie ankommend und also nicht kommend – gibt es, ingenerös, ingenerativ, niemals das Kapital, die Arbeit, die Leinwand *als solche*. Immer versprochen und im Versprechen zurückgehalten, spricht weder die Sprache noch das Versprechen. Oder: Sprache ist nichts als dies unerfüllbare, unvollziehbare Versprechen der Sprache. (Und da es unerfüllbar und unvollziehbar ist, ist keine Gewissheit darüber möglich, ob es je ein *Versprechen* der Sprache oder ein Versprechen der *Sprache* gewesen sein wird. »Es« wird immer auch etwas anderes als ein »Versprechen« und immer auch anderes als »Sprache« gewesen sein können.)

Das Versprechen kann, noch einmal, keine Konstatierung, keine Beschreibung, keine Behauptung sein. Es muss sich in einem Modus des Sagens abspielen, der nichts Gegebenem, Vorliegendem oder Vorhandenem entspricht und kann deswegen schlechterdings nicht der Logik der Repräsentation, der Imitation oder der Mimesis unterstehen. Es ist also weder von der Art eines konventionellen Zeichens – denn die Zukunft ist keine, wenn sie Konventionen entspricht und vermittels konventioneller Kodes bezeichnet werden kann –, noch ist das Versprechen überhaupt ein Zeichen – denn dem müsste ein zumindest vorstellbares oder ideelles Bezeichnetes korrespondieren: diese Korrespondenz kann aber ihrerseits nur eine versprochene sein. Jedes Versprechen *verspricht* zunächst nur, ein Versprechen zu sein und seinem Begriff und weiterhin seinem Inhalt zu korrespondieren. Nicht die Korrespondenz ist deshalb der Horizont des Versprechens, sondern das Versprechen der ihre. Da dieser, ex definitione, nur unendlich sein kann, fallen alle Adäquatio- und Konsensus-Begriffe der Wahrheit für die zureichende Bestimmung des Versprechens und aller anderen zukunftsorientierten, zukunfteröffnenden Sprachformen aus. Aber nicht für diese allein. Denn wenn Sprache und die in ihr mögliche Erkenntnis immer Mitteilung ist, dann müssen ihre Aussagen sämtlich den Charakter von Zusicherungen oder Wahrheitsansprüchen haben, deren Verifikation prinzipiell erst von künftigen Korrespondenzen erwartet werden kann. Sprache überhaupt ist Sprache nur im Hinblick auf eine künftige Sprache. Auch wenn sie nicht eigens und explizit in der Form des Versprechens dargeboten werden, sind sämtliche Aussagen einschließlich derjenigen, die man thetische oder konstative zu nennen gewohnt ist, strukturell Beteuerungen oder Ankündigungen, deren Verifikationsbedingungen prinzipiell unerfüllt sind.[42]

---

42 Was hier und im Folgenden skizziert wird, habe ich in verschiedenen Versuchen seit 1983 ausführlicher entwickelt, zuerst in »Das Versprechen der Auslegung« (in *Spiegel und Gleichnis*, Festschrift für Jacob Taubes, hg. v. N. Bolz/W. Hübener, Würzburg 1983; jetzt in *Premises – Essays on Philosophy and Literature from Kant to Celan*, Cambridge MA 1996), dann in »Lectio« und in »Afformative, Strike« (zuletzt in *Walter Benjamin's Philosophy*, hg. v. A. Benjamin/P. Osborne, New York 1994 [dt.: »Afformativ, Streik«, in *Was heißt »Darstellen«?*, hg. v. Chr. Hart Nibbrig, Frankfurt/M. 1994, S. 340–374]), etc. Es wird für mich immer erstaunlich bleiben, dass das Motiv des Versprechens, das ich – freilich belehrt durch Heideggers Analysen zur Vor-Struktur des Daseins – zunächst bei Kant und Nietzsche beobachtet habe, zu einem der Berührungspunkte zwischen Derridas Arbeiten und den meinen geworden ist.

Um den nicht-konstativen Sprachformen und weiterhin der prospektiven Struktur der Sprache überhaupt Rechnung zu tragen, hat sich im späten Rationalismus mit Hobbes, im skeptischen Empirismus mit Hume und in der Transzendentalphilosophie Kants die Rede von einer Handlung, bei Fichte dann von einer originären »Thathandlung« des Sprechens entwickelt, die entweder als kontraktuelles Versprechen, als alle sprachlichen Äußerungen leitender Imperativ oder als Autothesis des transzendentalen Ich verstanden wurde. Sprache wurde also nicht mehr als Anmessung von Aussagen an einen vorgegebenen Gegenstand, sondern als autonomer oder autonomisierender Akt eines darin sich selbst setzenden gesellschaftlichen oder individuellen Subjekts gedacht. Es ist diese Theorie der Sprachhandlung eines empirischen, transzendentalen und schließlich absoluten Subjekts, die, über labyrinthische Umwege und Transformationen, zu dem hingeführt hat, was mittlerweile als »speech act theory« bekannt ist. Für sie ist das Versprechen eine unter den möglichen Handlungen, sogenannten performativen Sprechhandlungen, die innerhalb bestimmter Konventionen vorgenommen werden müssen, um »erfolgreich« zu sein. Tatsächlich ist ja die Wahl des Begriffs »performative« auf die Annahme einer präexistierenden Regel, eines Gesetzes oder einer Übereinkunft abgestimmt: die vorausgesetzte formale Regel wird durch einen bestimmten Performativ nur »ausgeführt«, »durchgeführt« oder »erfüllt«. Nach den Bedingungen, unter denen Konventionen sprachlich angebahnt und etabliert werden können, fragt die klassische Sprechakttheorie nicht – und kann eben deshalb auch keine Rechenschaft von der Performativität ihrer Performativa ablegen. Da sie nicht nach der Konstitution der Konventionen und ihrer Subjekte fragt, geht sie in der Regel von ihrer selbst mächtigen intentionalen Subjekten aus, die sich in ihren Sprachkonventionen bloß reproduzieren, weicht damit aber von ihrem einzig produktiven methodologischen Prinzip ab, zur Klärung sprachlicher Ereignisse nicht auf sprachunabhängige Instanzen zu rekurrieren.

Derrida, der sich seit »Signature Evènement Contexte« mehrfach ausgiebig und kritisch mit den Grenzen der Theorien von Austin und Searle, insbesondere mit ihren konventionalistischen und präsentivistischen Prämissen auseinandergesetzt hat, gebraucht, um die Struktur des Versprechens zu charakterisieren, auch in *Spectres de Marx* immer wieder den Begriff des Performativs. Er hebt an der Figur der Verschwörung und der Beschwörung – also der Geisterbeschwörung und der eidlichen Versicherung wie an derjenigen konspirativen Formation, die der Verfolgung gilt und selber der Verfolgung ausgesetzt ist – die Bedeutung eines »Aktes« hervor, »der darin besteht, zu schwören, einen Schwur abzulegen, und also zu versprechen, zu entscheiden, eine *Verantwortung* zu übernehmen, kurz: sich auf performative Weise zu verpflichten« (M 87, S 89); und er spricht von einer »performativen Interpretation [...], die das, was sie interpretiert, zugleich verändert«. Er fährt fort: »Eine Interpretation, die das, was sie interpretiert, verändert – das ist eine Definition des Performativen, die von der Sprechakttheorie aus betrachtet ebenso unorthodox ist wie in bezug auf die elfte These über Feuerbach: ›Die Philosophen haben die Welt nur verschieden interpretiert; es kommt aber darauf an, sie zu verändern.‹« (M 88, S 89). Über die Zukunft, von der im »Manifest der Kommunistischen Partei« als der Realpräsenz des »Gespensts des Kommunismus« die Rede ist, schreibt er: »Diese Zukunft ist nicht beschrieben, sie ist nicht in Form einer Feststellung vorgesehen, sondern sie ist auf performative Weise angekündigt, versprochen, verheißen.« (M 166, S 168) In der, wie es weiter heißt, »performativen Form des Appells« (ebd.) versucht sich diese Zukunft in der kommunistischen Partei zu etablieren. Im »Manifest«, so proklamiert dies »Manifest« selber, manifestiert sich die Partei und damit die Zukunft. Ihr Versprechen, ihr performativer Akt, ist also im Marx'schen Text als instantane Setzung dessen inszeniert, was noch nicht – und vielleicht niemals – gegenwärtig ist. Derrida diagnostiziert: »Parusie der Manifestation des Manifests« (M 166, S 169). Diese »absolute Selbst-Manifestation« (M 167, S 170) kann aber nur in der Weise stattfinden, dass sie für ihr künftiges Dasein die Aktualität einer unbestreitbar wirklichen Institution behauptet; sie kann nur stattfinden auf dem Doppelterrain des Noch-nicht-Wirklichen und der Aktualisierung und muss also selbst beides: unwirklich und real, realgespenstisch oder *spektreal* sein. Derrida spricht deshalb von »der singulären Gespenstigkeit dieser performativen Aussage« (M 168, S 170). Er betont also in der Performation den Charakter der Parusie, der Manifestation, der absoluten

Selbstsetzung; aber er tut es nicht, ohne diese Selbstsetzung mit der Autophantomalisierung zu liieren. Jeder Sprachakt, der etwas Neues inauguriert, der ein Subjekt, einen Kontrakt oder die Kommunistische Partei ins Leben ruft, stellt etwas, das es bislang noch nicht gab, unter die Bedingungen der Realität: er ruft also ein thaumaton, ein Monstrum oder ein Gespenst ins Leben. Performative, so könnte man Derridas Gedanken übersetzen, *spektrealisieren* – und sie sind, wenn sie, wie das »Kommunistische Manifest«, ein Novum instituieren, selber Spektrealitäten.

Ereignisse, und vornehmlich das Ereignis des Versprechens, sind Performationen und zwar spektralisierende Performationen, Phantom-Parusien zunächst und vor allem, weil sie sich im Medium der Sprache und also der Appräsentation eines nie unmittelbar Gegenwärtigen bewegen. Die Grenze zwischen dem ›unmittelbar Gegenwärtigen‹ und dem Künftigen, zwischen dem Heimlichen und dem Unheimlichen ist in jedem Fall a priori porös, weil sie und damit die von ihr getrennten Terrains erst von der Sprache, der diskursiven wie der nicht-diskursiven, als ihrem gemeinsamen Medium definiert wird. »Und wenn diese entscheidende Grenze sich verschiebt«, schreibt Derrida, »dann deswegen, weil das Medium, in dem sie sich instituiert, das heißt das Medium der Medien (die Information, die Presse, die Telekommunikation, die Techno-Tele-Diskursivität, die Techno-Tele-Ikonizität, das, was ganz allgemein die Raumwerdung des öffentlichen Raums gewährleistet und determiniert, die Möglichkeit selbst der res publica und die Phänomenalität des Politischen), weil dieses Element selbst weder lebendig noch tot ist, weder präsent noch abwesend: Es spukt.« (M 87) Es spukt, in andern Worten, weil es spricht. Und weil es verspricht. Denn alle Sprache, ob sie nun explizit zukunftsorientiert ist oder nicht, explizit agiert oder unter dem Schirm neutraler Konstatierungen auftritt, verspricht, etwas mitzuteilen, verspricht sich selber die Erhaltungs- und Einhaltungsbedingungen ihres Versprechens und verspricht sich einen Adressaten, in dem ihre Aussagen ans Ziel kommen. Wo immer also gesprochen, wo immer versprochen wird, bilden sich unlösbare Mischungen von Aktualität und Suggestion, von Lebendigem und Totem, Gegenwärtigen und Abwesendem, weil es in ihrem »Medium«, dem »Medium der Medien«, in der Sprache keine Gegensätze, sondern nur ihre Koimplikationen gibt. Allein in diesem Medium kann überhaupt etwas erscheinen, aber was immer erscheinen mag, muss sich eben deshalb dem Gegensatz von Sein und Nichtsein, Leben und Tod und den ontologischen Kategorien der Anwesenheit und Abwesenheit entziehen. »Es erfordert das, was wir hier […] *Hantologie* nennen wollen«, schreibt Derrida. »Eine Kategorie, die wir für irreduzibel halten, und zwar in erster Linie irreduzibel auf all das, was durch sie erst möglich wird: die Ontologie, die Theologie, die positive oder negative Onto-Theologie.« (M 88–89)

Jede Logik des Kapitals und der Arbeit, jede Logik der Warensprache, der Äquivalenzform, des Austausches, somit jede Logik der kontrollierten Planung, der technologischen Entwicklung, der polit-ökonomischen Prognose muss demnach in dieser *Hantologie* einer, wie Derrida will, prinzipiell irreduziblen Spektralität der medialen Sprache, der Sprache des Versprechens, der futurischen und performativen, futuroformativen Sprache eines unversicherbaren Entwurfs fundiert sein. So wenig wie das Kapital ist die Arbeit je ein gegebenes Faktum, eine transzendentale Form der Wertbestimmung oder das Wesen anthropo-technologischer Systeme, ohne zuvor ein Projekt, ein Kredit, ein Vorschuss *für* und ein Vorsprung *in* eine Zukunft zu sein, die sich in keiner Hinsicht als Faktum, Transzendental oder Wesen bestimmen lassen kann. Die Konsequenz, die sich daraus für den Gedanken der »Hantologie« ergibt, ist zunächst, dass Sprache nicht dem System des Kapitals und nicht dem der Arbeit zugehört, dass sie sich nicht zunächst als Warensprache definiert; dass sie den Charakter von produktiver oder reproduktiver Arbeit erst annimmt, wo die Äquivalenzform sich generalisiert und den Kreditcharakter des Kapitals sowie den Entwurfscharakter der Arbeit verdrängt hat; dass Sprache nicht unter allen Bedingungen und also nicht wesentlich den Charakter einer kommunikativen Tauschoperation, einer propositionalen Adäquation oder eines positionalen Aktes hat; und dass, wenn sie schon noch als ›performative‹ charakterisiert werden kann, der Begriff dieser Performativität eingreifende Transformationen hinnehmen muss – Transformationen, die ihn sowohl von den Instanzen der Konventionalität wie der Positivität, der Kommunikabilität wie der Kontinuität mit seiner Tradition ablösen.

Denn, noch einmal, die Sprache, das Medium der Medien, ist hier von Derrida zwar als performatives Engagement gedacht, aber als ein solches, das zunächst, wesentlich und irreduzibel ein Engagement *mit* anderen, *gegen* andere und *für* eine Zukunft ist, die in diesem performativen Engagement niemals schon zur Aktualität gekommen ist, sondern die Zwittergestalt der Virtualität oder Spektrealität hat, welche allein dem medialen Charakter der Sprache genügt. Sprache ist das Medium der Künftigkeit. Was in sie eintritt, was von ihr auch nur berührt wird, ist schon in einen Raum gezogen, in dem die Charaktere der Realität auf dem Noch-nicht eben dieser Realität fundiert – und diffundiert sind, in dem Konventionen erst im Kommen, Setzungen allein im Prozess und also ausgesetzt, Kontinuitäten suspendiert und Kommunikation und ihre Regeln nicht erfüllt, sondern angekündigt, versucht und versprochen sind – und bleiben. Wenn man, wie Derrida hier – ähnlich wie Benjamin (der auf *Spectres de Marx*, wie mir scheint, einen kaum überschätzbaren Eindruck hinterlassen hat) –, die Medialität der Sprache aus ihrer Beziehung auf die Zukunft denkt; wenn man sie – nicht allzuweit entfernt von Heidegger (dessen Spuren in *Spectres de Marx* gleichfalls unverkennbar und zahlreich sind) – aus ihrem Versprechen denkt, dann ist die Künftigkeit der Sprache, ihre Promissivität der Grund – aber ein Grund ohne jede Solidität – für alle gegenwärtigen und vergangenen Erfahrungen, Bedeutungen und Figuren, die sich in ihr mitteilen können. Medium ist die Sprache, sofern sie den Ort der Ankunft, das Tor für Künftiges, den Eintritt eines anderen, Unvorhersagbaren und topographisch Unbestimmbaren öffnet: den Topos eines U-topischen. Weder das Künftige ›selbst‹, noch das rein Gegenwärtige und doch beides zugleich, ist sie in der Form des Versprechens und der Ankündigung das Interferenzfeld, in dem das Künftige jede gegenwärtige Gestalt in seinem Sinn transformiert und es allein *sub specie futurae* lesbar macht. Öffnete sich Sprache nicht auf künftige Möglichkeiten; verspräche sie nicht sich selbst als ein anderes, dessen Verifikation noch aussteht und allein von anderem erwartet werden kann, dann hätte sie keinen möglichen Sinn, wäre nichts als das überflüssige Replikat des schon Gewussten und könnte sich niemals einem anderen in seiner Singularität mitteilen. Mitteilung – und damit jedes Sein-mit-anderen, jedes Sein – ist Versprechen.

Da jenes andere, Künftige, Angekündigte oder Versprochene aber niemals Objekt einer theoretischen Feststellung innerhalb des kategorialen Rahmens gesicherter Erkenntnismittel, sondern nur das Projekt eines praktischen Vollzugs sein kann, der sich selber von diesem Projekt – und damit vom prinzipiell Indeterminierten – determinieren lassen muss, kann diese Praxis nicht mehr einfach als »Akt« eines konstitutiven und selbstkonstitutiven Subjekts, nicht mehr als »Performanz« innerhalb eines konventionellen Regelrahmens gedacht werden, sondern allein als ein Ereignis, das jeweils andere Regeln, andere Konventionen, andere Subjektformen und andere Performanzen, Alterformanzen, Alterjekte, Allopraxen eröffnet. Wenn Sprache Versprechen ist, ist es immer der andere, der spricht. Und dieser andere kann kein alter ego sein, sondern nur die Alteration – und *Alteralteration* – jedes möglichen Ego. Was sich im Versprechen mitteilt, muss also über alle Formen der transzendentalen Subjektivität und ihrer polit-ökonomischen Institutionen, es muss über das Kapital und die von ihm bestimmte Arbeit hinausgehen und aus ihrer Exzendenz all ihre Gestalten im voraus, im Voraus- und Ver-sprechen, transformieren und ins Trans jeder Form versetzen. Es muss, von Anbeginn über alles in irgendeiner Weise Gesetzte hinaus, ein Monstrum an der Grenze der Erscheinung, der Sichtbarkeit und Vorstellbarkeit sein. Es muss das, wenn auch noch so sanfte, Ent-setzen sein.

Nichts anderes heißt aber, wenn ich recht verstehe – aber da Verstehen immer auch ein ›performatives‹ Unternehmen und also eine Alteration ist, geht auch hier das »rechte« Verstehen nicht ohne Verschiebungen, Verwandlungen und vielleicht Entstellungen ab –; kaum etwas anderes dürfte mit dem gesagt sein, was Derrida mit der Wendung von der »singulären Spektralität dieser Performation« (des »Kommunistischen Manifests«) ausspricht. Sie ist die Spektralität und genauer die Spektrealität eines Projekts, in dem, von langer Hand vorbereitet, zum ersten Mal in der Geschichte der europäischen Gesellschaften in philosophischer und wissenschaftlicher Form die universelle, uneingeschränkte Freiheit aller Menschen angekündigt worden ist. »Die Form dieses Versprechens oder dieses Projekts«, so betont Derrida, »bleibt absolut einzigartig. Sein Ereignis ist gleichzeitig singulär, total und unauslöschlich – aber auf andere Weise unauslöschlich als durch Verneinung und im Verlauf einer Trauerarbeit, die die Wirkung eines Traumas nur verschieben kann, ohne sie auszulöschen.« Und Derrida fährt fort:

> »Für ein solches Ereignis gibt es keinen Vorläufer. In der ganzen Geschichte der Menschheit, in der ganzen Geschichte der Welt und der Erde, in allem, dem man den Namen der Geschichte im Allgemeinen geben kann, hat sich ein solches Ereignis (wiederholen wir es, das Ereignis eines Diskurses von philosophisch-wissenschaftlicher Form, der mit dem Mythos, der Religion, der nationalistischen ›Mystik‹ zu brechen vorgibt) zum ersten Mal und untrennbar mit weltweiten Formen sozialer Organisation (einer Partei mit universaler Berufung, einer Arbeiterbewegung, einer staatlichen Konföderation usw.) verbunden. All das unter Vorschlag eines neuen Begriffs vom Menschen, von der Gesellschaft, von der Wirtschaft, von der Nation, und mehrerer Begriffe vom Staat und seinem Verschwinden.« (M 147–48)

Das Ereignis des Marx'schen Versprechens – dessen Einzigkeit, noch einmal, in seiner schrankenlosen und doch organisierten Universalität liegt – ist also gerade, weil es in dieser bestimmten, universellen, organisatorischen Form ein absolutes Novum und auf keine sozialen, religiösen oder philosophischen Konventionen reduktibel ist, die es hätten antizipieren können, ein *Trauma* (M 148): eine traumatisierende Verletzung des polit-ökonomischen und sozialpsychologischen, des religiösen, sprachlichen, technischen und wissenschaftlichen Korpus aller Traditionen, ein traumatisches Versprechen, das die techno- und öko-onto-logische Topologie und ihre Verschiebungsmechanismen zerreißt und durch keine traditionelle Form der sozialen, psychischen oder wissenschaftlichen Arbeit, durch keine »Trauerarbeit« geheilt werden kann. Das Marx'sche Versprechen, das die Abschaffung der Arbeit in Aussicht stellt, lässt sich durch keine Arbeit einholen. Es markiert eine absolute Grenze der Ergontologie.[43]

---

43 Zum hier schon mehrfach gebrauchten Begriff »Ergontologie« verweise ich auf mein »Working Through Working«, in *Modernism/Modernity* 3:1, Januar 1996, S. 23–55, auf deutsch erschienen unter dem Titel »Arbeiten Durcharbeiten«, in *Archäologie der Arbeit*, hg. v. Dirk Baecker, Berlin 2002, S. 155–200.

— Die Leinwand spricht – aber sie spricht bei Marx zum ersten Mal in der Form eines universalen und eines unendlichen Versprechens. Nicht mehr als ein Versprechen, das in ihrer ›naturwüchsigen‹ Gewebestruktur schon angelegt und mit teleologischer Zielsicherheit endlich, in der Mitte des 19. Jahrhunderts, in deutliche Worte gefasst worden wäre, sondern als eines, das unprogrammiert sein bisheriges Gewebe und seine Tendenzen zerreißt und in ihrer Traumatisierung zum ersten Mal die Leinwand überhaupt in ihrer absoluten, universellen Wirklichkeit verspricht: über jede Arbeit, über jedes Wirken und jede Wirkung hinaus, das reine Gewirk. Ein sonderbares Gewirk, eins, das ein Riss ist; universell, weil singulär; singulär, weil auf Wiederholungen angewiesen; wiederholungsbedürftig, weil unwiederholbar, unendlich und also uneinholbar und unvollziehbar endlich.

Das Versprechen, von dem hier die Rede ist, muss somit zum einen als »Medium aller Medien« gedacht werden, zum andern als Entwurf in eine Zukunft, die nicht das teleologisch vorgezeichnete Ziel der vergangenen Geschichte ist, zum dritten – und deshalb – als traumatische Erfahrung, in der die Erfahrung selbst einen Riss erleidet und aussetzt. Ein Riss und eine Eröffnung, ist das Medium aller möglichen Medien, das Medium der *Ermöglichung* aller Medien, derjenige leere Ort, der allein einer gespenstischen Wirklichkeit, der Wirklichkeit allein als einem Gespinst Raum gibt und der selber nur als Raum der Gespenstigkeit in Erscheinung treten kann. Das Versprechen, die traumatische Öffnung einer anderen Zeit – oder von etwas anderem als Zeit –, einer anderen Zukunft – oder etwas anderem als Zukunft –; das Versprechen, das nicht Konventionen fortsetzt und die Regeln seiner Performanz erfüllt, sondern Konventionen durchstößt, andere Regeln – und vielleicht etwas anderes als Regeln – inauguriert, Geschichte nicht perpetuiert, sondern ermöglicht; dies einzigartige Versprechen eines darum selbst Einzigartigen, Neuen muss, so Derrida, als »ein messianisches Versprechen neuer Art der Geschichte sein inaugurales und einzigartiges Zeichen eingebrannt haben.« (M 148, S 150) Diese Markierung der Geschichte, die in Wirklichkeit ihre Eröffnung und also nicht weniger als die *Vergeschichtlichung* der Geschichte ist, wird nun von Derrida regelmäßig und explizit als ihre Spektralisierung charakterisiert. Von dem demokratischen und dem kommunistischen Versprechen, diesen »unendlichen Versprechen«, die nicht über ihre eigenen Erfüllungsbedingungen regieren, schreibt er: »*gerechte* Öffnung, [...] messianische Öffnung für das, was kommt, das heißt für das Ereignis, dass man nicht *als solches* erwarten und also auch nicht im voraus erkennen kann, für das Ereignis als das Fremde selbst, für jemanden [sie oder ihn], für den man im Eingedenken der Erwartung immer einen Platz freihalten muss [*laisser une place vide*] – und das ist der Ort der Spektralität oder der Gespenstigkeit selbst.« (M 110, S 111) Und: »Im Grunde ist das Gespenst die Zukunft, es ist immer zukünftig, es präsentiert sich nur als das, was kommen und wiederkommen könnte« (M 69). Und: »In dieser Hinsicht [nämlich in Hinsicht auf seine Unzeitigkeit und die Unzeitigkeit seiner Zukunft] ist der Kommunismus immer gespenstig gewesen und wird es auch bleiben: Sein Kommen steht immer aus und unterscheidet sich, wie die Demokratie selbst, von jedem Lebend-Gegenwärtigen als Fülle der Selbstpräsenz, als Totalität einer wirklich mit sich selbst identischen Präsenz. Die kapitalistischen Gesellschaften können erleichtert aufseufzen, solange sie wollen, und sich sagen: [...] er war nur ein Phantom. Sie werden damit immer nur eines verleugnen, das Unleugbare selbst: Ein Phantom stirbt niemals, sein Kommen und Wiederkommen ist das, was immer (noch) aussteht [*il reste toujours à venir et à revenir*].« (M 160, S 163)

Das Gespenst, das in Europa und über Europa hinaus umgeht, ist ein Versprechen von Demokratie und Kommunismus, das traumatisch eine neue und zum ersten Mal nicht-mythische, nicht-bornierte, eine Weltgeschichte der Befreiung, Gerechtigkeit und Gleichheit eröffnet. Es muss die allgemeinste und formellste Form einer künftigen Gesellschaft ankündigen und muss gleichzeitig das Unversprechbare: die absolute Singularität und ihre Inkommensurabilität mit jeder Allgemeinheit versprechen. Das demokratische und weiterhin kommunistische Versprechen kündigt also in absoluter Formalität und absoluter Singularität performativ – *biformativ* – zwei aufeinander nicht reduktible und miteinander unversöhnbare Zukünfte an: eine uneingeschränkt universelle Regel und eine Einzigkeit, die von jeder erdenklichen Regel frei ist. Es ist das Versprechen einer kommenden Demokratie nur, indem es dieses doppelte und aporetische Versprechen, es ist dieser Performativ nur, indem es ein Biformativ ist. Aporetisch ist dies singulär universelle Versprechen aber noch in einer anderen Hinsicht. Als Versprechen einer Zukunft, die universell ist, muss es das Versprechen einer gerechten Zukunft aller Vergangenheiten sein; es kann aber nicht das Versprechen der Zukünfte *aller* Vergangenheiten sein, ohne zugleich ein restriktives Versprechen aus einer bestimmten Generation *bornierter* Vergangenheiten und also selbst noch ein bloß vergangenes Versprechen, ein Wiedergänger und Echo, der Revenant eines wieder und wieder gebrochenen oder verratenen oder tödlichen Versprechens zu sein. Pluriformativ und reformativ, ist der revolutionäre Performativ des absoluten messianischen Versprechens zugleich ein *Perverformativ*, der sich gegen sich selber kehrt und sich in jedem seiner Züge durchzustreichen tendiert – und zwar nicht aus empirischen oder kontingenten Gründen, die sich hätten vermeiden oder ausschalten lassen, sondern aus einer strukturellen Notwendigkeit, der kein einziges Versprechen, am wenigsten dasjenige der Einzigkeit, entgehen kann.[44]

— Die Sprache der Leinwand ist immer auch Echolalie. In ihr tönt wieder, was schon gesagt worden ist, jeder ihrer Satz- und Wortfetzen verfolgt den Rufer in eine Schein-, in eine Echo-Zukunft, in eine Echokammer, ein Grabgewölbe: Gespenster-Monolog zu verteilten Stimmen. Aber auch diese nekrophile Sprache der Nymphe Echo ist noch eine Sprache der *philía*, die das Tote am Leben hält und für andere Zeiten – oder anderes als Zeiten – bewahrt.

In *Spectres de Marx* geht es nicht um diese Multiplikation in der performativen Struktur des Versprechens, wohl aber um die Multiplikation, die Dissoziation und den Antagonismus der Gespenster, Geister, Phantome, Wiedergänger und Fetische – und da es das Versprechen und die in ihm eröffnete Zukunft ist, die er als Phantom par excellence charakterisiert, geht es, vermittelt, auch um die Dissoziation und ursprüngliche Perversion des Performativs. Es geht um die Differenz *im* Performativ und es geht darum, dass diese Differenz in keiner anderen »Gestalt« als der monströsen eines Gespensts umgehen kann. Ich zitiere drei der Passagen, die

44 Das Wort »Perverformativ« wird von Derrida in *La carte postale* gebraucht.

sich just diesem Problem zuwenden. »Das Gespenst hat mehrere Zeiten. Das Eigene des Gespensts, wenn es das gibt, besteht darin, dass man nicht weiß, ob es, wiederkehrend, von einem ehemals Lebenden oder von einem künftig Lebenden zeugt, denn der Wiedergänger kann bereits die Wiederkehr des Gespensts von jemandem oder etwas anzeigen, dem das Leben erst noch versprochen ist. Unzeitigkeit, noch einmal, und Störung der Gleichzeitigkeit.« (M 159f., S 162) Das Gespenst kann sowohl aus der Vergangenheit wie aus der Zukunft kommen, das Gespenstische an ihm ist aber seine doppelte Zugehörigkeit, über die sich mit Mitteln theoretischer Erkenntnis schlechterdings nicht entscheiden lässt, da jede derartige Erkenntnis sowohl selbst schon vom Gespenstischen angegangen sein muss und seinerseits nicht anders kann, als ›performativ‹ ihre ›eigenen‹ Gespenster auszusenden. Durch das Spektrale geht ein Zeitriss, der es zwei miteinander inhomogenen Zeiten zuschlägt, einer Doppel- und Ungleichzeitigkeit, einer Achronie, die im Künftigen das Vergangene, im Vergangenen aber das Künftige erscheinen lässt. Aber so paritätisch die Distribution der Zeiten auch scheinen mag, Derridas Formulierung deutet mit hinreichender Präzision darauf hin, dass eine Symmetrie zwischen Vergangenem und Künftigem nicht bestehen kann: Gespenster der Vergangenheit können nur erscheinen, wenn sie vom Versprechen einer anderen Zukunft beschworen werden. In der letzten Fußnote des Buches wird dies Motiv der asymmetrischen, zukunftsgeneigten Ungleichzeitigkeit noch einmal aufgenommen, wenn Derrida schreibt: »Während ein Wiedergänger [*revenant*] immer dazu berufen ist, zu kommen und wiederzukommen, deutet das Denken des Gespensts [*spectre*], anders als der gesunde Menschenverstand glauben möchte, in die Zukunft voraus. Es ist ein Denken der Vergangenheit, ein Erbe, das nur aus dem kommen kann, was noch nicht gekommen ist – aus dem Ankünftigen selbst [*l'arrivant même*].« (M 273, S 276) Es ist die Zukunft, die die Gespenster entbindet und noch in den Gespenstern des Vergangenen, so letal sie sein mögen, das Versprechen einer anderen Zukunft eben dieses Vergangenen auslöst. Das Versprechen einer absolut anderen Zukunft zeugt für die Hoffnung, die sich noch mit den blutigsten Vergangenheiten verbinden kann. Damit andere Zukünfte möglich werden, müssen sie das Risiko ihrer Paarung mit den gefährlichsten eingehen und sich ihrer eigenen Tilgung aussetzen. Mit dem Performativ des Versprechens, der sich auf andere Möglichkeiten der Vergangenheit und der Zukunft richtet, ist also unvermeidlich die Bedrohung dieses Versprechens selbst und damit die Tilgung seines Performativs verbunden. Es gibt keine Ermöglichung von Möglichkeiten, die nicht auch noch diese Ermöglichung selbst unmöglich machen könnte. Kein Versprechen, in dem nicht die Möglichkeit seines Bruchs mitspräche, kein Tun, in das nicht seine Annullierung eingriffe.

— Keine Leinwand, die nicht Faden für Faden auseinandergenommen werden könnte; kein Gewebe, das nicht auf offene Säume hinausliefe, allein aus solchen Säumen bestünde, aus seinen Entwebungen gewebt würde. Aus ihren Maschen. Die Leinwand, eine Penelope ihrer selbst.

Prinzipiell jeder Performativ ist ein aporetischer, agonaler Biformativ – oder, wenn man das Wort für französische Ohren und Augen schreibt, ein *Bifformativ*: was in ihm inauguriert wird, schließt die Möglichkeit seiner Streichung (seiner *biffure*) ein und hat einzig unter Einschluss dieser Möglichkeit eine Chance zu beginnen. Der Performativ performiert nicht – es sei denn, er ›performierte‹ noch die Möglichkeit des Nicht seiner Performation und ließe sich von diesem Nicht in-formieren; er ist, noch einmal französisch, ein *pas-formativ*. Er ist die Eröffnung einer Sprachhandlung, in der sich ein egologisch verfasstes Subjekt konstituieren soll, eine Eröffnung, die nahe daran ist, diese Handlung selber zu sein, also ein *Adformativ* –; aber da er nichts als die *Eröffnung* dieser praktischen und darin selbstgenügsamen Handlung sein kann, eine Eröffnung, in der sich ihre Möglichkeit mit der Möglichkeit der Unmöglichkeit ihres Gelingens verschränkt, kann er selbst niemals die definitive Form des Performativs annehmen, wird nie endgültig zum Vollzug und bleibt, das Ereignis der Schwelle vor jeder Tat, parapraktisch, ein Akt ohne Akt vor jedem möglichen Akt, *aformativ*. *Afformativ* – zugleich adformativ und aformativ – ist die Struktur der Sprache, deren onto-ego-logische, sprachaktivistische Deutung im Begriff der Performativa niedergelegt ist und darin die Suggestion festhält, der Logos habe sich bis zum Ende inkarniert, es sei »vollbracht«.[45]

Das Versprechen, und vornehmlich das Marx'sche, das als erstes und einziges die universelle Verwirklichung der Freiheit und Individualität ankündigt und anbahnt, eröffnet Möglichkeiten; aber es eröffnet sie mit all den Gefahren und Drohungen, die sich mit dieser Eröffnung selber verbinden. Zu diesen Gefahren gehört auch die Wiederholung familialer, nationaler und religiöser Mythen, die es abzustreifen beansprucht. Dazu gehört auch die Gefahr, ich habe darauf hingewiesen, den Performativ des Versprechens nach dem Schema der eifersüchtigen Persekution des Vaters zu aktivieren. Performative der *pèresécution* müssen immer auch *Pèreformative* und also Formative des Vaters sein können: solche, in denen sich in erster und letzter Instanz ein Vater und sein Sohn und sein heiliger Geist verspricht und, derart sich versprechend, formiert. Und wenn es nicht ein Vater ist, dann in seiner Nähe eine Mutter in einem *Mèreformativ* der Muttersprache oder, vielleicht noch näher am Vater, ein rivalisierender Bruder in einem *Frèreformativ*. Kann sich hier noch etwas anderes versprechen, manifestieren und formieren als das am wenigsten unheimliche, das familiärste Gespenst: die Heilige Familie unter ihrem Oberhaupt, dem Kapital? Oder – und das läuft, die vergangenen achtzig Jahre haben es demonstriert, auf dasselbe hinaus – die Kommunistische Partei, diese andere Heilige Familie unter ihrem Oberhaupt, dem Kapital der Arbeit?

Was, noch einmal, wäre die Differenz zwischen Gespenst und Geist, zwischen dem Phantom aller misslungenen oder versäumten Vergangenheiten und jenem Geist der Zukunft, in dem sie von ihrem Schweigen, ihrer Verstelltheit und Falschheit erlöst wären?

---

45 Bei der Bildung des Wortes – oder Vor-Worts – »afformativ« (zum ersten Mal in »Afformative, Strike« oder »bifformativ« nehme ich dieselbe Lizenz in Anspruch, die Austin für die Einführung des Begriffs »performative« brauchte. Nicht um die Befremdlichkeit dieser Begriffe zu mildern, sondern um die Befremdlichkeit inzwischen kodifizierter und konventionalisierter zu betonen, erinnere ich daran, dass Austin es mit »performatives« nicht genug sein ließ, sondern auch von »illocutives« und »perlocutives« von »verdictives« »exercitives« »commissives« »behabitives« und »expositives« spricht (in *How to Do Things With Words*, Cambridge MA 1962, S. 153–64).

Derrida stellt diese Frage ausdrücklich im Anschluss an eine Passage aus der *Deutschen Ideologie*, in der Marx als Bauchredner Stirners mokant konstatiert, *daß Du selbst ein Gespenst bist, das ›auf Erlösung harrt, nämlich ein Geist‹*. (M 214, S 217) Die Differenz zwischen Gespenst und Geist, so kommentiert Derrida Marxens Stirner-Zitat, ist die *différance*. »Das Gespenst ist nicht nur die leibliche Erscheinung des Geistes, sein phänomenaler Leib, sein gescheitertes und sündiges Leben, sondern auch das ungeduldige und sehnsüchtige Warten auf eine Erlösung, das heißt, noch einmal, auf einen Geist. Das Phantom, das wäre der aufgeschobene oder noch ausstehende Geist [*l'esprit différé*], das Versprechen oder das Kalkül eines Freikaufs, einer Erlösung. Was ist diese *Differänz*? Alles oder nichts. Man hat mit ihr zu rechnen, aber sie macht jedes Kalkül, jeden Zins und jedes Kapital zunichte.« (M 215, S 217) Wenn das Gespenst auch die Hinhaltung und Hintanhaltung des Geistes ist, so ist es doch zugleich die unendliche Sehnsucht nach ihm. Es ist die messianische Hoffnung, die in den zerbrochenen und verbrecherischen Formen des gesellschaftlichen und sprachlichen Lebens als Gespenst umgeht und noch ihre mythischsten Formen, ihre terroristischen Performativa, ihre familialen Obsessionen mit der Erwartung ihrer Erlösung verbindet. Das gescheiterte Leben hält die Sehnsucht nach dem gerechten fest – und wird so, und *nur* so, in einer Art Minimal-Ontodizee, selbst noch ›gerechtfertigt‹. Denn was wäre Erlösung, wenn nicht auch die Vergangenheiten erlöst würden mitsamt allen ihren Enttäuschungen, Qualen und Schändlichkeiten? Was Freiheit, wenn nicht auch die Toten befreit würden, wenigstens diejenigen, die in uns noch fortleben – und gibt es andere? Auch die Bedingungen des Kapitals und der Arbeit stehen noch unter *anderen* Bedingungen: solchen ihrer Veränderung, solchen ihrer möglichen anderen Zukunft. Noch die Ontologisierung des Afformativ zum Performativ und weiterhin zum Pèreformativ wäre nicht möglich ohne die afformative, die Künftigkeitsstruktur des Versprechens, das ihre Verwandlung in eine prognostisch und programmatisch unerfassbare andere Sprache – und vielleicht etwas anderes als Sprache –, in eine andere Handlungsform – vielleicht sogar etwas anderes als Form und als Handlung – verheißt. Und, vielleicht, etwas anderes als Zukunft.

Denn was wäre Zukunft, wenn sie nicht noch etwas anderes als Zukunft sein könnte?

Es kann hier nicht darum gehen, Vermutungen über sie anzustellen, Pläne für sie zu entwerfen, Absichten zu formulieren und Vorsichten anzuraten. Es kann nicht einmal darum gehen, über die Zukunft zu spekulieren oder mit ihr zu spekulieren. Wohl muss es darum gehen, alle Implikationen der Künftigkeit und ihrer einzigen Zugangsweise, der Spekulation, zu entfalten und dabei die Sprache dieser Künftigkeit und ihrer Spektrealität, die Sprache des Versprechens deutlicher hören zu lassen. Um der Künftigkeit willen muss es zunächst allein um ihre formale Struktur und also um die Suspendierung aller Inhalte gehen, die sich mit ihr verbinden mögen. Was geboten ist und was Derrida in *Spectres de Marx* immer wieder vorführt, ist eine in der politischen Theorie bisher fast beispiellose ultra-transzendentale Epochè der Gegenstände und Inhalte künftiger Politik und ihre rigorose Reduktion auf die schiere Form ihrer Künftigkeit. Dementsprechend scheidet er zwischen der »marxistischen Ontologie, die das Projekt der marxistischen Wissenschaft oder Kritik begründete«, und einer »messianischen Eschatologie«, die als Versprechen einer Gerechtigkeit und einer Demokratie, wie sie noch nie realisiert worden ist, über jede kritische Ontologie des Vorhandenen und des prognostisch oder programmatisch Erfassbaren hinausgeht. Wird nun aber von den inhaltlichen Bestimmungen der Zukunft abgesehen, so wird zugleich auch die *prinzipielle* Differenz zwischen der marxistischen Kritik und den von ihr kritisierten – und sie kritisierenden – Religionen, Ideologien und Theologemen suspendiert. Ihre von beiden notorisch verworfene Gemeinsamkeit beruht allein in dem, was keine von beiden als Inhalt ihrer Lehren oder Gegenstand ihrer Begriffe denken kann, wovon aber beide als dem Implikat ihrer Begriffe und Lehren in Atem gehalten werden. Derrida schreibt: »Wenn sie [die messianische Eschatologie] ihnen gemeinsam ist – abgesehen von den Unterschieden des Inhalts (aber keine von ihnen kann natürlich diese *epokhè* des Inhalts akzeptieren, die wir hier indes für einen Wesenszug des Messianischen im Allgemeinen halten, für einen Wesenszug des Messianischen als dem Denken des anderen und des kommenden Ereignisses) –, dann ist es auch so, dass ihre formale Struktur des Versprechens sie übersteigt oder ihnen vorausliegt. Und was ebenso irreduzibel auf jede Dekonstruktion, ebenso undekonstruierbar bleibt wie die Möglichkeit der Dekonstruktion selbst, das ist vielleicht eine bestimmte Erfahrung des emanzipatorischen Versprechens; das ist vielleicht sogar die Formalität eines strukturellen Messianismus, eines Messianismus ohne Religion, eines Messianischen ohne Messianismus sogar, einer Idee der Gerechtigkeit [...].« (M 100f., S 102) Diese Suspendierung der Inhalte, mit der die messianische Struktur des Versprechens, man könnte sagen: die Struktur des *Promessianischen* freigelegt wird, darf nicht als Gleichgültigkeit gegenüber künftigen oder gegenwärtigen Institutionen missverstanden werden: sie ist die einzige Form, unter der solche Institutionen erst möglich werden. »Diese Indifferenz gegenüber dem Inhalt ist keine Gleichgültigkeit«, betont Derrida, »sie ist keine *Haltung* der Indifferenz, im Gegenteil. Indem sie jede Öffnung für das Ereignis und die Zukunft als solche kennzeichnet, stellt sie die Bedingung für das Interesse und die Nicht-Indifferenz wem gegenüber auch immer dar, für jeden Inhalt im Allgemeinen. Ohne sie gäbe es weder Intention noch Bedürfnis, noch Begierde usw.« (M 122, S 123f.) Was Derrida »das Messianische ohne Messianismus« nennt, ist also dasjenige in jedem Versprechen, in jedem Imperativ und jedem Wunsch – und dasjenige in der Sprache überhaupt –, worin sich »die notwendig reine und rein notwendige Form der Zukunft als solcher« anzeigt (ebd.). Es ist, so könnte man sagen, die notwendige Möglichkeit, die allem Wirklichen, allem notwendig Wirklichen und allem Möglichen voraufgeht. Es ist die Geschichtlichkeit der Geschichte selbst: ihre immer offene und also auf anderes offene Künftigkeit. Der Marxismus – und, da es mehrere konkurrierende und unter ihnen nationalistische, totalitäre und terroristische Marxismen gibt, genauer: derjenige Marxismus, der eine Politik des emanzipatorischen Universalismus betreibt, ist die Artikulationsinstanz dieses messianischen Versprechens, und er ist diese Artikulationsinstanz auch dann, und vielleicht nur dann, wenn dieses Messianische nicht die Organisationsform einer Partei, sondern mehrerer annimmt, auch dann, und vielleicht gerade dann, wenn es nicht an die Leiden und Hoffnungen einer einzigen Klasse und also an den traditionellen Begriff des Proletariats gebunden wird, und nur dann, wenn sich dieses Messianische und sein Marxismus nicht durch ein Programm, wenn es sich nicht durch seine Allianz mit der Arbeit und nicht durch ein Zeit- und Geschichtsschema der Sukzession, der Entwicklung oder der linearen Folge korrumpieren lässt.

Der Geist des Marxismus – oder das eine, beerbbare Gespenst, das seit hundertfünfzig Jahren umgeht – ist also vor allem und allem voraus die absolut abstrakte Formalität des Versprechens: die Eröffnung einer Zukunft, die nicht die Fortsetzung der Vergangenheiten wäre, sondern allererst den Anspruch dieser Vergangenheiten freilegt, die Eröffnung einer anderen Zeit – einer anderen als der Zeit der Arbeit und des Kapitals –, die Eröffnung einer Geschichte, die aller bisherigen Geschichte erst ihren Spielraum geben könnte. Der Geist des Marxismus ist, kurzum, das Versprechen, das absolute Voraus des Sprechens, es ist die Vor-Struktur, die Ermöglichungsstruktur jeder Erfahrung überhaupt – und ist also wesentlich Zeitigung und Geschichtlichung. Als solcher ist ihr aber eine eschatologische Bewegung eigen, die sich in keinem Vorstellungsinhalt und keinem absehbaren Zweck stillstellen lässt. Die messianische Eschatologie, die jedem fundamental kritischen Gedanken, jeder Sehnsucht und jeder einfachsten Aussage, die aber insbesondere jenem marxistischen Projekt seine Bahn öffnet, das auf Internationalismus, Demokratie und über alle positiven Rechtformen hinausgehende Gerechtigkeit dringt, muss um der Geschichtlichkeit und der Künftigkeit dieser absolut formalen und universellen Imperative willen, von der Teleologie klassischen Stils unterschieden werden: Derrida insistiert darauf, »Teleologie und messianische Eschatologie voneinander zu unterscheiden« (M 145, S 147).[46] Für »das Messianische ohne Messianismus« gibt es kein

---

46 Die Differenz zwischen Teleologie und Eschatologie, die von Heidegger in »Der Spruch des Anaximander« nur angedeutet worden ist, wird in *Totalité et Infini* von Emmanuel Levinas zum Grat, an dem sich egologische Ontologie und das Denken eines messianischen Anderen scheiden. Soweit ich sehen kann, ist der einzige Autor in der Tradition des »messianischen« *Marxismus*, der außer Ernst Bloch dieser wichtigen Differenz vorgearbeitet hat, Walter Benjamin in seinem »Theologisch-politischen Fragment«. Dessen erste Sätze lauten: »Erst der Messias selbst vollendet alles historische Geschehen, und zwar in dem Sinne, dass er dessen Beziehung auf das Messianische selbst erst erlöst, vollendet, schafft. Darum kann nichts Historisches von sich aus sich auf Messianisches beziehen wollen. Darum ist das Reich Gottes nicht das Telos der historischen

vorgesetztes Telos, das jetzt schon erkannt, programmatisch erstrebt und in einer bestimmten Organisation des gesellschaftlichen Lebens endgültig erreicht werden könnte. Als universeller Struktur der Erfahrung können ihr keine Leit- und Zielfiguren präsidieren, deren Entwurf nicht zunächst ihr zu verdanken wäre und die deshalb in jeder ihrer Positionen bereits von ihr überholt wären. Die messianische Hoffnung ist also aller bestimmten und aller bestimmbaren religiösen, metaphysischen oder technischen Figuren der Erwartung entblößt, sie ist diese fortgesetzte Entblößung selbst, indem sie jede gewesene Geschichte auf eine andere, zukünftige öffnet, und kann deshalb nichts anderes als eine »Erwartung ohne Erwartungshorizont« sein (M 110, 265; S 111, 267). Aus dieser entscheidenden Bestimmung des Messianischen, die Derridas Text wieder und wieder skandiert: dass es unbestimmbar bleiben muss, dass es ein Messianisches ohne Horizont ist, ergibt sich nun fürs Versprechen und die Struktur seiner Performativität, aus der ja allererst die messianische Tendenz entspringt, dass auch dies Versprechen *stricto sensu* offen und dass es ein Performativ ohne Horizont sein muss. Erst mit dieser Charakterisierung ist der Grund für die messianische Bewegung, für das Marx'sche Projekt und für die Politik der Emanzipation freigelegt: sie ist *Performation ohne performativen Horizont, Perforation jedes Horizonts*, transzendentale – und, genauer, attranszendentale – Kenosis aller sprachlichen und nicht-diskursiven Handlungsformen. Aber was heißt das?

---

Dynamis; es kann nicht zum Ziel gesetzt werden. Historisch gesehen ist es nicht Ziel, sondern Ende.« (*Gesammelte Schriften*, Bd II/1, Frankfurt/M. 1977, S. 203) Nicht Ziel, sondern Ende, nicht Telos, sondern Eschaton ist für Benjamin »das Messianische« – und zwar ebenfalls »das Messianische« ohne Messias, denn erst er könnte die Beziehung auf das Messianische vollenden und schaffen. Derridas Nähe zu Benjamin ist in diesem Punkt unverkennbar. Die – minimale – Entfernung wird dadurch markiert, dass es für Benjamin nur das absolute Paradox eines *Messianischen ohne Messianisches* geben kann, denn das Messianische kann keine Kategorie der Geschichte sein. Umgekehrt gilt aber: »Das Profane Geschichtliche] also ist zwar keine Kategorie des Reichs, aber eine Kategorie, und zwar der zutreffendsten eine, seines leistesten Nahens.« (Ebd., S. 204) Nur in diesem Sinn kann auch für Benjamin gelten: »Die Beziehung dieser Ordnung [des Profanen] auf das Messianische ist eines der wesentlichsten Lehrstücke der Geschichtsphilosophie.« (Ebd., S. 203)

Derrida geht der Struktur einer Performativität ohne Horizont in *Spectres de Marx* nicht weiter nach. Sie ist für ihn gekennzeichnet durch ihre Medialität – als »Medium aller Medien« –, durch ihre Offenheit und somit durch ihre uneinschränkbare Künftigkeit. Wie diese drei Züge, die sich in der Spektralität oder Spektrealität des Marx'schen Projektes verknüpfen, die Struktur des Performativs affizieren, wird im Marx-Buch nicht näher untersucht. Es gibt freilich einen, gleichfalls mehrfach wiederholten, Hinweis, der näher in zwei jüngeren Texten Derridas, in »Foi et Savoir« und in »Avances«, kommentiert wird. Derrida konzediert nämlich in *Spectres de Marx* – und es ist wichtig, dass es in der Form der Einräumung geschieht –, dass die vorbehaltlose Gastfreundschaft, die das ahorizontale Versprechen dem anderen, der Zukunft, der Gerechtigkeit und Freiheit einräumt, »das Unmögliche selbst« sein könnte, und er fügt hinzu: »nichts und niemand könnte sonst ankommen, eine Hypothese, die man, wohlverstanden, niemals ausschließen kann« (M 110, S 11–12). Man kann also nicht ausschließen, man muss vielmehr einräumen und zulassen, dass das Versprechen der Ankunft *auch keine* Ankunft, dass es vielmehr etwas Unankünftiges verspricht und also gerade verspricht, was sich schlechterdings nicht versprechen lässt. Es ist aber klar, dass diese Unankünftigkeit das Versprechen – jedes – nicht etwa als Zufall von außen ereilt (etwa von demjenigen anderen, der da versprochen worden ist, der aber von sich aus, aufgrund seiner Willensentscheidung, seiner Macht oder seiner Ohnmacht nicht kommt), sondern dass sie zur Struktur des elementaren Versprechens selber gehört: Sofern es Versprechen ist, muss es auf etwas offen sein, das sich dem Wissen, dem Beweis, dem Bewusstsein, dem Kalkül eines Programms versagt und also immer und in jedem einzelnen Fall auch nicht eintreffen kann. Das Versprechen wäre kein Versprechen, wenn es die Konstatierung eines Faktums oder die Prognose für eine kausale Entwicklungsreihe wäre. Ihm geht die egologisch verankerte Gewissheit ab, die diesen Sprachformen des epistemischen Kalküls eigen sein soll. Was auch immer versprochen werden mag, das Versprechen als solches räumt bereits ein, dass es nicht gehalten, dass es gebrochen und dass es allein im Hinblick auf seine mögliche Unhaltbarkeit gegeben werden kann. Gegeben ist ein Versprechen allein unter der Prämisse des möglichen Entzugs seiner Gabe.

Da das Versprechen der Begründungsakt der Sprache insgesamt (und somit diese ›selbst‹), die Eröffnung der Selbstheit wie der Beziehung zum andern, der Gesellschaftlichkeit wie der Geschichte und der Politik ist, kann seine strukturelle Unvollziehbarkeit aber nicht umhin, diese alle und in ihnen ihre konstitutive Beziehung zur Zukunft zu suspendieren. Indem es Zukunft *gibt*, gibt das Versprechen sie doch allein unter dem Vorbehalt ihrer möglichen Unankünftigkeit. Und diese Reserve, die absolute Diskretion der möglicherweise unmöglichen Zukunft, ist dem Versprechen und mit ihm der Eröffnung der Zukunft, ist der Künftigkeit der Zukunft selbst einbeschrieben.

Das Band zwischen der Performativität der Bezeugung [*performativité testimoniale*] und der techno-szientifischen Performanz, von dem »Foi et Savoir« handelt, wird von einem »Performativ des Versprechens« geknüpft, von dem Derrida betont, es sei auch noch in der Lüge und im Meineid am Werk und ohne ihn sei eine Adresse, eine Wendung zum andern unmöglich. Er schreibt: »Ohne die performative Erfahrung [*expérience performative*] dieses elementaren Glaubensaktes gäbe es weder eine ›soziale Beziehung‹, noch eine Anrede an den anderen, noch irgendeine Performativität überhaupt: weder Konvention, noch Institution, weder eine Verfassung, noch einen souveränen Staat, noch ein Gesetz, noch vor allem […] diese strukturelle Performativität der produktiven Performanz, die von Anbeginn das Wissen der wissenschaftlichen Gemeinschaft mit dem Machen, und die Wissenschaft mit der Technik verbindet.«[47] Da dieses elementare Versprechen – und das heißt auch: das Versprechen als Element, als Medium aller sprachlichen und nicht-diskursiven Institutionen – nun seinerseits an die Iterierbarkeit von Markierungen gebunden ist, gilt: »keine Zu-kunft ohne Erbe und ohne Möglichkeit, zu *wiederholen*. Keine Zu-kunft ohne *Iterabilität*, zumindest unter der Form der Beziehung zu sich und der *Konfirmation* des originären *Ja*. Keine Zu-kunft ohne messianisches Gedächtnis und messianisches Versprechen, ohne eine Messianität, die älter ist als alle Religion, ursprünglicher als aller

---

47 Jacques Derrida, »Foi et Savoir – Les deux sources de la ›religion‹ aux limites de la simple raison«, in *La Religion*, hg. v. Jacques Derrida und Gianni Vattimo, Paris 1996, S. 59. (Die Übersetzung stammt von mir. W.H.)

Messianismus. Keine Rede, keine Adresse an den anderen ohne die Möglichkeit eines elementaren Versprechens. Meineid und nicht gehaltenes Versprechen beanspruchen die *selbe* Möglichkeit.«[48] Alles, kurzum, beginnt mit der Möglichkeit – mit der Möglichkeit, im Versprechen Möglichkeiten zu entwerfen und diese Möglichkeiten zu bestätigen, zu wiederholen, sie wieder- und weiterzugeben. Die Möglichkeit des Versprechens ist schon die Möglichkeit seiner Wiederholung. Wäre aber diese Wiederholung bloß dem Automatismus des Immergleichen verdankt, so würde das Versprechen zum Programm und zum Beweis, zur Vorhersage und zur Vorsehung. Wäre die Eröffnung der Zukunft, die vom Versprechen in seiner Iterabilität herbeigeführt wird, – man könnte sagen: wäre die *Futuration* der Akt eines wissenden Selbstbewusstseins, so wäre die Zukunft selbst ein rein Gewusstes und technisch Gekonntes und wäre also statt der Zukunft ihre Annullierung. Die mit dem Versprechen koextensive Iterabilität hat also zwei Seiten: sie eröffnet die Zukunft als das Feld möglicher Bestätigungen und sogar Erfüllungen, und sie eröffnet diese Zukunft als eine, die jede Zukunft blockieren kann. Zu den Möglichkeiten der Zukunft gehört immer auch die, dass es eine Zukunft nicht gibt. Zu den Möglichkeiten der Iteration immer auch die, dass sie nicht Transformation, sondern Starre; zu den Möglichkeiten des Versprechens immer auch die, dass es nicht nur unerfüllbar, sondern unvollziehbar ist: jedem Versprechen kann prinzipiell ein Unfall, ein Zufall ins Wort fallen. Diese zwei irreduziblen, weil gleichursprünglichen Möglichkeiten machen jede Futuration zur *Affuturation*: zur Eröffnung einer Zukunft, die, weil sie immer eine Zukunft ohne Zukunft, eine Annullierung der Zukunft muss sein können, diese Eröffnung selbst unwiderruflich desavouieren kann. Nicht *die* Zukunft wird eröffnet, sondern – die Iteration ist immediate Pluralisierung – eröffnet werden Zukünfte; zu diesen Zukünften gehört aber immer mindestens eine, die *von* keiner Zukunft und *in* keiner mehr zu reden erlaubt. Es ist diese mindestens eine, diese annullierte und Null-Zukunft, die dazu zwingt, künftige Möglichkeiten immer auch auf dem Fond ihrer möglichen Unmöglichkeit, Zukünfte auf dem Fond

48 Ebd., S. 63.

ihrer künftigen Unankünftigkeit zu erfahren. Es gibt keine Relation zur Zukunft, die nicht von der Irrelation zu ihrem prinzipiell möglichen Ausbleiben an jedem ihrer Punkte schon gekappt – also eine Relation zur Irrelation – also selbst eine Irrelation – also keine Relation zur Zukunft wäre. *Affuturisierend* sprechen und handeln wir *an* der Zukunft, auf der *Schwelle* zu ihr, nicht *in* ihr, nicht im Öffnen, sondern in der Eröffnung – und in einer Eröffnung, die, anders wäre sie keine, immer auch die Öffnung auf ein Ende sein kann, auf einen Schluss oder einen Block.

Die Möglichkeiten, die sich in der messianischen Öffnung des Versprechens zeigen, verhalten sich nun aber zu diesem Versprechen nicht als dessen äußerliche Addenda, die einer anderen Logik als der des Versprechens folgen würden. Sie sind Möglichkeiten nur, sofern sie vom Versprechen eröffnete Möglichkeiten sind. Wenn das Versprechen bei Derrida messianisch heißt, dann ist damit nicht gesagt, dass es das Versprechen eines außer ihm gelegenen Messianischen, noch weniger, dass es das Versprechen eines Messias sei, sondern schlicht dies, dass die Grundstruktur des Versprechens selber die der Ankündigung und der Erwartung eines anderen, gerechten Lebens und einer anderen, wahren Sprache sei. Deshalb – und erst deshalb – gehört zu den irreduziblen Möglichkeiten, die in der Struktur jedes Versprechens mitgeteilt werden, notwendigerweise auch die, dass es das Versprechen eines Gottes oder eines Messias ist. Messias eines Versprechens, ist er nichts als das Versprechen, dass das Versprechen wirklich und in Wahrheit das Versprechen sei, die Wahrheit über das Versprechen zu sagen und dies Versprechen so zu halten, wie es gegeben wurde. Gott selbst wäre das Versprechen, dass das Versprechen Versprechen *ist*: derjenige, der als sein oberster Garant seine Wahrheit bezeugt. Um etwas versprechen zu können, muss das Versprechen selber zunächst seinen eigenen Status sichern und dazu eine absolute – und somit unerzeugbare – Instanz seiner Bezeugung entwerfen. Um überhaupt Versprechen zu sein, muss jedes, und noch das profanste, Versprechen einen Gott produzieren. »Ohne Gott, kein absoluter Zeuge. Kein absoluter Zeuge, den man als Zeugen fürs

Zeugnis nehmen könnte.«[49] Was das Versprechen zum Zeugen seiner Wahrheit nimmt, muss absolut, muss ein Gott und *ein* Gott sein – aber es darf zugleich *kein* Gott, kein absoluter und kein Zeuge sein, denn wäre das Versprechen durch einen absoluten Zeugen beglaubigt, dann wäre es schon kein Versprechen mehr, schon nicht mehr auf die Zukunft angewiesen und nicht mehr die prekäre Eröffnung einer Möglichkeit, sondern die Statuierung einer absolut gewissen Aktualität. Der absolute eine Zeuge muss keiner – kein Gott – sein können – er *kann* Gott nur sein, indem er zugleich keiner sein kann, er muss noch sein Können, jenseits alles Vermögens, loslassen können – und kann nur als dieser eine und zugleich keiner das Versprechen beglaubigen. »Kein absoluter Zeuge [*point de témoin absolu*], den man als Zeugen fürs Zeugnis nehmen könnte.« Die notwendige Möglichkeit eines Gottes, die von der Struktur des Versprechens selbst gesetzt wird, wird mit gleicher Notwendigkeit ent-setzt zur notwendigen Unmöglichkeit eines Gottes. Wenn der Messias von der messianischen Struktur der endlichen Sprache angerufen, herbei- und ins Leben gerufen wird, so muss er von derselben Struktur zurück- und als der immer ausstehende und immer vermisste ferngehalten werden. Kein Gott und kein Messias, der nicht fehlte. Keiner, der nicht noch in seiner eigenen Gegenwart fehlte. Keiner, der nicht von der Sprache versprochen und fort-gesprochen: weitergesprochen, hinweggesprochen und entfernt, entfernt und ent-fernt würde. Keiner, der nicht verspräche; keiner, der spräche. Der Messias lässt sich nicht versprechen – aber er lässt sich *nur* versprechen, und also nur versprechen als das Unversprechbare, das jedes Versprechen bricht.

Was die messianische Struktur der Sprache und der Erfahrung nicht zu einer theologischen, sondern zu einer anatheologischen und weiterhin atheologischen macht, ist genau das, was die Titel ›messianisch‹ und ›das Messianische‹ noch verkappen. Wie der Titel ›Gott‹ einer Theologie, sei sie positiv oder negativ, nur dann als Name für eine absolute Entität gelten kann, wenn ein Element aus der Struktur des Versprechens isoliert, semantisiert und ontologisiert wird, so könnte noch der vorsichtig gewählte, rein formale

---

49 Ebd., S. 40.

Titel ›das Messianische ohne Messianismus‹ das Missverständnis wecken, es bezeichne eine stabile transzendentale Struktur der linear auf eine offene Zukunft gerichteten, Zukunft eröffnenden Entwurfshandlungen. Das würde nicht nur auf eine Messianisierung und Theologisierung der Zukunft hinauslaufen (Derrida zitiert Levinas' Satz »Dieu est l'avenir«[50]), nicht nur die Ontologisierung eines isolierten Elements aus der Struktur des Versprechens bedeuten, es wäre genau denjenigen Aspekten entgegen, die Derrida in seinen Analysen des Versprechens hervorhebt und die ihn die Frage stellen lassen, ob es ein konsequenteres als ein »atheologisches Erbe des Messianischen« geben könne (M 264, S 266). Messianisch ist immer allein dasjenige, was ein nicht antizipierbares, nicht präfigurierbares anderes ersehnt, eröffnet, verspricht, aber eben weil es nicht präfigurierbar, weil es ein anderes ist, sich sein Versprechen untersagt, es um der Versprechbarkeit willen durchkreuzt und, statt eine bestimmte Zukunft zu verheißen, in deren Aussetzen eine andere Künftigkeit appräsentiert. Messianisch ist allein das *Ammessianische*. Dasjenige, das die messianische Tendenz allererst eröffnet und zugleich die Möglichkeit ihres Abbruchs, hic et nunc, einräumt. Wie die Zukunft immer auch diese eine: keine Zukunft muss sein können, damit Zukunft sein kann, so muss das Messianische immer auch auf seinen Ausfall offen sein, wenn anders es messianisch sein soll. Es – jedes es – muss auch nicht sein können, damit es sei: Gesetz jenes Gesetzes, das das Versprechen erlässt, Gesetz der Aussetzung des Gesetzes ›selbst‹, attranszendentale Bewegung, die jeder Transzendentalität der Hoffnung, des Glaubens, des Wunsches und jeder Ontologisierung oder Semantisierung vorausgeht. Sie geht, noch vor jedem Sein, voraus als dasjenige, worin jedes Vor aufgegeben ist. ›Messianisches Versprechen‹ – das heißt Anasemiose noch des Vor jedes Ver-sprechens in einer Möglichkeit, die nur in dem Maße etwas vermag, in dem sie ohnmächtig ist –; die nur etwas heißen und bedeuten kann, indem sie unbedeutsam noch jeder Bedeutung und jedem Geheiß zuvorkommt. ›Das Messianische‹ ist wie ›die Zukunft‹ ein Fehlname; seine Lücke kann durch den Fehlnamen

50 Ebd., S. 73.

›ammessianisch‹ nicht gefüllt, sondern nur präzisiert und kommentiert werden.

»Avances«, Derridas Vorwort zu *Le tombeau du dieu artisan* von Serge Margel, ist eine Studie über die aporetische Struktur jedes Versprechens. In ihr wird gezeigt, wie das *Machen* an den *Mangel*, und die Performanz an die Endlichkeit gebunden ist. Versprechen nämlich sind allein unter Verhältnissen ihrer möglichen Unhaltbarkeit möglich. Sie sind die exponiertesten Formen sprachlicher und somit existenzieller Fragilität. »Um Versprechen zu sein«, schreibt deshalb Derrida, »*muss* ein Versprechen unhaltbar sein *können* und also *nicht* ein Versprechen sein können (denn ein unhaltbares Versprechen ist kein Versprechen).«[51] Die Konsequenz für die Struktur der Performativität liegt nahe, ohne dass sie doch von Derrida in dieser Weise gezogen würde: da sie nicht die Gewissheit gewähren kann, dass sie wirklich die Struktur der *Performativität* ist, da sie diese Gewissheit nicht einmal gewähren *darf*, wenn anders sie eine Chance haben soll, ihr zu entsprechen, muss selbst noch die *Form* des Performativs in seiner Performanz suspendiert werden. Performativ ist, was seine Form, den Horizont seiner Bestimmung, sich selber als Akt *aussetzt* – ein Machen, dem nicht etwas anderes, sondern dies Machen ›selbst‹ mangelt – ein Vollzug, dem immediat die Fülle wie der Zug ›selbst‹ entgleitet – und dessen ›selbst‹ in nichts anderm beruht als darin, dies Aussetzen und Entgleiten *zuzulassen*. Ein *actus ex-actus*. Ein Performativ, der als Afformativ strukturiert, distrukturiert sein muss, um wirken, eröffnen oder setzen zu können: als *auf* die Form eines Aktes hin orientiert, aber gerade deshalb von der Form dieses Aktes *entblößt*; ein amorphes oder anamorphes Ereignis, über das keine Figur regieren und aus dem keine stabile Instanz resultieren kann, weil es wesentlich *affigurativ* ist; ein jeweils singuläres, initerables – und somit *errables* – Geschehen überdies, weil die Bedingungen seiner Wiederholung immer zugleich die Bedingungen seiner Unwiederholbarkeit sein müssen. Deshalb kann die von Derrida gebrauchte Wendung von der »Perversion« des Versprechens in eine Dro-

---

51 Jacques Derrida, »Avances«, Vorwort zu Serge Margel, *Le tombeau du dieu artisan. Sur Platon,* Paris 1995, S. 26.

hung[52] nur missverständlich sein: jede promissive, jede promessianische Performanz ist, ohne ihren Charakter zu ändern, notwendig selbst schon die Drohung, nicht nur nicht eingehalten zu werden, sondern *keine zu sein*.

Wenn es, noch einmal, Zukunft soll geben können, dann nur eine solche, die auch *keine* sein kann. Diese Möglichkeit ist keine Alternative, die sich in der Disjunktion ›entweder eine Zukunft oder keine‹ aussprechen ließe, denn allein sofern es Zukunft gibt, gibt es auch keine; allein sofern es offene Möglichkeiten gibt, gibt es auch die, dass keine auch nur *als Möglichkeit* erhalten bleibt. Wenn aber das, was Gegenwart, Präsenz oder Aktualität heißt, sich immer von der Öffnung auf die Zukunft her und *als* diese Öffnung bestimmt, dann ist Gegenwart, *appräsentativ* (in einem anderen als dem Husserl'schen Sinn), immer das, worin jede Zukunft noch aussteht und jede Zukunft schon aussetzt. Diese Eröffnung, die die Gegenwart ist, muss, hic et nunc, schon etwas anderes sein als Zukunft, mehr als *eine* Zukunft, Pluralitäten von Zukünften, aber auch mehr als Zukünfte, plusquamfuturisch; nicht nur eine andere Zeit und andere Zeiten, sondern was keine Zeit mehr wäre. Das Versprechen müsste der Ort sein, an dem diese andere Zeit und dieses andere als die Zeit sich ereignen. Es ist der Ort – der atopische Ort –, an dem Möglichkeiten faktisch eröffnet werden, aber immer nur solche eröffnet werden können, denen die Bedingungen ihrer Verifikation und ihrer Aktualisierung konstitutiv fehlen. Was immer nur ein Versprechen *werden* könnte, ohne es jemals faktisch zu sein, gehört aber mindestens zwei ›Zeiten‹ an: der Zeit einer Zukunft, die kommen, und einer Zukunft, die nicht kommen kann; der Zeit der Ermöglichung und derjenigen der Verunmöglichung eben dieser Ermöglichung selbst. Das Versprechen ist also der Ort der Aporie der Temporalisierung; der Ort somit einer *Attemporalisierung*, die als Un-zeitigung noch jeder möglichen Zeit, jeder möglichen Zukunft, jeder möglichen Möglichkeit vorausgehen muss und mit der, hier, jetzt, – denn auch dies ist ein Versprechen – nicht nur andere Zeiten, sondern auch anderes als Zeit geschieht.

52 Ebd., S. 42f.

— Eine Leinwand vor der Zeit und vor der temporal determinierten Rede – eine Leinwand aus Versprechen, prädiskursiver Stoff, der ›sich‹ ›selber‹ verspricht: Sie ist ursprünglich zwei, die eine das Versprechen, die andere (die nicht da ist) die Bestätigung, dass es ein Versprechen sei. Sie tauschen einander nicht aus, kommunizieren miteinander nicht unter einem gemeinsamen Diskursideal und sind in ihrer absoluten Disjunktion doch eine Gemeinschaft – eine möglich-unmögliche Gemeinschaft vor jeder Äquivalenz, vor dem Kapital und vor der vom Kapital gemessenen Arbeit und ihrer Zeit. Und weil vor, so auch über sie hinaus: attranszendentaler Stoff: Jetzt.

Als Versprechen den ungewissen Möglichkeiten der Zukunft ausgesetzt, riskiert jeder Akt, keiner zu sein. Jeder, so mannigfaltig bestimmt er im übrigen sein mag, muss a priori mindestens eine extreme Möglichkeit *offenlassen* – und offenlassen, das heißt riskieren und das Scheitern riskieren –, diejenige Möglichkeit nämlich, die nicht mehr unter das Regime eines intentionalen Subjekts fällt und sich also nicht mehr als Akt qualifiziert. Der offene Ort dieser extremen Möglichkeit, die das Feld jeder beliebigen Handlung (in)determiniert, ist deshalb, unabhängig davon, ob sie in ihrem Gelingen oder ihrem Scheitern endet, der Ort nicht mehr eines Machens, sondern eines *Lassens*. Jeder Performativ muss die strukturelle Konzession enthalten, dass sein Horizont nicht der seine, dass er nicht durchweg der Horizont der Performativität – der Setzung, der produktiven Einbildungskraft, der Arbeit – ist, dass er vielmehr auf andere Horizonte und, a limine, ahorizontal, offen ist auf Möglichkeiten, die nicht *von* ihm gegeben, sondern ihm gegeben, überlassen, mitgeteilt oder vermacht sind. Performativa, faktensetzende oder Möglichkeiten erschließende Sprachhandlungen, gibt es nur, wenn ihnen schon ein Spielraum eingeräumt ist und wenn sie selbst sich diesem Spielraum überlassen: wenn sie, noch bevor sie Performativa sein können, in einen Bereich eingelassen sind, den man provisorisch den der *Admissiva* oder *Amissiva* nennen kann. Diese Ad- oder Amissiva können nun nicht als fundamentalere Sprachhandlungen gedacht werden, in ihnen wird eben nicht gehandelt und nicht vollzogen, sondern zugelassen und eingeräumt, gewährt und überlassen, und zwar in nicht regulierbarer, jedesmal singulärer Weise, und jedesmal so – deshalb Ad- oder Amissiva –, dass eine Zulassung und Einlassung zugleich ein Fahren- und Fallen-lassen, eine Aufgabe und ein Verlust sein kann.[53] Um sagen zu können »Ich verspreche«, muss ich auch schon sagen »Ich lasse mein Versprechen zu« und »Ich lasse es zu im Hinblick auf seine Zulassung durch den anderen, an den es sich richtet«. Um ein Versprechen *zuzulassen*, ist es aber auch unvermeidlich, sein mögliches Scheitern, seinen potenziellen Bruch und sogar seine mögliche Unzulässigkeit zu konzedieren, seine Zulassung also nicht als gesichertes Faktum, sondern als eine Ermöglichung zu behandeln, die auch ihre Verunmöglichung – die Ermöglichung der Verunmöglichung dieser Ermöglichung – nicht ausschließt. »Ich verspreche« heißt deshalb immer auch: »Zugelassen ist dies Versprechen unter dem Vorbehalt seiner Unzuverlässigkeit und seiner möglichen Unzulässigkeit«. Alle Performativa sind also (auch wenn sie es, den Bereich ihrer Projekte programmierend, semantisierend, ontologisierend verleugnen) als Admissiva, alle Admissiva als Amissiva strukturiert: sie lassen zu, räumen ein und überlassen sich einem Feld, über dessen Bestimmung sie so wenig definitorische Macht haben, dass sie ihm nicht einmal Sein zusprechen können, nicht einmal ein unbeschränktes, gesichertes, konsistentes Möglichsein, Wirklich- oder Notwendigsein. Admissiv, lassen sie sich darauf ein, eben das nicht zu sein, was mit ihnen entworfen ist: sie sind Amissiva, sofern sie ihren eigenen Verlust, ihre Unmöglichkeit riskieren. Admissiv, amissiv, ist das Marx'sche Versprechen die Eröffnung einer Welt, einer Gesellschaft, einer Sprache, die – *lingua missa, lingua amissa* – in jedem Zug ein gerechtes Leben visiert, aber eben darum in jedem auf ein anderes und wiederum anderes – und auch auf keines offen sein muss. Aber wenn die Öffnung auf ein anderes Leben und eine andere Sprache immer noch der Temporalität der Ermöglichung folgt,

---

53 Beide Wörter sind Modifikationen von *mittere* – werfen, schleudern, schicken, senden, freilassen – und beide bedeuten »loslassen, zulassen, fahren lassen, einlassen«, *admittere* mit dem zusätzlichen Akzent auf »gestatten und geschehen lassen«, *amittere* mit dem Akzent auf »aufgeben, fallen lassen, verlieren, einbüßen«. So heißt *fidem amittere* »sein Wort brechen«, *amissio* »Verlust (durch Tod)«. In der Wendung von der *res publica amissa* ist die Bedeutung der Zulassung gleichfalls vollständig hinter der von dem Verlust der Republik verschwunden. Das sollte bei der Rede von den Amissiva nicht der Fall sein.

so folgt die niemals auszuschließende – und um der Eröffnung selbst willen unverzichtbare – Öffnung auf ein anderes Leben, das *keines*, auf eine andere Sprache, die *keine* wäre, so folgt also die Öffnung auf den Schluss der Öffnung zugleich der Temporalität der Verunmöglichung; und das Versprechen der Sprache verschränkt sich – um dieses Versprechens willen – mit dem Versprechen der Untersagung nicht nur einer bestimmten, sondern jeder Sprache. Das Versprechen, und gerade das *gelassenste*, gibt es nicht in einer Sprache, sondern in einem Sprachspalt.

Das Versprechen, das messianische, ammessianische, öffnet sich als Zeitspalt. Und zwar als Zeitspalt einer Welt, als Weltspalt. Der Marxismus ist das historisch erste Versprechen, das einen Anspruch auf uneingeschränkte Universalität in Freiheit und Gerechtigkeit erhoben hat, das erste und einzige, das nicht in Rassismen, Nationalismen, Kultismen oder Klassenideologien befangen ist, sondern eine Welt verspricht, die allen gemeinsam und jedem eigen ist.[54] Bevor es diese Welt geben kann, muss sie versprochen, gefordert, verlangt und ermöglicht werden. Aber wenn es sie je geben sollte, wird sie eine Welt unter den Bedingungen dieses Versprechens, dieses Verlangens und dieser Ermöglichung, es wird also eine aporetische Welt sein, deren Idee in unendlichem Widerstreit mit ihrer je singulären Aktualisierung und im Widerstreit mit ihrer immer möglichen Annullierung liegt. Dieser Widerstreit lässt sich so wenig vermeiden wie das Versprechen, dem er entspringt. Was sich zwar nie mit Sicherheit vermeiden, wohl aber bekämpfen lässt – was sich bekämpfen lassen *muss* –, das ist die in der Tendenz des Versprechens gelegene Möglichkeit, kein Versprechen, sondern totalitäres Programm, unabänderliche Vorschrift, Plan oder schlicht und einfach gar nicht zu sein. Was sich bekämpfen lassen muss, ist die Organisation der Zukunft; was dagegen an-

---

54 »Die große Industrie«, so schreibt Marx, »erzeugte insoweit erst die Weltgeschichte, als sie jede zivilisierte Nation und jedes Individuum darin in der Befriedigung seiner Bedürfnisse von der ganzen Welt abhängig machte und die bisherige naturwüchsige Ausschließlichkeit einzelner Nationen vernichtete.« (»Deutsche Ideologie«, a.a.O., S. 60.) Diese industriell erzeugte »ganze Welt« ist unter kapitalistischen Produktionsbedingungen noch in Klassen zerrissen; erst die kommunistische Revolution könnte sie zu einer »Welt« machen. Wir *wissen* also nicht, was eine Welt ist.

kämpft, das Verlangen, sie möge anders, anders als anders und nicht bloß *eine* Zukunft und nicht bloß *Zukunft* sein. Das ist der Riss in der Welt, der sich mit dem Marx'schen Versprechen einer *Welt* aufgetan hat. Er ist inzwischen nicht mehr vornehmlich ein Riss zwischen verschiedenen Klassen – aber er ist immer noch *auch* dieser Klassenantagonismus –, er ist zunächst ein Riss zwischen einer Zukunft, die andere Zukünfte und nicht bloß Zukünfte eröffnet, und einer Zukunft, die das Ende aller Zukünfte wäre, das Ende der Geschichte im automatisierten Terror der Partikularinteressen, in den Torturen der Ausbeutung und Selbstausbeutung, in der dumpfen Selbstgenügsamkeit und der ritualisierten Verstümmelung der anderen und der immer anderen Möglichkeiten der Geschichte. Was sich bekämpfen lassen muss, das ist die Verstümmelung der vergangenen – aber wie vergangenen? – und der künftigen – aber über jede Ankunft hinaus künftigen – Geschichte und also die Zerstörung jener Gegenwart, die sich für den Eintritt dieser Geschichte öffnet. Was sich bekämpfen lassen muss, ist der Tod des Versprechens in theoretischer Gewissheit und praktischer Saturiertheit – des Versprechens, das beiden vorausgeht und erklärt, dass keine von beiden genügt, dass sich beide bekämpfen lassen müssen und dass es dies ›Muss‹ und dies ›Lassen‹ jenseits von Gewissheit und Saturiertheit, jenseits dieses Todes muss geben können.

Das Versprechen, afformativ, ist, so macht Derrida klar, eine Wüste, formell, *afformell* in seiner unendlichen Abstraktheit und grenzenlosen Erstreckung, eine Empörung gegen die Suggestionen der Erfüllung und der gelungenen Kulturation, eine Landschaft der Wut und des Verlangens nach allem, das fehlt. Diese Empörung, diese Wut und dies Verlangen des Versprechens könnte der Anfang, der vielleicht unbewusste und unpraktische, der sicher trostlose Anfang wie der Sprache – einer anderen Sprache – so der Politik – einer anderen Politik und von noch anderem als Politik – sein. Sie sprechen, verkrümmt und »verrückt«, gespenstisch und kompromittiert, auch in der Warensprache. Es kommt darauf an, sie klarer und klärender zu sprechen und nicht nur zu sprechen. Lichter und lichtender. Wüster.

— Leinwand aus Sand. »Auch die Sprache ist wüstenhaft, diese Stimme, die die Wüste braucht…«, schreibt Blanchot.[55] »Denn ihr seid mein Nicht-Volk, und ich bin euer Nicht-Gott.« … Die Wüste, das ist noch nicht die Zeit und noch nicht der Raum, sondern ein Raum ohne Ort und eine Zeit ohne Erzeugung. … Wenn alles unmöglich ist, wenn die Zukunft, dem Feuer überlassen, brennt …, dann sagt die prophetische Rede, die die unmögliche Zukunft ankündigt, auch das »dennoch«, das das Unmögliche bricht und die Zeit wiederherstellt. »Wahrhaft, ich werde diese Stadt und dies Land den Händen der Chaldäer überlassen; sie werden es überfallen, in Brand setzen und zu Asche machen, und *dennoch* werde ich die Einwohner dieser Stadt und dieses Landes aus allen Gegenden, in die ich sie vertrieben habe, zurückführen. Sie werden mein Volk, ich werde ihr Gott sein.« Dennoch! *Laken*!«

22.–27.9.95
19.4.96

55 Maurice Blanchot, *Le livre à venir*, Paris 1959.

# MESSIANISCHES NICHT

Wenn der Messias – wie man sagt – »kommt«, so stellt er nicht nur die Verhältnisse zwischen den Menschen, zwischen den Menschen und Dingen, jedem Einzelnen und sich selbst, sondern er stellt eben deshalb auch die Verhältnisse des Raums und der Zeit um.

Wird die Zeit *bis* zur »Ankunft« des Messias als geradlinige Erstreckung aus der Vergangenheit in die Zukunft vorgestellt, so kann die messianische Zeit selbst nicht mehr die Zeit dieser Vorstellung sein, sie kann nicht mehr die Bewegung aus einem Früher zu einem Später, und kann ebenso wenig die inverse Bewegung aus der Zukunft in die Gegenwart und Vergangenheit sein. Ohne dass vor ihrer »Ankunft« schon gewusst werden könnte, wie diese messianische Zeit verfasst ist, muss von ihr doch schon jetzt angenommen werden, dass in ihr alle Koordinaten der bekannten Zeit derart müssen verschoben sein können, dass, was Zukunft war, nun Vergangenheit, was Vergangenheit Gegenwart, was Gegenwart eine andere Gegenwart oder anders als Gegenwart sein kann. Schlechterdings nichts kann ausschließen, dass es in ihr mehr als drei Zeitdimensionen gibt, mindestens noch eine vierte, in der jene drei sich aufeinander beziehen, sich voneinander lösen und ihr Verhältnis zueinander verwandeln. Und da diese vierte Dimension für jene *andere* Zeit schon jetzt angenommen werden muss, kann auch die Zeit dieses Jetzt nicht ohne jene *andere* Zeit und somit nicht ohne das gedacht werden, was vielleicht etwas anderes als Zeit ist – und deshalb anders als *ist*.

Diese Überlegung ist eine schlichte Forderung der Logik der Messianität – dass alles anders werde und dass auch das Anderswerden nicht bleiben könne, was es ist. Dass die Zeit des Messias eine *andere* und anders strukturierte Zeit als die *vor* seiner Ankunft sein könne, bedarf keines autoritativen Spruchs, ist auf keine Legitimation durch eine historische Religion, keine Sanktion durch einen akkreditierten Glauben angewiesen, sei er synagogal oder ekklesiastisch installiert oder häretisch. Wäre die Zeit des Messias nur eine künftige Epoche (der Eintracht, der Gerechtigkeit, des Glücks), wäre sie erreichbar durch das Vorrücken auf der Zeitlinie oder durch einen (glücklichen, einen revolutionären) Sprung in dieser Zeitreihe, dann wäre diese messianische Zeit nur die Fortsetzung der Zeitbewegung, die aus der Vergangenheit, einer vermissten oder verworfenen, in die Zukunft, eine begehrte oder gefürchtete, führte. Dann würde sich an dem Zeitschema, das wir kennen – wenn wir es denn kennen –, absolut nichts ändern, und *in* dieses leidige Schema, dies Schema des Leidens, das die Zeit ist, könnte sich die messianische Änderung nur einfügen, ohne an diesem Schema selbst auch nur die geringste, geschweige denn eine umstürzende Transformation zu bewirken. Die Vorstellung der messianischen Zeit, die wesentlich die Vorstellung von einer messianischen *Zukunft* und von der *Ankunft* des messianischen Reiches ist, diese Vorstellung von einem *Kommenden*, einer kommenden Zeit und einem kommenden Anderen – einer anderen Welt und einem anderen Sinn – läuft auf nichts anderes als die Domestizierung dieses Anderen im Haus der Zeit hinaus. Sie läuft auf eine solche Domestizierung auch dann und gerade dann hinaus, wenn mit dem Eintritt dieser anderen Zeit das Ende der Zeit assoziiert wird und der Beginn einer *aeternitas* oder *sempiternitas*, die jenes Ende der Zeit besiegeln und ihr Haus schließen soll. Selbst wo das Ende der Zeit als ein seinerseits zeitliches und als Zeit des Endes, als Zeit des Endens und Zeit der Endlichkeit bedacht werden soll, bleibt die Zeit noch im Horizont ihrer Drei-Dimensionalität, ihrer Beendbarkeit und Erfüllbarkeit, bleibt kurzum auf dem Boden ihrer möglichen Selbst-Ständigkeit als (modifizierbare und in den Modi der Vergangenheit, der Gegenwart und der Zukunft modifizierte) Gegenwärtigkeit gedacht – und bleibt als eine auf die *andere*, die messianische Zeit, auf diese *andere*, die *keine* Zeit muss sein können, geöffnete *un*gedacht.

Mit der Frage nach dem Messias stellt sich also zunächst und vor allem die Frage nach der Zeit, nach der Struktur der Zeit und ihrer Zeitigung, nach dem Bleiben, Kommen und Gehen *in* der Zeit und nach dem Bleiben, Kommen und Gehen der Zeit *selbst*, und also nach den modalen Kategorien der Möglichkeit, Wirklichkeit und Notwendigkeit einer Verwandlung *in* der Zeit und einer Verwandlung der Zeit *selber*. Es stellt sich aber darüber hinaus auch die Frage nach einer Modifikation, die über die in den Kategorien erfassten Modi des Möglichseins, des Wirklich- und des Notwendigseins hinausreicht und die Frage nach der Modifikation, der Transformation und der Formation des in den kategorialen Modalitäten genannten Transkategorials »Sein« angeht. Diese Frage lautet: *Ist* der Messias? Und sie lautet präziser: In welchem Sinn kann vom Messias gesagt werden, dass er *ist*, selbst wenn von ihm jeweils nur gesagt werden kann, dass er *kommt* und *sein wird*? Denn die Rede von der messianischen Zeit ist die von einer anderen Zeit, die nicht allein eine andere Zukunft, sondern eine andere Zukünftigkeit, die eine andere Gegenwärtigkeit und eine andere Zeitlichkeit – und, vielleicht, etwas anderes als Zeitlichkeit mit sich führt. Was »Messias« und was »Messianität« dieses »Messias« heißt, kann aber nicht gedacht werden, wenn nicht das Verhältnis zwischen ihrer und derjenigen ›Zeitlichkeit‹ gedacht wird, die als homogenes Kontinuum einer Erstreckung in die Zukunft begriffen worden ist. Zu denken ist ein Kommen in seinem Verhältnis zu einem anderen Kommen, somit das Kommen des Kommens, die Zukunft der Zukunft.

In einer Fußnote zu »Nudité«, dem Vorwort zu seinem Buch *La pensée dérobée*, hat Jean-Luc Nancy eine Bemerkung gemacht, in der er, ich glaube zum ersten Mal in seinen Arbeiten, das Problem der Messianität berührt. Ich sehe hier von einem Kommentar zu Nancys Bemerkungen zum Begriff der Messianität bei Benjamin, Derrida und Agamben ab, weil ich glaube, dass diese Bemerkungen auf Missverständnissen beruhen, die weniger gewichtig sind als dasjenige Missverständnis, das Nancy zu Recht attackiert. Ich beschränke mich auf einen kurzen – zu kurzen – Kommentar zu dem einen Satz, in dem die Fußnote das eben skizzierte Problem angeht. Er folgt dem Satz »Il y a l'à-venir d'un venir nu« und lautet: »… il s'agit, pour nous, de ›déconstruire le christianisme‹ – programme d'un travaille en cours –, alors après le Messie ne vient aucune espèce de messie, et vient une autre venue, *ou bien* un au-delà de la venue en général …«[1]

---

1 Jean-Luc Nancy, *La pensée dérobée*, Paris 2001, S. 19. Meine Hervorhebung, W.H. [Dt. *Das nackte Denken*, aus dem Französischen von Markus Sedlaczek, Zürich-Berlin 2014.]

*Ou bien*. Fast überflüssig, darauf hinzuweisen, dass die Behauptung, nach dem Messias komme kein Messias mehr, sich sehr schlecht verträgt mit den kanonischen Texten des Christentums, die sehr dezidiert eine Wiederkunft des Messias annoncieren, ein zweites Kommen, »une autre venue« offenbar in einem anderen Sinn als dem von Nancy annoncierten. Ebenso überflüssig, darauf zu insistieren, dass jede Dekonstruktion des Christentums – einer Arbeit, die gewiss zu den dringendsten gehört, die seit Kant und, wer weiß, vielleicht seit Paulus und vielleicht sogar seit Jeremia in Gang sind – auch den Messianismus des Judentums und das Fehlen messianischer Perspektiven im Islam zu bedenken hat: das Noch-Nicht und das Nie eines messianischen Geschehens in den beiden anderen Monotheismen. Nicht überflüssig indessen zu bemerken, dass Nancys entscheidende Formel »et vient une autre venue, ou bien un au-delà de la venue en général« eine Aporie und eine Herausforderung an das Denken des Kommens, der Kunft, der Zukunft darstellt. Ein anderes Kommen, insbesondere ein zweites, ist immer noch ein Kommen; das Kommen eines »Jenseits des Kommens im Allgemeinen« mag zwar Kommen von etwas anderem als Kommen sein, aber auch dies Andere müsste noch kommen – es wäre, in extremis, das Kommen eines Nicht-Kommens. Es böte als solches die Aporie – die Weglosigkeit, die Unankünftigkeit – des Kommens, wäre nacktes An-wesen, Heranwesen ohne Anwesenheit und ohne stabile, bleibende, substanzielle Präsenz. Jenes Kommen jenseits des Kommens wäre, mit Nancys Wort, *survenance nu* – eine *survenance*, die vermutlich Heideggers Wort »Überkommnis« aus *Identität und Differenz* überträgt und im einen wie im anderen Kontext sowohl das Geschehen der Überlieferung wie das unvermutete, unvorbereitete Eintreten eines Ereignisses bezeichnet, das mit dem Kontinuum der Zeit und ihrer Ankunft aus der Zukunft bricht. *Überkommnis, survenance* ist Überankünftigkeit ohne Halt und also die Nacktheit eines Kommens über jedes Kommen eines Bestimmten oder auch nur Bestimmbaren, Antizipierten oder Antizipierbaren, Projektierten oder Projektierbaren hinaus. Als Überkommnis gedacht wäre Zukunft *zugleich* unankünftig und überankünftig, und diese unmögliche Zugleichheit (des *Un* und *Über* im *An* der Kunft), so können wir hinzufügen, wäre der entscheidende, der kritische

Zug sowohl der Zukunft wie der Zeit überhaupt, die in ihr, in ihrer Kluft entspringt.

Man kann dieses aporetische Kommen, auf das Nancy in dieser einzigen Formel vom Kommen eines Jenseits des Kommens verweist, etwas diskursiver in der folgenden Weise kommentieren: Soll Zukunft in ihrer reinen Bewegung, soll sie als sie selbst und also als bloßes Kommen ohne Ankunft in einer irgendwie gearteten Gegenwart und also ohne Bestimmung durch diese Gegenwart gedacht werden, so muss sie als Komm-bares gedacht werden – als bloße Möglichkeit des Kommens oder als Möglichkeit, die selbst nichts anderes als Kommen, das Kommen des Kommens ist. Wenn indessen das Kommen selbst erst kommt, dann ist es in keiner Weise schon da, es ist kein wirkliches, irgendwie empirisches oder sinnliches Kommen, sondern höhlt den Sinn, die Empirie und die Aktualität des Kommens aus, ja, es kann, solange es als Kommen noch auf ein Kommen verwiesen ist, nie, zu keiner Zeit, nämlich in keinem Kommen ein Kommen sein. Nicht wir warten, das Kommen selbst wartet auf das Kommen. Es ist das Schon-da des Noch-nie-Dagewesenen und des Nie-jemals-Daseienden. Die bloße Möglichkeit – das Vermögen, das Mögen und die Macht – des Kommens ist seine nackte Unmöglichkeit – das Unvermögen, die strukturelle Unfähigkeit, die Ohnmacht zu kommen. Ist aber die Zukunft als Kommen-lassen der Zeit die Möglichkeit und die Ermöglichung der Zeit; und ist sie als bloßes Zulassen die Zurückhaltung des Kommens und damit seine Verunmöglichung, dann können die Kategorien des Möglichseins, Wirklichseins und Notwendigseins, dann können die transzendentalen Stammbegriffe des Verstandes und die formativen Schemata unseres Denkens keine Geltung mehr haben: die Struktur der Zukunft ist *anakategorial:* sie lässt sich nicht aufweisen, weil die Aufweisung selbst, sofern sie von der Struktur der Zukunft umrissen ist, Verwaisung und Verweigerung der Aufweisung ist. (Unsere Sprache ist Sprache der Zeit und *aus* Zeit, und genauer: Sprache der Zukunft, Sprache aus der Zukunft; und sie ist, aus diesem Grund, Sprache, in der sich aufweist und ankommt, was sich in jeder Aufweisung und Ankunft zurückhält.) Zukunft heißt: das Kommen kommt nicht, es kommt seine Unankunft. Deshalb ist das Kommbare – das bare Kommen – des Kommens bar: und nur so bleibt es die Zukunft, schiere Zeit. Zeit ist nicht der Fluss, in dem sich die Ereignisse bewegen, sondern der, der von sich selbst wegfließt und sich gegen sich zurückstaut: die Wasserscheide, die Furt, das Sich-Diskontinuierende: er ist nicht ein einziges Mal der selbe Fluss, und also keiner. Bloß kommt, was loskommt vom Kommen. Zeit *ist* (transitiv) ihr Nicht-Sein (ihre In-transition) und also die Bestreitung ihres Nicht, ein Nicht gegen das Nichts, in jedem ihrer Momente, in jeder ihrer Dimensionen oder Ekstasen, in ihrem Kommen wie in ihrem Bleiben und Gehen, und am nacktesten, illusions- und bildlosesten, aller Bilder ledig und nur so alle erlaubend, die Zu-kunft. Aber die Zukunft nicht als eine der drei Zeit- und Seinsmodi, nicht als ein Zukünftig-sein, das zum Gegenwärtig-sein und zum Gewesen-sein hinzukommt, sondern als eine vierte »Zeit« eines vierten, nichtmodalen und nichtmodalisierbaren ›Seins‹.

Die bloße Zukunft ist die sich offenbarende, sich offenlegende, sich entblößende An-wesung (so, und genau so denkt Heidegger sie) – aber als solche das bloße *An* ohne *Wesen*. So – als *An ohne Wesen* – könnte *venue nue* übersetzt und verstanden werden. Und *à-venir*, sofern es in seinem *venir* gedacht und also als *venue au-delà de la venue en générale* und als *venue-non-venue* gedacht wird, dies *à-venir* müsste sich gleichfalls in ein *An ohne Wesen* übersetzen –: *à-venir* heißt nichts anderes als *à*. Wenn das seines Wesens (seines Kommens) entblößte *An* aber die Zukunft als eigentliche, als bloße Zeit ist, und wenn dieses *An* der Zukunft schlechterdings keine Entscheidung darüber zulässt, ob es das *An* eines Kommens oder eines Nicht-Kommens, ob es Wesen oder Un-wesen ist, dann ist die formellere – die nacktere – Struktur des *An* die des Kommens-*Oder*-Nicht, der Sprung, der sich mit dem Oder und in ihm öffnet, das Oder als Öffnung, als Eröffnung des Offenen und als die eigentliche – die inappropriierbare – Offenbarung. *Oder* – das ist die *venue nue*, die, sit venia verbo, *venudité* der Zeit, also der Zukunft, also des Sinns, also des Seins. Oder ist Zeit-*Oder*-Keine, und als diese (Un-)Zeitigung ist sie die vierte Dimension der Zeit, die in jedem Hier und Jetzt eben dieses Hier und eben dies Jetzt versetzt und die darum auch die Struktur der Zeiten, die sich nach Vergangenheit, Gegenwart, Zukunft ordnen, versetzt; genau diese Zeit, diese vierte, muss und nur sie kann, wenn dieser Gedanke irgendeinen radikalen Sinn haben soll, *messianische Zeit* heißen. Jede Zeit und jede Zeitdimension muss aber auf ihre je singuläre Weise von ihr, von dieser Zukunft und ihrem ausstehenden *An* durchschossen sein: auch die Vergangenheit kommt aus der Zukunft, auch die Gegenwart, wenn sie uns als Gegenwart *angeht*.

Eine der Konsequenzen aus der Existenz dieser vierten, dieser Un-zeit liegt nun darin, dass, wenn die Umstellung der Zeit möglich ist, auch eine Umstellung der Kategorien von Möglichkeit und Wirklichkeit möglich ist: die Möglichkeit läge der Wirklichkeit nicht mehr voraus, die Möglichkeit der Gegenwart läge nicht in der Vergangenheit, die Möglichkeit der Zukunft läge nicht in der Gegenwart – Möglichkeit wäre nicht die *essentia* als *exigentia existentiae* (Leibniz), es bestünde kein Progressionsverhältnis zwischen *essentia* und *existentia*, keins zwischen Möglichkeit und Wirklichkeit, keines zwischen einem schon Gegebenem und seiner Zukunft, sei sie Extension, Kontinuation und Explikation oder Zerfall, Schrumpfung und Zerstörung dieses Gegebenen. Essenz wäre der Existenz nachträglich, die Möglichkeit ergäbe sich allein mit der Wirklichkeit, die Zukunft mit der Gegenwart. Damit wandelt sich die Ankunft des Messias. Wandelt der Messias – und das ist das strukturelle, destrukturelle Oder des Kommens – die Zeit, dann wandelt sich die Zeit des Messias, das heißt die Zeit, in der der Messias erscheint. Die Zukunft des Messias kann dann schon eine Vergangenheit sein, der Messias könnte dann in jedem Jetzt, hier, da sein; das Jetzt und Hier könnte dann ein Nie und Nirgends sein. Wenn Messias nur ist, wer – oder was – die Zeitordnung selbst eröffnet und umstellt, dann kann er – sie oder es – immer auch nicht erst noch kommen, dann ist es unstatthaft – nämlich gegen den *Sinn* des Messias – von seiner Ankunft, seiner Zukunft, dann ist es irrig und irreführend, überhaupt von einem *à-venir* zu reden ohne zugleich zu konzedieren, dass dieses *à-venir* einen völlig anderen Sinn muss haben können als den einer künftigen Gegenwart und eines im Durchschreiten der Zeitreihe betretbaren Bezirks in der Zukunft. Der Kontinuismus der Fortschrittsideologie, so wusste Benjamin, ist ein prinzipiell anti-messianischer Konformismus vor allem deshalb, weil er sich der transzendentalen Anschauungsform der mechanischen

Zeit konformiert. Messianisch ist aber nur diejenige Zeit, die ihre transzendentale Form und mithin jede Form auflöst.

Der Messias – der schlechthin Kommende – kommt nicht, und wenn er kommt, dann nur so, dass er geht (denn kommen kann nur, wer geht); er kommt nicht, und wenn er kommt, dann so, dass er nicht ankommt, und dann so, dass mit ihm sein Nicht-Kommen ankommt; käme er aber an, dann wäre das An seines Kommens die Unmöglichkeit eben dieses Kommens und die Unankunft selbst; dann wäre es mehr als ein Kommen, ein Exzess über das Kommen hinaus, von dem das Kommen zurückgelassen würde, es wäre *Überkommnis, survenance,* aber nicht als (bloß psychologisch gefasste) Überraschung, sondern als *ex-venance* und *é-venance*, als Ent-Kommen und Ent-Kommnis. Es wäre das *ex tempore* der Zeit und ihrer Kunft. Das An-wesen der messianischen Zeit kann nicht anders als aus ihrem Un-wesen hervortreten, und wenn es wahrhaft An-wesen ist, dann nur als das An-dieses Un-wesens.

Kein Messias, erst das wäre ein Messias.

Im Messias käme kein Wer und noch weniger ein Was, in ihm käme bloß, entblößt, offenbar und offen auf ihn *selbst,* ein Dass dieses Kommens – und dies Dass in seiner Dopplung als Dass und als Nicht-Dass. Dass etwas erst noch kommt, heißt immer, dass es auch nicht kommen kann. In der jüdischen Tradition ist diese Dopplung gedacht worden als die Zweiheit des sterbenden Maschiach ben Joseph und des siegreichen Maschiach ben David. In der christlichen Tradition ist dieselbe Dopplung in die eine Person des sterbenden und von den Toten auferstehenden, des einmal und noch einmal kommenden Christus zusammengezogen. Beide Messiaspaare, das eine vermutlich das Double des anderen, ordnen sich einem dualen und diachronen Schema von Ohnmacht und Macht, Triumph und Niederlage, Tod und Fortleben ein, das die Ordnung der chronologischen Sukzession und ihrer Wiederholung und Umkehrung respektiert, sie gewiss nicht zum ersten Mal entdeckt, aber sie als ein historisches Schema installiert, das noch heute den Geschichtsglauben im Bereich der jüdisch-christlichen Religionen dominiert. Mit diesem messianischen Doppelpaar sind die Ressourcen der Messianität aber nicht erschöpft, denn in ihm ist zwar das geordnete Außereinander der Zeiten, aber nicht die Hervorkunft der Zeit, nicht ihre Zeitigung und nicht die darin entspringende Versetzung der Zeit gedacht.

Die Idee des Messias – und das ist die Idee der Messianität einer Zukunft, die weitere Zukünfte erlaubt und eröffnet, ohne sich in einer befestigten Gegenwart und dem von ihr her entworfenen Zeitschema zu domestizieren, es ist die Idee einer Zukunft von Zukünften –, diese Idee einer messianischen Zeit ist erst erschöpft (ausgeschöpft und entleert) in dem Gedanken eines Messias, der keiner ist. Der Messias kann nicht einer der beiden jüdischen oder christlichen sein, er kann sie nicht einer *nach* dem anderen sein (denn dann folgte er einer Zeitordnung, die durch sein Kommen versetzt wird), er kann nicht einer *durch* den anderen sein, ohne diesen anderen als Mittel zu missbrauchen; er muss der eine Messias des anderen, er muss das Dass eines Nicht-Dass sein und so das Nicht zu einem Nichts und gegen ein Nichts, er muss der Sprung des Nicht-Nichts sein.

Erst diejenige Zukunft, die als ihr Nicht-Kommen kommt, ist die nackte Zukunft, sie selbst –: nur sie lässt in ihrer rückhaltlosen Aufdringlichkeit Gegenwart, in ihrer absoluten Zurückhaltung andere Zukünfte und, vielleicht, noch anderes als Zukünfte zu. Sie, sie in uns und in anderen und in anders als anderen, sie in nicht und nie Identifiziertem und Benanntem lässt zu – und lässt heran – lässt offen – und verlässt – aus dem Sprung, der allzu unscheinbar noch den Genitiv in dem Satz durchzieht, der Messias sei der Messias eines Nicht-Messias, einen Me-Messias, lässt und verlässt das Ad- und Ammessianische.

Soweit mein Kommentar zu der Bemerkung von Jean-Luc Nancy über die Struktur der Messianität und die Transformationen, die im Zuge einer »Dekonstruktion des Christentums« nötig sind – einer »Dekonstruktion«, die nicht nur eine theoretische, sondern eine historische Veränderung, doch eben dadurch eine Veränderung zunächst des Verständnisses der historischen Zeit, des Verständnisses und der Erfahrung der »Zeitlichkeit«: des Zeitcharakters der Zeit sein muss und die deshalb vornehmlich die Form des Kommens, der Zukunft, des Messianischen betreffen muss. Nancy mag ihr Harmonisches nicht. Ich mag an ihr die Disharmonie, die ich nicht mag. Er sieht sie an eine jüdisch-christliche Deszendenz gebunden, ich bezweifle diese Herkunft nicht, aber bezweifle ihre Gebundenheit an diese Deszendenz und sehe im Gedanken der Messianität den Gedanken eines Wunsches – oder den Wunsch eines Gedankens – am Werk, der sich auf die Zukunft und die Zukünfte und auf das offen hält, was sie als solche, in ihrer Singularität und Pluralität, zulässt. Messianität, das ist kein Sinn, das ist, was Sinn zulässt und seine Möglichkeit öffnet, aber keinen garantiert, keinen installiert, keinen domestiziert. Sie ist deshalb jedem akkreditierten Religionssystem, jeder erdenklichen Religion, die Glauben oder auch nur Gehorsam fordert, voraus und über jede solche Religion, über jede Zugehörigkeit zu einem Bekenntnis hinaus. Sie ist, auch wenn die christlichen Gemeinschaften das Gegenteil behaupten, nicht christlich, und auch wenn die Propheten diesen Namen – in einem, wie man weiß, zunächst völlig anderen Sinn – zuerst gebraucht haben, nicht jüdisch; sie lässt sich auf keine Zivilisation beschränken, denn sie geht jeder voraus und über jede hinaus. Sie ist nicht zivilisierbar, nicht legierbar und nicht religierbar. Zwar kryptisch, aber ins Offene treibende Latenz. Sie ist die Dimension – oder Ekstase – einer wütenden oder verzweifelten Forderung, eines Furors nach Anderem und wieder Anderem, die von den Religionen und Gesellschaften immer nur zu Kompromissbildungen gedämpft und geduckt oder eisig verworfen und geächtet worden ist. Sie ist nicht Bindung, sondern Lösung und Lassung. Messianität ist die existenziale Struktur – die Exstruktur – des Daseins als Transzendenz ins Aussein, Aufsein, Odersein. Nicht das Christentum dekonstruiert das Christentum, sondern die unchristianisierbare Messianität, die Ammessianität in ihm (und außerhalb seiner: messianisch ist das Außerhalb ohne Außen). Wir sind, jetzt, vielleicht an dem Punkt – es könnte ein sehr langer Punkt sein, eine Fermate – der Geschichte, an dem die Spannungen der Struktur der Messianität langsam oder schneller zur Explosion kommen. Was wir denken, wenn wir diese Spannungen der *venue nue,* diese Spannungen aus der Ammessianität anderer Zukünfte und von Anderem als Zukünften klar und ungeschützt denken, ist Teil dieser Fermate der Explosion und nimmt für sie Partei. Es nimmt als Anatheorie Partei für eine generalisierte und trans-generalisierte Parapraxis.

Noch eine Bemerkung zum Schluss, am Rande: Bei der Analyse der Zeitstruktur ist noch genauer zu bedenken, dass die nackte

Zukunft – das schiere *An* und *Heran* ihrer Bewegung – bisher als eine (wie ein Pfeil) ›auf-uns-zukommende‹ gedacht worden ist, und dass dabei angenommen wurde, sie sei eine uns zukommende und zubestimmte, uns gebührende, deshalb von uns erkennbare und anerkennbare. Aber sind wir das Ziel eines Pfeils? (Von einem solchen Pfeil und seiner Beziehung auf das messianische Reich spricht Benjamin im »Theologisch-politischen Fragment«, nicht ohne seine Richtung durch die entgegengesetzte eines anderen Pfeils zu komplizieren.) Und kommt dieser Pfeil, für den theoretischen Sinn (im Prinzip) erfassbar, von *vorn* auf uns zu? Die überlieferten Zeitbegriffe werden beherrscht von einer veritablen Obsession des Vor und Voraus, des Vorher und Nachher, der Vorstellung und der Prolepsis (Kant), der Pro-duktion (Hegel, Marx), der Protention (Husserl), des »Vorlaufens in die Zukunft« (Heidegger), des Projekts und der Antizipation. Aber die Zukunft, die uns ›vorausliegt‹, bleibt eine obstruktive, eine obsessive, sedierte Zeit; sie ist die Zeit an einem vorbestimmten, beherrschbaren, überwachbaren Platz: die Zeit *vor* unseren Augen (auch dann noch, wenn wir dort nichts sehen). Sie bleibt die Zeit der Kontrolle, der Selbstbeherrschung, Selbstreglementierung, Selbstpolizierung, die ökonomische und ökotechnologische Zeit, weil sie die *frontal* angegangene oder *frontal* auf uns als den Ort ihrer Bestimmung Zukommende ist. Es ist eine gerichtete, eine Zeit der Intention, in der das Selbst auf sich zurückkommt. Diese Zukunft ist wesentlich Zurückkunft. Sie ist die Urzeit der sich in ihrer Zeit entwerfenden Subjektivität. Doch bereits der Zwang, sie als zu-kommende, auf ihren Herkunfts- und Bestimmungsort zurück-kommende, ja überhaupt als kommende zu denken, ist als Index einer anderen Möglichkeit lesbar –: der Möglichkeit nämlich, dass sie just diese Intention verfehlt oder ihrer ermangelt. Sie kann, diese Zukunft, auch *an* uns *vorbei*gehen, sie kann uns nicht *angehen*, unvermerkt und unbegriffen durch uns hindurchgehen.

In jedem An, wenn es ohne Wesen ist, bewegt sich etwas an uns vorbei, eine *laterale* Zeit, eine periphere Möglichkeit, die wir nicht einmal *nicht* gewählt haben. Es ist die noch von *uns* als ihrem Bestimmungsort entblößte, die ihrer, die unserer Subjektivität entkleidete, die noch nacktere Zukunft. Erst sie ist, im Wortsinn, Parusie, eine *para*-ousie, nicht die des frontalen, sondern des lateralen An-wesens, einer Zukunft nicht zu einer, sondern zu verschiedenen Seiten, eine räumliche – und mehr als räumliche. Denn räumlich ist die Zeit nicht, wenn sie mehrere Zeiten in sich versammelt, bündelt und in einem Punkt, einer Linie, einem Kreis oder einer Sphäre konzentriert, räumlich ist sie erst, wenn sie multilateral und multi*trans*lateral, *für* jeden und *in* jedem Sinn peripher, den Zeit-Raum nicht konzentrisch *auf* uns bezieht und *um* uns herum zieht, um ihn im Begriff – dem Beziehungskonzentrat par excellence – aufzuheben und zu bewahren. Zeit ist bisher nur als Zug und als Beziehung, insbesondere als *an sich* negative Beziehung, und immer als *unsere* Beziehung *auf uns* – als Selbstaffektion – gedacht worden. Sie wird auch dort noch so begriffen, wo sie als Kontingenz gedacht wird, denn Kontingenz (die Möglichkeit, anders und auch gar nicht zu sein) ist, wo sie zu einer Wirklichkeit auch nur werden kann, schon essentialisiert und zur Wahrheit *unseres* Wesens festgeworden. In Frage steht aber just die Beziehung auf uns, die die Zeit ist, – und die Unbezüglichkeit, nämlich Unankünftigkeit, ohne die sie die Zeit nicht wäre. Ist sie unankünftig ausschließlich in der frontalen Beziehung auf uns, dann ist ihr An-Charakter nur restriktiv gedacht, sie ist der im Flug verzögerte und innehaltende Pfeil oder der Pfeil, der von einer Unzahl anderer gefolgt wird, deren jeder – bis auf den letzten – von uns absorbiert wird und deren Verzögerungen nur den Takt unseres Lebens skandieren. Das »An ohne Wesen« der Zeit indiziert aber keine Richtung, deren Endpunkt in uns läge; es muss, immer, auch *an* uns *vorbei*, ohne Rücksicht auf uns, ohne Rückkehr zu uns, ohne auch nur gedachte oder (transzendental) eingebildete Relation mit uns, in extremis also als ein »An ohne Raum« und als ein »An ohne An« passieren können. Diese *korrelative* Möglichkeit einer *irrelationalen* Zeit und einer Zukunft von Zukünften, die nicht auf uns orientiert ist und ihre Origo nicht in uns hat – man kann sich fragen, ob man sie noch denken *kann*, aber man *muss* sie denken, wenn man die nackte Zeit und die von allen teleologischen Bestimmungen entblößte Zukunft zu denken versucht.

Wenn Messianität schiere Künftigkeit ist, und wenn Künftigkeit noch von der Schutzfigur des *Vor*-uns und *Zu*-uns entblößt ist, dann muss der Messias auch aus der Vergangenheit kommen können, dann muss er auch jetzt und hier da sein können, und dann muss er – die Zeit selbst – jederzeit an uns vorbei passieren können: nicht nur vor unsern Augen und über unseren Kopf hinweg, sondern hinter unserm Rücken und unter unseren Füßen, rechts und links, wie wir uns auch wenden, ohne dass wir eine Chance hätten, ihm jeweils unsere Aufmerksamkeit, unser Bewusstsein, unsere Erkenntnis- und Anerkenntnis-Fähigkeit zuzuwenden – aber immer noch im Raum dieser Möglichkeit, entsprechend den Möglichkeiten des Raums. Schon damit hat der Begriff des Kommens, des An-kommens, der Zukunft seine formative Kraft ebenso eingebüßt wie die korrespondierenden Begriffe des Vergehens und des Bleibens. Wird das Kommen der messianischen Zeit, das Kommen der Zeit selbst von den Figuren ihrer frontalen Repräsentation entblößt, so muss die gesamte Rhetorik des Kommens aufgegeben werden. Die Zukunft kann nicht mehr die Kommende heißen, und nicht mehr als Kommende begriffen werden, wenn sie bloße Zukunft und also der *Vor*stellung, der *Pro*tention und der *Pro*duktion ihres Kommens entkleidet ist.

Der Messias, wenn er kommt, *kommt* nicht.

Wenn aber Messianität in einem weiteren Schritt, der von der Auflösung der Figur des Vor bereits impliziert ist, auch vom apotropäischen Schema des Um-uns-herum und der Lateralität der Raum-Zeit entblößt und derart noch von der Möglichkeit einer Beziehung auf uns emanzipiert wird, dann ist die kommende oder kommend-passierende Zeit nicht mehr auf den konzentrischen Raum der Bewusstseinsfähigkeit beschränkt, dann ist sie die schlechthin *nicht-adventistische*, die inappropriierbar *exventistische*, die richtungs- und orientierungslose, die Zeit ohne Herkunft und Zukunft, die ohne Bestimmung und Sinn. Heideggers Frage im letzten Satz von *Sein und Zeit*: ob Zeit sich als Horizont des Seins und damit als Horizont des Sinns von Sein offenbare, verliert ihre Pertinenz, ihren Halt am Phänomen »Zeit«, wenn Zeit kein Phänomen, kein Vor-wurf, kein Voraus und keinen Sinn bildet oder keinen »Bereich« umschließt, »in dem sich die Verständlichkeit von Etwas hält«. Eine Zeit ohne *unseren* Sinn – erst sie wäre aber die bloße, die noch von *uns* und unserer Frage nach dem Sinn und unserem Sinn-Horizont entkleidete, sie wäre die ahorizontale Zeit, und so erst die Zeit selbst: kein Horizont des (verstandenen oder auch nur verstehbaren) Seins. Eine ›Zukunft‹ ohne Form und eine, die alle jemals von ihr adoptierten Formen und Formmöglichkeiten abstreift, allein diese, die ›die Zukunft‹ nicht *ist*, hätte Zukunft; allein diese, die keine ›Zeit‹ *hat*, bekäme Zeit.

Der Messias dieser Zeit wäre weder einer des produktiven oder protentionalen, noch des passiven oder rezeptiven Bewusstseins und seiner formalen Idealitäten, er wäre, das ist wahr, ein dehabilitierter und debilitierter Messias und, wer weiß, ein debiler.

Aber nur, wenn wir noch ihn, diesen unvermögenden und machtlosen Messias, bedenken, können wir – wenn das noch *können* heißen kann – eine Zukunft von Zukünften *überhaupt*, einen Messias auch noch der Unverständigkeit und alles dessen, das wir nicht kennen *können*, denken. Es wäre ein Messias aus der leeren Unendlichkeit eines richtungslosen Außereinander oder aus dem gegensatzlosen Innen des Sprungs in der Selbstaffektion, der dem Selbst noch vorausgeht und für es ein Nicht und *nicht ist*.

Es wäre der Messias des Nicht eines Messias – Messias aus dem Nicht und für das Nicht eines Messias.

Er wäre, dieser der Messianität entblößte Messias, der Messias der Un-, der Ammessianität. Er wäre die *nuance*, die *néance*: *Nuance* – als Entblößung seines Nicht; *néance* – als Freilegung und Geburt dieses Nicht.

Er wäre die nackteste Zukunft – die der Ferne oder Nähe zu uns, der Ferne oder Nähe *ohne* uns. Ohne Ziel und Zweck, kein Mittel oder Instrument, kein determinierter Bereich, schiere Indetermination, in der kein Sinn außer eben diesem: *keinem* sich halten kann.

Wenn wir diese Zukunft – dieses Nicht einer Zukunft – auch nicht *kennen* können, so können wir uns doch auf sie *einlassen* – und lassen uns seit je auf sie ein oder sind auf sie eingelassen, sofern wir zeitlich, zukünftig sind.

Wenn die messianische Zeit die Zeit befreit, dann befreit sie die Zukunft davon, unsere Zukunft und überhaupt ein Kommendes zu sein. Erst diese befreite, diese unendlich intensivierte wäre die Zukunft selbst, *l'a-venir libre de l'homme*.

Sie wäre die wahre Parousie. Para-ousie. Oder Para-ou…

## Korollarien

1. Der Gebrauch, den wir von überlieferten Begriffen machen, antwortet auf das, was die Überlieferung hergibt, aber er zeigt ebensosehr, dass wir es sind, die sie gebrauchen. Diese Begriffe sind in den seltensten Fällen Termini, die in ihren Definitionen wie in einem aseptischen Bad ruhen. Glaubt man, sie seien an eine bestimmte historische Situation gebunden, deren Regeln sie von jeder anderen isoliert, dann muss man auch glauben, sie gehörten zu einer Privat- oder Traumsprache, deren Wurzeln noch für den, der sie spricht, unauffindbar sind. Der Träumende ist gerade der, der diese Sprache zwar spricht, aber nur weil er sich von ihr etwas sagen lässt, das er selbst nicht verstehen kann oder nicht verstehen will. Es ist, in diesem wie in anderen Fällen, das Bewusstseinsunfähige, Ichunfähige der Sprache, das sie brauchbar macht. So verhält es sich auch mit dem Begriff des Messias. Und so mit dem der Zukunft, der Geschichte, des Sinns, des Denkens, der Welt. ›Messianität‹ hat in diesem Zusammenhang keinen anderen Status als die weniger lyrischen, die scheinbar säkularen oder rationalen Allerwelts-Begriffe der Zeit, des Raums, der Materie. Sie alle sind an irgendeinem Punkt ihres Umfangs philosophische Termini, die sich mit solchen der Theologie verweben, und gehören einer Sprache an, die der des Traums vergleichbar ist.

Sie ist bei Theologen und Philosophen in der Regel nicht gut aufgehoben. Denn während diese, sofern sie *als* Theologen oder Philosophen arbeiten, nach Bestätigungen eines Glaubens- oder eines Denksystems suchen, kommt es bei allen diesen Begriffen für den Analytiker zuallernächst darauf an offenzulegen, was jedem Glauben, jedem Denken und jeder Systematisierung strukturell widersteht. In diesen Begriffen – in ihnen allen – ist etwas, das für diejenigen, die sie verwenden, nur deshalb brauchbar ist, weil es ihnen unverständlich bleibt, und das für sie unbrauchbar wird, sobald sich zeigt, was daran nicht Gegenstand einer rationalen Konstruktion, einer Evidenz oder eines konsistenten Glaubens werden kann. Diese Begriffe – die meisten von ihnen sind Fundamentalbegriffe – sind aber nicht, wie man meint, nur unterdeterminiert und determinierungsbedürftig, sondern indeterminierend. Von ihrer Unbestimmtheit geht ein Sog aus, der demjenigen ähnelt, den Freud bei der schwierigen Bestimmung der Ur-Verdrängung konjizieren musste: ein Ur-Sog, der alle benachbarten, scheinbar gesicherten Begriffe an sich zieht, sie unzugänglich und unbrauchbar macht.

Das Unbrauchbarste ist »der Messias«. Sein Begriff, wenn er den Anforderungen an einen Begriff im strengen Sinn denn überhaupt genügt, ist so wenig der Gefangene einer bestimmten historischen Kultur oder Philosophie oder Religion, wie andere Begriffe gleichen Rangs – das Gute, die Gerechtigkeit – es sind. Das Ungegenständlichste, Unvorstellbarste und Undenkbarste, das wir zu denken nicht vermeiden können; zugleich das, worauf unsere Wünsche und selbst unsre Wünsche nach Wünschen gehen, ist ein Messianisches, das keine bestimmte Figur innerhalb eines schon bestimmten Horizonts, kein irgendwie konkreter Vorstellungsinhalt, keine Form oder Beziehungsform ist, sondern ein *epékeina tes ousías* und doch ein Etwas in einer Bewegung, die sich mit der Bewegung dessen verbindet, was wir »Zukunft« nennen. Es kann ein Ton sein, ein Blick, eine Geste, eine Nuance, ein Nichts – die entgegenständlichende Attraktion, die von ihm ausgeht, ist immer schon wirksam gewesen, wenn wir es mit einem Namen belegen und in ein Vorstellungssystem einzutragen versuchen. In dieser Attraktion, in diesem Zug und Entzug stehen »wir«. »Wir« werden von diesem Unbrauchbaren gebraucht. Und das heißt: »wir« werden von ihm aufgehalten, ferngehalten, zurückgehalten. Aber das heißt auch und ›zugleich‹: wir werden von ihm verlassen, losgelassen, uns ›selbst‹ überlassen. Und das heißt deshalb: wir werden in dieser Losgelassenheit gehalten. Wir werden *als* die Unbrauchbaren gebraucht. Die Struktur der messianischen Zeit ist die Struktur *unserer* Zeit. Die Struktur der messianischen Existenz ist die *unserer* Existenz. Wir sind, wenn nicht der Messias, so doch messianisch, wir durch den Ausstand, Bevorstand eines möglichen Kommens und eines ebenso möglichen Nicht dieses Kommens bestimmt, wir messianisch indeterminiert, wir die Unbrauchbaren, wir, deren Un brauchbar sein könnte und deren Brauchbarkeit von einem Un bestimmt bleibt. Wir die vom Wir Freien.

Der Begriff des Messias ist gewiss ein Begriff der Tradition. Aber es ist dies eine Tradition, die sich dem Künftigen zugewandt hat und in diesem Künftigen der Ungewissheit darüber, ob es eintreten oder nicht eintreten werde. Diese Möglichkeit eines Nicht der Zukunft, diese Möglichkeit ihrer Unmöglichkeit gehört aber, auch wenn sie immer wieder beiseite geschoben, verleugnet oder verworfen worden ist, zur Erfahrung des Künftigen hinzu. Wenn mit der Zukunft nicht auch dieses Nicht der Zukunft kommt, ist sie nicht Zukunft. Messias ist erst, wer oder was das Nicht seines Kommens ›erlöst‹ und ›rettet‹. Das Nicht, und dieses zuerst, ist messianisch. Sein Begriff – oder sein Name – lässt sich nur dann gebrauchen, wenn in ihm auch das Nicht gebraucht, wenn in ihm das Nicht seiner Tradition und seines traditionellen, seines ›historischen‹ Gebrauchs, wenn in ihm seine Unbrauchbarkeit gebraucht wird.

Die Philosophen und Theologen haben nur das Brauchbare des Messianismus, seine heilsgeschichtlichen und seine illusionistischen Qualitäten, gebraucht; es kommt aber darauf an, seine Unbrauchbarkeit zu fördern. Dazu reicht es nicht aus, den Begriff, das Wort, die Idee des Messias zu vermeiden; es reicht auch nicht, sie mit einer veränderten Bedeutung zu versehen – sie zu resemantisieren – und einem neuen Gebrauch zuzuführen. Es kommt darauf an, das Nicht seiner Brauchbarkeit seinerseits zu gebrauchen und das Messianische eben der *epoché* auszusetzen, aus der allein es zu einem Kommen noch jenseits des Kommens werden könnte. Erst dieser Gebrauch des messianischen Nicht wäre ihm nicht fremd.

2. Im Sinn einer *epoché* des Messianischen lässt sich die Notiz Kafkas verstehen: »Der Messias wird erst kommen, wenn er nicht mehr nötig sein wird, er wird erst einen Tag nach seiner Ankunft kommen, er wird nicht am letzten Tag kommen, sondern am allerletzten.« Wer einen Tag nach seiner Ankunft kommt, der kommt zweimal – und zwar in der Weise, dass er als der schon Angekommene kommt (und also überflüssig, nicht nötig und unbrauchbar ist) oder als derjenige, der *nach* sich kommt, also als er *selbst* noch nicht gekommen ist und nun abermals als derjenige kommt, der selbst nicht kommt (und dessen Kommen deshalb nicht nötig und unbrauchbar ist). Nach Kafkas Definition des Messias ist er derjenige, der als der Nicht-Kommende kommt und in dem das Nicht-

Kommen kommt. Sein Begriff ist nicht unbrauchbar, sondern er ist der Begriff des Unbrauchbaren, der alles brauchbar machen könnte – aber brauchbar durch die Hinzufügung eines Nicht (des *nicht* nötigen Kommens, des Kommens *nach* seiner Ankunft). Kafkas Tripledefinition spitzt sich in der Differenz zwischen dem »letzten« und dem »allerletzten« Tag zu, einer Differenz, die nur in der Nuance einer Intensivierung liegt. In ihr ist noch das Letzte in sich über sich hinaus: bloßes *transcendens* nicht über das Ende hinaus, sondern das äußerste Ende selbst als *transcendens* und also unendliches: bloßes »sondern«.

3. Begriffe sind Tractanda, keine Propaganda. Die Maxime für ihren Gebrauch könnte lauten: Verwende Begriffe so, als wären sie nicht für dich bestimmt, sondern für Alle und Keinen – vergiss den Keinen nicht.

Wer sie so gebraucht, dass dabei auch das Unbrauchbare deutlich wird, hat eine Chance, Begriffe – und nicht nur sie – aus ihrer Überlieferung zu lösen. Er zeigt ja, dass sie dieser Überlieferung nie mit Haut und Haaren angehört haben müssen. Er detradiert, denezessitiert.

4. »Es ist in Namen, dass wir denken« –: mag sein, dass Hegel mit diesem Satz recht hatte; aber er kann damit nur recht gehabt haben, weil er diesen Gedanken nicht in Namen, sondern in einem Satz fasste. Richtiger ist also, dass es in Syntagmen ist, dass wir denken. Und dass die Semantik der Namen erst durch syntagmatische Verbindungen definiert und redefiniert werden kann, die sich ihrerseits nie in eine nominale Einheit fügen. Da syntagmatische Verbindungen aber immer unzureichend, sympragmatische nie *in toto* gegeben sind und Synkategoremata – sagen wir »oder« – Leersyntagmen oder Leersympragmen markieren können, müssen wir vermutlich sagen: Es ist in Anatagmen, Anapragmen, dass wir denken. So viel zum Namen »Messias«.

5. »Déconvenue«, sagt Hélène. Ein Wort für das Ammessianische, das wie ein Tropfen vom Blatt fällt. »Ungeschickt lässt grüßen«, heißt es bei Benjamin.

6. Wenn ich von der »vierten«, aber unzählbaren Dimension der Zeit spreche, denke ich nicht zunächst an Heideggers »Es gibt«, das in *Zeit und Sein* (1962) als eine vierte Dimension bezeichnet wird, sondern an die »keine fünfte« in einer Notiz von Paul Celan aus »Gegenlicht« (1949): »Vier Jahreszeiten, und keine fünfte, um sich für eine von ihnen zu entscheiden.« In dieser fünften, die *es nicht gibt*, werden die Entscheidungen getroffen. Man müsste also sagen: »Es gibt kein ›Es gibt‹«, und sich fragen, ob dieser Satz transformierbar ist in: »Es, das Es nicht gibt, gibt.« Wäre es so, dann würde das Geben sich erst in seiner Zurückhaltung und aus ihr geben, das Kommen aus seinem Nicht kommen, und beide wären Minimalbestimmungen der Zukunft als der Grundstruktur der Zeit. Celans »keine fünfte« Jahreszeit und Heideggers »vierte Dimension« des »Es gibt« der Zeit und des Raums (das ein »Es gibt« des Vorenthalts, des Ver-hältnisses, der *epoché* ist) wären *benachbarte* Versuche, die Zeit nicht als lineare Folge von homogenen Jetztpunkten, sondern aus einem + (–n) zwischen ihnen zu dichten, zu denken.

7. Zur Methode: Vergiss das Keine nicht.[2]

2 Die vorliegende Übersetzung basiert auf der überarbeiteten Fassung des zweiten Teils eines Textes, dessen französische Übersetzung durch Francis Guibal und Guy Petitdemange unter dem Titel »Ou, séance, touche de Nancy, ici (3)« im Januar 2002 im *Collège international de philosophie* vorgetragen und zwei Jahre später in dem von Francis Guibal und Jean-Clet Martin herausgegebenen Band *Sens en tous sens – autour des travaux de Jean-Luc Nancy* (Paris 2004, S. 119–141) veröffentlicht worden ist. – Die hier formulierten Überlegungen zur Struktur der Zukunft und der Messianität schließen an »Lingua amissa« (in: *Ghostly Demarcations*, hg. v. Michael Sprinker, London/New York 1999) und »*Jetzt* – Benjamin zur historischen Zeit« (in: *Benjamin Studien*, Amsterdam 2002) an und sind seither fortgeführt worden in »Das Theologisch-politische Fragment« (in: *Benjamin-Handbuch*, hg. v. Burkhard Lindner, Stuttgart 2006), »Ungerufen« (in: *Neue Rundschau* 2007/2) und »The Relation / The Aphora« (in: *The New Centennial Revue* 8.3, 2008).

# OU, SÉANCE, TOUCHE DE NANCY, ICI (I)

*Hier.* Oder *hier.*

*Jetzt.* Oder *jetzt.*

Nichts banaler, nichts philosophischer und banaler als ›hier und jetzt‹ mit einem *hier und jetzt* anzufangen. Fast das gesamte Repertoire der klassischen Themen und Fragen der Philosophie ist auf diesem Gemeinplatz des *hic et nunc* versammelt. Wer ›hier und jetzt‹ zu reden behauptet, an diesem bestimmten Ort, zu dieser bestimmten Zeit, *jetzt, hier,* und als dieser bestimmte, unverwechselbare Einzelne, der stellt sich schon in eine Gemeinschaft, in eine lange Geschichte und an eine von dieser Geschichte definierte Stelle, die jeden Anspruch auf Singularität, auf Bestimmtheit und Präsenz desavouiert. Statt hier und jetzt zu reden, redet er im Zitat. Statt selber zu reden, überlässt er anderen das Wort. Statt anzufangen, setzt er fort. Die Formel, die die vage Allgemeinheit von Zeit und Raum durchbrechen und die Aufmerksamkeit auf einen bestimmten Punkt konzentrieren soll, auf dieses *hier und jetzt* des Redenden und des Angeredeten, diese Formel der Konzentration und der Kommunikation ist selber nur eine vage Allgemeinheit. Wer sie benutzt, durchstößt sie nicht, sondern bestätigt sie. Er bestätigt sie und setzt sie fort. Er setzt fort – das heißt: er macht weiter, überliefert das Überlieferte, wiederholt die Wiederholungen und stabilisiert den Bann der Geschichte und der Gesellschaft, die die Wendung vom *hic et nunc,* von *ihrem* ›hic et nunc‹ geprägt hat. Er setzt fort – das heißt aber auch: er entfernt, distanziert und nimmt Abstand. Wer *hier* redet, der redet *hier* – er setzt das *hier,* die Rede vom *hier* und die Rede des *hier* fort, indem er sie weitergibt, wiedergibt und bekräftigt; und er setzt diese Rede des *hier,* diese Rede *hier* von sich ab: er bezieht Distanz von ihr, depotenziert sie, er redet sie nicht mehr und lässt sie nicht mehr unverändert reden. Denn wer *hier* redet, der redet schon in einem anderen, unvergleichlichen und unverwechselbar anderen *hier,* in dem das *hier* und der, der es sagt, verloren ist. Er redet und er redet nicht – und es ist die unmögliche Verbindung zwischen diesen beiden, die sich in jedem *jetzt* und jedem *hier* artikuliert: die unmögliche Verbindung zwischen jenem Bann und seiner Durchbrechung, zwischen der Wiederholung und ihrer Unterbrechung, der Verbindung und dem Bruch. Wer so anfängt, mit einem *hier und jetzt*, der hat, fortsetzend, sich absetzend, schon mit dem Aufhören angefangen: mit dem, was ihn verlässt.

Das ist das Thema – oder eines der Themen –, die man in den Texten von Jean-Luc Nancy antreffen wird: der Bann (des Gesetzes, der Gesellschaft, der Geschichte, des Körpers, der Philosophie), die Banalität, das Hier und das Jetzt, das Anfangen und das Enden. Wenn ich sie hier – und jetzt – zitiere und an dem einen oder anderen Punkt kommentiere, dann werde ich der Logik des Zitats und des Kommentars folgen, die ich eben angedeutet habe: ich werde, was ich zitiere, fortsetzen, indem ich es wiedergebe, und es fortsetzen, indem ich mich davon, da oder dort, entferne; und ich werde es kommentieren, indem ich es begleite und verlasse. Die Logik der Fort-setzung, so könnte man sagen, folgt dem Gesetz des Banns, das Nancy formuliert: dass es verpflichtet, indem es verlässt und indem es aus der Verpflichtung des Gesetzes entlässt. »L'origine de l'›abandon‹« schreibt er in »L'être abandonné«, »c'est la mise à bandon. Le *bandon (bandum, band, bannen)*, c'est l'ordre, la prescription, le décret, la permission, et le pouvoir qui en détient la libre disposition.«[1] Und: »Livré à l'absolu de la loi, le banni est aussi bien abandonné au-dehors de toute sa juridiction. La loi de l'abandon veut que la loi s'applique en se retirant. La loi de l'abandon est l'autre de la loi, qui fait la loi.«[2] Der Bann – also die Verbindung, die Gemeinschaft, die Gesellschaft, wie immer man sie definieren mag, ob als moralische, hermeneutische oder politische, das Gesetz, ob das der Diskussion, des Gesprächs oder der bloßen Präsentation –, dieses Gesetz, dieser Bann ist eine Verbannung. Denn das Gesetz behauptet seine absolute Geltung nur dort, wo es ein anderes Gesetz nicht neben sich duldet, und also nur dort, wo es selbst nicht in

---

1 Jean-Luc Nancy: »L'être abandonné«, in ders., *L'impératif catégorique*, Paris 1983, S. 141–153, hier S. 149. [Dt.: »Das aufgegebene Sein«, in *Der kategorische Imperativ*, aus dem Französischen von Thomas Laugstien und Martine Hénissart, Zürich-Berlin 2017, S. 147–159.]

2 Ebd., S. 150.

Erscheinung tritt: es ist absolut und es ist Gesetz nur, sofern es sich jedem Einspruch entzieht und also sofern es der Verlassenheit vom Gesetz aussetzt. Das Gesetz gebietet *schlechthin* – und sein schlechthinniges Gebot besagt, dass es keine Obligationen und keine Pflichten gibt, die ihm entsprechen würden, kein methodisches Verfahren, das zu ihm hinführen könnte, und keine Hilfsmittel, die seine Erfüllung gewährleisten könnten. Das Gesetz des Gesetzes heißt, dass es sich nicht erfüllen lässt und dass diejenigen, denen es gegeben ist, von ihm verlassen sind. Wenn Nancy von diesem Gesetz des Verlassens oder der Aussetzung sagt, es sei »l'autre de la loi, qui fait la loi«, so mag man das so verstehen, dass das Gesetz selbst es ist, das sich als sein anderes verlässt, dass das Gesetz selbst (sich) aussetzt, sich von seinen positiven Anweisungen und Forderungen, von seinen Ansprüchen und Garantien absetzt und sich unterbricht. Der Bann ist Verbannung – und er ist Selbstverbannung. (Man könnte deshalb sagen, dass Nancys »bandon«, seine »loi d'abandon« nicht nur einen *bind*, einen *double bind*, sondern auch einen *double abandon* darstellt. Es ist ein Gesetz, das schlechthin gebietet – aber indem es so gebietet, gebietet es in der Abwesenheit des Gesetzes. Nicht nur die, für die es gilt, sind verlassen, das Gesetz selbst ist vom Gesetz verlassen. (Und nichts, so muss man hinzufügen, kann garantieren, dass es überhaupt noch ein Gesetz ist: das Gesetz der Verlassenheit, der Verlassenheit noch des Gesetzes vom Gesetz, kann auch *kein* Gesetz und die Verlassenheit kann auch *keine* sein. *Double abandon,* das heißt: nicht *ein* Band und vielleicht *keins*.)) Das Gesetz – und noch einmal: es ist hier vom Gesetz der Gemeinschaft oder der Gesellschaft, vom Minimalgesetz der Diskussion, der Kommunikation, des Kommentars und der Kritik die Rede –, das Gesetz ist allein, *mononom* (und also unzählig und vielleicht keines). Da es nämlich das Gesetz der Verlassenheit ist, muss es selbst, wie das Gesetz es befiehlt, das verlassene Gesetz, das noch vom Verlassen verlassene Gesetz (und also vielleicht kein Gesetz und vielleicht kein verlassenes) sein. Und wer ihm folgt – aber kann noch folgen, wer verlassen ist – wird es nicht minder sein: nicht minder verlassen, nicht minder allein (und vielleicht nicht minder keiner): er wird – das ist das Gesetz der Verlassenheit vom Gesetz – nicht folgen, nicht vorangehen, er wird nicht da-sein, nirgends, nicht einmal allein, nicht anderswo, in keinen Wo, entwohnt und entwortet, entwo.

»Hier« ist das Wort der Verlassenheit vom Hier, und der Weltverlassenheit; »jetzt« das Wort der Jetztverlassenheit, der Verlassenheit von der Geschichte. *Hic et nunc*, das heißt in jedem Fall, in dem es ausgesprochen wird, und in jedem, in dem es ausgesprochen werden könnte: Wir sind weltlos – wir sind geschichtslos – bis zur Wortlosigkeit, (*hier*los und *wir*los), bis zur Verlassenheit nicht nur von der sinnlichen Gewissheit, wie Hegel es wollte, sondern noch von der sprachlichen Gewissheit, dass ein Jetzt, wenn schon nicht auf diesen Tag oder diese Nacht, dann auf ein Dies überhaupt, auf die Universalität des Dieses, des *to de ti*, der *ousia* verweist. Dies – hier und jetzt – *verweist*. Aber es verweist nicht auf diesen Tag oder diese Nacht, jetzt, sondern auf die abstrakte, die tag- und nachtlose Möglichkeit von Etwas, das keinem Dieses entsprechen muss, weil es immer anders als »dieses« sein kann. »Dieses« ist Verweisung überhaupt, aber nicht mehr auf Etwas, nicht mehr für Jemanden, sondern blanke, abstrakte, absolute Verweisung, wüstenhafte Parusie, die nicht zulässt, dass noch *auf* sie verwiesen würde, ohne dass sie in dieser Verweisung auf sich selbst verwiese und also aus ihrer Selbstverlassenheit auf sich verwiese und sich in ihrer Verweisung verließe. Das Gesetz der Verweisung ist das Gesetz der Verwaisung – der Verbannung, der Verlassenheit, der Selbstverlassenheit der Verweisung. Da sie bloßes Zeigen ist, zeigt sie sich selbst nicht. Und da sie sich nicht zeigt, ist sie vielleicht anderes als Zeigen, und vielleicht keines. »Dies« heißt immer: Dies ist vielleicht nicht Dies, sondern ein Anderes, und vielleicht weder Dies noch ein Anderes – denn jedes Andere ist *dieses* Andere –, sondern keines, ein Nichts. Es sagt nichts, sondern lässt sagen – und da es *sich* nicht sagen lässt, ist jedes Sagen von ihm verlassen, ist das Sagen seiner Verlassenheit vom Sagen und sagt damit wesentlich nichts.

Wie kann dann aber noch zitiert, kommentiert und befragt werden? Die unverzichtbare Geste in diesen drei Operationen ist die eines *hier*, eines *hier und jetzt*. Was in einem anderen Text oder Kontext steht, wird durch ein Zitat und nicht weniger durch einen Kommentar, durch eine Diskussion oder Befragung jeweils *hierher* und à l'ordre du jour zitiert. Dabei ist der Ort, den das *hier* bezeichnet, nicht schon vorgegeben, er befindet sich nicht einfach in einem schon konstituierten diskursiven oder sozialen Raum, in den etwas gleichsam transplantiert werden könnte, sondern er wird erst durch seine Bezeichnung im Zitat eröffnet (oder wieder- und anders eröffnet). Das *jetzt*, in das die Frage oder das Zitat etwas zitiert, ist nicht einfach einer der Jetztpunkte in einem mechanisch abfließenden Kontinuum der Zeit, sondern ein Augenblick, der durch dieses Jetzt der Frage oder des Zitats erst markiert (oder remarkiert) wird. Das Zitat, der Kommentar und die Frage eröffnen also erst das *hic et nunc*, in dem etwas erscheinen und besprochen werden kann: sie machen Raum und Zeit für es. Das ist, was Nancy, der hier freilich weder vom Zitieren, noch vom Kommentieren spricht, in »L'être abandonné« betont: »L'ici n'a pas de lieu: il est à chaque instant ici ou là, ici et maintenant, car ici *est* maintenant. *Hic et nunc.*«[3] Nun erscheint zwar das Zitierte, aber das *hier und jetzt*, in das es eingeht, erscheint nicht. Es ist in so strengem Sinn ein Effekt der Sprache oder Schrift, dass es außer ihnen keinen Ort hat. Weil es aber allein in ihnen exzitiert wird, unterliegt es ganz den Bewegungen des Ein- und Absetzens dieser Sprache. Der Zeitraum des *hier und jetzt*, Hegel hat das demonstriert, ist niemals einer der sinnlichen Gewissheit, er ist der der Sprache und ihrer Fixierung im Gedächtnis oder in der Schrift und also recht eigentlich ein Sprachzeitraum. (Fixierung heißt hier, dass die Sprache in der Schrift sich von jeder unmittelbaren sei's phänomenalen, sei's eidetischen Beziehung zu ihren Gegenständen *absetzt*.) Deshalb kann Nancy schreiben: »(*Ici:* le plus proprement, là où ça s'écrit, devant toi. Ici s'inscrit ici, ici n'est jamais qu'une inscription. *Ci-gît* sa lettre abandonné.)«[4] Der Satz »ici s'inscrit ici« ist nicht nur ein Kommentar zur Einschreibung des *hier*, sondern einer, in dem sich diese Einschreibung selbst vollzieht. Und zwar vollzieht sie sich als Zitat. Im einen *ici* zitiert sich das andere. Ein *ici* gibt es hier – und nicht nur hier – nur als *icitation*. In ihrer Bewegung wird aber das *hier* verlassen, es wird aufgegeben und kann nur als derart aufgegebenes *hier hier* wiederholt

---

3 Ebd., S. 153.
4 Ebd., S. 152.

werden. *Hier* ist also, bevor es *hier* sein kann, einer Alteration, einer Modifikation oder einer Pause ausgesetzt, die den Anschein nicht nur seiner sinnlichen, sondern auch seiner sprachlichen Gewissheit zerstört und die als eine sprachliche Alteration und als eine Alteration des *hier und jetzt* der Sprache das Gesetz ihrer Aussetzung, ihrer Ex-position oder ihres *abandon* heißen kann. *Hier* ist nämlich immer *hier* oder *da*, *hier* oder *hier*. So schreibt es Nancy: »Mais *ici* ou *là* (c'est le même, et c'est l'autre), s'il partage les lieux, s'il entame l'espace [...]«. Und, noch einmal: »L'ici n'a pas de lieu: il est à chaque instant ici ou là, [...]«.[5] Also »ici *ou* là« und wieder »ici *ou* là«. Nancy kommentiert dies *ou* nicht, er hebt es nicht einmal hervor, aber er schreibt es. *Ou* markiert – und zwar *zwischen* jedem *ici* und dem nächsten ebenso wie *in* jedem *ici* – die Absetzung des *ici* und die Möglichkeit seiner Einsetzung. Jedes *hier* ist einem *oder* ausgesetzt, in dem es suspendiert, vergessen, bei- und beiseitegesetzt, entstellt wird, bevor es *hier* sein kann. *Oder*, zugleich eine Partikel der Disjunktion und der Konjunktion, der Alteration und der Alternative, formuliert das Gesetz, unter dem jede Setzung eines *hier und jetzt* steht: das Gesetz ihrer Absetzung. (»Oder«, »ou« oder »or« kommt hier zunächst nur als sprachliche oder graphische Funktion in Betracht, die auch von anderen Markierungen – oder ihrem Fehlen –, also von einem Komma oder einem Kolon, einer Geste, einer Pause oder einer Leerstelle übernommen werden kann. Oder, selbstverständlich, von nicht-diskursiven Instanzen.)

Ohne ein *oder* gibt es kein *hier* oder *jetzt*. Erst ein *oder* gibt die Möglichkeit, etwas, hier und jetzt, zu zitieren, zu kommentieren und zu befragen. Diese Möglichkeit – und das heißt die Möglichkeit jeder Mitteilung, jeder Gemeinschaft oder Gesellschaft mit mir oder anderen – dependiert somit von einem sprachlichen Element, das weder ein Nomen noch ein Demonstrativum ist und weder eine Affirmation noch eine Negation ausspricht. *Oder* ist eine Partikel der Disjunktion oder der Konjunktion, der Kodisjunktion, die eine andere Möglichkeit und genauer: die Möglichkeit eines anderen anzeigt. Sie nennt dieses andere nicht und zeigt es nicht, aber sie

5 Ebd., S. 153.

öffnet den Ort, von dem her es sich aussprechen oder zeigen kann. *Oder* öffnet sich also immer einem anderen und wieder anderem als anderem. Es räumt Orte und Zeiten ein, jeweils ein *hier* und ein *jetzt* und lässt jeweils ein *dies* in seiner Singularität oder seiner singulären Allgemeinheit zu; aber es lässt sie immer nur als *andere* und *anders* denn andere zu: als von einem allgemeinen Gesetz Verlassene, als die von dem Gesetz der Aussetzung des Gesetzes Verlassenen, die sich auf keinem Gemeinplatz, keinem topischen »hier und jetzt«, in keiner Banalität versammeln können. Jede *icitation* bewegt sich in einer *oucitation*. Ein *oder* lässt sie zu und ein *oder* verlässt sie. *Oder*, das ist Exposition jedes Hier und Jetzt.

*Redlichkeit*. – »Redlichkeit«, wie Nancy sie in seinem Nietzsche-Essay deutet, ist das Wesen, die Tugend, das Vermögen der Rede, Rede zu sein, sie ist Redlichkeit noch vor jeder Wahrhaftigkeit und vor jeder als *adaequatio* oder *homoiosis* definierten Wahrheit und also ist sie nicht eine Rede, ein Diskurs, dem ein Wahrheitswert zu- oder abgesprochen werden kann, sondern das Reden des Redens selbst, aus dem sich allererst die Möglichkeit der homoiotischen Wahrheit und der Intention auf sie ergibt. »En cela«, so schreibt Nancy, »parole à la limite de la parole: c'est une vertu, non un discours. *Ou bien encore*, parole aussi bien toute puissante que parfaitement démunie.« Und: »La ›Redlichkeit‹ fait au moins signe vers quelque chose d'avant la vérité, et d'avant le sujet. *Ou bien encore*, elle fait signe vers la vérité elle-même en tant que la loi absolue de la parole.«[6]

Aber Redlichkeit, dieses Vermögen zu Rede und Wahrheit, gebietet auch – und zwar gebietet sie die Redlichkeit selbst: dass gesprochen werde, dass es eine Sprache gebe, dass es das Vermögen, die immer offene Möglichkeit zum Reden gebe. Redlichkeit ist

---

6 Jean-Luc Nancy, »Nôtre probité!«, in ders., *L'impératif catégorique*, Paris 1983, S. 74. [Dt.: »Unsre Redlichkeit! Über Wahrheit im moralischen Sinne bei Nietzsche«, in *Der kategorische Imperativ*, aus dem Französischen von Thomas Laugstien und Martine Hénissart, Zürich-Berlin 2017, S. 69–94; auch: »Unsre Redlichkeit! (Über Wahrheit im moralischen Sinne bei Nietzsche)«, aus dem Französischen von Werner Hamacher, in Werner Hamacher (Hg.), *Nietzsche aus Frankreich*, Frankfurt a.M./Berlin 1986, S. 169–192].

also sowohl ein Faktum – und zwar das Faktum der Faktizität der Existenz und ihrer Rede, nicht ein empirisches Faktum unter anderen, sondern dasjenige, das die Erfahrung von Gegenständen der sogenannten empirischen Welt allererst eröffnet –, wie auch ein Faktum, das seine eigene Zukunft, die Zukunft seiner eigenen Gegenwart fordert und als solche Forderung seine Zukunft, hier und jetzt, sein Kommen *ist*. Ein Faktum mit einer proleptischen Dimension, ein Faktum, das in seiner Prolepsis beruht. Redlichkeit ist die Prolepsis der Wahrheit als Rede. Sich selbst immer schon voraus, bleibt Redlichkeit immer hinter sich selber zurück und ist also wesentlich Un-Redlichkeit: der Rückstand der Rede hinter der Rede, das Absetzen der Rede in der Rede selbst, ihr Unvermögen, Rede zu sein. Das *Wesen* der Wahrheit ist immer mehr und weniger, mehr *oder* weniger als es selbst. Mehr *oder* weniger es selbst. (Es ist, so könnte man sagen, ihr *oder*.)

*L'identité de l'être et de l'étant.* – In einem der »Fragmente« zu *L'expérience de la liberté* erwägt Nancy den möglichen Vorbehalt gegen seine »These über das Sein«, sie gehe *als These* das Risiko ein »de simplement, naïvement, reconstituer une métaphysique, au sens où ce mot désigne ›l'oubli de l'être‹, et l'oubli de cet oubli.« Dieser Verdacht ist auf ein bestimmtes Verständnis der ontisch-ontologischen Differenz gegründet, das Nancy im anschließenden Satz darstellt:

> »C'est-à-dire l'oubli de la différence de l'être et de l'étant est d'origine perdu de vue par la métaphysique – cette différence qui ne permet pas qu'aucune *position* d'étant soit imposée à l'être, ni que lui soit attribuée aucune souveraineté sur l'étant.«[7]

Diese Bestimmung der ontisch-ontologischen Differenz bereitet Nancys These von der »Identität von Sein und Seiendem« durch eine kaum wahrnehmbare Ambiguität im Wort oder im Begriff der »permission« vor. Das Sein *erlaubt*, so schreibt er, keine Position

---

7 Jean-Luc Nancy, *L'expérience de la liberté*, Paris 1988, S. 210. [Dt.: *Die Erfahrung der Freiheit*, aus dem Französischen von Thomas Laugstien, Zürich-Berlin 2016.]

eines Seienden, die dieses Sein feststellen könnte; es ist, durch seine Differenz zum Seienden und seine geschichtlich wechselnden Positionen oder Interpretationen gegen seine Übermächtigung durch das Seiende geschützt. Differenz heißt, so verstanden, Verbot der Mischung von Sein und Seiendem. Zugleich räumt Nancy andererseits ein, dass es eine solche ›Feststellung‹, eine »imposition« und somit Metaphysik und Vergessen der ontologischen Differenz sehr wohl gibt, und räumt damit zugleich ein, dass Sein tatsächlich seine ›Feststellung‹ in einer Position des Seienden zulässt. In der Tat ist für Heidegger, wenn er die Geschichte der Metaphysik, und das heißt für ihn nicht nur des europäischen, sondern des Denkens überhaupt, mit dem Vergessen der ontologischen Differenz und dem Vergessen dieses Vergessens beginnen lässt, Sein in seinem ›Wesen‹ und also in seiner Differenz zum Seienden nichts anderes als eben diese Einräumung und Zulassung des Seienden in seiner Position und ›Imposition‹. Sein ist als Zulassung des Seienden zugleich die Zulassung seines Vergessens. Es ist reines Permissivum – wenn dieses Wort, in Anlehnung an Begriffe wie Performativum etc. gebildet, für einen Augenblick, versuchsweise, statthaft ist –; und es ist, da sein ›Wesen‹ in seiner Permissivität gelegen ist, die unerschöpfbare (auch ungeschaffene und unschöpferische) Zulassung, die noch in ihrer Verdeckung, in ihrer Vergessenheit und ihrer Feststellung in Positionen zwar nicht als sie selbst, wohl aber in einer »Spur«, wie es in den Aufsätzen über Rilke und Anaximander heißt, überdauert. Sein ist die Zulassung des Seienden, es »ist«, mit einem Wort seines *Lehr- und Lesemeisters Eckhardt*, das Heidegger von seinen frühen Vorlesungen bis zu dem späten Text begleitet, der dies Wort als Titel trägt, »Gelassenheit«. Und da dieses ›Wesen‹ in keiner der von ihm zugelassenen Positionen des Seienden und in keinem Denken als gegenständliche Vorstellung oder als Form des Vorstellens erfasst werden kann, ohne darin zugleich entstellt zu werden, ist dieses *Permissivum* ›wesentlich‹ ein *Errmissivum*, es ist, was Heidegger mit dem größten Nachdruck in dem von Nancy oft zitierten *Vom Wesen der Wahrheit* (1930/43) die *Irre* der Wahrheit des Seins genannt hat.

Die Differenz, die des Seins zum Seienden, erlaubt also Sein wie Seiendes, sich zu zeigen, hervor- und anzukommen (die Differenz erteilt beiden, so könnte man auch sagen, die *venia*), sie kann sich aber eben deswegen nicht erlauben, etwas *nicht* zu erlauben, und eben deswegen erlaubt sie dem Seienden, das sich in dieser Differenz ergibt, es zu einem Gedachten, zu einem Gegebenen, zum Subjekt einer Gabe, zur Form der Subjektivität zu entstellen. Die Differenz lässt es zu – und zwar von Anfang an, denn sie ist nichts anderes als diese Zulassung –, dass sie nicht mehr zugelassen werde. Und dass man sie als Verweigerung oder als Verbot deutet. Es ist also eine strukturell irreduzible, eine unvermeidliche Möglichkeit der ontologischen Differenz, zu einem Verbot, zu einer Schranke und damit zum Gegenstand des Denkens zu werden – eine *Möglichkeit*, aber niemals die ganze Bewegung ihrer *Ermöglichung*, viel weniger ihrer Konversion in eine bestimmte historische Wirklichkeit des Denkens, der Verständigung oder der gesellschaftlichen Organisation. Es könnte überhaupt nicht gedacht werden, wenn nicht in allem Denken noch das im Spiel wäre, was es zulässt: eben der Spielraum, der Freiraum, die Differenz, die es von sich selbst unterscheidet und also eine *andere* Möglichkeit des Denkens und die Möglichkeit von etwas anderem als *Denken*. Und damit auch die Möglichkeit von etwas anderem als der *Möglichkeit*.

Nancy hat, selbstverständlich, vollkommen recht, wenn er schreibt: »Mais cette différence n'*est* pas.« Denn diese Differenz wird von Heidegger als ›Wesen‹ des Seins und also als diejenige Bewegung verstanden, in der sich allererst die *Möglichkeit* des Seins als des Seins eines Seienden ergibt und von der also nicht gesagt werden kann, dass sie *ist*. (Dieses Ergeben ist die Ermöglichung der Möglichkeit, eine Vor-Möglichkeit also und ein Vor-Mögen, in dem Mögen, Vermögen und Möglichkeit, a fortiori im Sinne von *dynamis*, *essentia* und substanzieller Form, vorenthalten sind.) Aber wie kann Nancy dann fortfahren:

> »Elle [cette différence] n'est même pas *la* ›différence ontico-ontologique‹. Elle est même, elle-même, l'effacement de cette différence – un effacement qui n'a rien a voir avec l'oubli. Si elle n'est pas, en effet, elle recule dans sa propre différence. Ce recul, c'est *l'identité de l'être et de l'étant:* l'existence. *Ou plus précisément*: la liberté.«[8]

---

8 Ebd.; Hervorhebung des *ou…* W.H.

Die Differenz ist also die Tilgung der Differenz – das alte, das konstanteste Motiv des Heidegger'schen Denkens. (Nancys apodiktische Negation des »Vergessens« mag sich statt auf seine ›seinsgeschichtliche‹ auf eine in diesem Zusammenhang irrelevante psychologische Bedeutung beziehen; er hat darüber gerechter und sachlicher in anderem Zusammenhang geschrieben.) Die Differenz des Seins zum Seienden entzieht sich, als Differenz, jeder Festlegung in der Gegenständlichkeit eines Seienden, das heißt: sie hält mit dem Sein, mithin mit seiner Differenz von Seienden an sich und exponiert sich eben damit dem transzendental-ontologischen Schein ihrer Identität mit dem, was ist. Die ontisch-ontologische Differenz produziert, nicht zufällig, sondern konstitutiv, den ontisch-ontologischen Kollaps. Das ist das, was Heidegger sagt; das ist das, was Nancy hier wiederholt. Aber das ist auch, was er mitmacht, affirmiert, unterschreibt, wenn er nach »l'identité de être et de l'étant« ein Kolon setzt und schreibt: »l'existence«, und fortfährt: »*Ou plus précisément:* la liberté.« Statt der ontologischen Differenz also die ontologische Identität und diese als die Formel für das endliche Dasein: die Existenz. »Oder genauer: die Freiheit.«

Bei seinem Versuch also, in der Bewegung der ontologischen Differenz sämtliche Positivitätsreste zu tilgen oder sie als in dieser Bewegung getilgt zu erweisen, kommt Nancy zu dem Punkt – und dieser Punkt markiert, wie sich zeigen wird, eine Peripetie –, wo in der »*Identität von Sein und Seiendem*« Sein und damit die ontologische Differenz zur absoluten Position, zu einem nicht mehr durch Differenz, Austrag, Aufschub, Teilung, Sektion und Sezession, sondern durch Selbigkeit, ja Identität Definierten und zur Definition selber wird. »Le retrait de toute position de l'être, y compris de sa position comme différent de l'étant.«[9] Keine Position, also keine Differenz, also kein Sein, also nur das je einzelne, vom Sein und seinem ›Wesen‹ verlassene Seiende, ›sich selbst‹ exponiert. Man mag darüber streiten, ob Heidegger die ontologische Differenz jemals als *Position* des Seins und ihren Gedanken als eine ›These über das Sein‹ gedacht hat oder als solche auch nur

9 Ebd.

gedacht haben kann – Nancy selber bestreitet es im gleichen Fragment –, unbestreitbar ist, dass sich in diesen Sätzen nicht weniger als die Katastrophe der Ontologie anzeigt: das Sein ist an seinem Ende, es ist, was es immer war, ein Seiendes, dies hier, zum Beispiel: ein Wort unter anderen. Und dieses Wort, am Rand seiner und jeder möglichen Bedeutung, das Wort, der Begriff und die Sache »Position« zum Beispiel ist an ihrer Grenze, an ihrem Ende und ist selber ihre eigene Grenze, ihr eigenes Ende und ihre Vollendung. Jedes in dieser Weise Seiende – und also jedes auf diese Weise zum bloßen Wort gewordene – ist sein eigenes *eschaton* und schreibt sich als seine eigene Eschatologie. Nancy: »Il y a donc ici de thèse sur l'être que dans la mesure *où* il n'y a plus de thèse possible sur l'être. […] C'est sa dernière thèse.«[10] Die letzte These ist die These von der Unmöglichkeit jeder weiteren These und ist selber, indem sie diese Unmöglichkeit nicht nur aussagt, sondern vollzieht, eine unmögliche These. Aber wie lässt sich eine Unmöglichkeit vollziehen, wenn nicht auch sie, diese Unmöglichkeit, noch eine Möglichkeit ist? Und wie kann es eine Unmöglichkeit geben, wenn nicht auch noch *ihre* Möglichkeit *zugelassen* wird? Diese Möglichkeit der Unmöglichkeit kann nicht ihre *essentia*, ihre Substanz oder ihr Wesen sein, das zu seiner Verwirklichung drängt (Unmöglichkeit heißt eben: keine mögliche Wirklichkeit), sie muss mächtiger, älter und zukünftiger sein als jede Wesensmöglichkeit, das heißt als jede These, sie muss mächtiger – möglicher – auch sein als die Unmöglichkeit, deren Möglichkeit sie ist (sonst gäbe es keine Möglichkeit der Unmöglichkeit und die Unmöglichkeit wäre einfach dies: unmöglich). Die Möglichkeit der Unmöglichkeit jeder These über das Sein – und das heißt jeder unmittelbar affirmativen Beziehung zum Faktum, *dass* es überhaupt etwas gibt und nicht vielmehr nichts –, diese Möglichkeit, die sich noch in der Unmöglichkeit einer solchen These erhält, ist die *Freiheit* zur Unmöglichkeit jeder These über das Sein: die Freiheit zur Endlichkeit des Seins und also die Freiheit der endlichen Existenz. Weil *dies* das Ende jeder möglichen These über das Sein und jeder Bestimmung des Seins als Position ist, weil dieses Ende

---

10 Ebd.

die *Endlichkeit* des Seins selber markiert und weil es zu dieser Endlichkeit der *Freiheit* als des Vermögens zur Endlichkeit bedarf, deshalb kann Nancy schreiben (und ich zitiere den Passus jetzt vollständig, den ich oben verkürzt wiedergegeben habe):

> »Il y a donc ici de thèse sur l'être que dans la mesure où il n'y a plus de thèse possible sur l'être. Sa liberté est en lui plus ancienne que lui. C'est sa dernière thèse. *Ou* c'est son premier *faire* […].«[11]

Nancy schreibt also dort, wo ich »Möglichkeit der Unmöglichkeit« geschrieben habe, »Freiheit« und meint damit endliche Freiheit, also nicht nur Freiheit unter Bedingungen der Endlichkeit, eingeschränkte, geknebelte, verstümmelte Freiheit, die unter anderen Bedingungen unendlich wäre, sondern die Freiheit *zur* Endlichkeit, die Freiheit *zu* Bedingungen und weiter zu Gründen und also die Freiheit *der* Endlichkeit und endliche Existenz *als* Freiheit. Endlichkeit ist »älter« als jedes Ende, das ihr durch die These von der Setzung des Seins, und »älter« als das Ende, das noch dieser These gesetzt sein mag. Sie ist »älter«, so würde ich hinzufügen, weil sie möglicher – und deshalb mächtiger – ist als das thetische Sein: konstituiert sich dieses nämlich in der reinen Immanenz des Aktes als selbstgenügsamer Vollzug, der keine (oder allenfalls eine nachträgliche und derivative, also eine wesentlich *unredliche*) Beziehung zu seinem Nichtsein zulässt, so ist endliche Existenz als die Möglichkeit der Unmöglichkeit der Existenz nicht erst nachträglich, sondern von Anfang an, Heidegger schreibt »gebürtig«, ihrem Ende ausgesetzt. Da sie sich als Beziehung zu ihrem Nichtmehr-Sein und Nichtmehr-Möglichsein (de)konstituiert, da sie gleichsam von der Möglichkeit ihres Todes lebt, kann diese Möglichkeit nie gänzlich zur *positiven* Wirklichkeit eines thetischen Seins werden – und deshalb kann man auch nicht sagen, dass die Philosophie der These über das Sein schon eine Philosophie der Endlichkeit ist. Sie ist es nicht. Und weil sie es nicht ist und dennoch den Anspruch erhebt, es zu sein; weil die These selber noch in Differenz zur These steht, gewährt sie mit dieser Differenz

---

11 Ebd.

auch die Freiheit, Sein, Endlichkeit und Freiheit anders zu denken. (Man muss der Philosophie *auch* dankbar dafür sein, dass sie misslingt.) Endliches Sein anders denken, es anders denn aus einer Position denken, das heißt, es als Fähigkeit zum Ende, zum Ende der Position und zur Position eines Endes, und heißt also, es als unendlich sich entziehendes Ende denken.

Denken der Endlichkeit spielt sich nicht in Alternativen, sondern als Alteration ab. Es ist das der *Endlichkeit* nur, sofern es das ihrer *Endlichung* ist. Deswegen setzt Nancy der These über das Sein keine andere entgegen, sondern öffnet sie auf eine, die als differente schon (sie ist »älter«) in ihr als der letzten wirksam ist. Er schließt sie an diese letzte an – oder löst sie von ihr ab – mit einem »oder«: »C'est sa dernière thèse. *Ou* c'est son premier *faire* [...].« Alteration ist in Nancys Texten eine Auteration oder Autation, und zwar nicht gelegentlich, sondern mit so auffallender Insistenz, dass man sagen kann, das *ou*, das seine Texte skandiert, gehört zu den konstitutiven Gesten seines Denkens und, da sich dies Denken wesentlich eines der Endlichkeit ist, zu denjenigen Gesten, die sein Denken zu einem der Endlichkeit machen. *Oder* – ob es nun als disjunktives oder als serialisierendes gebraucht wird – heißt: was gesagt worden ist, lässt noch eine andere Möglichkeit offen. Dies *oder* konstatiert nicht einfach eine weitere, alternative oder ergänzende, Möglichkeit, so als wäre sie schon vor diesem *oder* gegeben und bräuchte nur noch benannt werden, sondern dieses *oder* öffnet diese Möglichkeit oder, anders gesagt, diese Möglichkeit tritt erst mit diesem *oder* hervor. *Oder* ist ein Wort dieser Möglichkeit selber. *Ein* Wort dieser Möglichkeit, denn die Funktion dieses *oder* kann auch von anderen Wörtern, von einem *und*, einem *aber*, einem *darüber hinaus*, *im übrigen*, einem *auch* etc. übernommen werden. Und da es kein ›Wort‹ sein muss, das diese Funktion der Erweiterung, der Zugabe oder der Alteration übernimmt, da eine andere Möglichkeit sich auch durch eine Pause, ein Komma, einen Absatz oder andere, gemeinhin als nicht-sprachlich angesehene Weisen der Artikulation öffnen kann, lässt sich sagen, *oder* ist eine Geste, *eine* der Gesten, mit denen sich eine vom Gedachten noch nicht erschöpfte Möglichkeit auftut. *Oder* – es gibt immer noch ein anderes *oder* und ein *oder* noch zu jedem *oder*.

*Oder* also ist, als Wort oder als Geste oder als Pause, jene *andere* Möglichkeit der Position, von der Nancy in seinem Fragment spricht – es markiert die Möglichkeit der Existenz, sich zur Möglichkeit seiner Unmöglichkeit zu verhalten, zu dem, was in der Position nicht Position, was in der These auf die These nicht reduzibel und also schlechterdings irreduzibel ist. »C'est sa dernière thèse. *Ou* c'est son premier *faire* […]«, schreibt Nancy. Mit diesem *ou* hat er im Prinzip und formell den Heidegger'schen Gedanken von der geschichtlichen Kontraktion des Seins zum Seienden und damit der Seinsverlassenheit durchbrochen und zum, wie ich glaube, wiederum Heidegger'schen Gedanken einer Wendung und Wiederzuwendung des Seins eröffnet. Aber Nancy schreibt *faire* und er schreibt – ich zitiere den Rest dieses Fragments:

> »Ou c'est son premier *faire (facere, factum* ont même racine que *tithemi, thesis* et de même *tun* and *to do*, ›faire‹ en allemand et en anglais). Sans doute, le ›faire‹ peut lui-même être interprété de bien des manières. Je ne m'en sers ici que comme indice d'une différence dans la thèse même.«

Und dann folgt Nancys elfte These gegen die Philosophen: »Les philosophes ont fait des thèses sur l'être; il s'agit à présent d'avoir à faire au fait de sa liberté.«[12] – Warum *Tun* oder *Tat?* Warum ein Wort von derselben Wurzel wie Thesis? Und was genau ist gemeint mit jener »Tat«, die in der Thesis eine Differenz von der Thesis selbst eröffnen soll, die Differenz nicht mehr zu einer anderen Thesis oder einer anderen Position, sondern zu einem Tun, das *zu tun* ist – das in einem kategorischen Sinn geboten ist und dessen Vollzug noch aussteht? Und ist dieses imperative Tun genug der Differenz, um sie von den philosophischen Thesen über das Sein zu scheiden? Oder: sagt der erste Teil von Nancys These – »il s'agit à présent d'avoir à faire au fait de la liberté« – etwas anderes als ihr erster Teil – »les philosophes ont fait des thèses sur l'être« – ?

Was Nancy in § 2 (›Impossibilité de la question de la liberté‹) von *L'expérience de la liberté* schreibt, kann zu einer weiteren Klärung

---

12 Ebd.

der *Setzung* und damit zur Klärung dieser Fragen beitragen. Er unterscheidet dort mit Hilfe einer Differenzierung, die von Kant gebraucht wird, zwischen *Setzung* und *Position* und insistiert darauf, dass *Setzung* der Akt in seinem Vollzug, also das unabgeschlossene und in keiner Position abschließbare *Setzen* meint. Ich zitiere:

> »Elle [la chose en soi de l'existence] est, sa réalité est, dans la *Setzung*, dans l'acte, dans le geste *ou* dans le mouvement qui la met en position d'existence, *c'est-à-dire* qui livre son être – *ou* qui, en elle, livre l'être lui-même – au *da* du *Da-sein*, de telle sorte que cette ›livraison‹ *ou* que cette ›délivrance‹ le dé-livre pour des possibilités qui ne sont pas posées. Le fait de la liberté tient dans ce mouvement, dans cette dynamique propre de la *Setzung*, qui pose et n'*est* jamais *posé* – et réciproquement, la *Setzung* de l'existence comme ›chose en soi‹, dont l'›en-soi‹ n'est que la mise-au-monde, fait la réalité de la liberté.«[13]

Die Differenz ist klar: auf der einen Seite die Position, die abgeschlossen, vollzogen, in sich selber steht; auf der anderen Seite der unabgeschlossene Akt des Setzens, der in keiner Position münden kann, ohne seinen Aktcharakter einzubüßen, und der deshalb als ein immer noch zu vollziehender sich selbst bevorsteht. Das Faktum der Freiheit oder des endlichen Seins, dieses Faktum der Vernunft, von dem Kant spricht und das Nancy als Folie noch des Heidegger'schen Freiheitsbegriffs ansieht, ist in jedem *hic et nunc* seiner Erfahrung ein *faciendum* – nicht also ein isoliert Bevorstehendes, das bei Gelegenheit vollzogen oder auch unterlassen werden kann, sondern die Aufgabe des Tuns noch im Tun, das die Existenz selber ist. Endliches Sein ist nicht das *faciendum* eines Faktum, sondern umgekehrt das Faktum eines *faciendum*. Insofern ist es jenes ›zu sein‹, mit dem Heidegger das Dasein charakterisiert, wenn er schreibt, sein »Wesen« liege darin, »dass es je sein Sein als seiniges zu sein hat«;[14] insofern hat es aber auch die Struktur des Willens, dessen einzige Realität darin liegt, seine eigene Realität und also sich selber und sich selber als Macht über

---

13 Ebd., S. 38; Hervorhebung von *ou* und *c'est-à-dire* W.H.
14 Martin Heidegger, *Sein und Zeit*, Tübingen 2006, S. 12.

sich selber zu wollen[15] – und unterhält also die engsten Verbindungen zu den klassischen Bestimmungen der Subjektivität des Subjekts. Aber ist ein Wille, der sich selbst wollen muss, um Wille zu sein, nicht nur deshalb Wille, weil er nicht schon »sich selber« wollen und also nicht schon »wollen« kann, sondern »sich« erst als »seine« noch nicht »eigene« Zukunft eröffnet – und ist der Wille also nicht gerade nur deshalb Wille, weil in ihm, irreduzibel aufs Wollen, ein Nichtwollen am Werk ist? Und ist das Setzen, das in keiner Position resultiert, weil es darin aufhören müsste zu setzen, nicht allein deswegen ein Setzen, weil es eben *nicht* setzt – und kann es sich nicht als Setzen überhaupt nur deshalb erhalten, weil und solange es sich im Bereich des Nicht-Setzens aufhält? Und jenes Sein, das das Dasein je als seiniges *zu sein* hat – es kann nur insofern *sein* und sein *Da* sein, als es nichts Seiendes von der Art einer Vorstellung oder auch nur der Form der Vorstellung, also schlechterdings kein Gegenstand der Theorie ist. Sein ist keine Kategorie vorstellender Erkenntnis oder planenden Handelns; und es ist eine Kategorie der Selbst-ständigkeit des Daseins nur, sofern es eine Kategorie der Ferne ›seines‹ Da und also eine seiner Aussetzung – der Aussetzung des Seins – ist: nichts anderes meint die Rede von der ontologischen Differenz.

Man hat also, um sie angemessen zu verstehen, Nancys *Setzung* als dem »Akt, der Geste oder der Bewegung, die die Sache der Existenz in die Position der Existenz einsetzt«; man hat seiner »letzten These« und seiner »ersten Tat«, seinem »à faire« hinzuzufügen, dass es ein »à faire« nur im Bereich des Nicht-mehr- oder Noch-nicht-Tuns, also des Nicht-Tuns, des ›afaire‹ geben kann. Dieses Nicht-Arbeiten ist der Bereich, in dem es überhaupt Arbeit, dieses Nicht-Handeln der Bereich, in dem es überhaupt endliches Handeln gibt. In ihm ist das Handeln seiner eigenen Möglichkeit, nämlich, noch einmal, der Möglichkeit seiner Unmöglichkeit ausgesetzt: sich selbst – oder ›sich selbst‹ – als einem endlichen. Jedes à faire und also die *affaire* der Existenz ist einem *afaire* ausgesetzt. Nancy schreibt in einer Fußnote zu der zuletzt zitierten Passage aus *L'expérience de la liberté*: »La *Setzung* répond donc

15 Siehe Nancy, *L'expérience de la liberté*, a.a.O., S. 32–35.

sûrement point par point à la dynamique de la *différance* par laquelle Derrida désigne la motion infinie de l'être fini en tant que tel.«[16] Ich bin nicht so sicher, dass der Begriff der Setzung dem der *différance* Punkt für Punkt entspricht – und sei es nur deshalb, weil sich in ihr etwas »au-delà de l'être et de la différence ontologique« andeuten soll –; aber vermutlich kann auch die *différance* nicht sich selber entsprechen, wenn sie sich nicht *auch* als *diffairance* schreiben lässt. Oder als *afairance*.

Oder anders. Ohne ein *de-*, oder *dis-* oder *a-*, und, vor allem, nicht als Nomen oder nominale Einheit, die, so sehr sie entstellt sein mag, immer noch für sich selbst zu stehen und zu sprechen prätendiert. Sondern in einem Satz und mit Synkategoremen, die diesen Satz öffnen, erweitern, zu einem Raum machen, in dem sich dieser Satz sucht. Also in einem Satz der *diffairance* mit einer der Partikeln der *diffairance*, mit einem *ou*. Im Zusammenhang seiner Diskussion der Setzung und ihrer Interpretation als eines à faire schreibt Nancy einen solchen Satz, der sich nicht nur *macht*, sondern vor allem sich zu ›sich‹ *aufmacht* – sich auf ›sich‹ hin öffnet als auf einen, der noch nicht fertig ist, sich in Bewegung setzt zu seinem Abschluss und tendenziell unabgeschlossen und revisionsfähig bleibt, ein virtuell unendlicher Satz. Dieser Satz von der Setzung lässt sich auch als Satz über sich selbst oder als ein *Satz an sich* lesen:

> »Le fait de la liberté, *ou* le fait pratique, ainsi absolument et radicalement ›établi‹ sans aucune procédure d'établissement puisse tenter de le produire comme objet théorique, est le fait de ce qui est à faire en ce sens, *ou bien* c'est le fait *qu'il y ait* à faire, *ou encore*, c'est le fait qu'il y ait l'à faire, *ou bien* l'affaire de l'existence.«[17]

Der Satz wäre nicht die Bewegung der Raffinierung seines Sinns – und das heißt, am Ende, des Wortes *fait* zu *affaire* –, wenn er nicht zunächst die Bewegung einer wiederholten Öffnung der Satzgrenze und einer wiederholten Eröffnung des Satzes selber wäre. Was als Term erschien, der den Satz mit einem »à faire

---

16 Ebd., S. 38.

17 Ebd., S. 39; Hervorhebung von *ou, ou bien, ou encore* W.H.

en ce sens« zur Definition abschließt, wird durch die folgenden *ou bien, ou encore, ou bien* zu immer weiteren Modifikationen, Konjugationen und Deklinationen von »fait« und »faire« geführt: der Satz bleibt durch seine *ou* das *à faire* des Satzes und wird durch sie die *affaire* des Satzes selbst, die Setzung seiner ›selbst‹ in seiner Fort-setzung. Aber eben durch seine *ou*. Und eben nicht durch seine monolithische oder auch nur monolineare Setzung, sondern in seiner Entstellung und Verschiebung durch ein *ou*, das weniger zum Satz gehört als dass der Satz zu ihm gehört. Denn das *ou* ist diejenige Partikel, die diesen Satz und seine Setzung auf sich ›selbst‹ hin öffnet, auf ein ›Selbst‹, eine Setzung, einen Satz, der ohne es nicht möglich wäre, der aber durch es virtuell immer offen, unerreicht, indeterminiert bleibt. Das *ou* ist der andere Satz – der Sprung nämlich – des Satzes. Es ist die Möglichkeit seiner Setzung, aber nur, indem es zugleich die Möglichkeit seiner Unsetzbarkeit ist, die Möglichkeit seiner Entsetzung, der Entsatzung des Satzes. Und so ist *ou* der Raum, der Wort- und Gestenraum, der Raum der Pause der Position, in dem sich als im Raum der Entsatzung, der Entsetzung – also einem anderen als dem Raum der reinen Form der Anschauung – all das abspielt, was Setzung, was Satz und Satzung eines Gesetzes heißen kann. Jeder Satz, auch jeder, der ohne die explizite Partikel der Addition, der Alteration oder der Alternative auskommt, bewegt sich im Element seiner Entsatzung – aber er bewegt sich darin nicht als einem ihm fremden und äußerlichen Stoff, der seiner authentischen Intention Abbruch tun könnte, sondern als im Stoff dieser Intention selber. Er selbst, der Satz mit seinen Partikeln und ihren Ellipsen, ist der Stoff der Möglichkeit, dass es weder den Satz noch seine Intention noch ein Selbst und am Ende nicht einmal seine Möglichkeit selber geben werde.

Wenn Sein tatsächlich bloße Setzung, Prozess, Akt, Tun der Setzung sein sollte, wie Nancy es mit Kant will, dann Setzung nur in diesem Raum zum Beispiel dieser Partikel und somit allein unter Bedingungen, die die Restriktion der Differenz der Setzung und des Satzes von sich, des Selbst, des Seins von sich wohl *zulassen*, aber selber nicht urgieren. Unter diesen Prämissen – unter der Prämisse zum Beispiel des *oder* – ist die »Identität von Sein und Seiendem« zwar möglich, aber nie jemals wirklich – *oder* ist alles *und mehr* und also mehr als jede mögliche Identität, es ist (und ist mehr als *ist*) eben der Exzess oder die Differenz oder noch die Differenz von der Differenz –; und deshalb, dieser absoluten Prämisse des *oder* wegen, ist es mehr als fraglich, ob es so etwas wie Seiendes und Sein überhaupt ohne ihre Differenz *geben* könnte: die Differenz, ihr heideggersch geschriebenes *Wesen, différance*, das *oder*, erst *gibt* Sein – und gibt Sein allein im Modus der Vorenthaltung. (Ich werde auf dies ›geben‹ und auf diesen ›Modus‹ zurückkommen müssen.) Der ontisch-ontologische Kollaps wäre nicht nur keine These, er wäre nicht einmal eine Vernichtung. Deshalb kann er auch kein historisches Ereignis, er kann nicht das Ende der Philosophie und nicht ein anderer Anfang sein und daher auch keine Notwendigkeit des Denkens, von der sich die Wende aller Not erhoffen ließe. Wohl ist er eine Möglichkeit des Denkens, und zwar eine unvermeidliche, die Grenzmöglichkeit, in der es schlechterdings nichts mehr zu denken gibt, weil Denken in ihr das rein Gedachte selber wäre, Onto-tautologie, Autismus und Autismus ohne *autos*. Auch der Kollaps von Sein und Seiendem gehört also zum Komplex der Möglichkeit der Unmöglichkeit. Aber er gehört dazu als das, was diese Möglichkeit – und mit ihr *die Möglichkeit selbst* – immer nur zunehmen, nicht aber vor ihrem immer noch möglichen Ende schrumpfen und veröden lässt. Das Ende ist so unberührbar wie der Tod. Und zwar ist es unberührbar, weil es das Medium der Berührung selber ist. Endlichkeit heißt nichts, wenn es nicht heißt, dass das Ende ebenso anfangslos wie un-endlich ist und dass es keinen Zugang zu ihm gibt, den es nicht schon gebahnt und in dem es sich nicht Schritt für Schritt schon zurückgezogen hätte. Das heißt aber auch: wir berühren in der These vom Ende – der Geschichte, des Faktums, der Kunst, der Metaphysik –, wir berühren in ihr (und deshalb wirkt sie so empörend) ein prinzipiell Unberührbares, den absoluten Paria der Erfahrung, wir berühren in ihr die Faktizität unsrer Erfahrung, unsre Erfahrung *selbst* als Affaktizität und also auch als Afaktizität. Erfahrungen nämlich lassen sich nicht *machen* – gemachte sind programmiert und also schon keine Erfahrungen mehr –, und die Erfahrung des Machens, des Tuns, des Handelns selbst ist die Erfahrung dessen an ihm, was sich dem Machen selbst, seiner Macht und seinem Vermögen entzieht: es kommt im Tun selbst, von außen, auf es zu als seine Zukunft, aber um diese Zukunft zu sein, kann es nicht anders als unankünftig zu bleiben. Durch sein *oder* macht sich der Satz und die These des Satzes – ›oder‹ ist ein Praxem –, aber im *oder* schreibt sich auch die Unankünftigkeit seiner Praxis – *oder* als Apraxem. Erst das ist seine Freiheit, die Freiheit des Satzes vom Satz.

Die Philosophen haben die Welt verschieden interpretiert und verändert; es kommt darauf an, dass sie ankommt und nicht aufhört anzukommen.

Oder: Die Philosophen haben die Welt verschieden interpretiert und verändert; es kommt darauf an, dass sie damit nicht aufhören.

Oder: Die Welt hört nicht auf aufzuhören. Es kommt darauf an, das zu hören und in jeder möglichen Weise zu sagen.

Oder: Die Philosophen haben die Welt nur verschieden interpretiert, es kommt darauf an, sie zu verändern.

Oder:

*Existence offerte.* – Nancy schreibt in »L'insacrifiable«:

> »L'existence n'est pas sacrifiable. – Elle ne l'est pas, parce qu'elle est déjà, par elle-même, non pas sacrifiée, mais offerte au monde. Cela se ressemble, et l'on pourrait s'y tromper. Et pourtant, rien n'est plus dissemblable.«

Und er fährt fort, um diese Ähnlichkeit und diese Unverwechselbarkeit deutlich zu machen:

> »Dire que l'existence est offerte, c'est employer un mot du vocabulaire sacrificiel, sans doute (et si nous étions dans la langue allemande, ce serait le mot même: *Opfer, Aufopferung*). Mais c'est pour essayer de marquer que l'existence, s'il fallait la dire sacrifiée, n'est en tout cas sacrifiée par personne, et n'est sacrifiée à rien.«[18]

---

18 Jean-Luc Nancy, »L'insacrifiable«, *Une pensée finie*, Paris 1990, S. 101.

Mit dem Opfer hat es also eine andere Bewandtnis als mit dem, was Nancy *l'offrande* nennt, obwohl sie, im Deutschen, das hier ausnahmsweise dem Lateinischen folgt, dieselben Wörter sind (Nancy, so verstehe ich das, schreibt diesen Satz ›mit einem deutschen Ohr‹, als deutscher Philosoph französischer Sprache: denn im Deutschen gibt es das Wort *offrande* nicht – die Ähnlichkeit stellt sich erst *zwischen* den Sprachen, zwischen dem ›deutschen‹ und dem ›französischen‹ Ohr ein). Und was die beiden, Opfer und *offrande*, scheidet, ist zunächst und vor allem, dass das Opfer ein Subjekt und ein Objekt, ein Ziel, einen Adressaten, einen Sinn hat, die *offrande* nichts von alledem. Die *offrande* ist eine Darbietung, eine Hingebung oder Darstellung, eine Präsentation (»Le Dasein … est offert, c'est-à-dire qu'il est présenté à l'existence qu'il est«[19]), in der von niemandem niemand nichts gegeben wird, was sich, wie jede andere Gabe, aneignen ließe. Was dargeboten wird, Dasein, bleibt eben nur dies – es bleibt *dargeboten* und so *geboten*. Wenn Dasein die Struktur einer solchen Darbietung oder Darstellung hat, dann heißt das erstens, dass es nicht selbstgegeben, suisuffizient und autonom ist; dass es, zweitens, Empfänger seiner Darstellung nur in dem Sinn sein kann, dass niemals es selbst seine Gabe empfängt, sondern das Empfangen es selbst und seine Gabe verändert: nicht mich, dem die Gabe bestimmt ist, trifft sie, sondern einen anders Gewordenen trifft eine veränderte Gabe, oder: indem sie mich trifft, macht diese Gabe mich zu einem andern und ist darüber selbst zu einer anderen Gabe geworden; es heißt drittens, dass diese Gabe nie diese Gabe *selbst*, nie das stabile, in sich stehende, schlicht gegebene Objekt einer Verfügung, Thematisierung oder Theoretisierung sein kann, sondern sich in ihrer Gebung selber zurückhält und ein absolut Diskretes bleibt. Wenn diese Gabe noch den Sinn einer Gabe oder einer *offrande* haben soll, dann kann dieser Sinn weder im Gebenden – den es nicht gibt – noch im Begabten – der erst einer werden soll –, noch in der Gabe selber – die erst gegeben wird –; dann muss dieser Sinn vielmehr in der Bewegung des Gebens liegen, aus der der Begabte allererst sich als Gabe empfangen kann. Der

19 Ebd., S. 102.

Sinn der Gabe liegt im Geben des Sinns und also in einem Bezug, in dem sich Gabe, Sinn und Begabter konstituieren, in dem sie sich zu konstituieren nicht aufhören und in dem sie mithin unendlich suspendiert sind. Der Satz der Existenz: Es gibt Sein, es gibt Zeit, es gibt Raum, diese ontologische und ultra-ontologische Affirmation bedeutet also: es *bleibt* dabei, Sein, Zeit, Raum zu geben – es *hält*, um weiterhin geben und weitergeben zu können, das Geben und mit ihm die Gabe *zurück* – es gibt, damit eine Gabe sei, nicht. Das Geben gibt also nicht und es gibt nicht einmal das Geben. Es *ist* auch nicht, denn das Sein, das es gibt, bleibt im Geben selber vorenthalten. Deshalb kann Heidegger schreiben: Sein *ist* nicht, und deshalb kann er darauf insistieren, dass Sein nur als durchgestrichenes zu schreiben ist. Durchstreichung im einen, Negation im anderen Fall stehen indessen nicht in Opposition zum Sein – oder dazu, dass es Sein gibt –, vielmehr markieren sie die *Möglichkeits-* und *Erhaltungs*bedingungen des Seins: sie sind es, die im Geben des Seins eben dies Geben ermöglichen und seine Möglichkeit bewahren. Die Zurückhaltung des Gebens steht also dem Geben nicht entgegen, vielmehr ist erst sie es, durch die es als Geben möglich wird: sie *lässt es geben*, indem sie es nicht zur Verausgabung werden lässt.

So weit geht Nancy mit Heidegger zusammen und so weit stimmt der Gedanke der *offrande* oder der *existence offerte* mit dem der Gabe des Seins oder des »Ereignisses« überein. In »L'histoire finie«, etwa gleichzeitig mit »L'insacrifiable« entstanden, schreibt Nancy ausdrücklich:

> »Évidemment, ceci n'est rien d'autre qu'un essai pour commenter *ou* développer [...] l'*Ereignis* de Heidegger – *c'est-à-dire* l'Etre lui-même comme arrivée qui approprie l'existence à elle-même, et donc à sa finitude comme à son essence non appropriable. La logique de l'*Ereignis* est cette logique que Derrida a exprimée comme ›différance‹, qui est la logique de ce qui en soi différe de soi.«[20]

---

20 Jean-Luc Nancy, »L'histoire finie«, *La communauté désœuvrée*, Paris 1990, S. 273f. Hervorhebung von *ou* und *c'est-à-dire* W.H.

Und er fährt fort, um seinen Beitrag oder Zusatz zu dem Gedanken Heideggers deutlich zu machen:

> »Je voudrais ajouter: c'est la logique de l'existence et de [*ou* en tant que] la communauté dans la mesure *où* elles ne sont jamais ›étantes‹ ni ›données‹, *mais offertes*: nous sommes offerts à nous-mêmes et c'est notre façon d'être *et de ne pas être* – d'exister sans être présent, *ou* de n'être que dans la présence de l'offrande. La présence de l'offrande est sa venue *ou* son future. Etre offert *ou* recevoir l'offrande du futur, c'est être ›historial‹ *ou* ›Historique‹.«[21]

Und weiter:

> »Offrir, c'est présenter *ou* proposer – non pas imposer le présent, comme un don. Dans l'offrande le don n'est pas donné. L'offrande est le futur d'un don, *et/ou* le don non donné d'un futur. Eu égard à l'offrande, nous avons quelque chose à faire: l'accepter *ou* non.«[22]

Nancys Zusatz zu Heideggers Gedanken des ›Ereignisses‹ des ›Es gibt Sein‹ und zu Derridas Transskription des ›Wesens‹ der ontologischen Differenz in *différance* liegt also nach seiner eigenen Darstellung in der Differenzierung zwischen Gabe und *offrande*. Er setzt diese drei Begriffe denn auch gleichrangig nebeneinander: »[Ereignis, *différance, offrande*]«[23] und stellt sie so als Explikationen oder Indikationen derselben Sache dar.

Aber ist nicht *offrande* noch dasselbe wie Gabe? Muss nicht auch die Gabe noch zurückgehalten werden, wenn sie Gabe sein und sich nicht verlieren soll? Das ist es, was Heidegger in »Der Spruch des Anaximander« 1946 schreibt: »die Geschichte des Seins beginnt mit der Seinsvergessenheit, damit, dass das Sein mit seinem Wesen, mit dem Unterschied zum Seienden, *an sich hält*.«[24] Das ist es, was er in »Zeit und Sein« 1962 schreibt:

---

21 Ebd., S. 274; Hervorhebung der *ou* W.H.

22 Ebd., S. 275; Hervorhebungen W.H.

23 Ebd.

24 Martin Heidegger, »Der Spruch des Anaximander«, in ders., *Holzwege*, GA 5, Frankfurt/M. 1977, S. 364. Hervorhebung W.H.

»Sein wird als Gabe nicht aus dem Geben abgestoßen. Sein [...] gehört [...] in das Entbergen, bleibt als dessen Gabe im Geben *einbehalten*. [...] Ein Geben, das nur seine Gabe gibt, sich selbst jedoch dabei *zurückhält* und *entzieht*, ein solches Geben nennen wir das Schicken. Nach dem so zu denkenden Sinn von Geben ist Sein, das es gibt, das Geschickte.«[25]

Entzug und Zurückhaltung, Ansichhalten, Halt und Epoché gehören trotz aller Wandlungen in Heideggers Denken von seinen Anfängen bis in seine spätesten Schriften unmittelbar zum Gedanken des Seins, der ontologischen Differenz und des ›Es gibt‹ des Seins. Und Nancy ist weit entfernt, daraus einen Hehl zu machen. Er schreibt in § 13 (›Décision. Désert. Offrande‹) von *L'expérience de la liberté* über das, was er die »générosité« des Seins nennt und was eine Übersetzung des deutschen »Freigebigkeit« sein mag:

»Elle donne la liberté, *ou* elle l'*offre*. Car le don n'est jamais purement et simplement donné. Il ne s'évanouit pas dans la remise du don – *ou* du ›présent‹. [...] Il faut garder le présent singulier dans lequel le don comme tel est gardé, *c'est-à-dire* offert: il est présenté, il est mis à libre disposition, mais il est librement retenu au bord de la libre acceptation du donataire.«[26]

Wie Heideggers »wahren« – in dem die Zurückhaltung und das Ansichhalten im ›Wesen‹ der aletheischen »Wahrheit« ausgesagt wird –, wie dieses »Wahren« die Freigebigkeit des Seins, seine Freiheit und seine Gabe ›gewährt‹, so ›gewährt‹ (lässt zurückhaltend zu) Nancys »garder« erst die *offrande*. Beide Worte, Gabe und *offrande*, sagen also dasselbe – und zwar sagen sie sich selbst und das Gegenteil von dem, was sie sagen: Das Geben gibt nicht, und nur indem es nicht gibt, gibt es etwas und gibt das Nicht des Gebens; die *offrande* präsentiert nicht, gibt nicht hin, stellt nicht dar, und nur indem sie sich das Geben vorbehält, bewahrt sie ihr

---

25 Martin Heidegger, »Zeit und Sein«, in ders., *Zur Sache des Denkens*, Tübingen 1988, S. 6. Hervorhebung W.H.
26 Nancy, *L'expérience de la liberté*, a.a.O., S. 188. Hervorhebungen, außer von *offre*, W.H.

Geben, seine Freiheit und die Freiheit seiner Annahme oder Verweigerung. Was sich also gibt und gebend zurückhält, ist in beiden Fällen kein Etwas – aber jedes einzelne Etwas impliziert schon die ganze Bewegung der Gabe (und ihr Stocken) –, es ist das Geben selbst, seine reine Transition, die sich auf- und zurückhält.

Das Geben also im ›Es gibt Sein‹ – ich übersetze – *gibt sich auf*. Das heißt, entsprechend der Bedeutung der Wörter ›aufgeben‹ und ›Aufgabe‹ im Deutschen, zweierlei, und beide Bedeutungen sind miteinander unauflöslich verschränkt. Es heißt zum einen, dass sich das Geben selber unendlich und unüberholbar voraus, dass es seine eigene Aufgabe im Sinn eines Gebots und einer kategorischen Forderung ist, deren Erfüllung noch bevorsteht und bevorzustehen nicht aufhört. Das heißt also auch, dass Sein, das es gibt, endliches Sein, Sein in Differenz zu sich selbst ist und dass diese Differenz offengehalten wird von ihm selbst als seiner reinen, *prämodalen* Möglichkeit. Sich aufgebend, ist das Sein seine eigene, aber uneinholbare Möglichkeit – und als uneinholbare ist es zwar seine eigene, aber inappropriierbare Möglichkeit: Sein als Anderes. (Dass dies Andere nicht ein anderes Sein, sondern die Andersheit des Seins in seinem Verhältnis zu ›sich‹, das Andere *zum* Sein ist, sollte ebenso klar sein wie dies, dass der Andere, das Mit-Dasein und Mitsein für Heidegger eine der konstitutiven Weisen des Seins ist, Sein nie anders als das *zum* Anderen ist). Dass das Geben des Seins sich *aufgibt*, heißt zum andern, dass es sich in seiner *Hinhaltung* nicht nur darbietet, sondern sein Geben zugleich zurückhält, es nicht hergibt und, gebend, also nicht gibt. Das nur an sich ›selbst‹ hingegebene Geben ist also in dem Sinne ein *aufgegebenes*, in dem es kein Geben mehr ist – und Heidegger macht diesen Zug des Gebens dadurch klar, dass er immer wieder darauf insistiert, das Geben selber bleibe »entzogen«.

Aus dem Theorem des aufgegebenen Seins – in dem Nancy, noch einmal, mit Heidegger übereinstimmt – ergeben sich zwei einander widerstreitende Konsequenzen. Zum einen nämlich gibt erst dasjenige Sein, das an sich hält, das Seiende frei – nämlich frei von der Gabe des Seins, frei zu ihr und frei zu Anderem. Auf der anderen Seite aber ist diese Freigabe offenbar nur dadurch möglich, dass sich das Geben des Seins in seinem Entzug eben an sich hält und damit das Seiende, und das Dasein zuerst, unter die *Herrschaft* dieses Halts und unter das Prinzip einer Ökonomie der Faktizitätserhaltung und damit des ontologischen Positivismus bringt. In diesem Punkt bin ich gegen Nancys verständliche, aber, wie mir scheint, zu generöse Interpretation Heideggers misstrauisch. Er selber formuliert diesen Verdacht, aber nur, um ihn abzuweisen, wenn er schreibt:

> »C'est en quoi il est offrande, *ou* retrait du don dans le don lui-même: retrait de son être-présent, et retenu de sa surprise. Il ne s'agit pas là de l'économie du don où le don se revient à lui-même comme bénéfice et comme maîtrise du donateur. Il s'agit au contraire de ce qui fait le don comme tel: offrande qui ne peut revenir à personne, car elle reste en soi la libre offrande qu'elle est [...].«[27]

Die Gabe braucht nicht zu einer ›Person‹ anthropomorphisiert zu werden, um zu sich selbst sehr wohl zurückkehren oder allein sich selbst zukommen oder das bleiben zu können, was sie »comme tel« ist. Die Frage ist aber gerade die, ob die Gabe oder die »offrande« *ohne* Ökonomie und das heißt auch ohne Kontrolle und ohne Sparsamkeit, ja ohne Geiz *bleiben* kann, was sie ist. Gibt es eine *Gabe,* wenn sie eine Gabe *bleibt*? Oder macht nicht vielmehr das Bleiben der Gabe die Gabe unmöglich? Dass Heidegger die Gabe des Seins und ihr Geben an ihr »Ansichhalten«, ihre »Wahrung«, ihre »Epoché«, ihren »Halt«, ihre »Hut«, ihr »Haus«, ihre »Schonung« gebunden und sie in die Obhut seines »Hirten« gestellt hat, zeigt nicht nur die Idyllenbedürftigkeit seines Denkens, sie zeigt auch eine Neigung zur Kontrolle in seinem Seinsbegriff und darüber hinaus ein inhärentes Problem vielleicht nicht nur seines Philosophierens an.

Etwas davon wird in dem »Nachwort zu ›Was ist Metaphysik?‹« von 1943 deutlich, aus dem Nancy in *L'expérience de la liberté* eine Passage zitiert und teilweise diskutiert. Was er unter anderem zitiert, ist dies:

---

27 Ebd., S. 188. Hervorhebung W.H.

> »Dieses Denken [des Seins] antwortet dem Anspruch des Seins, in dem der Mensch sein geschichtliches Wesen dem Einfachen der einzigen Notwendigkeit überantwortet, die nicht nötigt, indem sie zwingt, sondern die Not schafft, die sich in der Freiheit des Opfers erfüllt. [...] Das Opfer ist die allem Zwang enthobene, weil aus dem Abgrund der Freiheit erstehende Verschwendung des Menschenwesens in die Wahrung der Wahrheit des Seins für das Seiende.«[28]

Also das Opfer, »dasselbe« Wort wie »offrande«, und die Freiheit des Opfers, nicht das Opfer der Freiheit. Aber was ist der Unterschied? Und kann es hier noch einen Unterschied geben, wo alles – »Denken«, »Menschenwesen«, »Anspruch des Seins«, »geschichtliches Wesen« – an den Unterschied preisgegeben und in seinen Abgrund versenkt wird? Kann es noch Unterschiede – zwischen der Freiheit des Opfers und dem Opfer der Freiheit, zum Beispiel – geben, wenn es nur noch den einen Unterschied gibt und wenn nur noch der eine, der einzige Unterschied, der vom Sein zum Seienden, *gibt* und wenn dieser Unterschied seine Wahrheit in der »einzigen Notwendigkeit«, nämlich dem Denken des Seins, »wahrt« und »erfüllt«? Was hat es hier mit der »Erfüllung« und mit der Erfüllung der »Notwendigkeit« auf sich? Und warum die terminale, die Terminologie des »Opfers«, warum das Pathos, warum die Pathetisierung des Denkens, des »einzigen« Denkens, *dieses* Denkens, des Seins? Und wie reimen sich diese Sätze von 1943 auf die zeitgenössische Propaganda des Opfers? Es ist sicher, dass diese und mit ihnen andere Fragen sich Nancy aufgedrängt haben, aber er erwähnt sie nur, um sie hier, an dieser Stelle seiner Abhandlung und in dieser Abhandlung überhaupt, nicht weiter zu diskutieren. Er schreibt:

> »Laissons de coté, ici, l'implication sacrificielle du propos, qui n'est certes pas indifférente du point de vue de l'ensemble de la philosophie heideggerienne considérée pour elle-même [...]. Il y a, malgré tout,

---

28 Martin Heidegger, »Nachwort zu ›Was ist Metaphysik?‹«, in ders., *Wegmarken*, GA 9, Frankfurt/M. 1976, S. 310; Nancy, *L'expérience de la liberté*, a.a.O., S. 73f.

l'autre allure du sacrifice (celle par laquelle, au demeurant, il n'est peut-être plus ›sacrifice‹ en aucun sens): la prodigalité.«[29]

Im Opfer gäbe es also eine andere Seite oder eine andere Bewegung, die »Verschwendung«, die, vielleicht, in keinem Sinn mehr Opfer wäre und also auch in keinem Sinn mehr ökonomisch, rechnerisch (Nancy schreibt im nächsten Satz, Heideggers Argument folgend: »La pensée prodigue ce qu'elle pense, à l'écart du ›calcul‹ […].«). Aber die Verschwendung der Freiheit, die freie Verschwendung in der Erfahrung des Denkens, diese Verschwendung, die selber die Freiheit und selber das Denken ist, muss eben in ihrer kategorischen Ausschließung des Kalküls schon mit dem Kalkül kalkulieren: auch die Verschwendung also rechnet, auch sie kalkuliert und kalkuliert die Verschwendung. Sie hält, unter dem Titel des »Opfers« wie unter dem der »Verschwendung«, an sich, hält sich fest und hält mit sich Haus. Und dieser Geiz der Verschwendung und des Opfers sucht auch noch das »Ereignis« heim, von dem Heidegger im selben Absatz des »Nachworts«, in einem von Nancy nicht zitierten Satz, schreibt: »Das Opfer ist heimisch im Wesen des Ereignisses, als welches das Sein den Menschen für die Wahrheit des Seins in den Anspruch nimmt.«[30]

Wenn nun Nancys »offrande« ein Kommentar, eine Auslegung und Entfaltung dessen ist, was Heidegger unter dem Namen »Ereignis« gedacht hat, muss dann nicht auch diese »offrande«, »à l'écart du ›calcul‹«, noch eine geizige, eine kalkulierende und kalkulierte Verschwendung und muss nicht also auch sie noch ein Opfer sein, eine Operation, ein *opus*, eine Arbeit der Hingabe, die sich nur hingibt, um sich in der Hingabe selber zu erhalten, zu mehren, zu kapitalisieren, cephalisieren und zu phallisieren? Mir scheint in der Tat, dass Nancys Gedanke der »offrande« – und also des Denkens, des Seins, der Freiheit – noch zu sehr ein Gedanke des Opfers, dass er noch zu unfrei, zu heideggerianisch ist.

Die ontologische Differenz gibt, ohne zu rechnen – so, noch einmal, meint Nancy mit Heidegger. Es ist ihr wesentlich, dass

---

29 Nancy, *L'expérience de la liberté*, a.a.O., S. 74.
30 Heidegger, »Nachwort zu ›Was ist Metaphysik?‹«, a.a.O., S. 320.

sie niemals zählt oder kalkuliert, niemals nach Prinzipien einer Ökonomie des Maßes und des Vorteils, der Zurückhaltung oder des Gewinns operiert und also schlechthin niemals *operiert*: sie definiert sich als Differenz, die an ihrer Differenz zu numerischen, ökonomischen oder ontischen Differenzen festhält, sich gegen jene andere, rechnerische Differenz erhält, indem sie mit ihr rechnet, um selber nicht rechnen zu müssen. Die ontologische Differenz *braucht*, kurzum, die ökonomische Differenz und *braucht* die Differenz zu ihr, um selber die ontologische, sich verschwendende, freie, die Differenz des Denkens des Seins und seiner Freiheit zu sein. Die ontologische Differenz zählt *und* sie zählt nicht, zählt nämlich nur sich selbst und die Einheit und Einzigkeit des in ihr vorenthaltenen Seins, die schon vor und noch in jeder Zahl sich als unzählbares Ganzes darstellt, und zählt eben deshalb nicht, weil wohl Mannigfaltigkeiten, aber weder Einheit noch Ganzheit zählbar sind. Vom Sein kann gesagt werden, dass es den Bereich des Zähl- und Berechenbaren freigibt, indem es mit sich und seinem ›Wesen‹, dem Unterschied zum Seienden, an sich hält; aber gerade insofern ist es in allem Gezählten das Gezählte par excellence: das Überzählige jeder Zahl. Es gehört zum Zählbaren als genau das, was in ihm nicht aufgeht, als absolutes Addendum. Aber gerade deshalb kann der ontologischen Differenz, die seine Bewegung bezeichnet, das Kalkül nicht so fremd sein, wie Heidegger und mit ihm Nancy es wollen. Nancy insistiert auf dem *écart* der Verschwendung, Heidegger schreibt: das Opfer duldet »keine Berechnung, durch die es jedesmal nur auf einen Nutzen oder eine Nutzlosigkeit verrechnet wird, mögen die Zwecke niedrig gesetzt oder hoch gestellt sein. Solches Verrechnen verunstaltet das Wesen des Opfers.«[31] Wenn aber dies Opfer, der Gedanke, der sich rein dem Sein hingibt, von Heidegger als »Dank« gedacht wird – »Im Opfer ereignet sich der verborgene Dank […]«[32] –, wenn also das Denken des Seins sich als Danken fürs Sein darstellt, dann ist sein Opfer schon in einem Tausch involviert, der die Denunziation der »Verrechnung« gegen das »wesentliche Denken« und

31 Ebd., S. 311.
32 Ebd., S. 310.

das in ihm bedankte Sein selber wendet. (Heideggers Seinsfrömmigkeit ist auch dies: eine monumentale Aggression gegen das Sein.) Und wenn Sein sich nur im Entzug und also immer nur als Seiendes gibt, dann eben *auch* als Zählbares in einer Reihe von Zählbaren: es eröffnet eine Serie, der es nicht aufhören kann, selber anzugehören. Sein also zählt *und* es zählt nicht. Und da dies *und* die Stelle der Disjunktion im Sein markiert, lässt sich dieser Satz besser schreiben als: Sein zählt *oder* es zählt nicht. Es ist von sich selbst abgesetzt durch eine andere als die ontologische Differenz – oder die ontologische Differenz wird durch eine andere Differenz auseinandergetrieben –, denn diese ontologische ist gebunden an den Gedanken eines Opfers und der Verschwendung einer Gabe, die keine Berechnung duldet und durch Verrechnung nur »verunstaltet« wird und sich deshalb »à l'écart du calcul« hält; doch diese ›Verunstaltung‹ ist keine periphere Möglichkeit, die als *vitiosum* zu vermeiden wäre, sondern sie gehört, wie die Seinsvergessenheit, wie das Man und wie das vorstellende Denken, zu den konstitutiven Möglichkeiten endlicher Existenz und also in die Gabe des Seins selbst. Opfer wie *offrande* sind also, gegen ihre Definition durch Heidegger und Nancy, a priori ihrer ›Verunstaltung‹ ausgesetzt und müssen jene Berechnung »dulden«, die sie kategorisch ausschließen sollen: sie opfern und verschwenden, offerieren und präsentieren nicht, ohne auch schon die Gestalt der Präsentation oder der Offerte, der Verschwendung oder des Opfers, der Hingabe oder der Ankunft zu entstellen und also die ontologische Differenz, die in ihnen am Werk ist, einer Differenz zu exponieren, die nicht auf die ontologische und ebenso wenig auf die technologisch-rechnerische reduzibel ist, einer amorphischen oder anamorphischen, einer semi- oder simili-ontologischen ›Differenz‹, die keines der von ihr Auseinandergehaltenen für sich bestehen und eine stabile Gestalt annehmen lässt. Das endliche Denken und somit die Gabe des endlichen Seins mögen zwar als Aussetzung definiert werden – wie Heidegger es am prononciertesten in »Vom Wesen der Wahrheit« tut[33] –, aber diese Aussetzung

---

33 »Als dieses Sein-lassen setzt es sich dem Seienden als einem solchen aus und versetzt alles Verhalten ins Offene. Das Sein-lassen, d.h. die Freiheit ist in sich aus-setzend, ek-sistent. Das auf das Wesen der Wahrheit hin erblickte Wesen der

kann so lange nicht umhin, ihrerseits der ›Verunstaltung‹ zu verfallen, wie sie sich als Gestalt, als distinkte Einheit und Ganzheit, als Definition und originäres Gebot vor der Verrechnung zu schützen versucht. Das geschieht in Heideggers Bestimmung des »wesentlichen Denkens« als Opfer und das geschieht auch in Nancys Charakteristik endlicher Existenz als *offrande* »à l'écart du calcul«. Geld *oder* Leben – was in der Banditenforderung als Alternative zu verstehen ist, ist es nicht in der Wendung ›Geben *oder* Rechnen‹: – das *oder* markiert hier eine Alternative nur, indem es zugleich eine Reihe von gleichmächtigen und ›gleichursprünglichen‹, aber miteinander nicht identischen Möglichkeiten eröffnet.

Endlich ist Dasein nur, wenn es nicht als Opfer, Verschwendung oder *offrande* definiert und wenn es weiterhin überhaupt nicht definiert, sondern *indefiniert*, wenn es nicht festgestellt, nicht unter ein Gebot, unter kein transzendentales Obdach gestellt, von keinem Gedanken überdacht, wenn es *ausgesetzt* und noch in seiner Aussetzung *abgesetzt* ist: endlich ist es, wenn die Grundlosigkeit seiner Bestimmungen nicht zu seiner Grundbestimmung, der Entzug seiner Gegebenheit in der Gabe nicht zu einem neuerlich Gegebenen gemacht und gegen seine Verrechenbarkeit ausgespielt werden kann; endlich, wenn es unendlich offen und offen auch noch auf seine Schließung und Feststellung in Zahl und Begriff, wenn seine ontologische Differenz durch eine andere Differenz geöffnet ist, die sich der Kalkulation ebensosehr

---

Freiheit zeigt sich als die Aussetzung in die Entborgenheit des Seienden.« Und: »Die in der Wahrheit als Freiheit gewurzelte Ek-sistenz ist die Aus-setzung in die Entborgenheit des Seienden als eines solchen.« (Heidegger, »Vom Wesen der Wahrheit«, *Wegmarken*, a.a.O., S. 189) So radikal diese Bestimmung endlicher Existenz ist, sie ist nicht radikal genug, um noch die Rede von der *Verwurzelung* und die korrespondierende von der Entborgenheit des Seienden *als eines solchen* aufzugeben. Die Zweideutigkeit des Heidegger'schen Gedankens lässt sich durch generöses Absehen von seinen reaktionären Zügen nicht mildern, denn trotz aller Heterogenität in diesem Gedanken bleiben sie mit seinen progressiven und entschieden aufklärerischen verknüpft: »Aus-setzung« und »Ek-sistenz« sind bei Heidegger jeweils »gewurzelte« und sie müssen es sein, solange in ihnen das Seiende »als solches« begegnet. Man kann versuchen, die progressiven Bewegungen in Heideggers Denken von den regressiven abzulösen; es kommt aber darauf an, dabei auch das, was darin nicht gedacht ist, nämlich just ihre Heterogenität, die Absetzung noch in der Aussetzung, die Deradizierung zu denken.

wie dem schlechthin Inkalkulablen entzieht. Endlich ist das, mit dessen Unkalkulierbarkeit nicht gerechnet werden kann. Endlich die Gabe, *offrande*, Hinhaltung, die abbricht und offenlässt, ob sie vielleicht keine war.

»Möglichkeit der Unmöglichkeit der Existenz« – Heideggers Formel für die endliche Existenz bedeutet nicht nur, dass diese Möglichkeit mächtiger ist als alle anderen, es bedeutet auch, dass sie mächtiger ist als diese Unmöglichkeit selbst, dass sie unerschöpflich, unaufgebbar, unverschwendbar, unopferbar, dass sie, dass endliches Sein immer nur die *Möglichkeit* des Opfers und also die korrespondierende *Möglichkeit* seiner Unmöglichkeit ist. Ich *kann* sterben – das heißt: schon sterbe ich; es heißt auch: ich kann niemals mehr als nur sterben zu *können*, ich kann kann nicht nicht sterben, und kann daher mit meinem Tod immer nur *rechnen*; und es heißt also auch: ich sterbe, indem ich mit meinem Tod rechne, ich kann damit rechnen, dass ich mit meinem Tod nicht rechnen kann; ich kann nicht damit rechnen, dass ich mit meinem Tod rechnen kann. Ich sterbe *oder* ich rechne nicht mit meinem Tod. *Oder* bezeichnet hier eine Grenze der Exklusion nur, indem es zugleich den Übergang zwischen mindestens zwei Möglichkeiten, zwei möglichen Unmöglichkeiten meiner (und also niemals meiner *eigenen*) Existenz öffnet – nicht ihre nachträgliche Vermittlung, sondern das Medium, in dem sie beide sich vollziehen, die Möglichkeit der Unmöglichkeit der Existenz ›selbst‹. Ich sterbe *oder* ich rechne (nicht) mit meinem Tod: ich sterbe, *das heißt, übertragen,* ich rechne (nicht) mit meinem Tod; ich sterbe: ich rechne (nicht) mit meinem Tod.

*Oder* – oder die Übertragung, die Modifikation, das Kolon – ist das *Element*, in dem sich endliches Sein zuträgt. Es ist das endliche Wort des Seins: nicht on, sondern *ou* – on oder *ou*. Ein Ontologem: ein *Ou* tologem. Ontologie mit einem verkehrten *n*, auf die Füße einer Letter, dann eines Synkategorems, Sein auf eine sprachliche Wendung, auf die Sprache als Wendung gestellt. Autologie, autentisch.

*Corpus*. – »Hoc est enim: ici *a lieu* l'identité même du monde, l'identité absolue de ce qui ne fait pas corps-de-sens, de ce qui s'étale comme le corpus »sang«/«sens«/«sans«/«100« ( = l'in-fini du *corpus*).«[34] Nancy schreibt: *ici* a lieu ... sang/sens/sans/100 ... – und dieses 100 (und also sang/sans/sens = l'infini du *c.*) schreibt sich, lateinisch wie »Corpus«, als C, C-I + I oder als ICI. ICI oder (C) ist die Chiffre des nicht-endlichen, weil nur aus Enden, Grenzen und Häuten bestehenden Körpers, des Körpers der *expeausition* (salut à (J)LN !) und als dieses *ici* schreibt sich die in-finite Zahl der Modifikationen und Mortifikationen des Körpers, eine Zahl, die selber in die Reihe der aus ihr transformierten Chiffren eingeht, größer – oder kleiner – ist als sie selbst, nicht in sich selbst als ihrer Bank eingeschlossen oder enthalten sein kann, eine Chiffre der absoluten Inkonsistenz und Inkontinenz, eine überzählige, unzählbare Zahl, eine Zahl ohne Zahl. Das ist das Gesetz der Serie, ihre »Identität«, dass sie sich selbst nicht enthalten kann, dass jedes ihrer Elemente mehr oder weniger ist als es selbst und dass noch das Gesetz dieser Serie selber eines dieser Elemente der Serie und also von ihm selbst nicht befasst, ihm selbst nicht unterworfen, es nicht selbst sein kann. *Ici* ist immer woanders und wonanders als woanders – es ist, wenn man eine weitere Kondensationsformel für das Unkondensierbare erlaubt, immer ein *alibici* –, verläuft sich also in einer nicht-linearen, nicht-planen, verräumlichenden, verzeiträumlichenden, ›sich selber‹ also jeweils überbordenden Serie – einer *sérici* –, noch einmal, von *icitations.* (Nancy schreibt in einer anderen Passage von *Corpus*: »Toucher ce gramme, cette série, cette étendue. La pensée se touche, sans être soi, sans se revenir à soi. *Ici* (mais où est ici? il n'est pas localisable, il est la localisation *ayant lieu*, l'être *venant* aux corps), ici donc [...].«[35] Erst die Berührung mit einem anderen Hier, erst ein Mithier zitiert und exzitiert ein Hier. *Hier* ist das Exzitat einer Serie, die selber keinen Ort hat, nicht statthat und mithin in nichts als ihrer Öffnung auf einen Ektopos liegt. Jede Serie ist ein Kolon und durch ein Kolon – oder ein *oder* – sind seine Elemente aufeinander geöffnet: miteinander verbunden und voneinander getrennt, voneinander berührt und füreinander unberührbar. – Hier, in Auszügen, eine der vielen Kolonnen, die *Corpus* durchziehen: diejenige, die sich an die oben

---

34 Jean-Luc Nancy, *Corpus*, Paris 1992/2000, S. 92; siehe S. 94.
35 Ebd., S. 102.

zitierte Passage um *sang, sans, sens, cent* anschließt und von Übertragungen, Deportationen, Kolonisierungen, von ihrer Unerträglichkeit und ihrer Unhaltbarkeit, ihrer Serialität, *Se* realität, ihrem Serum handelt: »Tensions, pressions, ..., hémorragies, ..., invasions capillaires, ..., transfusions, ..., massacres, guerres civiles, déportations, blessures, ..., croix rouges, croissants rouges, sangs rouges, sangs noirs, sangs caillés, sangs electrolysés, perfusés, infusés, refusés, ..., classifiés, énumérés, comptes sanguins, banques de sang, banques de sens, banques de sans, trafics, ..., ...« Or, corps d'*ou:* tout rouge.«

*Opfer, noch einmal.* – Nancy fragt in »L'insacrifiable«, inwiefern die Versuche, sich von der Opfermetaphysik – und das heißt, wie er zeigt, von der Metaphysik der Subjektivität – zu befreien, immer noch von einer »Geste« abhängen, die eben dies Opfer und sein Wesen determiniert: »C'est-à-dire, d'un geste dans lequel le sacrifice doit être sacrifié – immolé, abandonné – pour qu'on puisse enfin se consacrer (*ou*: se sacrifier) à la vérité dévoilée du sacrifice. Sacrifice au sacrifice par le sacrifice du sacrifice.«[36] In seiner Kritik an Bataille schreibt er im selben Text später, nach einem »ou encore«, über die Kunst: »Il ne peut sacrifier le sacrifice qu'en sacrifiant encore au sacrifice.«[37] Die Logik des Opfers, der Selbstopferung und der Aufhebung des Opfers zum authentischen Selbst erlaubt also kein Ende und keine Befreiung vom Opfer und deshalb wird die Freiheit, die sich freisetzende, autonome oder revolutionäre Handlung im gesamten europäischen Tragizismus mit dem Opfer selbst gleichgesetzt. Wenn das Opfer *geopfert* wird, dann unterliegt es selbst noch dem Opfer und wird durch es zum Opfer ›selbst‹ und zum ›wesentlichen‹ Opfer idealisiert. Wenn das Opfer *nicht* geopfert wird, so bleibt es, was es ist, ein blutiges Tauschritual, durch das sich die Identität einer Gesellschaft herstellt. In beiden Verhältnissen zum Opfer – in den beiden *einzigen* Verhältnissen zum Opfer, die möglich sind, wenn es so etwas wie Opfer *stricto sensu* überhaupt gibt –, ist es unmöglich, sich vom

---

36 Nancy, *Une pensée finie*, a.a.O., S. 72; Hervorhebung W.H.

37 Ebd., S. 89.

Opfer oder derjenigen Freiheit *vom* Opfer, die sich selbst im Opfer erfüllt, zu befreien.

Das Opfer also kann nicht geopfert *werden* und es kann *sich* nicht opfern. Das bedeutet zum einen, dass die Opferlogik, die Opfer-*mytho*logik eine unerschütterliche Resistenz gegen jeden Versuch einer Befreiung von ihr – und also auch der Befreiung von einem mythischen Freiheitsbegriff – beweist; das heißt aber zum anderen auch, dass das Opfer selber auf eine unübersteigbare Grenze stößt, dass es auf seine Unfähigkeit gebaut ist, sich selbst aufzugeben. Das Opfer kann (sich) nicht opfern. (Die Operation kann sich nicht vollziehen, die Hingabe sich nicht selbst hingeben.) Es kann seinem eigenen Begriff nicht entsprechen und kann niemals sein, was es *vorzugeben* dennoch nicht aufhören kann. Das Opfer ist also selbst das Unopferbare par excellence, »l'insacrifiable«, sein ›eigener‹, für es selbst undurchdringliche Widerstand. Und da das Opfer nicht bloß eine marginale kultische Veranstaltung ist, sondern seine Struktur der griechisch-christlichen Epoche, ihren Philosophien und Praktiken aufgeprägt hat, muss dieser Strukturriss, die Unvollständigkeit und konstitutive Unfähigkeit des Opfers, sich an sich selbst zu vollziehen, die ganze Epoche, ihre theoretische Selbstverständigung und ihre Praxis, ihre Politik zerreißen. Kein Satz, der nicht im Begriff wäre, sich seinem Sinn zu opfern – keiner, der das Opfer nicht dadurch blockierte, dass er noch Satz ist. Es steht zu fürchten, dass es ein Ende der Opferreligionen und ihrer philosophischen Sublimierungen, dass es ein Ende der Arbeit, der Ausbeutung und Selbstausbeutung nicht geben wird; aber ihr infiniter Progress bezeugt, dass sie nicht alles sein kann, dass ihre Ohnmacht nicht weniger effektiv ist als sie und nicht aufhört, sie zu exponieren, zu boykottieren, zu liberalisieren. Wir schreiben von dieser Ohnmacht her, wir schreiben sie, afformativ.

*Offérance, encore.* – Das Motiv des Opfers ist der Heidegger'schen Philosophie nicht äußerlich. Wenn es einen Import aus der griechischen und christlichen Opferethik darstellt, so verbindet es sich doch auf intrikate Weise mit einem der großen antimetaphysischen Motive seines Denkens, dem ›Es gibt Sein‹, verleiht dem Geben die Farbe des Opfers und neutralisiert das Opfer zur Gabe. Es bleibt indessen, wie beim Opfer, so bei der Gabe, die Frage, ob das Opfer denn Opfer, die Gabe überhaupt Gabe oder beide nicht vielmehr Tauschhandlungen sind. Heidegger legt genau das nahe. Aber der Tausch, den er im Sinn hat, ist die *Eröffnung* jedes möglichen Tausches und der Titel »Opfer« mag nur noch wenig mit jenen blutigen Sühn- und Bittopfern zu schaffen haben, die religiöse und philosophische Tradition mit diesem Begriff verbindet. Heideggers Überlegungen zur »Freiheit des Opfers« und zur »Verschwendung des Menschenwesens« aus dem »Nachwort zu ›Was ist Metaphysik?‹« interpretieren das »eigentliche Denken«, das Denken des Seins, als Opfer und dieses nicht nur als »Dank«, sondern als »Widerhall der Gunst des Seins« und so als Ursprung von Wort und Sprache:

> »Das anfängliche Denken ist der Widerhall der Gunst des Seins, in der sich das Einzige lichtet und sich ereignen lässt: daß Seiendes ist. Dieser Widerhall ist die menschliche Antwort auf das Wort der lautlosen Stimme des Seins. Die Antwort des Denkens ist der Ursprung des menschlichen Wortes, welches Wort erst die Sprache als die Verlautung des Wortes in die Wörter entstehen lässt.«[38]

Das Opfer gibt also nicht, es gibt zurück, was als Sein zuvor – wenn auch in einem ana-chronistischen ›zuvor‹ – schon gegeben war. Es, das Sein, gibt das Wort und dies Wort wird ihm in der Antwort, in dem Opfer der Antwort zurückgegeben. Das Opfer, von dem Heidegger redet, ist also ein Tauschopfer, nicht eine freie und rückhaltlose Gabe. Es folgt der Ökonomie eines Dialogs zwischen dem Wort des Seins und der Antwort des »eigentlichen Denkens«, die durch kein Medium getrübt und durch keine Mediation unterbrochen werden kann.

Aber gegeben und so vernommen ist die Gabe, von der Heidegger redet, als »lautlose Stimme des Seins« und in der Antwort des Denkens kann sie nur ein ebenso lautloses Echo finden. Was das Denken da vernimmt und widerhallen lässt: »daß Seiendes ist«, ist nichts anderes als es selbst in der Fremdheit seines eigenen, ihm erst im Echo zueigen gemachten Da-seins. Das Wort ist das

---

38 Heidegger, »Nachwort zu ›Was ist Metaphysik?‹«, *Wegmarken*, a.a.O., S. 320.

Echo seiner eigenen Faktizität und erst aus diesem Echo geht es als Wort der Sprache hervor. Es ist – ich übersetze – die Übersetzung seiner vormenschlichen und aphonen schieren Existenz in das *menschliche* Wort und seine Mannigfaltigung in die Wörter. Das Opfer, so kann man das lesen, ist also als Antwort ein wesentlich sprachliches Ereignis, es ist das Ereignis der Sprache, des Zur-Sprache-Kommens der Sprache, das Ereignis ihrer Übereignung an sich, in der sich sein Sein als »lautlose Stimme« zurückhält und inappropriabel bleibt. Das Wort ist Übertragung und zwar Übertragung aus der Singularität seines baren Dass in die Multiplizität, Menschlichkeit und Verlautung dessen, was dann erst in einem geläufigeren Sinn ›Wort‹ und was Sprache‹ heißen kann. Es ist eine Übertragung, die nicht ein zuvor schon sprachlich Gegebenes in ein anderes sprachliches Medium überträgt, sondern eine Übertragung des Wortes in sich, durch die es allererst sich selbst gegeben, in seiner Faktizität vernommen und zur Sprache *gebracht* wird. So verstanden, ist das Opfer für Heidegger alles andere als ein Tausch, in dem die Antwort das Wort zurückgibt. Es ist vielmehr die Konstitution desjenigen symbolischen Bereichs, in dem überhaupt erst Tauschbeziehungen möglich sind: es ist, so könnte man sagen, ein Inauguralopfer, das den Bund etabliert, zwischen dessen Parteien sodann getauscht werden kann. Die Übertragung des »Worts des Seins« in der Antwort des Denkens bringt das Wort zur Sprache. In der Übertragung trägt sich die Sprache zu – trägt sie sich der Sprache zu. Sprache ist also zunächst nichts anderes als dieses Sich-Zutragen und Sich-Übertragen der Sprache in die Sprache und in diesem Sinn das, was sie zur Sprache macht, ihr »Ursprung«: der Übersprung der Sprache zur Sprache. Mit einem Wort, das Heidegger in anderen Texten immer wieder gebraucht, ist dieser Sprung, in dem die Sprache begriffen ist, die Gebärde, die Geste, in der sie sich zuträgt, zu sich austrägt und sich auseinanderträgt; man könnte auch sagen die Ferenz in allen ihren Modifikationen: Afferenz, Differenz, Transferenz, Offerenz…[39] Es

---

39 Das ›Wort‹ *férance* habe ich zum ersten Mal 1980 in meinem Vortrag »Peut-être la question« bei dem Jacques Derrida gewidmeten Kolloquium in Cerisy gebraucht, in *Les fins de l'homme*, hg. v. Philippe Lacoue-Labarthe und Jean-Luc Nancy, Paris 1981, S. 360.

ist diese proto-onto-logische Gebärde, in der sich das Wort des Seins überträgt, es ist diese Übertragung, in der sich Wort und Sein

---

Hier nur einige Hinweise zu Heideggers Deutung der »Gebärde«: Nachdem er in *Was heißt Denken?* (1951–52) das Denken als »Hand-Werk« charakterisiert hat, fährt er fort: »Das Denken leitet und trägt jede Gebärde der Hand. Tragen heißt wörtlich: gebärden.« (Martin Heidegger, *Was heißt Denken?*, GA 8, Frankfurt/M. 2002, S. 33) »Aus einem Gespräch von der Sprache« (1953/54) enthält, ausgehend von der Geste einer Hand in dem Film Rashomon, eine ausführliche Meditation über die Gebärde, in der sie wieder als »Versammlung des Tragens« gedeutet wird und in der »der Fragende« darauf besteht, dass »das eigentlich Tragende uns sich erst *zu*-trägt. [...] Wobei jenes, was sich uns zuträgt, unser Entgegentragen schon in den Zutrag eingetragen hat.« Gebärde heißt demnach »die ursprünglich einige Versammlung von Entgegentragen und *Zu*trag.« (Martin Heidegger, *Unterwegs zur Sprache*, GA 19, Frankfurt/M. 1985, S. 107f.; dort auch, in dem ersten Trakl-Aufsatz: »Unsere alte Sprache nennt das Austragen: bern, bären, daher die Wörter ›gebären‹ und ›Gebärde‹.« Ebd., S. 22; cf. S. 55.) Das Motiv des Übertragens, um das dieses Gespräch von der Sprache kreist, des Übertragens vom Japanischen ins Deutsche, vom Deutschen ins Japanische, vom Deutschen ins Deutsche, dem Griechischen ins Griechischere, von der Sprache in die Sprache etc.; dieses Motiv, das in der Rede von der Geste als der sich uns erst *zutragenden* Versammlung des Tragens, also in einer Deutung von Sprache und Denken als Übertragung, als Geste kulminiert, wird in *Identität und Differenz* (1956/57) nicht mehr erwähnt. Dafür ist Heidegger dort, und am deutlichsten in der folgenden Passage, mit der Übertragung des lateinischen *Differenz* und der deutschen Begriffe *Gebärde* und *Unterschied* ineinander beschäftigt; er schreibt vom »Unter-Schied«: »Dieser vergibt erst und hält auseinander das Zwischen, worin Überkommnis und Ankunft zueinander gehalten, auseinander-zueinander getragen sind. Die Differenz von Sein und Seiendem ist als der Unter-Schied von Überkommnis und Ankunft der *entbergend-verbergende Austrag* beider. Im Austrag waltet Lichtung des sich verhüllend Verschließenden, welches Walten das Aus- und Zueinander von Überkommnis und Ankunft vergibt.« (Martin Heidegger, *Identität und Differenz*, GA 11, Frankfurt/M. 2002, S. 71) Im Vorwort zu *Identität und Differenz* spricht Heidegger von dem »Einklang«, der »zwischen *Ereignis* und *Austrag* waltet«.
(Walter Benjamins Bemerkungen in seinen Brecht- und Kafka-Studien deuten, anders als Heidegger, der in ihnen die »Versammlung des Tragens« sieht, Geste und Gebärde als Modi der Unterbrechung eines historischen oder kommunikativen Kontinuums, als *das Entscheidende* und als Zäsur. Kafkas Parabeln, die aus den von ihm unverstandenen Gesten hervorgehen, gehen, so schreibt Benjamin, mit einer Botschaft schwanger, ohne sie je zur Welt zu bringen: sie tragen, ohne auszutragen, ohne zu gebären, und sind also schiere Gesten. Zur Gestik und ihrem Zusammenhang mit der Entscheidung bei Benjamin und Kafka cf. »Die Geste im Namen« in meinem Buch *Premises. Essays on Philosophy and Literature from Kant to Celan*, Cambridge MA 1995.)

»ereignen«, einander zueignen und sich voneinander entfernen, es ist diese Ferenz, welche Heidegger »Opfer« nennt. Welche er durch »Opfer« übersetzt.

Was geschieht nun, wenn Nancy von der Generosität des Seins schreibt (ich zitiere noch einmal): »Elle donne la liberté, *ou* elle l'*offre.* Car le don n'est jamais purement et simplement donné. Il ne s'évanouit pas dans la remise du don – *ou* du »présent«.« Und was, wenn er weiter schreibt: »Il faut garder le présent singulier dans lequel le don comme tel est gardé, *c'est-à-dire* offert: [...]«[40]? Nancy, auch er, übersetzt oder lässt Heideggers Wort sich übersetzen. Nicht nur aus dem Deutschen ins Französische, auch aus einem französischen Wort, aus einem Gedanken in ein anderes Wort, einen präziseren Gedanken. *Oder* – oder *c'est-à-dire* – ist das Wort der Übertragung, durch das sich Gabe und »Opfer« in »offrande« versetzen. Aber was sich so von einer Sprache in eine andere, von einem Gedanken in einen anderen überträgt und in seiner Entfaltung, Entwicklung oder Kommentierung austrägt, klärt oder präzisiert, ist selber schon das Wort für eine Übertragung, ist selbst schon eine Darreichung, eine Hinhaltung, ein Kommentar oder eine Übersetzung. Im »Opfer« ist schon ein *oder* am Werk. Und das ist genau das, was jedes ›oder‹, ob es nun alternativ oder deliberativ gebraucht wird, sagt: dass das, dem es folgt, sich schon zur Übertragung anbietet, dass es, sich zur Übertragung anbietend, schon etwas anderes sagt oder mitsagt als das, was es noch sagt, dass es schon in einer Übertragung begriffen, schon eine Übertragung ist. Jedes Wort sagt schon *oder ein anderes.* Jedes sagt schon *oder anders.* Jedes Wort sagt *oder.* Und es ist erst dieses *oder*, das es dem Wort erlaubt, überhaupt etwas zu sagen, es ist das in jedem Wort, was auch dann, wenn es nicht zu seinem ausdrücklich Gesagten wird, es *sagt*, es ist, wenn man so sagen kann, die Bahn oder die Bahnung seines Sagens: *oder* ist das Wort des Wortes, die Sache des Worts, sein Element, sein Geschehen. Oder: *oder* ist das Wort ohne Wort, dasjenige Wort, das das Wort erst aufs Wort öffnet, die Disjunktion jedes Wortes von dem Wort, das es ist, und also seine

---

40 Nancy, *L'expérience de la liberté*, a.a.O., S. 188; Hervorhebungen, außer *offre*, W.H.

Hingabe an ein anderes Wort, an andere Wörter, an einen Satz und an Sätze. *Oder*, kopulative oder disjunktive Konjunktion, ist die Partikel der Übertragung ins Wort und des Wortes in den Satz; es ist das Element der Syntaxierung in und zwischen den Sprachen, die Partikel der Übertragung *tout court*. – Nancys Satz »Elle donne la liberté, ou elle l'*offre*« lässt sich also mit Recht oder mit der Lizenz der Freiheit, die da geboten wird, verkürzen zu: *Ou* – elle offre. Das heißt: ›Es (das Sein) gibt Sein‹ übersetzt sich, da Sein nichts anderes als sein Geben und Geben ein Übertragen und Sich-Übertragen ist, in: ›Die Übertragung gibt‹ oder ›Es (die Übertragung) gibt Sein‹ oder ›die Übertragung überträgt (sich), (Sein)‹. Die Übertragung gibt. Und sie gibt nichts als sich ›selbst‹, die Übertragung, und sie gibt sie, indem sie (sie) überträgt. Oder, weiter, da jedes *oder* für eine Übertragung einsteht: *Oder gibt Sein.* Und da sich das Geben im Element des *oder* abspielt und Sein in seinem Geben liegt, überträgt sich, klärt, kommentiert und transformiert sich ›Es gibt Sein‹ durch den anderen Satz – weniger eine Tautologie als eine Allalogie, ein Autismus ohne *autos* – : *Oder oder oder.* Oder: *Oder* oder *oder.*

Die Übertragung – *oder* – überträgt (sich). Sie überträgt nichts anderes, keine andere Sprache, keinen Sachverhalt, der ihr vorgegeben wäre, keine Beziehungen, die außer ihr und von ihr unabhängig bestehen würden, denn solche Beziehungen, sprachlicher, historischer oder gesellschaftlicher Art, und solche Sachverhalte, des natürlich Gegebenen zum Beispiel, müssen sich ihrerseits schon im Modus der Übertragung – man könnte auch sagen im Modus der Modalisierung oder der Modifikation – darbieten und bewegen sich also selbst schon im Element der Übertragung, wenn sie Gegenstand einer weiteren werden. Die Übertragung – *oder* – überträgt (sich). Sie überträgt, aber nicht etwas; oder: in allem, *was* sie überträgt, überträgt sie dies mit, *dass* sie überträgt und die Übertragung von Übertragungen ist. Aber sosehr sie überträgt und nichts als Übertragung, bloße Sprache, ist; sosehr sie alles in *sich* überträgt, sowenig überträgt sie sich *selbst*. Sie gelangt an kein Ende und findet in der Sprache, in die sie überträgt, sowenig das Ziel ihrer Bewegung, wie sie in der Sprache, aus der sie überträgt, ihren Anfang gefunden hat. Das bedeutet, dass es kein Wort und kein Wort einer (›natürlichen‹ oder ›künstlichen‹) Sprache gibt, in der sich die Übersetzung *als solche* darstellen könnte, dass *oder*, zum Beispiel, nur eines unter unbegrenzt vielen Wörtern der Übersetzung und also der Pluralisierung ist, und es bedeutet weiterhin, dass es illegitim ist, die Übersetzung *selber*, wie es Heidegger tut, in die nominale oder verbale Einheit des Seins, in »*das Wort* der lautlosen Stimme des Seins« zu kontrahieren. Die Heidegger'sche Hierarchie zwischen dem einen Wort und den Wörtern, zwischen dem Wort des *Seins* und den *menschlichen* Wörtern, der dialogische Progress zwischen dem Wort und der Antwort sind archaisierende und mythisierende Konstruktionen, denen im Gedanken der ursprünglichen, der vor-ursprünglichen Differenz, Distribution und Mannigfaltigung nichts entspricht. Heidegger stellt die Bewegung dieser Differenz, Transferenz oder Offerenz still, wenn er sie in das sequenzielle Verhältnis zwischen Wort und Antwort setzt, arretiert das Echo in einem ›Wort des Seins‹, das selber nicht Echo sein soll, und macht die Freiheit der Sprache und des Denkens, indem er sie als »Opfer« charakterisiert, zur absoluten Dependenz von dem im Wort und der ihm entsprechenden Antwort festgestellten Sein.

Nancys *ou*, generöser als dieser Gedanke des Seins, lockert diese Fixierung, verlagert das Interesse vom Sein auf seine Bewegung, die Differenz, Offerenz, und schließt nicht mehr aus, dass diese Bewegung nicht in einem Wort, nicht in einem Nomen, nicht einmal in einem Satz, also in keiner Sprache, sondern nur in dem, was sich zwischen den Sprachen oder *an* ihnen abspielt, gefasst und freigegeben werden kann. *Oder* gibt das Wort. *Oder* gibt die Sprache. Aber so gebend, ist *oder* selbst weder einfach ein Wort, noch gehört es einfach zur Sprache. Will man immer noch behaupten, es sei, wie jedes, ein Wort des Seins, so muss man hinzufügen: nicht sein Nach-Wort, kein von ihm generiertes, kein genetivisch von ihm Abhängiges, kein Wort *des* Seins und keine Antwort darauf, sondern eines, *an* dem sich und *mit* dem sich Sein, heterogen, exponiert. Ein ›Wort‹, an dem sich exponiert, dass (sein) Sein nichts als (seine) Exposition, (seine) Öffnung auf anderes, dass es *für* anderes ist und also nichts als Afferenz oder Transferenz; kein Wort und keine Sprache, noch weniger ein »Menschenwesen« – und also nichts, was sich opfern könnte –, sondern bloß ein *ou*, ein Komma, ein Kolon, eine Geste oder eine Pause.

(Bloß die »lautlose Stimme«. Die bloße Stimme, ohne Stimme.)

*Entweder oder oder oder, zugleich.* – Es gibt kaum Passagen, in denen der Gebrauch des *ou* in Nancys Texten sich außer durch ihre auffällige Kumulation – und die Kumulation von korrespondierenden Wendungen wie *c'est-à-dire* und den asyndetischen Reihungen, vom ›normalen‹ Gebrauch dieser Partikel abhebt. Nancy hat, soweit ich sehe, mit einer Ausnahme das *ou* nirgends als Thema traktiert. Aber an einer zweiten Stelle, und zwar in *Corpus*, wird sein Gebrauch auffällig, sonderbar, formalisiert. Nachdem zuvor von den Paaren *pourriture* und *boue*, *dédoubler* und *redoubler*, *goût* und *dégoût*, von der derselben – *ou presque* – aber doppelten Geste die Rede war, heißt es an dieser Stelle: »Ou bien le corps glorieux est la transfiguration du corps étendu, ou bien il en est l'étendu même, la figuration dans le limon plastique. Ou bien, ou bien, à la fois.«[41] Die Verdoppelung der Geste, von der Nancy hier redet, ist eine Diremtion zu einem Gegensatz, der sich in der Stereotype der Exklusion ›entweder … oder‹ darstellt. Wenn Nancy nun schreibt ›entweder, oder, zugleich‹, so hebt er – und das ist es, was seine Formulierung auffällig macht – die Spannung zwischen den alternativen Gesten nicht auf (das würde geschehen in einer Formulierung wie ›et l'un, et l'autre, les deux à la fois‹), sondern er hält an ihrer Diremtion fest und besteht gleichwohl auf der simultanen Gültigkeit beider Alternativen. Zugleich soll hier also sein, wovon zugleich gesagt wird, dass es schlechterdings nicht zugleich sein kann. Zugleich also das Zugleich und das Unzugleich. »Ou bien, ou bien, à la fois.« Zwei Gesten, die durch eine dritte zusammen- und auseinandergehalten werden, durch eine dritte, die sich also selber in zwei verschiedene spaltet, welche ihrerseits sowohl geschieden wie verbunden werden müssen durch eine weitere Geste … Nancys Formel, oder das *oder*, zu dem sie kondensiert werden kann – und das dennoch nicht *ein* Wort und nicht *eine* Geste und nicht einfach ein *Wort* oder eine *Geste* ist –; dies *ou* ist die Formel der unendlichen Verendlichung: der Räumung des Raums, der Zeitigung der Zeit, der Verleiblichung der Leiber, des Zur-Sprache-Kommens der Sprachen. Und man kann, vielleicht in Nancys Sinn, hinzufügen: oder des Zu-Tode-Kommens Gottes.

---

41 Nancy, *Corpus*, a.a.O., S. 56.

((Sowenig das Zur-Sprache-Kommen der Sprache bei der Sprache *ankommen* kann – es *ist* diese Sprache –, sowenig kann das Zu-Tode-Kommen Gottes beim Tod (oder, das wäre dasselbe, bei Gott) ankommen: er *ist*, unendlich transitiv und also intransitiv, ›sein‹ Sterben oder ›sein‹ Werden, er *ist* es also nicht, sondern ist ihm *ausgesetzt* und *von* ihm ausgesetzt, von ihm versprochen und verlassen, verlassen oder versprochen von einem Sterben, das nicht *seines*, von einem Werden, das nicht *sein* Werden ist. Von einem, von mehreren *ou*. *Louanges*. *L'ou-anges*. Es gibt, wie bei Kafka, nur die Boten, aber keine Botschaft; es gibt, so verstehe ich das, nicht nur keinen Ort Gottes, es gibt nicht einmal »göttliche Orte«.))

*Deklination, Suipräposition.* – »L'histoire est la présentation *ou* la venue en présence de l'existence dans la mesure où l'existence elle-même est fini, et donc commune – *ce qui veut dire* une fois encore, qu'elle n'a pas d'essence, mais qu'elle *est*, par essence, l'arrivée *ou*, mieux, l'arrivée de la possibilité que quelque chose arrive *ou* non.«[42]

»L'histoire achevée est, depuis son commencement, la présentation de l'être à travers (*ou* en tant que) le processus du temps: la ›résorption de l'histoire‹. C'est l'histoire qui concerne sa fin, et qui la présente, depuis son commencement (*ou* bien comme une catastrophe *ou* une apothéose, *ou bien* comme une accumulation infinie *ou* comme soudaine transfiguration). L'histoire finie est l'arrivée du temps de l'existence, *ou* de l'existence comme temps, espaçant le temps, espaçant la présence et le présent du temps: [...] Elle est ainsi ›essentiellement‹ exposée, infiniment exposée à sa propre arrivée finie comme telle.«[43]

(Man hat daran zu denken, dass dieser Text, aus »L'histoire fini«, von Nancy auf Englisch geschrieben worden ist und dass

---

42 Nancy, *La communauté désœuvrée*, a.a.O., S. 263.

43 Ebd., S. 261f. Hier und im Folgenden alle Hervorhebungen der *ou* und seiner Entsprechungen W.H.

die in *La communauté désœuvrée* publizierte Fassung eine Übersetzung darstellt – und zwar nicht seine eigene.)[44]

»[…] l'existence n'est pas une auto-constitution du sens, mais nous offre plutôt l'être précédant le sens, *ou* lui succédant, *ou* l'excédant, ne coïncidant pas avec lui et consistant dans cette non-coïncidence …«[45] »Nous sommes *en* commun, les uns *avec* les autres. Que veulent dire ce ›en‹ et cet ›avec‹? (*Ou encore,* que veut dire ›*nous*‹ – que veut dire ce pronom qui, d'une manière *ou* d'une autre, doit être inscrit en tout discours?)«[46]

»[…] l'›être avec‹: un rapport sans rapport, *ou bien* une exposition simultanée au rapport et à l'absence de rapport. Une telle exposition est faite de l'imminence simultanée du retrait et de la venue du rapport, dont le moindre incident peut décider – *ou bien* sans doute, plus secrètement, qui ne cesse pas de se décider à chaque instant, dans un sens *ou* dans l'autre, dans un sens *et* dans l'autre, […].«[47]

»*Soi* n'a pas de *nominatif,* mais est toujours décliné. Il est toujours l'objet *ou* le complément d'une action, d'une adresse, d'une imputation. ›Soi‹ n'›est‹ qu'à soi, *de* soi, *pour* soi, etc. […] Etre à soi, et non être soi, est la condition d'être de l'existence, en tant qu'exposition. *Ou encore:* soi est l'être au cas régime, et il n'y a pas d'autre cas de l'être.«[48]

»C'est ce qu'on transcrira en disant: il n'y a pas la communion, il n'y a pas d'être commun, il y a l'être *en* commun. Toute ontologie, dès lors qu'elle est cette logique de l'être en soi comme être à soi, se réduit ainsi à l'*en*-commun de l'à-soi. Cette ›réduction‹, *ou* cette réevaluation totale, *ou* cette révolution de l'ontologie est sans doute ce qui nous arrive, encore mal aperçu, depuis Hegel et Marx, Heidegger et Bataille. Le sens de l'être n'est pas commun –

---

44 [Jean-Luc Nancy: »Finite History«, in ders., *The Birth to Presence*, hg. von Werner Hamacher und David E. Wellbery, Stanford 1993, S. 143–166.]

45 Nancy, *La communauté désœuvrée*, a.a.O., S. 216.

46 Ebd., S. 221.

47 Ebd., S. 223.

48 Ebd., S. 206.

mais l'*en-* commun de l'être transit tout le sens. *Ou encore:* l'existence n'*est* qu'à être partagée.«[49]

Es kommt in allen diesen Sätzen, ihren Konjunktionen und Disjunktionen, Kopulativa und Disjunktiva darauf an, die axiomatischen Wörter der Philosophie, von denen sie handeln und deren jedes die Vorhandenheit einer substanziellen Entität suggeriert, auf *andere* Wörter zu öffnen und dazu dasjenige in ihnen, was diese Öffnung und Alteration vorbereitet, zu wecken. Was immer Nancy macht, indem er die klassischen Begriffe der Ontologie vorführt, analysiert und transformiert, er *dekliniert* sie oder *exponiert* ihre Deklination in Richtung auf das, was in ihnen noch nicht genügend oder bloß verstellt gesagt ist, und er exponiert die Form dieses Sagens, die Deklination, selber als das, was die Themen, Motive oder Axiome des philosophischen Diskurses konstituiert und dekonstituiert. Die Grundoperation, die sich dabei herausstellt – aber sie ist weder ein Grund noch einfach eine Operation –, ist die der Präpositionalisierung substanzieller Terme: jede nominale oder substanzielle Einheit, jedes Selbst wird damit nicht mehr so sehr als das definiert, was es an sich, für sich, zu sich oder in sich ist, denn als sein An-, Für-, Zu-, In- oder Außer-(sich) und also als die konstitutive Relation, die es zu sich als inkonstituiertem Relat unterhält. Ein jedes ›ist‹ also das offene Verhältnis, das es zu sich als einem noch nicht Gegebenen unterhält: es ist das Verhältnis seiner Gebung. Erst die Präposition *gibt* den substanziellen Term, und da sie selber kein solcher Term ist, kann sie niemals ihr Ziel, ihr Ende, ihren Term erreichen und also niemals in ihm als dem Gegebenen ihres Gebens zum Stillstand kommen. Die Bewegung der Präpositionalisierung von Subjekt und Substanz ist Bewegung der reinen Transitivität – und also Intransitivität – oder Bewegung einer Vermittlung, die weder Anfang noch Ende hat und deren Relate, statt durch sie verbunden zu werden, aus ihr allererst sich ergeben und zu ergeben nicht aufhören können: einer Vermittlung ohne Mitte, einer Vermittlung, die zugleich Entmittlung und Entmittelung ist.

Präpositional, transitiv, vermittelnd oder verändernd, ist jedes – jedes Selbst, jede Geschichte, jede Gemeinschaft, jedes Wort und

---

49 Ebd., S. 208f.

jeder Satz – einem *mit* ausgesetzt, das es mit Anderem, Unverbundenem verbindet, einem *mit ohne mit*. Indem ich *zu* mir bin, bin ich *mit* mir als dem, der ich noch nicht oder nicht mehr bin und bin derart mein Mit-einem-anderen, mein Mit-ohne-Mit. Zu-mir, bin ich Mit-mir-ohne-mich. Ich bin mit anderen heißt: ich bin mit ihnen als denjenigen, von denen mich mein Mit ebenso trennt wie es mich erst durch diese Trennung zu ihnen und zu mir kommen lässt. »Mitsein« ist, auch bei Heidegger, jeweils ein Mit-ohne-Mit-Sein. Nancys Rede von einem »*en*-commun« versenkt das »commun« im »en« und lässt es aus ihm als präpositionalisiertes, als »co« oder »cum«, als Relation ohne Relation und nur so als Partikel der Gemeinschaft und sogar des »Kommunismus der Ek-sistenz« wieder hervorgehen (»La comparution«): das ist es, was bei ihm »partage« heißt, mit allen Bedeutungen, die dieses Wort im Französischen konnotiert. Im Deutschen gibt es dafür, bei Benjamin und bei Heidegger zum Beispiel, das Wort »Mitteilung« – oder Mit-Teilung: Teilung des Mit und das Mit dieser Teilung (Nancy, der meines Wissens das deutsche Wort in seinen Texten nirgendwo zitiert, hat dafür in der französischen Übersetzung meines Celan-Essays »co-division« gebraucht[50]). Und das, nichts anderes, heißt »nous«.

*Nous* ist in Nancys Texten das Pronomen unserer Präpositionalität – und also unserer *De*positionalität. *Ou* ist in ihnen die Partikel der Kodisjunktion unsrer Wörter und Sätze, *unserer*.

*Séance* – ist das Wort. Ein Wort für das Wort, für den Satz, für alles, und mehr. Hätte die Sprachentwicklung – und dann also auch die Begriffs- und Gedankenentwicklung – einen etwas anderen Verlauf genommen als den, der zur gegenwärtig kuranten Bedeutung dieses Wortes geführt hat, so könnte man jetzt mit ihm noch etwas anderes als eine Sitzung oder eine Séance bezeichnen. Aber diese andere Bedeutung ist möglich geblieben. Sie würde nicht auf *seoir* und weiter auf *sedere* zurückgehen, sondern auf *se* als das reflexive Personalpronomen der dritten Person Singular und zugleich auf das Präfix der Separation, der Sezession,

---

50 [Werner Hamacher, »La seconde de l'inversion. Mouvements d'une figure à travers les poèmes de Celan«, aus dem Deutschen von Jean-Luc Nancy, in *Contre-Jour. Études sur Paul Celan*, Colloque de Cerisy, Paris 1986, S. 185–221.]

in Verbindung mit dem Suffix *ance* aus *entia* oder *antia*, einem Derivat des substantivierten *esse*. Wie *différance* seit Derrida die anfangs- und endlose Bewegung der Endlichkeit und *essance* bei Levinas die Bewegung des *esse* und also annähernd Heideggers (verbales) »Wesen« (der Differenz des Seins zum Seienden), so könnte *séance* zum einen die Bewegung des Werdens zum Selbst, zum andern – wie das französische *sevrage* oder das englische *severance* – die Bewegung der Trennung (und die Trennung noch von jedem Wesen) bedeuten. *Séance* – die Deklination des Selbst und vom Selbst oder das Selbst *als* diese Deklination. Die Lösung vom Selbst, oder von der Sache ›selbst‹, von ihrem Wesen, und das Selbst oder ›selbst‹ *als* diese Lösung. Die Aussetzung des Wesens und das Wesen als diese Aussetzung. Das eine oder das andere; und diese beiden zusammen. – Im *oder* zum Beispiel, wie ich es hier zu beschreiben und zu schreiben versuche, findet eine solche Séance statt. (Und da man auch noch zu jedem *oder* noch *oder* oder *oder nicht* sagen kann, ist es auch eine Séance des *oder.*)

*Kommentar zum Verfahren. Antwort auf mögliche Einwände.* – Die Geschichte der Metaphysik ist nicht nur eine Geschichte von Allgemeinbegriffen, aber sie wäre ohne deren relative Stabilität, ohne die Kohärenz ihrer wechselnden Konfigurationen und ohne die Kontinuität ihrer Entfaltung schlechterdings unmöglich. Ob nun das Allgemeinste Wasser oder Feuer, Idee oder Logos oder Position, Substanz, Subjekt, Geist, Liebe, Wille oder Interaktion oder, und immer wieder, Sein genannt wurde, immer wurde eine nominale Einheit ins Zentrum des Versuchs gestellt, das, was ist und dass es ist, dem Denken, der Selbstverständigung und der gesellschaftlichen Artikulation zugänglich zu machen. Diese Geschichte ist nicht abgeschlossen; vielmehr beginnt sie, und zwar seit langem, sich demjenigen weiter zu öffnen, was sich nicht unter allgemeine Begriffe fassen und nicht umstandslos der Ordnung von Namen sich assimilieren lässt. Im Zusammenhang mit der Destabilisierung und Transformation der großen sozialen, kulturellen und politischen Institutionen hat sich die Aufmerksamkeit der Philosophie, der Anthropologien, der Künste dem zuzuwenden begonnen, was bislang unterdrückt, marginalisiert, funktionalisiert oder einfach nicht beachtet wurde.

In dieser Geschichte der Öffnung der Metaphysik und ihrer Geschichte spielt Heideggers Denken eine eigentümliche Rolle. Im Begriff des Seins hat er denjenigen Begriff aus der Tradition der Philosophie analysiert, über den hinaus ein allgemeinerer nicht gedacht werden kann; gleichzeitig hat er ihn reinterpretiert als Name für das schiere Dass der Existenz, das jeweils nur einer singulären Erfahrung – und sei sie die Erfahrung einer Gemeinschaft – dargeboten ist. Sein ist für ihn also nicht mehr ein Terminus aus der Ordnung der Begriffe, sondern genau dasjenige, dessen Singularität sich den Begriffen, Namen und Termini entzieht, und genauer: dasjenige, dessen je singulärer Entzug sowohl die Einzigkeit seiner Erfahrung wie die Möglichkeit seiner Verallgemeinerung begründet. Sein ist, kurzum, eine Kategorie der Übertragung im Entzug und aus dem Entzug. Dennoch hat Heidegger auf dem Privileg, wenn schon nicht des Begriffs, so doch des Wortes, des Namens und der Gebärde als Orten der Versammlung und der Erhaltung bestanden und dennoch hat er das Motiv der Singularität insbesondere in seinem späten Werk an die äußerste Abstraktheit preisgegeben.

Wenn nun Nancys Arbeiten den Versuch unternehmen, die Singularität des Seins, seine Endlichkeit, die Struktur seines Mitseins und seiner Körperlichkeit zu reartikulieren, dabei die Sprache Heideggers – und nicht nur die Heideggers – in ein anderes Idiom zu übertragen und die Rechte dieses Idioms, seines und nicht nur des Französischen, geltend zu machen, so geschieht damit in der philosophischen Diskussion etwas, das den Begriff des Seins selbst berührt, das ihn affiziert und das somit – denn er ist der allgemeinste Begriff – sämtliche Begriffe des philosophischen Vokabulars verändert. Diese Veränderung geschieht nun aber nicht allein als eine interne Umdefinition der Begriffe, die das Privileg der nominalen Einheiten unberührt ließe, sie geschieht in gleichem Maß durch eine weitere Öffnung dieser Begriffe auf das, was in den natürlichen und technischen Sprachen nicht den Status von Nomen, das heißt nicht denjenigen von autonomen Sinneinheiten beanspruchen kann: durch die Öffnung auf Präpositionen, Partikel und Synkategoremata aller Art, auf *aber* oder *oder* zum Beispiel. Damit wird eine Entwicklung fortgesetzt und verschärft, die in der philosophischen Sprache – also der Artikulation dessen, was ist und dass es ist – eine lange Tradition hat, deren Ressourcen und deren Implikationen aber bei weitem noch nicht ausgeschöpft oder ausgedacht sind. Die Rede von An-sich, Für-sich, Für-anderes, von Da-sein, Zu-sein, Mit-sein und Zwischen hat das philosophische Vokabular nicht einfach erweitert, sondern hat gleichzeitig das Privileg, das darin traditionell den Nomen reserviert ist, erschüttert. Relational- und also Differentialpartikel können nicht etwa als gelegentliche, gleichsam akzidentelle sprachliche Vorkommnisse behandelt werden. In ihnen artikuliert sich, bei Kant, bei Hegel, Kierkegaard und Heidegger, ein Verhältnis zum Selbst, zu Anderem, zu Seiendem und zum Sein und somit ein Verhältnis, das jeweils auf neue Weise bestimmt, in welchem Sinn Sein, in welchem Sinn seine Räumlichkeit, Leiblichkeit oder Sprachlichkeit zu verstehen sei. Dass Sein ein Relationsbegriff – Da-sein, Zu-sein, Mit-sein – und weiterhin ein Begriff der (In)Transition wurde, heißt aber auch, dass er zunehmend ein Begriff der Singularisierung und Idiomatisierung, und zugleich, dass er eine *Praxis* oder eine *Geste* der Idiomatisierung wurde. Die Veränderungen im philosophischen Vokabular, und das heißt die Veränderungen in philosophischen Sätzen und somit im Akt, in den Akten des Philosophierens, bringen also ebensoviele und ebenso konsequenzenreiche Veränderungen in Duktus und Stil philosophischer Texte, im Arrangement ihrer Analysen und im Gang ihrer Fragen und Demonstrationen mit sich. Sie lassen im Prinzip – nämlich im Kontext bestimmter historischer Kraftlinien und Akzentverschiebungen innerhalb der Textur der Philosophien – auch diejenigen sprachlichen Züge einzelner Arbeiten in ein neues Licht treten, die man für marginal, bloß ›technisch‹ und also für philosophisch irrelevant halten könnte. Diese Züge können auch dann – und vielleicht gerade dann –, wenn sie in diesen Arbeiten nicht thematisiert werden, den spezifischen Gestus einer philosophischen Erfahrung anzeigen. Sie sind also nicht etwa als Manierismen oder gar Schrullen abzutun, sondern als idiosynkratische Artikulationen einer bestimmten Erfahrung, einer rekurrenten Schwierigkeit, eines nicht zu Ende gedachten Gedankens zu respektieren: als Artikulationen, die nicht auf einen Einzelnen und nicht auf einen ›privaten‹ sprachlichen Habitus beschränkt sein können. Dem hat jede kritische Lektüre Rechnung zu tragen, die nicht nur an den

Themen, sondern auch an der historischen Physiognomie philosophischer Texte interessiert ist. Aber jede solche Lektüre wird sich an der weiteren Exploration ihrer Gesten auch aktiv zu beteiligen haben, wenn sie in ihnen nicht nur, steril und antiquarisch, eine Figur mehr aus der Galerie der Gestalten des Denkens erkennen, sondern eine andere Erfahrung seiner Möglichkeiten erschließen soll. Das wird hier, mit Nancys *ou*, versucht.

Man könnte einwenden, das alles hätte auch anders – zum Beispiel fast ohne *oder* – geschrieben werden können. Aber gerade dieser Potenzialis der Modifikation oder Alteration ist in dem Wort *oder* ausgesagt. *Oder* kann a limine immer auch heißen: *oder* ohne *oder*.

Man könnte darauf bestehen, das alles dürfte keineswegs so, es müsste völlig anders gedacht werden – aber gerade das sagt das *oder* in seiner alternativen Version selbst, im *entweder… oder*.

Zum *oder* sind keine Alternativen und keine Modifikationen möglich, die nicht im *oder* selber schon formalisiert sind.

Zur Kritik, zur Modifikation, zur Abwehr und zur Verwerfung des *oder* ist schon mindestens ein *oder* nötig. (Oder eine seiner sprachlichen oder graphischen ›Entsprechungen‹. Oder eine Pause. *Oder,* eine Pause, eine Zäsur, ein Absatz.)

Man könnte einwenden, Nancy würde bei einer solchen Exploration seines *ou* oder – denn er hat auch Englisch geschrieben – seines *or* nicht zur Genüge als Autor einiger der reichsten und rigorosesten Texte der zeitgenössischen Philosophie gelesen. Aber Nancy wird hier sehr wohl als eben dies gelesen: als ihr Aut'or. {aut*h* or} (Und als ein or'igineller dazu.)

*Mäandern* – Ich liebe das Wort und die Bewegung. Und die Bewegung des Wortes. Die Bewegung des Insichzurück- und Aussichherausgehens, des ungeschlossenen Kreises, der Kurve, die sich in alle Richtungen fortsetzt, ihr Einfahren in eine Höhle, die erst durch die Bewegung dieser Kurve geöffnet wird, die Komplizierung von Außen und Innen; die Grenze in ihrer ›internen‹ Bewegung, immer nah bei sich selbst, während sie sich von sich entfernt. Die Mänaden. Ihr Tanz. An keinem Glied nicht trunken. Das *Andern*. Das *Me* andern, durch mehrere Sprachen.

# OU, SÉANCE, TOUCHE DE NANCY, ICI (II)

*To be or…* – Das *oder* zeigt Möglichkeiten an. Wenn man sagt ›dies oder das oder jenes‹ oder ›entweder dies oder das‹, so deutet man auf eine Mannigfaltigkeit von Möglichkeiten oder auf alternative Möglichkeiten, die erwogen, ergriffen oder ausgeschlossen werden können. Sie können aber nur dann erwogen und nur dann entweder ergriffen oder ausgeschlossen werden, wenn sie – und sei es auf inexplizite Weise – erschlossen werden. Das *oder* zeigt Möglichkeiten also nicht als schon vorgegebene an, auf die es als ihm äußerliche Bestimmungen bloß verweisen würde; *oder* eröffnet vielmehr diese Möglichkeiten. Wenn *oder* Möglichkeiten anzeigt, so in der Weise, dass es diese Möglichkeiten allererst ermöglicht. Diese prämodale Ermöglichung von Möglichkeiten, die sich im *oder* ereignet, ist immer dann im Spiel, wenn es um die Entscheidung zwischen verschiedenen Weisen des Redens, Denkens und Handelns, um die Entscheidung zwischen ihnen und ihrer Unterlassung geht, und sie ist, allem voran, dort im Spiel, wo es um die Entscheidung zwischen den Möglichkeiten des Seins und des Nichtseins geht: jedes *oder*, das vor die Wahl zwischen der einen Möglichkeit und der anderen stellt, eröffnet diese Möglichkeiten und damit auch die Möglichkeit einer Entscheidung zwischen einem *oder* und *keinem oder*. *Oder* eröffnet also Entscheidungsmöglichkeiten nicht so, dass damit die Entscheidung schon gefallen wäre, sondern es stellt zugleich vor die Möglichkeit, eine solche Entscheidung nicht zu fällen oder eine Entscheidung gegen jede weitere Entscheidung zu fällen. Im *oder*, das alle Entscheidungen freigibt, sind also alle Entscheidungen aufbehalten – und aufgehalten –, weil es in jedem einzelnen Fall auch noch die Entscheidung gegen die Entscheidung und gegen die Möglichkeit der Entscheidung ermöglicht. Jedes *oder* sagt auch *oder ohne oder*. *Oder* ist also die Geste der Erschließung von Seinsmöglichkeiten und zugleich die Geste der unendlichen Suspendierung oder des Abbruchs der Entscheidung über diese Möglichkeiten.

Nancy begegnet der komplexen Struktur dieses *oder* – oder der Ermöglichung von Möglichkeiten – in seiner Analyse von Heideggers »Entschlossenheit« in »La décision d'existence«. Er schreibt dort:

> »Dans l'existential de la décision, il s'agit de ce qui possibilise les possibilités, de ce qui les fait possibles pour une existence (et d'une existence), chaque fois, et donc de ce qui fait que l'existant existe selon le possible: comme l'étant pour qui il y va dans son être de l'être même comme possibilité, et par consequent de l'être comme (in)décidabilité de l'existence. L'existence est décision d'exister (*et/ou* de ne pas exister), et donc de décider (*et/ou* de ne pas décider). Mais ›to be *or* not to be‹ ne sont pas des possibilités préalablement présentes. Seule l'existence, en tant qu'elle-même jetée à l'indécidabilité du ›to be *or* not to be‹, en décide comme possible.«[1]

Warum »et/ou«? Und warum »l'indécidabilité du ›to be or not to be‹«? Wie kann man sagen: »L'existence est décision d'exister (et/ou de ne pas exister) …«? Warum wird hier dem ›oder‹ ein ›und‹ an die Seite gestellt; warum heißt es hier also ›und‹ oder ›oder‹ – und beide zugleich – (der Schrägstrich zwischen beiden hat die Bedeutung einer enumerativen Disjunktion, eines ›und/oder‹), so dass ›und‹ den Sinn von ›oder‹, ›oder‹ den Sinn von ›und‹ hat und beide dennoch eine diskrete Bedeutung behaupten? (Nancy verwendet dieses ›et/ou‹ auch in anderen Zusammenhängen, zum Beispiel in »Le cœur des choses«, wo er schreibt: »[…] matière et/ou esprit, […] apparence et/ou réalité, […] présence et/ou absence, […] individualité et/ou généralité, […] mystère et/ou chiffre du mystère, etc.«[2] – Dasein ist jeweils Dasein *zu* bestimmten Möglichkeiten und es ist also nur in der Weise, dass es sich in seinem Sein zu diesen Möglichkeiten als seinen eigenen verhält und derart diese Möglichkeiten, transitiv, in sie und also sich selbst übergehend, *ist*. Dasein liegt im Entschluss zum Da seines Seins. Es ist somit ›es selbst‹ nur, indem es sich *zu* seinen Möglichkeiten und *in* diesen Möglichkeiten – seinem Da – *zu* sich selbst entschließt. Zu

---

1 Nancy, »La décision d'existence«, *Une pensée finie*, a.a.O., S. 113. Hervorhebungen W.H.

2 Nancy. »Le cœur des choses«, *Une pensée finie*, a.a.O., S. 213.

diesen Möglichkeiten gehört aber vor allen anderen und also als seine »eigenste« Möglichkeit diejenige, nicht zu sein.

›To be or not to be‹, diese beiden Möglichkeiten liegen dem Dasein nicht als ihm äußerliche Bestimmungen seiner selbst voraus, sondern werden im Entschluss des Daseins allererst eröffnet. Und zwar werden sie beide in jedem Entschluss jeweils zugleich eröffnet. Wer sich zu sein entschließt, entschließt sich nicht nur zur Möglichkeit weiterer Entschlüsse – und darunter dem, nicht zu sein –, er entschließt sich in seinem Entschluss selbst schon zu einem Sein, das dem Entschluss verdankt und also *endliches Sein* und also Sein zur Möglichkeit des Nichtseins ist: er entschließt sich zum Sein als einem Sein des möglichen Nichtseins. Hamlets Alternative ›Sein oder Nichtsein‹ suggeriert, diese beiden Möglichkeiten stünden einander als Oppositionen gegenüber, man könnte das Sein wählen und sei damit vom Nichtsein verschont, man könnte das Nichtsein wählen und schon sei es mit dem Sein vorbei. Das *or*, das Nancy hier zitiert, hat aber weder die Kraft der Erschließung noch hat es den Sinn der Endlichkeit. Das *oder* endlicher Entschlossenheit eröffnet dagegen Sein nicht als Zustand, sondern als einen Spielraum von Möglichkeiten, deren erste das Nichtsein ist: das diesen Spielraum aufreißende *oder* stellt also das Sein dem Nichtsein nicht als exklusive Alternative gegenüber, sondern setzt es diesem Nichtsein aus; es ist kein alternatives und kein enumeratives, sondern ein *oder* der Explikation und der Ex-position. ›Sein oder Nichtsein‹ heißt dann nicht mehr ›Entweder Sein oder Nichtsein‹, sondern ›Sein oder genauer: ein Sein, das immer auch nicht sein kann‹, ›Sein und also die Möglichkeit des Nichtseins‹, ›Sein und/oder Nichtsein‹. Sofern jede Entscheidung eine existenzielle und jede existenzielle eine Entscheidung über Sein oder Nichtsein ist, muss jede eine Entscheidung für die Unentscheidbarkeit zwischen Sein und Nichtsein sein. Sie entscheidet nämlich nicht *zwischen* diesen beiden, sondern *für* das Zwischen, das den Bereich der Möglichkeiten des Seins wie des Nichtseins ausmacht.[3] Dieser Bereich des Zwischen ist aber der des *oder* oder des *und/oder* und jeder Entschluss – ob für das eine

3 Zum ›Zwischen‹ bei Heidegger: *Sein und Zeit*, a.a.O., S. 132 u. 374.

oder das andere, ob für den Entschluss oder für seine Unterlassung – muss deshalb ein Entschluss aus dem *oder* und für das *oder* und also für das *oder ohne oder* sein. Endliches Sein heißt nichts anderes als dies *oder* sein. Wie Dasein jeweils sein Da *ist*, so *ist* es sein Oder: es ist Odersein.

›To be or…‹ bezeichnet mithin die Struktur endlicher Existenz. Im *or* sind Möglichkeiten zu sein erschlossen und zugleich die Unmöglichkeit einer Erschließung, die von jeder weiteren Erschließung und also von einer irreduziblen Unerschlossenheit dispensieren könnte. Erschlossen ist im *or* aber das Mögliche und Unmögliche nicht als ein für das Dasein indifferentes Aggregat möglicher Existenzen, unter denen es nach Belieben seine Wahl treffen könnte, ohne selber von ihr betroffen zu werden, erschlossen ist mit ihnen vielmehr sein Sein selbst als Erschließung und als Entschluss. Da aber jeder Entschluss Entschluss zu möglicher Unentschlossenheit und also zur Möglichkeit der Unmöglichkeit der Existenz ist, bleibt der Entschluss gerade dann, wenn er Entschluss der endlichen Existenz *zu* endlicher Existenz ist, im Spielraum des *or*. *Or* artikuliert die Endlichkeit, die Möglichkeit der Unmöglichkeit der Existenz, die Möglichkeit der Unmöglichkeit des *or*. In ihm ist nicht vom Tod die Rede – nichts wäre harmloser –, aber in ihm und in jedem Wort, das von ihm berührt werden kann (also in jedem) und in jedem Satz und jeder Geste redet oder schweigt, hier und jetzt, seine Ermöglichung selber: die Ermöglichung der Unmöglichkeit dieser Ermöglichung: die *Entmöglichung*. *Or* ist die Geste der unendlichen Modalisierung nur, indem es zugleich die Geste der ebenso unendlichen, der anfangs- und endlosen Mortalisierung und Demodalisierung ist. Mit dem *or*, das unsre Möglichkeiten erschließt, machen wir uns unmöglich. Jedesmal, hier, und jetzt. Und jedesmal treffen wir in ihm auf unsre Unabgeschlossenheit, unsre Unfertigkeit und Unerschlossenheit, auf den Widerstand und den Ausstand des *or*, das nie – oder nie einfach – *unseres* ist. (Wir treffen auf die Verborgenheit oder das Geheimnis, so sagen Benjamin und Heidegger, der Wahrheit, der Sprache der Wahrheit.)

»*Entweder – Oder. Ein ekstatischer Vortrag.*« – »Heirate, du wirst es bereuen; heirate nicht, du wirst es auch bereuen; heirate oder heirate nicht, du wirst beides bereuen; entweder du heiratest oder du heiratest nicht, du bereust beides. Lache über die Torheiten der Welt, du wirst es bereuen; weine über sie, du wirst es auch bereuen; lache über die Torheiten der Welt oder weine über sie, du wirst beides bereuen; entweder du lachst über die Torheiten der Welt oder du weinst über sie, du bereust beides. [...] Erhänge dich, du wirst es bereuen; erhänge dich nicht, du wirst es auch bereuen; erhänge dich oder erhänge dich nicht, du wirst beides bereuen; entweder du erhängst dich oder du erhängst dich nicht, du wirst beides bereuen. [...]«[4] Man könnte so ad infinitum fortfahren, und es fehlt nicht viel und Kierkegaard würde in diesem Fragment der ›Diapsalmata‹ zu seinem *Entweder – Oder* tatsächlich so fortfahren und sich, man weiß nicht, ob ekstatisch oder mechanisch, in die Position dessen hineinschreiben, was mit einem treffenden Wort von Roland Barthes der *ninisme* der ästhetischen Existenz heißen könnte. Diese Existenz, die ästhetische, erkennt in jeder Entscheidung nur einen Grund zu späterer Reue und scheut sich deshalb, auch nur eine einzige Entscheidung zu fällen. Für sie liegt die »wahre Ewigkeit« nicht hinter dem Entweder-Oder, sondern vor ihm, nicht in der Wahl oder Entscheidung, sondern in der Indifferenz gegen sie oder im Versuch, ihr auszuweichen. Umso größer muss aber die Reue des Indifferentisten ausfallen, denn wer eine Entscheidung vermeidet, trifft eine Entscheidung: die Entscheidung nämlich, sich nicht zu entscheiden. Unschlüssigkeit täuscht sich nur darüber, dass sie Entscheidungen fällt und entschlossen auf diesen Entscheidungen beharrt. Die Möglichkeiten, zwischen denen der Unschlüssige nicht wählt, ziehen an ihm wie Bilder eines anderen Lebens vorüber, in deren Betrachtung er sich versenken kann, weil er glaubt, durch ihre bloße Kontemplation nicht korrumpiert werden zu können; aber korrumpiert ist er eben dadurch, dass er das Leben zu Bildern gemacht hat und sich selbst als ihren unbetreffbaren Betrachter imaginiert. Die Melancholie ist die Reue des Unschlüssigen, der seine Entscheidung *gegen* die Entscheidung zwischen Entweder und Oder getroffen hat. Es ist die Melancholie des Betrachters, der sich zum Bild seiner Möglich-

---

4 Søren Kierkegaard, *Entweder – Oder*, München 1975, S. 49f.

keiten geworden ist. Seine grenzenlose Traurigkeit ist die Passion des Gesehenwerdens – und also die Passion des Reflektierenden, des Ästhetikers und des Phänomenologen, dem alles zur Erscheinung einer ausstehenden, einer verweigerten oder gehemmten Entschließung wird. Was er sieht, ist trübe, weil er sich selbst immer nur unterm Aspekt seiner Andersheit und also unter dem des Gesehenen sieht. Der Ästhetiker sieht also nicht – er sieht nicht in einem emphatischen Sinn –, denn sähe er, so würde sein Blick nicht mehr Bilder seiner möglichen Existenz erfassen, sondern ihren Prospekt aufreißen: ihn durchstoßen und entwerfen: sein Blick wäre die Entscheidung – der Aufriss –, dem nichts mehr als anschauliches Objekt gegenüberstünde, sondern in dem sich aphänomenal, gegenstandslos und reflexionsunfähig seine Existenz vollzöge.

So argumentiert Kierkegaard. Aber das Bild des zur expliziten Entscheidung Entschlossenen, das er zeichnet, ist von Zügen der Melancholie gleichfalls nicht frei. Was durch seine Entscheidung für die Wahl zwischen Entweder und Oder hervortritt, ist die »Realität« des Wählens selbst und damit das, was bei Kierkegaard »das Ethische« heißt. Wenn die Wahl, *nicht* zu wählen, die Entscheidung implizit lässt und die Möglichkeiten der Existenz zu bloß ästhetischen Vorstellungen neutralisiert, so wird die Wahl des Ethikers explizit vollzogen, sie tritt aus dem Neutralismus der Kontemplation heraus und stellt sich aufrichtig zu dem, was jede Entscheidung trägt: sie ist die Wahl des Willens zur Wahl. *Mein Entweder-Oder*, so schreibt Kierkegaard – oder »Kierkegaard«: und wer könnte zwischen diesen beiden Namen, zwischen dem Namen und dem »Namen« entscheiden und wer könnte entscheiden, was hier »*mein* Entweder-Oder« heißt und ob es überhaupt noch etwas heißen kann? –, »mein Entweder-Oder bezeichnet nicht zunächst die Wahl zwischen Gut und Böse, es bezeichnet die Wahl, durch die man Gut und Böse wählt oder sie ausschließt. [...] Es ist deshalb nicht so sehr die Rede davon, daß man wähle, ob man das Gute oder das Böse will, als vielmehr davon, daß man das Wollen wählt; damit aber ist wiederum das Gute und das Böse gesetzt. Wer das Ethische wählt, wählt das Gute, das Gute aber ist hier völlig abstrakt [...] und daraus folgt noch keineswegs, daß der Wählende nicht wieder das Böse wählen kann, obwohl er das Gute gewählt hat.«[5] Die Entscheidung des Ethikers ist eine Entscheidung für das Entweder-Oder, nicht eine zwischen dem Entweder auf der einen und dem Oder auf der anderen Seite. Sie ist eine Entscheidung für die Entscheidung selbst und also eine Entscheidung für den Willen. Der Wille nämlich ist nichts anderes als die Erfahrung der Entscheidung, das absolute Kriterium der Scheidung zwischen jedem möglichen Entweder und seinem Oder; er ist, so könnte man sagen, die Entscheidung in ihrem Vollzug, reine, unvordenkliche Performanz der Teilung, Distribution, Auseinanderlegung: der subjektivitätsphilosophisch begriffene *nomos* des Platon. In der Entscheidung betätigt sich der Wille zum Willen, der Wille zur Macht des Willens und damit zur Substanz der der Existenz als absoluter Subjektivität. Als Wille zur Macht des Willens ist damit die Entscheidung für die Entscheidung zugleich und unabhängig davon, wie sie im einzelnen ausfällt, der Wille zum Grund der Existenz selber und somit der Wille zum Guten. Wer den Willen wählt, der wählt das Gute, denn er wählt die Existenz selbst, er wählt sein Selbst in seiner Selbständigkeit: in der Autonomie seines Willens und in dem, was seinem Selbst Bestand gibt.

Aber dieser Bestand, daraus macht Kierkegaard keinen Hehl, ist ohne Dauer. Zwar ist seine Ethik eine Ontologie des Willens zur Macht – des *guten* Willens zur Macht, des Willens zur Macht als dem absoluten *Gut* – der Subjektivität, aber da dieser Wille nur an sich selbst einen Anhalt findet, ist er auf die Permanenz des Willens, auf seine fortgesetzte Betätigung und somit auf seine anhaltende Konfrontation mit der Möglichkeit angewiesen, nicht zu wollen, nicht zu entscheiden und nicht das Ethische, Gute, sondern den ästhetischen Indifferentismus zu wählen. Das heißt, Wille ist Wille nur, sofern er sich prinzipiell der Möglichkeit des Nicht-Wollens exponiert. Die Entscheidung ist nur dann Entscheidung, wenn sie prinzipiell und immer vor der Möglichkeit steht, dass eine Entscheidung nicht getroffen werden könnte. Kierkegaard spricht diesen Sachverhalt aus, indem er schreibt, dass aus

5 Ebd., 2. Teil, II. Das Gleichgewicht zwischen dem Ästhetischen und dem Ethischen, S. 718.

der Wahl des Wollens noch nicht folgt, »daß der Wählende nicht wieder das Böse [also die Indifferenz, die Nicht-Entscheidung, das Ästhetische] wählen kann, obwohl er das Gute gewählt hat«. Es ist für die Entscheidung konstitutiv, dass sie immer auch die Entscheidung nicht zu entscheiden sein kann, dass sie nie definitive Entscheidung und nie Entscheidung genug, nie saturiert sein kann. Sie ist prinzipiell nur dann Entscheidung, wenn sie Entscheidung für die Offenheit der Entscheidung, für immer weitere und andere Entscheidungen und wenn sie somit Entscheidung für die Unmöglichkeit einer definitiven Entscheidung, für die Unentscheidbarkeit und also Entscheidung *aus* der Unentscheidbarkeit ist. Der Wille – denn er ist in sich selbst die Entscheidung – ist entsprechend Wille nur dann, wenn er Wille auch zum Nicht-Wollen und Wille zur Unmöglichkeit des Wollens sein kann: wenn er das Vermögen zur Unmöglichkeit des Wollens und also das Vermögen eines Unvermögens ist. Wille ist nur, was prinzipiell, *präprinzipiell* sein Können nicht kann, sein Vermögen nicht vermag, keine Macht über seine Macht hat. Er muss der Nichtgewollte sein, um Wille sein zu können. Sein Gutes – und der Wille ist in Kierkegaards wie in seines Lehrers Schelling Willensmetaphysik das Gut par excellence –, sein Gutes ist immer das Gute eines Bösen: aber eines Bösen, das dem Guten nicht gleichrangig, symmetrisch gegenübersteht, sondern eines Bösen vor jedem Bösen, das dem Guten entgegengesetzt werden könnte, eines Bösen *vor* dem Guten und deshalb *in* ihm. Gut ist also allein das unendliche Zittern, Furcht und Zittern, *ob* denn in der Entscheidung und *ob* im Willen selbst schon das Gute ergriffen sei, und gut ist also – *endlich* gut – das Erzittern des Willens, der Entscheidung ›selbst‹.

Die Konsequenzen aus dieser von ihm beschriebenen Struktur der Entscheidung zieht Kierkegaard nur mittelbar im Arrangement der von ihm ausgebreiteten philosophischen Materialien. Sie betreffen *nicht* in erster Linie das Verhältnis zwischen dem Ethischen und dem Ästhetischen, das in *Entweder – Oder* mit großer Präzision herausgearbeitet wird: die ethische Entscheidung ist jederzeit einem Rezidiv in die Position der ästhetischen Beschaulichkeit ausgesetzt; als ästhetisches kann Dasein aber erst vermöge der Intervention der ihrerseits fragilen ethischen Setzung erscheinen. Diejenigen Konsequenzen, die sich bei Kierkegaard nur andeuten, beziehen sich vielmehr auf die Struktur der Entscheidung selbst, der absoluten Entscheidung für die Entscheidung. Diese Entscheidung kann nicht mehr einfach in den Bezirk der Metaphysik des Willens fallen, denn für diese ist der Wille ein Letztes und Unableitbares, während er in der Entscheidung nur als Wille *zum* Willen, als Wille also zu einem noch nicht gegebenen, sondern allererst zu wollenden, zu einem noch nicht erreichten, sondern erst noch zu erreichenden und somit einem unendlich differenten Willen tätig wird. Was die Willensmetaphysik nicht wahrhaben will: dass der Wille nur als gespaltener und also nicht nur zweideutiger, sondern unheilbar *verzweifelter* überhaupt Wille ist, eben das macht den Willen selbst zum Effekt einer differenziellen Bewegung, die er selbst schlechterdings nicht zu kontrollieren vermag. Wenn nämlich der Wille, um Wille zu sein, Wille *zum* Willen zu sein hat; wenn die Distanz zu sich selbst für ihn konstitutiv ist, dann muss im Willen selber prinzipiell ein Nicht-Wollen am Werk sein, das jeder seiner Intentionen vorausliegt und für keine von ihnen erreichbar ist. Da nun aber jede Entscheidung und a fortiori diejenige für die Entscheidung selbst jeweils eine für den Willen ist, muss das Dilemma der Volutionen sich als strukturelles Dilemma der Entscheidung wiederholen. Auch wenn jede Entscheidung eine bestimmte Situation herbeiführt und dadurch den Spielraum der Möglichkeiten umdefiniert, muss jede eine Entscheidung für die Erhaltungsbedingungen der Entscheidung selber sein, das heißt: jede muss den Spielraum der Möglichkeiten so offenhalten, dass weitere Entscheidungen für die Entscheidung selber nicht nur nicht ausgeschlossen sind, sondern dass diese Weiterungen, diese Fortsetzungen (und Fort-Setzungen) der Entscheidung die Entscheidung selber recht eigentlich konstituieren. Entscheidung ist immer Entscheidung *für andere* Entscheidungen (sie beruht in ihrer Mannigfaltigung), und a limine ist sie also Entscheidung für ein *anderes* als die Entscheidung *selbst*. Wenn es nämlich zu ihrer Struktur gehört, dass sie Entscheidung für die Entscheidung ist, dann kann sie nicht anders als für die Unentscheidbarkeit ausfallen, denn diese allein verbürgt die Offenheit, den Spielraum, die Freiheit, welche weitere Entscheidungen und in jedem *hic et nunc* eine Entscheidung überhaupt zulässt. Gäbe es eine definitive Entscheidung, ein für allemal gültig, unmodifizierbar und also letal, dann gäbe es keine Entscheidung mehr *für* die Entscheidung, dann wäre sie nicht frei und nicht Entscheidung, sondern Fatum. Jede Entscheidung ist Entscheidung für eine *andere* Entscheidung, und da ihre Reihe prinzipiell unabschließbar sein muss, muss sie Entscheidung für die Unentscheidbarkeit sein. Die Wahl zwischen Entweder und Oder muss immer wieder zur Wahl des Entweder-Oder selbst werden können, aber dies Immer-wieder muss das Entweder-Oder unendlich suspendieren und eben damit, entscheidender, in ein Ohne-Entweder-Oder verrücken. Dieses Oder-Ohne-Oder, das jeder Entscheidung den Grund entzieht und sie damit allererst als Entscheidung freigibt, ist das Ende der absoluten Willkür, die der Dezisionismus als irreduzibles Kriterium seiner Akte, die der Aktivismus als Grund seiner Performationen und die Willens-Ontologie als Substanz des ethischen Prozesses reklamiert. Seine Volutionen werden vor dem unabdingbaren Ohne-Oder des Oder zu Velleitäten, zu Unschlüssigkeiten, die unheilbar – und, mit Kierkegaards Wort, unheilbar »melancholisch« – sind, weil sie den Willensentschluss selber bewohnen.

Entscheidungen gibt es also nur für die Unmöglichkeit der Entscheidung und aus ihr. Und: jede Entscheidung *ist* nichts andres als diese ihre Unmöglichkeit. Unmöglichkeit bedeutet hier also nichts Negatives, nichts, das sich der Entscheidung einfach als ihr Gegenteil widersetzte, sondern den offenen Fond, aus dem die Entscheidung ihre Möglichkeit zieht. Die Möglichkeit der Unmöglichkeit der Entscheidung (des Willens) ist die Möglichkeit der Entscheidung selbst. In ihr allein lässt sich das »Eigene« der Entscheidung, im Oder-ohne-Oder das »Eigene« des Entweder-Oder erreichen: also allein dort, wo es nicht mehr als gegebenes Vermögen des Subjekts vorgefunden werden kann, sondern wo sich dies Vermögen allererst an seinem irreduziblen Unvermögen konstituiert. Die Subjektivität des Subjekts – wie der Wille und der Wille zum Willen, wie die Entscheidung und die Entscheidung für die Entscheidung – entspringt überhaupt erst (und zerspringt also als Autokonstitution) in jener Unmöglichkeit und in jenem Unvermögen, sich selbst zu begründen, *causa sui*, die Instanz der endgültigen oder ersten Entscheidung, die Entscheidung *selbst* zu sein. Sich entscheidend, ist das Subjekt jeweils einem anderen ausgesetzt. Entscheidend, exponiert sich die Entscheidung jeweils etwas *toto coelo* anderem als der Entscheidung: nicht sich selbst und keinem möglichen Selbst. Und wenn die Entscheidung das Gute sein soll, wie Kierkegaard immer wieder bekräftigt, dann also nur, sofern sie in sich einem Bösen ausgesetzt ist, über das sie als Gutes keine Macht hat, weil Entscheidung nichts anderes ist als diese Aussetzung – nichts anderes als Existenz und nichts anderes als Freiheit.

Diese Selbst-Deklination der Entscheidung, ihre apriorische Entfernung und Enteignung ist also derjenige Modus, in dem sie überhaupt *ist*; und in dem Sein überhaupt sich ereignet. In einem Abschnitt seiner *Beiträge zur Philosophie (Vom Ereignis)* stellt Heidegger 1936 in Erörterungen, die einige der Fragen aus *Sein und Zeit* und damit die Probleme von Kierkegaards *Entweder –Oder* wieder aufnehmen, die Frage: »Warum ist die Wahrheit des Seyns keine Zugabe und kein Rahmen zum Seyn und auch keine Voraussetzung, sondern das innerste Wesen des Seyns selbst?« Und er gibt die Antwort: »Weil das Wesen des Seyns in der Er-eignung der Ent-scheidung west«.[6] Nancy zitiert diesen Satz in seiner Studie »La décision de l'existence«,[7] um zu unterstreichen, dass die Entscheidung und weiterhin die Entschlossenheit nicht als anthropologisch determiniertes Geschehen missdeutet werden dürfe und dass sie die Öffnung auf die Offenheit ist, die die Existenz des Daseins auszeichnet. Nancy schreibt:

> »*Entschlossenheit* is nothing but a making-its-own in the opening up, as opening up: the *Zueignung*, which forms the ownmost possibility of the ownness of existence as such, the *Zueignung*, or the *Ereignis*. The *Beiträge* will say that ›the essence of Being deploys itself and presents itself (west) in the appropriation of the decision [in der Er-eignung der Ent-scheidung],‹ and that ›the advent of the appropriation‹ [das Ereignis der Er-eignung] encloses within it the de-cision.«[8]

---

6 Martin Heidegger, *Beiträge zur Philosophie (Vom Ereignis)*, hg. v. Friedrich-Wilhelm von Herrmann, Frankfurt/M. 1989, § 44, S. 95.

7 Jean-Luc Nancy, »La décision de l'existence«, *Une pensée finie*, a.a.O., S. 107–145, hier S. 134.

8 In der englischen Übersetzung von Brian Holmes; Jean-Luc Nancy, »The Decision of Existence«, ders., *The Birth to Presence*, Stanford 1993, S. 101.

»Er-eignung der Ent-scheidung« ist aber das »Wesen des Seyns« nur, indem es zugleich – es ist Heidegger, der im selben Zusammenhang diesen Zug, diesen *Ent*zug unterstreicht – »die Verweigerung« ist. Sein ›west‹ in der Entscheidung als Er-eignung, indem es sich in ihr zugleich vorenthält, indem seine Er-eignung sich als Ent-eignung zuträgt. Die Ent-ereignung des Seins in der Entscheidung hat also die Struktur dessen, was ich ›Hinhaltung‹ genannt habe, was Nancy als ›offrande‹ charakterisiert und was man auch das Sich-Zutragen des Seins nennen könnte. In der Entscheidung trägt sich das Sein von Dasein zu, trägt sich sich selbst zu – ohne bei sich anzukommen, aber so, dass es im Nicht-Ankommen erst bei sich ›selbst‹, bei seiner Offenheit als einem – aber dies sind nicht Heideggers Worte und auch nicht mehr seine Gedanken – niemand und nichts Gehörigen ist. Nicht aus seiner Nachträglichkeit, nicht aus seiner Verträglichkeit oder Abträglichkeit ist also Sein und ist die Entscheidung zu denken, so lässt sich hier schon vorgreifend und hinter Heidegger und seine Interpretation durch Nancy zurückgreifend sagen, sondern aus einer Träglichkeit, einer Ferenz, in die Zutragen, Vertragen und Nachtragen eingelassen sind und an der sich zugleich ein anderes – und also ein anderes als Sein – andeutet, ein Nicht-Tragen, ein Untragbares und Unerträgliches, eine Adferenz und Aferenz, eine *Afferenz*, die vielleicht noch anderes ist, als Derridas *différance* oder sie anders zu lesen erlaubt.

Die eigene Offenheit als niemandem und nichts Gehöriges, als inkonvertibel in die Egoität eines mit sich selbst identischen Subjekts: wenn das die Struktur der Entschlossenheit und der Entscheidung ist, dann kann nicht mehr und dann darf nicht mehr zwischen dem *eigenen* und seiner *Unzugehörigkeit*, seiner *Selbst*unzugehörigkeit wie zwischen zwei Alternativen unterschieden werden, die in der Rivalitäts- (und, sit venia verbo, *Arrivalitäts-*)Formel Entweder-Oder aufeinanderstoßen könnten. Aber wenn die *eigene* und jeweils singuläre Entschlossenheit das schlechthin *Unzugehörige* ist und nur so die Fixierungen der egologischen Willensmetaphysik auflöst, dann stellt sich die Frage, wie ernst oder wie entschieden von Heidegger – und dann von Nancy – dieses *niemand und nichts Gehörige*, wie ernst die *Selbst-Unzugehörigkeit* der Entscheidung genommen wird. Und die korrespondierende Frage, ob es nicht immer noch egologische Residuen auch in der Struktur derjenigen Entscheidung gibt, in der sich dem Dasein sein Sein zuträgt.

Heidegger geht davon aus – und resümiert damit, ohne ihn zu nennen, Kierkegaards Überlegungen –, dass die Entscheidung zunächst Entscheidung darüber ist, »ob Entscheidung oder Nichtentscheidung. Entscheidung aber ist, sich vor das Entweder-Oder bringen […]«.[9] Entscheidung ist wesentlich geschichtlich und damit Entscheidung darüber, ob Geschichte geschieht oder nicht. Und zwar »Seinsgeschichte« und damit die »Kehre« von der Subjektivitätsphilosophie zum Denken des Seins und damit einem »anderen Anfang der Geschichte«. Dementsprechend lauten die »Entscheidungen«, denen das Denken konfrontiert ist, für Heidegger:

> »ob der Mensch ›Subjekt‹ bleiben will *oder* ob er das Da-sein gründet – […]
> ob das Seiende das Sein als sein ›Generellstes‹ nimmt und damit der ›Ontologie‹ ausliefert und verschüttet *oder* ob das Seyn in seiner Einzigkeit zum Wort kommt und das Seiende als Einmaliges durchstimmt – […]
> ob das Seiende als das Selbstverständlichste alles Mittlere und Kleine und Durchschnittliche zum Vernünftigen verfestigt *oder* ob das Fragwürdigste die Gediegenheit des Seyns ausmacht – […]
> ob das Seyn sich endgültig entzieht *oder* ob dieser Entzug als die Verweigerung zur ersten Wahrheit und zum anderen Anfang der Geschichte wird.«[10]

So könnte er fortfahren und es würde sich nicht viel ändern an dem »geschicklichen« Entweder-Oder, dem Scheideweg, an dem hier Heidegger, 1936, zu stehen vermeint: an dem Scheideweg zwischen Seiendem und Sein. Denn das ist für ihn die Frage – Seiendes *oder* Sein. Wie wird sie gelöst? *Wodurch fällt die Entscheidung?* Heideggers Antwort ist unzweideutig trotz des *oder*, das sie spaltet; sie lautet:

---

9 Heidegger, *Beiträge*, a.a.O., § 47, S. 102.
10 Ebd., § 44, S. 90f. (Sämtliche Hervorhebungen des *oder* von Heidegger).

> »Durch das *Geschenk* oder den *Ausbleib* jener ausgezeichneten Gezeichneten, die wir ›die Zukünftigen‹ nennen [...]. *Zu ihnen zählen 1.* jene wenigen Einzelnen, [...]; *2.* jene zahlreicheren Bündischen, [...], *3.* jene vielen Zueinanderverwiesenen [...] *und 4. und 5.* das Volk. *Von diesem nun heißt es:* Dieses Volk ist in seinem Ursprung und seiner Bestimmung einzig gemäß der Einzigkeit des Seyns selbst, dessen Wahrheit es einmalig an einer einzigen Stätte in einem einzigen Augenblick zu gründen hat.«[11]

Die Motive der Einzigkeit und Einmaligkeit – der Stätte, des Augenblicks, des Volks und des Seins – stehen hier den Motiven dessen gegenüber, was einmal das *»Generellste«* und dann »alles Mittlere und Kleine und Durchschnittliche« heißt. Die Entscheidung fällt also für Heidegger zwischen der Einzigkeit auf der einen und der Durchschnittlichkeit auf der anderen Seite, zwischen dem Sein auf der einen und dem Seienden auf der anderen Seite – und sie wird gefällt *zugunsten* des Seins und der Einzigkeit – des Volks, der Stätte, des Augenblicks – *gegen* die Durchschnittlichkeit und Allgemeinheit des Seienden – des Riesenhaften, der Masse – und gefällt wird sie *vom* Sein, *von* der Einzigkeit des Volks, des Augenblicks, der Stätte. Die Entscheidung für das Einzige und Einmalige ist Entscheidung des Einzigen und Einmaligen für sich. Sie ist einmalige Entscheidung für die einmalige Entscheidung. Und da sie einmalig ist, ist sie schlicht »die« Entscheidung, sie selbst. Und eben deswegen – mag Heidegger auch alles daransetzen, das Gegenteil zu suggerieren – überhaupt keine Entscheidung. Und somit keine Er-eignung, keine Ent-eignung des Seins.

Das Skandalon von Heideggers Eintragungen, das um nichts geringer ist als das der fast gleichlautenden, wenn auch ungleich agitatorischeren Formulierungen in seiner Rektoratsrede, liegt nicht nur im geschmeidigen Eintauchen ins sumpfige Vokabular der gleichzeitigen politischen Ideologen; es liegt nicht nur in der Blindheit, die die Einzigkeit der Durchschnittlichkeit entgegensetzt, während sie in diesem Gegensatz selber kaum etwas anderes als durchschnittlich sein kann; es liegt nicht nur in der kurio-

---

11 Ebd., § 45, S. 96f.

sen philosophischen Entgleisung, die da das Sein zur Alternative des Seienden macht; es liegt in alledem und auch darin, dass die Entscheidung nicht etwa, wie sie es muss, ihrer Unmöglichkeit ausgesetzt, sondern dass sie schlicht kassiert wird.[12] Heidegger multipliziert zwar die *oder* im Vorspiel der Entscheidung, aber dort, wo sie, wie er dekretiert, durch die »ausgezeichneten Gezeichneten« und das »einzige« »Volk« gefällt wird, kann sie nicht

12 Nachdem Heidegger in der Rektoratsrede die »Entscheidungsfrage« gestellt hat – »soll Wissenschaft fernerhin für uns noch sein, oder sollen wir sie einem raschen Ende zutreiben lassen?« (Martin Heidegger, *Die Selbstbehauptung der deutschen Universität*, Frankfurt/M. 1983, S. 10) – heißt es, unverhohlener als in den *Beiträgen*: »Wollen wir das Wesen der deutschen Universität, oder wollen wir es nicht? Es steht bei uns, ob und wie weit wir uns um die Selbstbesinnung und Selbstbehauptung von Grund aus und nicht nur beiläufig bemühen oder ob wir – in bester Absicht – nur alte Einrichtungen ändern und neue anfügen. [...] Aber niemand wird uns auch fragen, ob wir wollen oder nicht wollen, [...] Ob solches geschieht oder nicht geschieht, das hängt allein daran, ob wir als geschichtlich-geistiges Volk uns selbst noch und wieder wollen – oder ob wir uns nicht mehr wollen. [...] Aber wir wollen, daß unser Volk seinen geschichtlichen Auftrag erfüllt. Wir wollen uns selbst. Denn die junge und jüngste Kraft des Volkes, die über uns schon hinweggreift, *hat* darüber bereits *entschieden*.« (Ebd., S. 19.) Die Rektoratsrede bietet nicht nur eine existenzial-ontologische Theorie der Entscheidung, die sich mit voluntaristischen und dezisionistischen Theoremen bewaffnet, um ihre strukturelle Ohnmacht zu kaschieren, sie vollzieht auch selber, praktisch, aktiv, ›performativ‹, eine existenzielle Entscheidung – eine Entscheidung für die Existenz der Wissenschaft, des Willens, des abendländischen Seins –, eine Entscheidung für sich selbst und vollzieht sie, der Logik der Einzigkeit des Seins gemäß, *als bereits vollzogene*: das Faktum, *dass* »wir« »uns selbst« wollen und dass derart die Entscheidungsfrage schon beantwortet ist, wenn sie als solche gestellt ist, verdankt sich nicht einer Entscheidung, die »wir« treffen und die deshalb im Hinblick auf weitere und andere Entscheidungen und Entscheidungen anderer offen ist, sondern einer Entscheidung, die schon getroffen ist – von der »jungen und jüngsten Kraft des Volkes«, von der Energie des faktischen Seins-mit-anderen in seiner geschichtlichen Einzigkeit *hic et nunc*. Anders gesagt: eine Ontologie der Entscheidung, die in der Einzigkeit dieser Entscheidung und in ihrer Einheit mit dem ›Wesen‹ dessen, der oder das diese Entscheidung fällt, gründet, ist eine Theorie – und eine Praxis –, für die es keine Entscheidung mehr gibt (und also auch keine Theorie und keine Praxis), sondern bloß noch die unterwürfige Berufung darauf, dass sie durch »unsre« »Kräfte« schon getroffen sei. Die Existenzialontologie kollabiert in der Kollaboration mit der faktischen Macht und ihren Machenschaften, weil sie selbst noch eine Ontologie der Macht und des Willens zur Macht ist.

mehr zwischen einem Entweder und einem Oder fallen, denn sie ist, »einzig« und »einmalig«, an eine »einzige Stätte« und einen »einzigen Augenblick« gebunden, jeweils schon gefallen. – Ein einziges Oder ist aber kein Oder. Wo immer es ein Oder gibt, gibt es es nur als gedoppeltes, als Entweder-Oder, das seine Einzigkeit erst aus der Möglichkeit seiner Wiederholung, Übersetzung, Transformation und Afformation empfängt. Das Oder muss, um Oder und um einzig zu sein, ein *anderes* Oder sein und andere Oder bis hin zum Oder-ohne-Oder zulassen. Für Heidegger ist das Oder einzig und *kein* anderes, lässt kein anderes zu und ist deshalb selber keines mehr. Die »einzige« Entscheidung ist, was Heidegger nicht wahrhaben will, keine; die »einzige« Entschlossenheit, was Heidegger bestreitet, Verhängung. Das einzige Sein keins. Ontodizee in der »ursprünglichen«, der »einzigen« Entscheidung, ein Ontozid. Die mono-ontologische Krisis im einen Oder, die Heidegger hier, 1936, urgiert, um einen »anderen Anfang der Geschichte« zu eröffnen, ist ihr Kollaps in eine *Ouk*-ontologie, die weder anders noch Geschichte, weder Anfang noch Ende sein kann, weil sie, »einzig« – und also ohne Beziehung zu Geschichte, zu Vor oder Nach, Wiederholung oder Veränderung –, nur an ihrer *eigenen* Offenheit festhält und in ihr unmittelbar nur sich selbst gehört. Das »andere« ist hier das Eigenste, das Selbe, und »der andere Anfang der Geschichte« nur zu sehr in Kontinuität mit derjenigen Geschichte, die Heidegger verwinden will.

Die Frage, die an Heidegger gestellt war, lautete, wie ernst er es mit der Bestimmung der Entscheidung nimmt, die sich aus seinem Gedanken der Er-eignung als Ent-eignung des Seins ergab: dass in ihr die *eigene* Offenheit (oder Entschlossenheit) als ein niemandem und nichts Gehöriges und also als ein dezidiert nicht-anthropologisches Ereignis sich zuträgt. Die Antwort lautet: dass er sie nicht ernst genug nimmt, dass das Eigene bei ihm in der Gestalt der »ausgezeichneten Gezeichneten« und des »einzigen« »Volks« – wie in *Sein und Zeit* in der Gestalt der »Selbst-Ständigkeit« – allein sich selbst gehört und dass diese unmittelbare Selbst-Gehörigkeit, die jede Entscheidung, jedes Entweder-Oder und jede Alteration der Einzigkeit (und damit auch die Einzigkeit der Alteration) tilgt, nicht weniger als den politischen und ethischen Kollaps des Heidegger'schen Denkens, seinen Kollaps in anthropologischer Ethik und ethnischer Politik darstellt. Sein bleibt für ihn, mit der ganzen Ambiguität dieses Genitivs, Sein *des* Seienden – und zwar desjenigen »ausgezeichneten« Seienden, das für ihn in anthropologischer und näherhin ethnologischer Verkürzung des Seinsgedankens das »Volk« in seiner »Stätte« – seiner Polis – ist. Die ontologische Differenz zieht sich in ontologischer Fusion zusammen und verortet sich in einer Ethno-, Polito- und Topologie des Seins, da Sein, »einzig«, als Sein *des* Daseins und also als einem Dasein zugehöriges und da Dasein als das eines »Volkes« topisches, an eine »Stätte« gebundenes und weil es in seiner Entscheidung für sein Sein als diesem Sein »höriges« gedacht wird. Es verschlägt nicht viel, dass dies Sein als vorenthaltenes und also unankünftiges erfahren werden soll, denn noch seine Unankünftigkeit ist eine orientierte, auf eine »Stätte«, einen Topos oder eine Polis gerichtete und also als eine Unankünftigkeit des »Geschicklichen« und Gehörigen, nicht aber als ungeschickt, ungehörig und unzugehörig gedacht. Die Ent-eignung, die sich in Heideggers Entscheidung 1936 vollziehen soll, bleibt als die der An-eignung des Eigenen, des Seins *des* Daseins gedacht. Mit einer bloßen Konstatierung dieses Sachverhalts und mit seiner »Kritik« ist es freilich nicht getan. Denn die Frage, die sich hier anzuschließen oder von hier abzuspringen hat – es ist eine der unangenehmsten, die sich in jeder Auseinandersetzung mit Heidegger und mit der philosophischen Tradition, die er zu verwinden gedachte, einstellen müssen –, diese Frage heißt, ob sich eine Ent-eignung überhaupt anders denn als die der An-eignung und ob sich ein Ungeschicktes, Unzugehöriges und Ungehöriges überhaupt *denken* und überhaupt *erfahren* lasse.

Wie ernst nimmt nun Nancy die Ent-ereignungs-Struktur der Entscheidung? Das heißt die Struktur der Ek-sistenz als absoluter Inkonsistenz, als Aussetzung des Oder, die in der neueren Philosophie von Heidegger am emphatischsten exponiert und vom ihm zumindest in einem entscheidenden Teil dennoch verraten worden ist? Gewissen ist in Heideggers Analyse der ontologischen Struktur der Entscheidung als *Bezeugung* der eigensten Möglichkeit des Daseins verstanden, derart, dass Dasein nie im Besitz dieser eigensten Möglichkeit sein und deshalb immer schlechtes Gewissen, immer Gewissen der Schuldigkeit des Daseins und der unschlichtbaren Schuldigkeit der Entscheidung ist. Dasein ist schuldig, da es nie Grund seiner Existenz und nie fähig ist, seine eigenste Möglichkeit als solche in Realität zu konvertieren: denn diese eigenste Möglichkeit bleibt ihm als Möglichkeit der *Unmöglichkeit* des Existierens stets voraus und entzogen. Somit ist die Entscheidung des Daseins für seine Existenz immer Entscheidung für den Entzug des Seins und selber Sein im Entzug. Dasein ist schuldig – das heißt, es ist und es bleibt die Entscheidung schuldig, ist und bleibt weitere Entscheidungen, ist und bleibt die »endgültige« Entscheidung schuldig, die von allen Entscheidungen erlösen könnte. »Eigentliche« Entscheidung, ›authentische‹ ist sie erst als diejenige, die für die unendliche Endlichkeit, also Untreffbarkeit, Unfällbarkeit und somit für die Unentscheidbarkeit der Entscheidung »selbst« fällt. Jede Entscheidung ist eine andere Entscheidung schuldig: die Offenheit und Angewiesenheit auf anderes und auf ein anderes Mal ist das Mal ihrer Endlichkeit. Jede Entscheidung ist Entscheidung für ihre Schuldigkeit: allein darin ist sie »eigentliche«, nämlich Entscheidung zur apriorisch-existenziellen Inappropriierbarkeit des Seins, *ihres* Seins. Dementsprechend kann Nancy in »La décision d'existence« schreiben:

> »Thus ›decision‹ or ›decided-Being‹ are neither attributes nor actions of the existent subject; they are that in which, from the first, existence makes itself into existence, opens to its own Being, or appropriates the unappropriable event of its advent to Being, from a groundlessness of existence. Existing has nothing more its own than this infinite ownability of unownable Being-in-its-ownness. That is the truth of ›finitude‹ (and that is the sole ›object‹ of the existential analytic)«.[13]

Die Entscheidung ist das Ereignis, in dem sich das Dasein sein inappropriierbares Sein »appropriiert«. Aber damit doch sich uneinholbar expropriiert; sich ex-appropriiert und nur so ek-sistiert. Lässt sich dann aber noch sagen, wie es Nancy wiederholt und fast mit dem Nachdruck des Aktivisten tut: *existence makes itself into existence* (»l'existence se fait existence? – Tout ce qui est à

---

13 Nancy, *The Birth to Presence*, a.a.O., S. 102f: Übersetzung leicht modifiziert; vgl. *Une pensée finie*, a.a.O., S. 136.

faire«, schreibt Nancy im selben Kontext[14]); »what we must do (in the strongest and most ›praxical‹ sense of the word ›do‹) is to make the difference between Being and entities«.[15] Aber kann man die ontisch-ontologische Differenz *machen*? Und gar noch »in the strongest and most ›praxical‹ sense of the word ›do‹«? Kann man sagen *existence* makes *itself into existence*, ohne hinzuzufügen: macht sich als das Unmachbare und scheidet sich darin vom Gemachten wie vom Machbaren? Denn keine Entscheidung macht etwas, keine tut etwas, ohne damit jeweils zugleich das Getane oder Gemachte anderen Entscheidungen und Handlungen und schließlich etwas anderem als Entscheidungen und Handlungen, dem Unmachbaren oder Unvollziehbaren selbst auszusetzen. Jedes *à faire*, zu dem Nancy – und mit Recht, mit unbestreitbaren Recht – auffordert, stößt nicht außerhalb seiner (in welchem Raum, der nicht erst mit diesem *à faire* eröffnet würde?), sondern stößt in seiner eigenen Struktur auf den unzerbrechlichen Widerstand eines *afaire*, auf eine *Afairance*, und ist eben diese: ist das, was man versuchsweise und provisorisch eine *Afairance* und *Affairance* nennen könnte. Der Vollzug endlicher Entscheidung ist nie *Voll*-zug und die Entscheidung nie entschieden genug, nie ganz und sie selbst, es sei denn um den Preis ihrer immediaten *Scheidung von sich*, ihrer Teilung und Mitteilung an eine andere Entscheidung und an etwas anderes als Entscheidung: an ein Unvollziehbares, Unaustragbares und Untragbares, an etwas, das sich nicht tun, nicht machen, nicht praktizieren lässt, an ein Unentscheidbares – ein Oder-ohne-Oder – und damit an etwas anderes als Sein. (Es ist hier daran zu erinnern, dass der Gedanke des ›anderes als Sein‹ oder ›anders als Sein‹ der Gedanke der ontologischen Differenz ist und keinesfalls als ›Kritik‹ daran verstanden werden kann. Heidegger spricht vom *Wesen* der Differenz zwischen Sein und Seiendem als etwas, das selbst nicht Sein ist, sondern vermöge dessen es (das Sein) allererst Sein gibt und verweigert.) Von diesem anderen her, von der strukturellen Unvollständigkeit und Unvollziehbarkeit des Aktes her, ist seine

---

14 Nancy, *Une pensée finie*, a.a.O., S. 137.

15 Nancy, *The Birth to Presence*, a.a.O., S. 103; Übersetzung leicht modifiziert.

›Aktivität‹ zu denken; von der strukturellen Unfertigkeit und Ungeschicklichkeit der Praxis her ist jede praktische Fertigkeit und Praxis selbst zu denken: von ihr her als von der existenzial-strukturellen Bedingung der Möglichkeit *und* Unmöglichkeit des Daseins, von einer Eröffnung der Aktivität, die selber noch nicht und niemals den Charakter der Aktivität hat, ist das, was »Akt« genannt wird, zu denken, zu schreiben, zu tun – : von der *Affairance*, dem Akt ohne Akt her.

Deshalb hat man mit einer gewissen Reserve auch Nancys Formulierung in *L'expérience de la liberté* zu lesen, in der es heißt:

> »Seule la liberté en acte (il n'y en a pas d'autre), sur la limite de la pensée – où la pensée est enfin à son tour l'acte qu'elle est, et par conséquent où elle est aussi la décision –, décide en (se) libérant du bien *ou* du mal, c'est-à-dire qu'elle est nécessairement, dans son acte, ou plutôt dans le *fait* même où elle *se surprend librement, [...]* en elle-même et par elle-même décision bonne *ou* mauvaise.«[16]

Die Reserve betrifft hier nicht mehr nur die Akt-Theorie, die hier mit der Entscheidungs-Ontologie verbunden wird – und an deren sachlichem Gehalt ihre Transformation in eine Phänomenologie der Überraschung nicht genug ändert –, sie betrifft auch die (freilich zweideutige) Formulierung *décide en (se) libérant du bien* ou *du mal.* Denn warum *se*? Wie könnte sich die Freiheit vom Guten oder vom Bösen befreien? Wie könnte sie sich von einem von beiden oder auch von beiden, wie könnte sie sich vom Entweder-Oder selbst befreien? Liegt nicht die Freiheit nur in der ausgehaltenen, der *hin* gehaltenen Erfahrung der absoluten Irreduzibilität des Entweder-Oder, in der unauflöslichen Forderung zur Entscheidung, die in keinem einzigen Augenblick und nicht einmal in der Einzigkeit des Augenblicks von ihren Möglichkeiten – bis hin zur Möglichkeit der *Unmöglichkeit*, bis hin zum Oder-*ohne*-Oder – dispensiert oder erlöst oder befreit werden kann? Ist nicht gerade dies *endliche* Freiheit, dass sie weder erlöst noch erlösbar ist, weder durch sich noch durch anderes? Dass sie vom Ent-

---

16 Nancy, *L'expérience de la liberté*, a.a.O., S. 175.

weder-Oder, von der Entscheidung, von der Freiheit nicht befreit werden kann? Wenn Nancy schreibt – denn auch das ist in dem zitierten Satz geschrieben: *décide en libérant du bien* ou *du mal*, dann ist damit eben dies gesagt: dass Freiheit in ihrer Entscheidung das Entweder-Oder von Gut und Böse freisetzt, dass sie Gut und Böse nicht etwa vorfindet und, als wären sie ihr äußerlich, eine Wahl zwischen ihnen trifft, sondern (*sondern* ist ein Wort der Freiheit, der Entscheidung) dass sie erst als die Eröffnung dieser beiden Möglichkeiten sie selber, die Freiheit, sein und dass sie so wenig wie das Entweder-Oder von einer dritten, einer unbeteiligten oder indifferenten Instanz abgeleitet oder in ihr zur synthetischen Einheit – der Einheit mit der Notwendigkeit des Weltgangs zum Beispiel – aufgehoben werden kann. Freiheit erlöst nicht, weder von den Übeln noch von der Entscheidung, in der sie sich zuträgt, noch gar von der Freiheit selbst. Wenn gesagt werden kann, dass sie weder Freiheit *von*… noch Freiheit *zu*…, sondern Freiheit von und zu der Freiheit *von*… und *zu*… ist, dann ist damit auch gesagt, dass sie Freiheit *vom Vom und Zu* und Freiheit *zum Vom und Zu* und dass sie somit relationslose Relation, Arrelation, ein offenständiges Verhältnis und seine Eröffnung, aber niemals Erlösung vom Verhältnis überhaupt und niemals pure Relationslosigkeit sein kann.

Kann dann aber, wie es Nancy gleichfalls im zitierten Satz tut, gesagt werden, Freiheit sei *en elle-même et par elle-même décision bonne* ou *mauvaise*? Die disjunktive Prädikation suggeriert, die Entscheidung sei entweder das eine *oder* das andere: aber auch wenn man mit einiger Generosität (sie muss nicht Laxheit sein) von einer guten oder einer bösen Entscheidung reden kann, so muss man dennoch einräumen, dass eins wie das andere dem *oder* ausgesetzt ist und also der Möglichkeit des Guten *wie* des Bösen, der Möglichkeit der Entscheidung *wie* der Nicht-Entscheidung ausgesetzt *bleibt*. Und da es sich also nicht und niemals um eine Entscheidung zwischen schon gegebenen Möglichkeiten, sondern immer erst um die Eröffnung von Möglichkeiten handelt; da es sich folglich in der Entscheidung um eine Scheidung und Sonderung noch *vor* jeder möglichen Wahl handelt, ist die Entscheidung nicht nur die für kommende Entscheidungen, sie ist zugleich Zeugnis für die noch unvollzogene und niemals vollziehbare, die nie jemals *als solche* getroffene Entscheidung. Sie ist der Gang der Sezession; *séance* in dem an anderer Stelle umschriebenen Sinn. Eben deshalb kann es aber auch nicht schon entschieden sein, ob es sich bei dem *ou* der *décision bonne* ou *mauvaise* um ein alternatives oder um ein deliberatives *ou* handelt, ob es das Oder zu einem Entweder ist, in dem die Reihe der Möglichkeiten einen Abschluss findet, oder das Oder einer Reihe, die zu weiteren und immer weiteren und so zu nie aktualisierbaren Odern fortschreiten kann. Jede Entscheidung, und gerade diejenige, die Heidegger die »ursprüngliche« und die »eigentliche« nennt, bewegt sich vor der Frage *Entweder oder oder oder*, bewegt sich also nicht in einer binären Opposition, bewegt sich allenfalls auf sie zu und kann sich nur so überhaupt bewegen und die Bewegung des Daseins als Eröffnung ›seines‹ Seins sein. Dasein *hat* sich nicht in der Entscheidung zwischen gesicherten vorgesetzten Möglichkeiten *inne*, sondern entwirft allererst diese Möglichkeiten, sich »selbst«, und bleibt in ihrem Entwurf, *außer* sich, ek-sistent: bleibt orientierungslos, ateleologisch und dennoch auf etwas aus, das nicht als letzter Zweck *seiner* Entwürfe festgestellt werden kann. Bleibt, kurzum, unzugehörig, seine eigene Andersheit, Exappropriation, die durch die Alternative *bonne* ou *mauvaise* nicht erschöpfbar ist.

Dasein *ist* als seine eigene enteignende Exzendenz. Deshalb ist es auch nicht einfach *Entscheidung*, sondern, wie Heidegger mit dem von Nancy wohl zitierten, aber von ihm nicht weiter kommentierten Wort hervorhebt, *Ent-scheidung*: nicht nur einschneidende, erschließende Dezision (und Disjunktion), sondern zugleich die Aneignung des in der Entscheidung Unterschiedenen, seine Zusammenhaltung und Verfugung (seine Konjunktion und sein *System*), aber überdies auch seine Nicht-Entscheidung. Heideggers Erklärung dieser Ent-scheidung greift auf die Bestimmungen aus *Sein und Zeit* zwar zurück, versucht sie aber energisch von ihrer anthropologisch-existenziellen und moralischen Missdeutung abzusetzen. Er unterscheidet sie als »die innerste Wesensmitte des Seyns selbst« vom Treffen einer Wahl und bestimmt sie als »das Auseinandertreten selbst, das scheidet und im Scheiden erst in das Spiel kommen lässt die Er-eignung eben dieses im Auseinander *Offenen* als der Lichtung für das Sichverbergende und noch Un-entschiedene, die Zugehörigkeit des Menschen zum Seyn als des Gründers seiner Wahrheit und die Zugewiesenheit des Seyns in die Zeit des letzten Gottes.«[17] Die Ent-scheidung ist damit gekennzeichnet als Entscheidung im Sinn der Eröffnung der Differenz zwischen Sein (oder *Seyn*) und Seiendem, als Zueignung des »Offenen« dieser Differenz, als Einräumung des *Zeit-Spiel-Raumes* dessen, was in allem Seienden und Dasein als Sein sich der Vorstellung entzieht und somit als Öffnung auf das, was als Offenes prinzipiell das *noch Un-entschiedene* ist. Ent-scheidung ist also, wie Heidegger sie bestimmt, jeweils zugleich Aufriss der ontologischen Differenz und Freigabe des in ihr Unentschiedenen, des immer Unentscheidbaren, des Seins: sie ist Entscheidung des Unentscheidbaren und aus ihm, Erschlossenheit des in seiner Offenheit selbst Verschlossenen und somit offenhaltende Nicht-Entscheidung. Sie wäre indessen missverstanden als Entscheidung *für* eine außerhalb ihrer gelegene Nicht-Entscheidung, denn sie ist in ihr selbst und als Ent-scheidung, als Öffnung Nicht-Entscheidung. In der Ent-scheidung – das heißt im Offenen der Öffnung – stehen Entscheidung und Unentscheidung zusammen, ein *System* vor jeder möglichen Systematisierung von Vorstellungseinheiten, ein unvorstellbares »System«, kein offenes System, sondern das System des Offenen oder, mit Heideggers oft gebrauchtem, doppelsinnigem und anasemischem Wort, die *Fuge*.[18] Die

---

17 Heidegger, *Beiträge*, a.a.O., S. 88.

18 Ich zitiere hier nur denjenigen Satz, in dem sich Heidegger über das Verhältnis von Ent-scheidung und System am deutlichsten ausspricht: »Sofern das ›System‹ die wesentliche Kennzeichnung der neuzeitlichen Seiendheit des Seienden enthält (die Vorgestelltheit), die ›Entscheidung‹ aber das Sein für das Seiende, nicht nur die Seiendheit aus dem Seienden her meint, dann ist in gewisser Weise die Ent-scheidung ›systematischer‹ als jedes System, d.h. eine ursprüngliche Bestimmung des Seienden als solchen aus dem Wesen des Seyns.« (Heidegger, *Beiträge*, a.a.O., S. 89) Der Gedanke, in einer Diskussion der Entscheidung auch vom System zu reden, mag sich Heidegger deshalb nahegelegt haben, weil das Präfix »Ent-« nicht allein als Intensivum, sondern, abgetrennt, auch als Privativum verstanden werden kann und Ent-scheidung deshalb das Gegenteil von Entscheidung, nämlich Zusammenstellung und also System heißen kann. Die Ent-scheidung ist aber »systematischer« als jedes System, sofern sie nicht schon Vorhandenes nachträglich zusammenstellt, sondern dessen ›einigen‹ Hervorgang in einem Zusammen: im Sein meint. Dieses Zusammen – und das sagt Heidegger selten – ist aber das Zusammen im Auseinander. »Systematischer« als jedes System – »systematisch« à l'outrance – ist die Bewegung der Differenz.

Ent-scheidung, die nicht mehr moralisch und nicht mehr anthropologisch-existenziell verstandene, ist also Zueignung des Seins als desjenigen, das in der Tat das Inappropriierbare – und in der Tat das Untubare – ist. Ent-scheidung heißt System des Offenen und heißt: Versammlung ins unversammelbare Auseinander.

Nun besteht aber Heidegger im selben Satz, in dem er diese Struktur der nicht mehr anthropologisch, sondern seinsgeschichtlich determinierten Ent-scheidung bestimmt, auch darauf, dass diese Ent-scheidung *die Zugehörigkeit des Menschen zum Seyn* in das Spiel kommen lässt. Zugehörigkeit kann hier nicht mehr bedeuten, dass »der Mensch« als Vorstellungssubjekt sich seine eigene Idee, sein Ideal, seinen Begriff oder sein Wesen aneigne und in propositionaler Dezision begreife; Zugehörigkeit kann hier auch nicht mehr heißen, dass er als Subjekt des Willens sich selbst will und als Wille zum Willen seiner selbst mächtig wird; es kann ebenso wenig heißen, dass er als Agent in der Entscheidung seine praktische Substanz verwirklicht. Heidegger lässt – sehr im Unterschied zu Nancy – keinen Zweifel daran, dass der *Zustand »höchster« »Aktivität«* einer *Entscheidungslosigkeit* angehört, die keine Entscheidung wagt[19] und dass die von ihm gedachte Ent-scheidung das »vor dem ›Akt‹ ›Liegende‹, über ihn weg Greifende ist«.[20] *Zugehörigkeit des Menschen zum Seyn* kann hier nur heißen: Zugehörigkeit zu jenem Offenen, das weder durch Propositionen noch Volutionen noch Akte oder Performationen, also durch keinerlei Entscheidung angeeignet werden kann und das selber nicht als Subjekt eines Eigentums tätig ist. Zugehörigkeit zum Sein muss dann Zugehörigkeit zum schlechterdings Unzugehörigen heißen. Wenn die Ent-scheidung die *Wesensmitte des Seyns selbst* ist, so ist sie die Ent-eignung jeder Entscheidung im *noch Un-entschiedenen*, Ex-position in ein anderes als Entscheidung und nur so ein *anderer Anfang der Geschichte* – ein Anfang, der nicht mehr oder noch nicht arché, ratio, Prinzip, Grund und Bedingung und also nicht der Anfang der Geschichte des Subjekts und seiner wechselnden Gestalten ist.

---

19 Heidegger, *Beiträge*, a.a.O., S. 91.
20 Ebd., S. 103.

Wenn sich in der Ent-scheidung das Offene und noch Un-entschiedene freilegt, dann geht es in jedem Entweder-Oder um das, was zwischen Entweder und Oder liegt, um das offene Zwischen, das nicht bedeutet und nicht gezeigt werden kann, weil erst in seinem Spielraum dasjenige Etwas erscheinen kann, das Gegenstand von Bedeutungen und Handlungen zu werden vermag. Seine Unbedeutbarkeit und Unerzeugbarkeit – der Zeit-Spiel-Raum – liegt aber nicht zwischen den Polen des Entweder auf der einen Seite und des Oder auf der anderen fest, sondern erst aus ihrem unverortbaren, atopischen oder utopischen Zwischenraum können sich Entweder und Oder ergeben: das macht jede voluntative, moralische, anthropologische Entscheidung und noch jede graphische Distinktion – wie es der Strich zwischen Entweder-Oder ist – zur Zueignung des Inappropriierbaren und zur Enteignung des in der Ent-scheidung Zugeeigneten. Die Ent-scheidung ist der Riss zwischen Entweder-Oder – und ist der selber nicht gegenständliche, sich dekonturierende, in seinem Zug entziehende Riss und ist also die Entmachtung alles Gemachten und Machbaren: reine Exzendenz über den Akt und das Zeichen, über den Gedanken und die Praxis, Paralogismus und Parapraxis par excellence. Der Spielraum, den die Entscheidung zwischen Entweder und Oder aufreißt, kann zwar gefüllt werden, aber immer nur durch weitere und immer weitere Entweder-Oder, in denen sich die Zwischenräume ohne Entweder und ohne Oder unabzählbar multiplizieren. Die Ent-scheidung spielt sich im Zeit-Spiel-Raum dieses Ohne ab. Vom Ohne her muss sie gedacht werden, von der Un-entscheidung, dem Ohne-Akt und Ohne-Zeichen. Oder vom Ohne-Oder her zu denken, statt das Ohne-Oder als bloßen Mangel des Oder – das heißt für Heidegger Kehre von der Subjektivitäts- und Vorstellungsmetaphysik zum Denken des Seins. Aber dies Ohne müsste noch ohne Ohne geschrieben, gesagt, getan werden, Ohne müsste sich noch vom Ohne scheiden, um das Ohne *selbst*, das Ohne ohne Ohne und ohne *Selbst* zu werden und so die Kehre und die Ent-scheidung zu ent-schreiben, zu ent-sagen und zu ent-handeln.

Wenn das Sein des Daseins, wenn das Sein, das sich dem Dasein in der Ent-scheidung eröffnet und in ihr sich ihm zuspricht, nicht mehr einfach und nicht mehr eine »einzige« Entscheidung ist, ohne zugleich die Konjunktion des Geschiedenen und ohne zugleich Nicht-Entscheidung zu sein, dann ist von der Ent-scheidung über die Entscheidung (die zugleich eine Entscheidung *für* sie und für etwas *andres* als sie ist) nicht allein das Philosophem oder Politologem von der Einzigkeit und Einmaligkeit der Entscheidung, ihrer »Stätte« und ihres »Augenblicks«, von den »ausgezeichneten Gezeichneten« und dem »einzigen« »Volk« betroffen. Vor allem und zunächst ist von dieser Ent-scheidung das Ontologem von der Einzigkeit und Einmaligkeit des Seins, der Seins-Erschlossenheit betroffen. Sein nämlich bietet sich in dieser Entscheidung nicht als eines und nicht als einiges dar, öffnet sich nicht, ohne sich zu verschließen, öffnet *sich* nicht, ohne etwas *anderes* zu erschließen, ist ein anderes, als *es* ist, und ist anders als so, dass es *ist*. Die Minimalstruktur seines *Wesens* – und dies *Wesen* ist *die Er-eignung der Ent-scheidung* – ist seine ursprüngliche, vorursprüngliche Mannigfaltigung (die Er-eignung der Mannigfaltigung, nicht etwa eine fest begrenzte Mannigfaltigkeit), seine Teilung, Verteilung und Mitteilung, die nicht Teilung einer vorgängigen Einheit, sondern selber die Einheit ist. Sein – Entscheidung –, das ist Mannigfaltigung: ›interne‹ Mannigfaltigung der Entscheidung zu Entscheidung*en* und zu solchen Entscheidungen, die nicht Varianten eines und desselben Modells, nicht Fälle einer allgemeinen Regel und auch nicht, wie Heidegger will, ein absolut einmaliges und singuläres Kollektiv ausmachen, sondern Entscheidungen, die sich heterogen und nicht einmal durchweg *als* Entscheidungen zueinander verhalten, sich vielmehr voneinander und a limine von der Entscheidung ›selber‹ verabschieden. Denn Ent-scheidung heißt, noch einmal – und noch einmal anders –, sowohl Entscheidung wie auch Versammlung oder Zusammenhalt des in der Entscheidung distinkt Gewordenen wie auch *Un*entscheidung. »Ent-scheidung« ist also immer noch ein Begriff, der die Struktur des Handelns im denkbar weitesten Umfang charakterisiert, aber ein Grenzbegriff, der die Bedingungen der Unsubsumierbarkeit und präziser: der Heterogenität des in ihm Benannten ausspricht. *Ent-scheidung* ist immer noch eine Entscheidung, in der sich einmalig und deshalb nie ein für allemal so etwas wie Sein eröffnet, aber sie ist Grenz-Entscheidung, sofern sie unmittelbar ihre Mannigfaltigung und unmittelbar ihre Heterogenisierung bis zum Punkt der Unentscheidung, das heißt bis zur Grenze ihrer Unmöglichkeit betreibt. Von dieser Grenze, von der Ent-scheidung, schreibt sich jede Entscheidung her. Sie ist Entscheidung nur, weil sie unvollständige und ›tätig‹ unmögliche Entscheidung, weil sie Un-scheidung ist. Wenn aber Entscheidung ein anderes Wort für die Er-eignung von Sein ist, so eröffnet sich Sein nicht bloß als immediate Multiplikation zu einer potenziell unendlichen Reihe von Erschließungsakten, sondern es eröffnet sich, diskontinuierlich, von der Unmöglichkeit seiner Eröffnung in Akten her, von *seiner* Unmöglichkeit her. Sein ist nicht die Allgemeinheit des Begriffs, dem alles, was ist, korrespondiert; es ist nicht eine vage Möglichkeit, die dann und wann oder stetig oder vielleicht auch nur einmal wirklich wird; es ist ebenso wenig die omnipräsente Notwendigkeit, die sich automatisch etablieren und proliferieren könnte. Sein, das ist jeweils – und jeweils anders – die transkategoriale Möglichkeit seiner Unmöglichkeit. Es ist jeweils nur möglich als die Möglichkeit seiner Unmöglichkeit. Unter dem Aspekt seiner Er-schließung in der Ent-scheidung ist Sein seine Ver(un)möglichung. Und genauer umgekehrt: nur *vermöge* seiner Verunmöglichung gibt es in der Ent-scheidung Sein. Es lässt sich nur erfahren als dasjenige, was sich der Erfahrung entzieht. Seine Erfahrung, anders wäre sie keine, ist Erfahrung der Unmöglichkeit einer Erfahrung des Seins. In jeder *seiner* Erfahrungen, und deshalb gibt es nicht nur eine, sondern eine unabzählbare Mannigfaltigkeit von jeweils einzigen, aber nie jemals ganzen Erfahrungen, bezeugt es sich als ein anderes, bezeugt es sich als etwas anderes denn *sich*, bezeugt es etwas anderes als dies, dass es *ist*, bezeugt sein Nicht und seine Nicht-Bezeugung. Es (Sein) ent-zeugt sich. Es *ist* sein Ent-zug, seine Ent-zeichnung, seine Ent-zeugung – seine Heterogeneration und Anageneration. Es *ist* nicht, sondern ist sein Nicht. Und so auch das Oder, das Wort der Entscheidung: nicht nur ent-scheidet es sich, nicht nur gibt es sich allein im Entzug, gibt sich also nicht und gibt, solange es sich gibt, sein Nicht, gibt allein seine Ent-eignung, allein seinen Abschied und gibt sich also allein von seinem Nicht her: als ein Oder-*ohne*-Oder, als ein durchgestrichenes Oder, als ein unter seiner Durchstreichung nicht mehr *als* Oder lesbares. Das Oder – mannigfaltigt und heterogenisiert und enteignet: ein Ent-oder, n-Oder.

In diesen Kontext sind Nancys Sätze aus »La décision d'existence« zu rücken: »This is not an auto-opening but rather an onto-opening. Or [*ou*] the auto- is here in the mode of the onto-, which itself exists in the mode of the ›they‹ [du *on*]«.[21] Aber, so muss man hinzufügen, nicht nur im Modus der Faktizität des Man (*on*), sondern im Modus des uneinholbaren Voraus des ent-scheidenden Oder und der Ent-scheidung des Oder (*ou*); im Modus der Antefaktizität, der Affaktizität.

Dasein, so schreibt Heidegger, ist *transzendens* schlechthin. Das heißt, es entscheidet sich jeweils und ist entschlossen zu seinem Sein im unüberholbaren Voraus seiner Möglichkeiten. Im Hinblick auf diese und die später herausgearbeitete Struktur der Ent-scheidung kann man den Satz präzisieren: Dasein ist *attranszendens* schlechthin. Das heißt, es eröffnet seine Transzendenz, ohne sie je als solche vollziehen und innehaben zu können, es transzendiert ohne Transzendenz, es ist seine Ad-, seine Attranszendenz. Man kann auch sagen: es ist, solange es ist, einem *oder* ausgesetzt und ist, ausgesetzt, dieses *oder*, das seinerseits immer schon die Struktur eines *oder*-ohne-*oder* hat. Was wäre aber eine Politik der Attranszendenz des Oder, des Ent-oder, eine Politik, die der Heidegger'schen von 1933 und 1936 nicht nur Widerstand entgegensetzen, sondern eine entschieden andere eröffnen könnte, eine Politik des Oder der Demokratie, eine – man kann dies Wort lesen, wie man will oder auch nicht will – *Oukratie*? (Jedes Wort – und das Wort ›Wort‹ selbst – ist seinem *.o.r.* ausgesetzt und der Entscheidung seines *.o.r.…*: Politik des anderen Wortes, des Allologismus, der Öffnung und der offenen Entscheidung eines Wortes für ein anderes Wort und für ein anderes, das noch kein und niemals ein Wort ist; Politik für eine andere Politik, die nicht eine und niemals *Politik* ist; Anapolitik, *ici, alibici.…*)

*Ormativ.* – Wenn alle endliche Sprache – aber sofern sie Sprache ist, ist sie auch schon endlich; wenn also alle Sprache als Erschließung von Möglichkeiten, und zunächst von Möglichkeiten ihrer selbst, vor Entscheidungen stellt und Entscheidungen vollzieht,

---

21 Nancy, *Birth to Presence*, a.a.O., S. 102; vgl. *Une pensée finie*, a.a.O., S. 135.

die sich explizit oder inexplizit durch ein *oder* artikulieren, dann ist Sprache weder deiktisch oder konstativ, noch ist sie einfach performativ. Sie ist nicht deiktisch, weil sie selber allererst den Raum möglicher Gegenstände eröffnet, innerhalb dessen Konstationen möglich sind; sie ist nicht performativ, weil die Konventionen, in deren Rahmen Sprechakte vollzogen werden können, zu jedem Zeitpunkt von diesen Akten selber suspendiert, verändert oder durch neu gesetzte abgelöst werden können. Sprache ist aber auch nicht, wenn man so sagen kann, fundamental-performativ, sie setzt nicht einfach und setzt nicht einfach sich selbst, denn jede der in ihr vollzogenen Setzungen ist prinzipiell der Möglichkeit ihrer Ent-setzung (im Unverständnis, im Vergessen, in der Alteration, im Abbruch) ausgesetzt, ja sie sind Setzungen nur, sofern sie Aus-setzungen sind. Sprache kann performativ also nur sein, weil sie afformativ ist – weil sie den Aufriss einer Form und eines Aktes eröffnet, der in ihr oder durch sie nicht zu einem Abschluss gebracht und *voll*-zogen werden kann.[22] Einfach performativ kann Sprache auch deshalb nicht sein, weil jede der Entscheidungen, vor die sie stellt, und jede, die sie, und sei es noch so entschlossen, trifft, eine Entscheidung für die Zukunft – und zunächst für *ihre* Zukunft – und folglich eine Entscheidung für die Unabschließbarkeit, für die Unbeherrschbarkeit und Inaktivität ihrer ›Performanz‹ ist. Da die Entscheidung der Sprache (und Sprache ist genau dies: Entscheidung und Ent-scheidung) ihre Entscheidung für das Aus-setzen ihres Aktes in einem *oder-ohne-oder* ist, kann diese Entscheidung selber nicht mehr nach dem Paradigma des Aktes gedacht werden: oder der Akt wäre Akt nicht als Setzen, sondern als sein Aus-setzen in jedem *hic et nunc*.

Nancy hat mindestens zweimal, nämlich in »La vérité impérative« und in »La voix libre de l'homme«, das Problem der Performativität im Zusammenhang mit der Struktur des Imperativs berührt. Er hat sich in beiden Fällen auf eine höchst zweifelhafte Autorität, nämlich die von Benveniste, und auf eine unhaltbare Charakterisierung des Performativs, nämlich die durch seine ›Selbstreferentialität‹,

---

22 Siehe Werner Hamacher, »Afformative, Strike«, in *Cardozo Law Review*, Vol. 13, No. 4, Dec. 1991, S. 1133–1157. [Dt.: »Afformativ, Streik«, in Christiaan L. Hart Nibbrig (Hg.), *Was heißt »Darstellen«?*, Frankfurt/M. 1994, S. 340–374].

berufen, um den performativen Charakter des Imperativs in Abrede zu stellen.

> »Il [l'impératif] ne fait pas partie des énoncés ›performatifs‹ qui sont eux-mêmes l'acte qu'ils énoncent (et dont ›je parle‹ est le paradigme). Il n'est même pas énoncé, ajoute Benveniste, puisqu'›il ne sert pas à construire une proposition à verbe personnel‹. ›Il ne comporte ni marque temporelle, ni référence personnelle. C'est le sémantème nu employé comme forme jussive avec une intonation spécifique.‹ [...]«

Und: »L'impératif ne préscrit rien – rien que la vérité [...], mais c'est pas la vérité qui préscrit [...]. L'impératif est sans pouvoir. La vérité est prescrite à partir de son retrait.« Und obgleich Nancy die Charakterisierung des Imperativs als »sémantème nu« akzeptiert, fährt er wenig später fort: »L'impératif ne veut précisément pas dire.«[23] Selbstverständlich ist alles an diesen Bemerkungen kommentierungsbedürftig. Wichtig ist zunächst aber nur, dass Nancy den kategorischen Imperativ – die Ermöglichung der Allgemeinheit der Sprache und damit die Ermöglichung der Sprache überhaupt[24] – nicht als Performativ charakterisiert und dass er ihm seine Bedeutungsintention und die Macht abspricht, seine Forderung zu realisieren. Man kann hinzufügen: die Ermöglichung der Sprache, ihre Eröffnung, ob sie nun im Imperativ geschehe oder im Versprechen (als Vor-sprechen und Sich-voraus-Sprechen der Sprache), muss in jeder ihrer ›Präskriptionen‹ eben diese Eröffnung, in dieser Eröffnung eine andere Möglichkeit der Sprache, in dieser aber die Unmöglichkeit einer Saturation ihrer Intention auf die Sprache wahren. Wenn etwas gesagt wird, ist es immer von einem ›oder anders‹ begleitet, und jedes ›oder anders‹ muss auch ›oder nicht‹ und ›oder ohne oder‹ heißen können. Die Eröffnung einer allgemeinen Sprache und damit der Form des Gesetzes im

---

23 Nancy, *L'impératif catégorique*, a.a.O., S. 110f; siehe auch S. 133. [»Die imperative Wahrheit« und »Die freie Stimme des Menschen«, in *Der kategorische Imperativ*, a.a.O., S. 95ff. und S. 121ff.]

24 Siehe zum gleichen Zusammenhang meinen Aufsatz von 1981 »Das Versprechen der Auslegung –«, in *Spiegel und Gleichnis (Festschrift für Jacob Taubes)*, hg. v. N. Bolz und W. Hübener, Würzburg 1983.

Imperativ – oder im ›Versprechen‹ – ist also jeweils, in jedem Hier und jedem Jetzt, Öffnung eines *oder* auf ein anderes *oder*, und zwar auf ein *oder*, an dem die Macht der Setzung, der Intention und der Bedeutung zersplittert.

Von diesem *oder* her, von der Alteration, der Zersplitterung oder dem Aussetzen ihrer Macht her, spricht die Sprache und auf es spricht sie zu. Sie spricht nicht affirmativ, als Bejahung des Gegebenen oder Vorhandenen – ihre Rede ist nicht *oui, oui*, sondern *ou, ou* –; sie spricht nicht performativ – sie ist nicht die Setzungs- und Selbstsetzungshandlung eines autonomen Subjekts, sondern aut'onome Aussetzung –; sie ist nicht formativ, denn jede der von ihr entworfenen Formen unterliegt der Wandlung oder dem Abbruch in einem *oder* oder *oder-ohne-oder:* Sprache spricht, sit venia verbo, or'mativ oder ormativ. Sie ist, ohne dass dadurch ihre anderen Möglichkeiten, affirmativ oder performativ zu sprechen, getilgt würden – ihnen wird, redeterminiert, ein anderer Platz zugewiesen –, ein Ormativ. (›Ormativ‹ ist also nicht etwa der Titel für ein lokales Phänomen, das immer nur dort angetroffen würde, wo in der einen oder anderen Funktion das Synkategorem *oder* auftaucht. Ein *oder* muss nicht ›auftauchen‹, explizit verwendet, genannt oder gar thematisiert werden, um wirksam zu sein und die Struktur der Sprache insgesamt zu determinieren oder zu indeterminieren. Ormativ ist die Sprache insgesamt, sofern sie Sprache ist: sie setzt Entscheidungen aus, die ihre mögliche Ganzheit – ihre Ganzheit als Sprache, ihre Sprachlichkeit – betreffen, und muss, um dieser Möglichkeit willen, die Entscheidung über die Ganzheit – die Ganzheit ihres Sinns, den Sinn insgesamt – unendlich suspendieren. So ist sie die Bedingung der Möglichkeit *oder* der Unmöglichkeit einer Form, eines Gesetzes, der Universalität und universellen Kommunikabilität der Sprache überhaupt – *und* beides zugleich. Das heißt aber, dass es niemals *einen* Ormativ gibt – ›Ormativ‹ ist so wenig *ein* Wort und also so wenig ein *Wort* wie ›oder‹, ›ou‹, ›o‹ oder ›or‹ –, denn jede durch ein ›oder‹ eröffnete Entscheidung ist Entscheidung für ein anderes ›oder‹, das heißen kann ›oder kein oder‹, ›oder ohne oder‹. Die Struktur der Sprache entzieht sich also jeder bloß konventionalistischen wie jeder transzendental-normativen oder -formativen Ethik: sie fordert – *oder* heißt ειτε – eine Eitik.)

(Ihre Rede ist, noch einmal, nicht *oui, oui,* sondern *ou, ou:* sie ist nicht die der Affirmation. Denn um Affirmation zu sein, muss sie Affirmation der Affirmation sein und also muss die Affirmation, noch während sie es ist, sich selbst uneinholbar voraus sein, kann sich selbst nicht erfüllen, vollziehen oder performieren, ohne von sich Abstand zu halten und sich von sich selbst zurückzuhalten, ist von einer für sie irreduziblen Spaltung in ›sich selbst‹ und ›sich selbst‹ auseinandergehalten und kann diese Distanz, durch die sich ihre eigene Möglichkeit eröffnet, niemals tilgen, niemals beherrschen und nie unter den Titel ›Affirmation‹ subsumieren. Das Verhältnis der Affirmation zu sich – oder das Verhältnis der Konstitution zu sich – kann selber nicht einfach eines der Affirmation – oder Konstitution – sein. Die Lücke zwischen *Ja* und *Ja* kann durch kein Element gefüllt werden, das seinerseits die Struktur eines *Ja* hat. Ihre konstitutive Differenz ist die der Afformation, das heißt die der offenen, nie endgültig schließbaren Unterscheidung und Entscheidung, des *oder* und seiner Iteration und Alteration, oder sie ist die des Ormativ.)

(Beim Wort ›Ormativ‹ ist auch ans griechische ορμή, an den Anlauf, den Anstoß und Aufbruch zu denken.)

(Das *or* in dem ›Wort‹ Ormativ ist sowohl mit einem englischen wie mit einem französischen Ohr zu hören. Und vielleicht noch mit einigen anderen, darunter einem deutschen. (Aber keine Sprache bleibt hier dieselbe, keine ist noch entweder eine oder die andere, keine darf hier noch ›Französisch‹ oder ›Englisch‹ oder ›Deutsch‹ heißen, denn jede hört, um diese eine sein zu können, schon auf die andere und auf die Differenz von ihr.) (Denn die Sprache, ein Ohr, hört; sie hört auf das ›oder‹, das ›o.er‹ oder ›o..r‹ in der Sprache, das ihr in einer *anderen* Sprache versprochen wird.) (Sie hört nicht sich selbst, sie hört ›*sich selbst*‹. (Und sie hört nicht, sie .o.rt.)))

*(Oer-.* – Dem, der das vor fast einem Jahr schrieb, fiel, während er diesen Text wieder las, ein (oder wieder ein), dass er in einem Ort mit dem Namen Oer-Erkenschwick geboren wurde. Das *Oer* – man hat ihm schon früh erzählt, das sei kein deutsches Wort, sondern ein holländisches – wird nicht Ör, sondern *Ohr* oder *Oor* ausgesprochen: er glaubte also oder er dachte oder hatte das Gefühl,

in einem Ohr geboren zu sein und aufzuwachsen, und zwar in einem andern Ohr, im Ohr eines anderen Landes, im Ohr einer anderen Sprache, nicht etwa in ›Deutschland‹ und nicht etwa in einem Ohr der ›deutschen‹ Sprache, sondern im Ohr einer Sprache, die er nicht verstand, die er nicht kannte, aber immer sprach, wenn er *Oer* – oder *Ohr* sagte, und die er nie richtig, nie korrekt sprechen und aussprechen konnte, weil *Ohr* eben nicht *Oer* war (und erst recht nicht *Oer-*, denn dies *Oer-* wurde nicht nur anders geschrieben als das, was er hörte oder sagte, sondern war außerdem auch nur die Vorsilbe in einem Namen, von dem er den zweiten Teil noch weniger verstand, ein abgelöster und nur locker, mit einem Bindestrich, wieder angeklebter Wortköperteil).

Er war also in einem *Oer-*, einem *Ohr*, einem *O.r* geboren. Oder einfacher – das bedeutete für ihn fast dasselbe – er war gebORen. Er blieb zehn Jahre lang am selben Ort, an oder in diesem O.r., er blieb im ›gebORen‹ – so hieß für ihn der Name seines Orts –, er kam aus ihm nicht heraus. Alles, was er hörte, verwandelte sich in seinem Ohr in sein O.r, er war hellhörig und taub zugleich, sogar sein Name bekam einen anderen Klang, er wurde (vielleicht wegen des *h*, das mal fehlte und mal da war, mal geschrieben wurde und mal nicht) zu einem Ohrmacher und einem Uhrmacher. Aber was er hörte, das war zugleich, womit er es hörte – das Rauschen in einer Muschel, seine Ohrmuschel –, er war das Ohr, ganz Ohr, und er hörte, woanders, das Ohr, das nicht sein Ohr war. Es gab also auch Ohren unter der Erde. Vergrabene Ohren, Uhren im Grab. Er hörte sie ticken, wenn er sein Ohr auf die Erde legte. Oder er hörte die Muscheln rauschen. Und Ohren konnte man essen, sie hießen dann Schweineohren, ein Blätterteiggebäck, süß, krümelnd und anziehend, aber man musste vergessen, dass sie Schweineohren hießen, denn die waren an Schweinen und wenn man sie abschnitt, dann bluteten sie. Wie die langgezogenen Ohren: sie bluteten unterm Ohrläppchen. In Büchern durften keine Eselsohren sein, mit den Ecken der Seiten durfte man nicht spielen, nicht mit dem Papier, erst recht nicht mit schmutzigen Fingern: Eselsohren in Büchern, das waren immer die Ohren des Esels, der sie gelesen hatte, es waren seine Ohren, nicht mehr die Ohren der Bücher, und wer wollte Bücherohren oder Eselsohren haben und seine eigenen verlieren. Vor Ohrenkneifern hatte man sich in Acht zu nehmen, sie kniffen nicht nur, sie schnitten ins Trommelfell und durch sie hindurch ihren Weg in den Kopf – für sie war man eine Leiche zu Lebzeiten. Mittelohrentzündung, nichts konnte die Schmerzen ausdrücken, nicht einmal das Schreien und Wimmern. Wenn sie dann endlich, nach langer Zeit, nach etwas, was sich als Zeit gar nicht messen ließ, vorbei waren, glaubte man seinen Ohren nicht mehr – es waren nicht mehr die Ohren, die hörten, denn die Ohren hörten nur Schmerzen, sie hörten nur, wenn sie schmerzten, und hören und schmerzen waren ein und dasselbe; wenn sie nicht schmerzten, dann waren es nicht die Ohren und dann hörte man nichts, dann war man schon das, was man hörte, man hörte ohne Ohren und wo immer man mit den Ohren hörte, glaubte man seinen Ohren nicht.

Ohren, kurzum, waren keine Ohren. Sie verwandelten sich in alles, was sie hörten und in alles, was ihnen ähnlich sah oder so klang wie sie: in ein Stück Gebäck oder in Uhren, in Teile von einem Buch oder in einen Ort mit dem fremden Namen Oer- und immer wieder in Worte und andere WORte – in langgezogene und gekniffene, in eingerissene und abgeschnittene, in die Ohren von Toten und in Wunden, in Wörter, die keine Wörter, sondern Körper, Körperteile, Wortkörperteile waren. In jedem Wort war ein Ohr oder O.r und ein Ohr oder O.r war noch darin, dass man geboren war. Und also war man – nicht nur er, sondern jeder – schon dadurch, dass er da war und hörte und sprach, den Ohren ausgesetzt, die keine Ohren waren, den Wörtern ausgesetzt, die keine Wörter, sondern Körper, den Körpern, die keine Körper, sondern Körperteile und Wortkörperteile waren: diesen *»Ohren«*, die immer wieder nur Schmerzen waren und ihn selbst ganz *»Ohr«* werden ließen, nur Schmerz, nichts mehr sonst, und die ihn dazu brachten, seinen Ohren und allen anderen »Ohren« und *»Ohren«* nicht zu glauben. Woran glaubt, wer seinen Ohren nicht glaubt? Er glaubt immer noch, dass es die Ohren sind, denen er nicht glauben kann, er glaubt zwar *den* Ohren nicht, aber immer noch *an* die Ohren. Und es sind immer noch die Ohren oder *»Ohren«*, die glauben, und die Ohren ist *er*. Er – oder *ear* – glaubt sich nicht, aber er glaubt, indem er sich nicht glaubt, *an* sich. Er glaubt also ans *an*, er glaubt an die Nähe und Ferne, an alle Entfernungen und Ent-Fernungen, aber glaubt nichts Nahes oder Fernes, er glaubt an das *oder*, das sie trennt und verbindet, aber nicht an das, was durch es getrennt oder verbunden wird. Er glaubt nicht den Wörtern oder Sachen, nicht dem Tun oder Lassen, sondern immer nur an das, was sie trennt oder zusammenbringt: er glaubt nicht an das, was er hört, er glaubt nur das Hören, nur daran, *dass* er es hört, nichts sonst. Das heißt aber auch, er glaubt nicht ans Glauben oder ans Wissen, er glaubt nicht (vom Wissen zu schweigen), er tut etwas anderes als glauben: er *hört*. Er, *h, ört*. Oder *oert*. Oder *o.r.t.*. Noch die Zwischenräume zwischen allem Hörbaren oder sonstwie Vernehmbaren, noch das Unhörbare, zu keinem Ohr Sprechende.

Er hat einen Midaskomplex: alles, was er hört, verwandelt sich in *or* oder *o.r* oder *ore*. Und in *aurum, aures* oder *aura*, wie in Ovids Metamorphose des Midas: *nec Delius aures / humanus stolidas patitur retinere figuram./ … / cetera sunt hominis: partem damnatur in unam,/ induiturque aures lente gradientis aselli.*

Und also zitiert er: er zitiert Rilkes Or- und Ohr des Orpheus: *O Orpheus singt ! O hoher Baum im Ohr ! / Und alles schwieg. … / … / da schufst du ihnen Tempel im Gehör.* Und: *Und machte sich ein Bett in meinem Ohr. // Und schlief in mir. Und alles war ihr Schlaf*. Und Artaud und Bataille über van Goghs abgeschnittenes Ohr. Und Mallarmés »Or«. Und Maupassants »Horla«. Und »Eher geht ein Kamel durch ein Nadelöhr, denn ein Reicher ins Himmelreich.« Und weiter »Was hat *hora* mit Hure zu tun?« Und Ernest Jones' Studie über die Empfängnis der Jungfrau Maria durch das Ohr. Und Reiks Buch über das Hören mit dem dritten Ohr. Und Nancys – ist es eine Lacan-Paraphrase? – »Mais je ne peux pas parler *d'où* vous écoutez, ni vous, écouter *d'où* je parle – ni chacun d'entre nous écouter d'où il parle (et se parle).«[25] Und er zitiert *Ulysses*:

»Bronze by gold heard the hoofirons, steelyringing Imperthnthn thnthnthn.
Chips, picking chips off rocky thumbnail, chips.
Horrid ! And gold flushed more.

---

25 Nancy, *Corpus*, a.a.O., S. 51.

............

Goodgod henev erheard inall.

............

On her flower frowning Miss Douce said:
Most aggravating that young brat is. If he doesn't conduct himself I'll wring his ear for him a yard long.«

Und aus *Finnegans Wake* (oder Winagains Fake) nicht nur Earwicker, sondern vor allem und immer wieder: »What can't be coded can be decorded if an ear aye sieze what no eye ere grieved for«.

Und er parodiert, parodiert Goethes Plotin-Zitat: »Wär nicht das Ohre ohne Haft, die Horen könnt es nie erhören.«

Aber bei allem Zitieren und Parodieren – das heißt bei allem Resonnieren, bei jedem Versuch, das Trommelfell der Sprache vibrieren zu lassen – nimmt er immer noch das *Hören*, in allen Tonarten und Variationen, nicht nur in *or*-Dur oder *ou*-Moll, in allen Rhythmen, in allen Zäsuren, nicht nur diesen hier – hier oder hier –, in allen Bedeutungen und Entdeutungen ernst und versucht dem nachzuhören, was Heidegger schreibt (er hört noch mit den Augen, er denkt mit den Ohren): »das Hören der Zusage [ist] die eigentliche Gebärde des jetzt nötigen Denkens«, und, mehr noch, dem nachzuhören, was Benjamin schreibt: »Das Gespräch strebt zum Schweigen und der Hörende ist eher der Schweigende. [...] Der Sprechende senkt die Erinnerung seiner Kraft in Worte und sucht Formen, in denen der Hörende sich offenbart. [...] Der Hörende hält die wahre Sprache in Bereitschaft, in ihn gehen die Worte ein [...]. [...] der Hörende führte das Gespräch zum Rande der Sprache und der Sprechende erschuf das Schweigen einer neuen Sprache, er, ihr erster Lauscher.«[26]

Es ist dieses Hören, aus dem sich die Sprache ergibt, dieses einzige Hören, für das sie überhaupt Sprache ist, es ist dieser *Rand*

---

26 [Walter Benjamin, »Metaphysik der Jugend. Das Gespräch«, *Gesammelte Schriften* II.1, Frankfurt/M. 1991, S. 91.]

*der Sprache*, der ihn interessiert – und er ist das einzige, was ihn überhaupt interessiert: und also der Rand einer neuen Sprache und eines neuen, anderen Schweigens. Eines anderen Hörens – denn jede Sprache, und jedes Wort, ergibt sich aus einem anderen Hören, ohne dass es jemals ein einziges, alle Arten umfassendes Hören gäbe; jede Sprache und jedes Wort geht aus einem andern Hören hervor und trifft auf ein wiederum anderes. (Und dieses ›andere‹ Hören kann so anders sein, dass es nicht mehr mit dem Begriff des Hörens angesprochen werden kann, es kann eine – strukturelle und strukturell unendlich differenzierte – Taubheit sein.)

Kann man dies Hören, dies Hören vor aller Sprache, dem sich die Sprache verdankt und vor dem es eine Sprache nicht gibt, kann man dies Hören noch einen Akt nennen? Kann man so, wie man von einem ›speech act‹ und so, wie man von ›Redehandeln‹ spricht, auch von einem ›hearing act‹ oder von ›Hörhandeln‹ sprechen? Die Frage liegt nahe genug in einer Situation, in der in Sprach- und Kommunikationstheorien, in Sozialphilosophien und Politologien, in Medienanalysen und Textexegesen das Vokabular der Performanz und der ›speech act theory‹ in inflationärer Konjunktur steht. Dieser virulente und so ostentativ virile Sprachaktivismus, der aus mehr als einem Grund und aus mehr als Gründen das tiefste Misstrauen erregen müsste, kann er mit seinen theoretischen Organen, seinem Begriffsapparat, seinen eigenen Ohren diese Fragen auffassen und verstehen, kann er sie auch nur hören? Hat die ›speech act theory‹ Ohren? Ist sie auch nur in der Nähe von einer THeary? Hört sie auch nur dort, wo sie die Distinktion zwischen seriösen und parasitären Akten nicht mehr respektiert und ihre Akttheorie auf eine Theorie der alterativen Iteration gründet? Denn handelt oder ›handelt‹, wer hört? Es kann sicher nicht bestritten werden, dass es auch am Rande der Sprache, dort, wo nicht mehr gesprochen wird, noch Akte gibt: ein Schweigen, zum Beispiel, kann – freilich nicht in jedem Fall – ein Akt sein, ein willkürlich und bewusst gesetztes, eine neue Situation stiftendes Zeichen, eine Äußerung, die initiativ, bedeutungsvoll und zitierbar ist und deshalb, obgleich sie keinem festumschriebenen Kode folgt, eine Sprachhandlung heißen kann. Aber kann Hören in diesem Sinn willkürlich, bewusst, gewollt, produktiv Zeichen setzend sich äußern? Spricht das Hören – in irgendeinem, auch nur in einem metaphorischen Sinn? Es ist die Bedingung der Möglichkeit alles Sprechens, selbst des nichtdiskursiven, aber es selbst spricht nicht, es setzt nicht Sprache, setzt keine Zeichen, initiiert keine Situationen, ist unausdrücklich und ausdruckslos, und erst vermöge seiner Ausdruckslosigkeit, Unwillkürlichkeit, Nichtprädikativität und prinzipiellen Improduktivität ist es der Grund der Sprache. Wenn Lesen irgendetwas mit diesem Hören gemein hat, wenn auch nur eines der fürs Lesen konstitutiven Elemente ein solches Hören ist, dann gibt es keinen Akt des Lesens, dann gibt es Lesen – und dann Verständigung, Gespräch, Kommunikation, Sprache überhaupt – nur als eine der Weisen des Hörens, als eine der unendlichen Modifikationen der Akustik (und noch der Akustik des Stummen, des Tastbaren, Riechbaren, Schmeckbaren). Diese Akustik ist der ungedachte, der unerhörte, unhörbare Hintergrund der Phono-, Melo- und Logozentrismen, der Vorhandenheits- und Handlungsmetaphysiken, der Positions- und Produktionstheorien bis hin zur Theorie der Sprechakte. Hören sagt nichts und setzt nichts, es kann nicht gehört werden und sich kein Gehör verschaffen. Es ist stummer, als jedes ζοον λογον εχων noch über den Bereich der Menschen hinaus sein kann; stummer als die Sprache selbst, die nur *ver*stummen kann. Ohne das Hören, ohne die Stummheit des Hörens, gibt es keine Sprache. Sprache gibt es nur, indem sie sich an diese Stummheit, diese immer anderen Stummheiten verausgabt. Ihre Setzungsakte, ihre Eröffnungszüge, ihre Inaugurationen und Institutionen, ihre Wiederholungen und Rituale, Benennungen und Apostrophen – keine von ihnen bleibt ohne formierende und transformierende Wirkung aufs Hören, aber keine einzige ihrer Formationen und Performationen kommt ohne ihre Reperkussion in einem Hören aus und keine kommt ohne dessen Stummheit zur Sprache. Das Hören nimmt an all diesen Akten nicht aktiv teil, sondern es nimmt diese Akte hin, nimmt sie auf, es *vernimmt* sie (oder einen Teil von ihnen) – und nimmt ihnen, noch bevor sie zu integralen, autonomen Akten haben werden können, die Initiative ab. (Das Hören nimmt der Sprache die Initiative ab – nimmt sie hin und hinweg.) Es ist kein performativer Sprachakt, es ist, was jeder Formation und Performation voraufgehen und einer jeden Widerstand bieten muss, es ist ein Adformativ und ein Aformativ, es ist ein Afformativ. Oder

Ormativ. Von ihm gehen alle, nicht leisen, sondern stummen Erschütterungen in der Sprache aus, weil es selbst in nichts anderem als Erschütterungen beruht.

Deshalb ist hier von einem *Ohr* die Rede, deshalb von einem *or* in allen Sprachen und ihren Modifikationen, deshalb von *oder, Oer-* und von *ou*, von einer *écoute*, einer *touche*, einem *nous*, von *aut* und seiner seltsamen Autentizität, vom Auralen in allen Variationen bis hin zur Aura. Nicht um dem Zufall einer individuellen Inklination eine Ode zu schreiben, nicht um eine Grille oder andere Insekten, Ohrenkneifer zum Beispiel, zu mästen, sondern um zu hören – in einem Text, im Text eines anderen oder in diesem, ein *Ohr*, ein anderes *Ohr* oder dasselbe, zu hören und anzufangen, etwas vom Hören zu hören, etwas von seiner Stummheit.

(Auch dies, so könnte man sagen – so lässt sich schon im voraus hören –, ist nur *ein* Ohr, das Ohr des transzendentalen Ecoutismus, einer nicht so neuen Variante des Egoismus, der alles Sagbare und Tubare in die Labyrinthe eines Ohrs hineinführt, um es dem Minotaurus zu opfern, einer der notorischen philosophischen Reduktionismen. Aber das Ohr, von dem hier die Rede ist, ist das Ohr eines Hörens, es ist ein durch jedes und in jedem gehörten Wort sich veränderndes Ohr, nicht eins, sondern immer ein anderes Ohr. Es ist zweitens nicht das Ohr eines Ich – das Ego in seiner Idealität bestimmt sich im Gegenteil als selbstgesetzter, selbst setzender Grund seiner Akte –, sondern abermals immer ein anderes Ohr, das Ohr eines andern: gehört wird immer ein anderer, auch dann, wenn ›Ich‹ gehört wird. Drittens ist Hören nicht transzendental, denn transzendental sind invariante Formen der Sinnlichkeit und des Verstandes, das Hören ist aber Hören nur, wenn Formen einander berühren und zum Erzittern bringen, ja, wenn sie als Formen erst in dieser Berührung und diesem Erzittern hervorgehen, es ist das Vorformelle, in dem sich Formen – die Formen der Sinnlichkeit und des Verstandes – allererst bilden und zu bilden nicht aufhören. Hören ist ihr Attranszendental: Adtranszendental und Atranszendental; in der Nähe der reinen Formen, *an* ihnen oder *bei* ihnen, aber so, dass sein Abstand erst deren Einheit ermöglicht, als unaufhörlicher Abstand sie aber mit seinem Beben affiziert und sie in seine Bewegung hineinzieht, ins Attranszendental der Akkonstitution von Zeit und Raum, der Sinnlichkeit und des Verstandes.)

Von all dem bräuchte hier nicht die Rede zu sein, wenn es nicht – oder wenn es nicht auch – um die Begründung, die abermalige Begründung der Methode dieses Textes, um die Methode der hier vorgetragenen Lektüre und um den Grund ihrer Aufmerksamkeit auf das *ou*, das *or*, *oder* und *Ohr*… ginge. Denn wenn gesprochen und miteinander gesprochen werden soll, so muss zunächst gehört worden sein und es muss gehört worden sein, dass auf etwas anderes, auf die kommende Stimme des anderen, des Lesers zum Beispiel, gehört wird. Wenn miteinander gesprochen werden soll, muss das Hören des anderen und dies Hören als der Grund der Sprache und des möglichen Miteinander gehört werden. –

Und in diesem Hören, in diesem Ohr ist seine Stummheit zu hören: das, was nicht spricht und zu niemandem redet. –

Das, was sprechen lässt, aber selber nichts sagen kann. –

Wer liest und darauf hört, der legt sein Ohr auf einen Text. Wie auf ein Herz. Oder Grab.

(Und sei es das Eselsohr von Zettel, dem Weber.) {engl. Bottom, the weaver.}

*u.* – Karl Philipp Moritz schreibt in *Deutsche Sprachlehre für Damen* über den »ersten Ursprung der Sprache«, nachdem er auf die geringe Zahl der onomatopoetischen »Nachahmung[en] des Tönenden in der Natur« hingewiesen hat, von der einzig verbleibenden Korrespondenz zwischen Sprache und ›Natur‹, der endosomatischen: »Wir empfinden […] in unserm Munde die jedesmalige Gestalt der Sprachwerkzeuge, wodurch wir irgend einen Schall hervorbringen. So dunkel nun diese Empfindung auch anfänglich seyn mochte, veranlaßte sie doch den Menschen, die Gestalt eines sichtbaren Gegenstandes, vielleicht unwillkürlich, in seine Sprachwerkzeuge zu übertragen, und ihn alsdann mit dem Tone zu benennen, den dieselben in dieser Lage beinahe von selber hervorbringen mussten.«[27] Die Korrespondenz zwischen Mund und Gegenstand zeigt sich für Moritz am deutlichsten in den Wörtern *Kuhle* und *Grube* – und genauer: in ihnen zeigt die Zunge die

---

27 Karl Philipp Moritz, *Die Schriften in dreißig Bänden*, hg. v. Petra und Uwe Nettelbeck, Bd. XIII, Nördlingen 1988, S. 287ff.

Mundhöhlung selber als den Raum, der der Kuhle korrespondiert: »Das Niedersächsische Wort *Kuhle*, welches so viel als eine *Grube* heißt, ist vielleicht eines der ältesten Wörter in unsrer Sprache: lassen Sie uns die wahrscheinliche Entstehungsart desselben zu errathen suchen. Ein Mensch blickte vielleicht zum erstenmal in eine Tiefe herab, wovor er ein Kind oder seinen Nachbar warnen wollte, was war natürlicher, als daß seine Zunge auf die Höhlung des Gaumens wieß, wodurch er in seinem eignen Munde, das was er sahe, nachzubilden suchte; das tiefklingende *u* mußte das Zeichen, was er davon geben wollte, hörbar machen; [...].«

*Retouche.* – Wie ist eine Form überhaupt möglich? Wie ist Darstellung möglich? Darstellung ist hier nicht als Repräsentation oder Reproduktion, nicht als Vorstellung eines Gegenstandes und nicht als seine Produktion zu verstehen, sondern als diejenige Präsentation, die allen diesen Modi der Darstellung als Bedingung ihrer Möglichkeit vorausliegen muss. Gefragt ist also nicht nach einer bestimmten Form, sondern nach der Form überhaupt – der Form der Form –, nicht nach einem bestimmten Modus der Darstellung, sondern nach der Darstellung selber als Modus und das heißt als reiner Modalisierung. Die Antwort, die die philosophische Tradition auf die Frage nach der Möglichkeit einer Form überhaupt gibt, ist tautologisch. Sie lautet: Damit eine Form möglich sei, bedarf es einer Grenze. Da aber Form und Grenze koextensive Begriffe sind, bleibt die Frage unbeantwortet und muss erneut gestellt werden. Wie, so kann sie jetzt lauten, ist die Darstellung der Grenze möglich? Diese Frage hat gegenüber der früheren und gegenüber ihrer tautologischen Antwort den Vorzug, in das Befragte selber eine Differenz einzuführen. Denn indem nach der Darstellung der Grenze gefragt wird, wird nach der Grenze der Darstellung und somit nach der Grenze der Grenze selber gefragt, also nach der konstitutiven Spaltung der Darstellung, nach der Dopplung der Grenze und nach der Selbstberührung und Selbstbegrenzung der Grenze, nach ihrer Selbstaffektion und nach ihrem Selbst *als* dieser Affektion: der Ad-Fiktion, der Grenze (dem Anfang und dem Ende) ihrer Fiktion, ihres Machens und ihrer Gemachtheit. Die Frage nach der Darstellung ist also als Frage nach der Grenze und diese ist als Frage nach der Suilimitation und nach der Affektion, der Affiktion, dem *Ad-* ihres Ziehens und ihres Affekts zu verstehen.

Um sich darstellen zu können – um Darstellung überhaupt zu ermöglichen –, muss die Grenze auf eine Grenze stoßen, muss sie mit sich als einer anderen konfrontiert und von sich, als einer anderen, berührt sein. Erst in dieser Selbstberührung der Grenze – der ana-chronistischen ›Selbst‹berührung vor jedem Selbst, vor jeder Grenze – *zieht* sich die Grenze und vollzieht sich die Darstellung. Berührung, *touche,* lautet denn auch Nancys Antwort auf die Frage nach der Möglichkeitsbedingung jeder Darstellung und der Formierung der Form. Er schreibt in »L'offrande sublime« über Kants Analytik des Erhabenen:

> »Le mode de présentation d'une limite en générale ne peut pas être l'image proprement dite. L'image proprement dite présuppose la limite, qui la présente *ou* dans laquelle elle se présente. Mais le mode singulier de la présentation d'une limite, c'est que cette limite vienne à être *touchée:* [...]. Telle est en fait le sens du mot *sublimitas:* ce qui se tient juste sous la limite, ce qui la touche (la limite étant pensée selon la hauteur, comme hauteur absolue). L'imagination sublime touche la limite, et ce toucher lui fait sentir ›sa propre impuissance‹. Si la présentation est avant tout ce qui a lieu dans l'ordre sensible – présenter, c'est rendre sensible –, l'imagination sublime est toujours dans l'ordre de la présentation, en tant qu'elle est sensible. Mais cette sensibilité n'est plus celle de la perception d'une figure, elle est celle du toucher de la limite, et plus précisément elle se trouve dans le *sentiment* d'elle-même que l'imagination éprouve à toucher sa limite.«[28]

Man wird das *ou* und seine *touche* in *tout ce, toujours, trouve* und *éprouve* nicht überhört haben.) Die transzendentale Einbildungskraft und also die transzendentale Sinnlichkeit ist eine *subliminale.* Sie ist produktiv nicht in der Übersteigung ihrer Grenze, sondern in ihrer Berührung. Da die Einbildungskraft sich als solche aber nur betätigt und Einbildungskraft nur ist, sofern sie ihre

---

28 Jean-Luc Nancy, »L'offrande sublime«, *Une pensée finie*, a.a.O., S. 179. Hervorhebung des *ou* W.H.

Grenze berührt, berührt sie in dieser Grenze sich selbst, sie *ist* diese Berührung ihrer Grenze und diese Grenze *zieht* sich in ihrer Berührung. Die Einbildungskraft ist also keinesfalls durch eine ihr von außen vorgesetzte Grenze definiert, sondern sie selbst ist die Bewegung ihrer Definition – und präziser: sie ist ihre *Affinition* – und weil sie nichts ist als diese Bewegung, diese *passage à la limite de la limite,* ist ihre *Affinition* infinit und Infinition. Noch der Terminus der Bewegung oder der Bestrebung (der Einbildungskraft) ist in diesem Sinn ein Grenzbegriff: ein Begriff, der sich erst in seiner Beziehung auf eine Grenze bestimmt und in dem sich der Begriff der Grenze selber bestimmt.

> »L'effort *ou* l'élan, par définition, est affaire de limite. [...] L'effort cesse *où* la limite cède [...]. L'effort *ou* l'élan transportent la limite en eux, sont structurée par elle. [...] Ce qui se tend, et qui se tent ici à l'extrême, c'est la limite. [...] Tendue à la limite, la limite (le contour de la figure) est tendu à se rompre, comme on dit, et elle se rompe en effet, se divisant à l'instant entre deux bords, la bordure de la figure et son débord illimité.«[29]

Die Grenze *ist* also Grenze nur, indem sie sich *zieht*. Ihr Sein ist Zug – aber dieser Zug ist nicht die geschlossene Grenze, sondern ihre bloße Ziehung, die so lange nicht bei der Grenze ankommt, wie sie noch diese Grenzziehung ist – der Zug der Grenze ist also Zug nur, sofern er Verzug ist (*mora*). Ihr Verzug ist die Grenze *an* sich. Das heißt, die Grenze – und zwar jede – ist sie selbst nur, indem sie *an* sich selbst, *an* ihr selbst als Grenze, indem sie also *alliminal* oder, wie Nancy schreibt, *subliminal* ist, sie ist, in diesem Sinne, *sublim*: von sich selber gespalten, und berührt sich selbst nur als Nicht-Grenze: und berührt sich also als Unberührtes und Unberührbares, berührt sich in ihrer Unberührbarkeit und berührt sich also nicht. Unterscheidend, unterscheidet die Grenze sich zunächst von sich selbst und *ist* also nichts anderes als die Unterscheidung, die Diskretion, und für sich und an sich selbst ein *discretum*, das *secretum* ›an sich‹, ›für sich‹ und ›für sich‹ als ›anderes‹. (Aber was heißt

---

29 Ebd., S. 182.

›für sich‹ *als* ›anderes‹? Wie ist dieses ›als‹ ›anderes‹ zu verstehen, wenn nicht so, dass es nicht einfach einen differenten Modus des Selbstseins bezeichnet, durch den das ›andere‹ der Grenze selbst assimiliert würde, sondern ein *oder*, das unentschieden lässt, ob hier noch von einem ›selbst‹ oder einem ›anderen‹ die Rede ist? Die Grenze liegt immer diesseits *oder* jenseits der Grenze und des von ihr Unterschiedenen. Die Grenze liegt im *oder*.)

Nancys Satz über die Grenze (oder Nancys Übersetzung von Kants Argument über die Grenze) ist zugleich ein Satz über die Darstellung: sie ist nur im Übergang von ›sich‹ zu ›sich selbst‹ und also Darstellung ihrer ›eigenen‹ Undarstellbarkeit, ihre Undarstellung –; und er ist ein Satz über die Identität: die Identität der Grenze, die Identität, die Grenze *selbst* liegt darin, dass sie sich als Grenze allererst zieht – dass sie sich in actu identifiziert –, dass sie sich von sich als einem Unbegrenzten unterscheidet und sich nur in dieser Unterscheidung berührt, sich also unmöglich berühren kann. So wie vom Sein der Grenze gesagt werden kann, dass es in ihrem Zug – oder Verzug – liegt, so kann auch gesagt werden, dass es in ihrer Berührung – oder Nicht-Berührung (detachment) – liegt. Erst dort, wo die Grenze die Grenze berührt, erst dort, wo die Grenze auf eine Grenze *stößt* und also aufhört, eine *einfache* Grenze zu sein, erst also dort, wo die Berührung aufhört, *eine* Berührung und eine *Berührung* zu sein, erst dort zieht sich die Grenze, erst dort *ist* sie Grenze und erst dort wird eine Form überhaupt, eine Darstellung möglich. Aber was, noch einmal, ist eine Berührung? Oder ein Stoß? Eine *touche*?

Nancy setzt seine Überlegungen fort – oder nimmt sie noch einmal mit einem *ou bien encore* auf – und zwar, wie oft, abgesetzt, in einer Parenthese:

> »(*Ou bien encore:* l'effort est de toucher à la limite. La limite est l'effort lui-même, et elle est le toucher. Le toucher est de lui-même la limite: la limite des images et des mots, le contact – et avec lui, paradoxalement, l'impossibilité de *toucher* inscrite dans le toucher, parce qu'il est la limite).«[30]

30 Ebd. Hervorhebung von *toucher* bei Nancy.

Eine Berührung – oder ein Stoß, eine *touche* – berührt immer eine Grenze. Sie berührt immer nur dort, wo es nicht weitergeht, wo eine Bewegung unterbrochen, ein Widerstand unaufhebbar, ein Übergang unmöglich ist. Die Grenze ihrerseits ist aber nur in dieser Berührung, die für die Grenze selber eine Grenze, die für sie definitiv und definierend ist. In der Berührung also stößt die Grenze auf eine Grenze und *wird* darin erst zu der Grenze, die sie ist. An der Grenze stößt die Berührung auf sich selbst. Grenze der Grenze, ist sie ihre eigene, eine andere Grenze. Sie stößt also auf sich, aber stößt dabei nur auf die Grenze *zu* sich: sie stößt auf ihre eigene Unberührbarkeit.

»Le toucher est de lui-même la limite« – dieser Satz hat zwei miteinander inkompatible Implikationen, die Nancy so formuliert: »le toucher plus que les autres [sens] n'a lieu qu'en se touchant«; und: »Le toucher ne se touche pas«.[31] Die Berührung, aus der die Grenze und mit ihr die Darstellung hervorgeht, findet also nicht *statt*, sie hat keinen Ort, sie geschieht nicht und geschieht nicht an einer vorgegebenen Raumstelle, nicht in einem schon konstituierten Raum, sondern sie selbst, die Berührung, der Stoß, *la touche*, eröffnet einen Raum, eröffnet ein Geschehen und eröffnet sich selbst als dieses Geschehen. Das heißt nicht, dass es diese Berührung nicht gibt. Es gibt sie sehr wohl und es ist sogar sie, die gibt. Aber die Struktur dieses Gebens und Sich-Gebens, die Struktur dieser Eröffnung, dieser Berührung und dieses Stoßes (*strike*) – man könnte sagen: die ›subliminale‹ Bedingung der Einzeichnung des transzendentalen Schematismus – ist derart, dass durch sie nichts berührt, nichts eröffnet, nichts gegeben wird: nichts von all dem nämlich, was, wie man meint, als vorhandener Gegenstand schon eine Gestalt, eine Grenze, eine Form hat. Um berühren zu können, muss die Berührung auf etwas Unberührbares, sie muss auf ›sich selbst‹ als Unberührbares treffen. Um (sich) darstellen und (sich) eine Form geben zu können, muss die Grenze auf (›sich‹ als) das Unbegrenzte, Formlose und Undarstellbare stoßen. Sie gibt (sich), was sie nicht hat und was (für sie) unannehmbar ist. Und diese unmögliche Gabe, diese unmögliche Nahme ist die

---

31 Ebd., S. 183.

Vor-Gabe und Vor-Nahme für jede Möglichkeit einer Gabe oder Entgegennahme. Sie ist die attranszendentale, die alliminale oder ›subliminale‹ Bedingung jeder Mitteilung, jeder Darstellung und jeder Form überhaupt und also der Wahrnehmung, der Auffassung, des Begreifens – und damit zugleich ist sie dasjenige, was jede Wahrnehmung, jede Auffassung und jeden Begriff lockert und auf das in ihnen nicht Erfasste und Unbegriffene öffnet. Wird die Grenze aber als geschlossene, als gegebene Linie, als Form in ihrer reinen Idealität gedacht, so wird sie als *limyth* – und nicht in ihrem Zug, nicht in ihrer Berührung, nicht in ihrer Unberührbarkeit gedacht. Erst das Theorem der Unberührbarkeit, der Alliminalität oder Subliminalität der Grenze bricht mit dem Mythos der Gegebenheit und der Gabe von Formen und mit dem impliziten, aber gleichmächtigen Mythos ihrer Aufnahme und Vernehmbarkeit. In diesem Doppelmythos treffen sich die Traditionen des Empirismus und des Formalismus, des Rationalismus und noch der Phänomenologie. Nancys Analytik der Grenze, des Liminalen und des Sublimen, die gewiss aus den Ressourcen ihrer Hegel'schen Dialektik schöpft, aber sich nicht zur Aufhebung der Grenze in den Begriff versteht, öffnet die Gabe auf das in ihr Ungebbare, die Nahme auf das in ihr Unnehmbare und damit auf eine Ferne, die kein ›Gegenstand‹ der Erfahrung, keine ›Sache selbst‹ und nicht die transhistorisch invariante Form unsrer Auffassung von ihr werden kann.

Die Frage nach der Möglichkeit einer Form überhaupt und damit die Frage nach der Darstellung beantwortet sich also so, dass alles – und seine Grenze – *an* der Grenze sich darstellt. Darstellen oder darbieten kann ›sich‹ die Grenze aber nur so, dass sie, indem sie ›sich‹ zieht, ›sich‹ als ein ›anderes‹ zieht und ›sich‹ auf ein ›anderes‹ bezieht. Der Zug der Grenze ist also nicht, wie man sagt, autoreferentiell. Er ist nicht autoreferentiell, weil er nicht referentiell, nicht auf schon Vorgegebenes bezogen ist. Er ist – sofern er Berührung und Nicht-Berührung zumal ist – *ferentiell.* Nur als Ferenz – und genauer Feranz – kann der Zug der Grenze sowohl Transferenz (nämlich Übergang in ›sich‹) wie Offerenz (bloße Darbietung und Bevorstand) und also Differenz (nämlich Auseinander- und Zusammentragen) sein, ohne sich auf eine dieser Bewegungen zu reduzieren. Wenn Nancy die Struktur der

Grenzziehung und damit die der Darstellung oder der Form überhaupt als *offrande* charakterisiert, so zunächst, um die Differenz zum Begriff des Opfers bei Kant, von dem er in »L'offrande sublime« ausgeht, hervorzuheben und sodann, um den Zug ihrer unantastbaren Imminenz, ihren Bevorstand, ihre Prä-Positionalität zu unterstreichen. Er schreibt:

> »Il faudra dire que la totalité [...] est *offerte* au sentiment du sublime, *ou* est *offerte*, dans le sublime, au sentiment. [...] L'offrande offre, porte en avant et met devant (étymologiquement, l'of-frande n'est pas très différente de l'ob-jet), mais elle n'installe pas dans la présence. Ce qui est offert reste à une limite, suspendu au bord d'un accueil, d'une acceptation [...]. Le sacrifice y est inopérant. L'imagination n'est pas ›sacrifiée‹, elle est ce qu'elle est: l'*ouvert* du schème. – L'offrande est la présentation sublime: elle retire *ou* elle suspend les valeurs et les puissances du présent. Ce qui a lieu n'est ni une venue-en-présence ni un don. C'est plutôt l'un *ou* l'autre, *ou* l'un et l'autre, mais abandonnés. [...] C'est une proposition, et comme telle exposée.«[32]

---

32 Ebd., S. 185f.; Hervorhebung der *ou* W.H. – Ein Teil dieser für Nancys Begriff der *offrande* entscheidenden Passage hat zwischen der ersten Fassung (in *Po&sie*) und der Fassung in *Une pensée finie* eine bemerkenswerte und in der Tat entscheidende Abänderung erfahren. In der Fassung von *Po&sie* hieß es nämlich noch: »À la totalité offerte, l'imagination est offerte – c'est-à-dire aussi sacrifiée (*aufgeopfert*), ainsi que l'écrit Kant. L'imagination sacrifiée, c'est l'imagination offerte à sa limite.« (*Po&sie* 30 (1984), S. 97) In der Buchfassung lautet dieselbe Passage: »À la totalité offerte, l'imagination est offerte. En termes économiques, cette offrande est un sacrifice. C'est ce que dit Kant: l'imagination sacrifiée (*aufgeopfert*) acquiert ›une portée et une force plus grandes‹. Mais cela se passe en vérité à la limite de l'économie. La sacrifice y est inopérant. L'imagination n'est pas ›sacrifiée‹, elle est ce qu'elle est: l'*ouvert* du schème.« (*Une pensée finie*, a.a.O., S. 185) Es ist also abermals die *Grenze*, diesmal die der Ökonomie, die die Darstellung als *offrande* und als *l'ouvert* zu bestimmen erlaubt und sie vom Opfer unterscheidet. Die Offerenz ist die Grenze des Opfers: das, was am Opfer nicht mehr oder noch nicht Opfer ist, das, was dem Opfer unzugänglich und also unopferbar ist. Aber ist die *offrande* die Grenze *des* Opfers, muss dann nicht auch das Opfer eine Grenze – und also eine Möglichkeit – der *offrande* sein? Ist also die *offrande* nicht dem Opfer immer noch zu nah, so wie sie, nach Nancys Bemerkung, dem *ob-jet* nahe – und vielleicht zu nahe – ist?

Wenn die Grenzziehung, das *à la limite* der Grenze, aber immer Berührung und Nichtberührung zumal ist, Berührung, die schon nicht mehr oder immer noch nicht berührt, Nichtberührung, die noch Berührung ist oder schon in Berührung übergeht, und wenn also Grenze das ist, worin sich Berührung und Nichtberührung berühren und nicht berühren, also berühren *oder* nicht berühren; und wenn also die Möglichkeit der Darstellung (wie Nancy in seiner Wendung »l'un ou l'autre, ou l'un et l'autre« andeutet) in der Oszillation diskreter oder der Diskretion oszillierender *oder* liegt, dann kann nicht mehr einfach, nicht mehr stricto sensu von einer »offrande« die Rede sein, »qui porte en avant et met devant«, nicht mehr von einer »offrande«, »qui reste à une limite« und die, in der Tat kaum unterschieden vom »Ob-jekt«, die Struktur einer »proposition« hat. Die Insistenz auf dem Vor, dem räumlichen wie dem zeitlichen Voraus, dem Gegenüber und Entgegen, die Nancy mit dem ›Begriff‹ der *offrande*, der Offerenz oder Ob-ferenz verbindet und, dem Wort treu, mit ihm verbinden muss, wird aber aufgelöst oder aufgegeben durch die beiden *mais*- Klauseln: »mais elle n'installe pas dans la présence« und »mais abandonnés«.[33] In diesen *mais* wird die Grenze, die das Vor oder Voraus, die »proposition« und die *offrande* schützt, porös, in ihm wird das *pro-* der *proposition* und das *ob-* der *offrande* aufgegeben und was bleibt ist die Ex-position und, wenn schon nicht eine Bewegung der *Efferenz* – des »Austrags« –, dann, absolutiert, die der *Ferenz*.

Feranz ist die Bewegung der Grenze, ihre Eintragung oder ihre Unterlassung, was sie trägt oder was sie lässt. Sie ist die Geste der Darstellung einer Form überhaupt: selber weder Darstellung, noch Form, sondern das, was in beiden nicht aufgeht und deshalb nicht aufhören kann, beide zu beunruhigen. Sie ist, kurzum, die *Geste*. Nancy schreibt: »Du ›présent‹ impliqué par la présentation, l'offrande ne retient que le geste de présenter.«[34] *L'offrande*, so kann man das lesen, wenn man seinen Satz unterbricht, *ne retient que le geste…* – oder, wenn man ihn verändert, *ne retient que* la férance *ou plutôt est retenue par la férance*. Oder *par l'afférance*. Oder: die

33 Zu einer Diskussion dieses anderen Synkategorems, *mais*, verweise ich auf meine Studie »Mais – Vier Essays zu Derrida« (in Vorbereitung).

34 Nancy, »L'offrande sublime«, *Une pensée finie*, a.a.O., S. 185.

Darbietung wird von der Geste gehalten. Die Darbietung, die Form der Darstellung, wird vom Oder gehalten (nicht vom Wort, nicht vom diskursiven, pragmatischen, sozialen System, sondern von der Geste »Oder«) – gehalten, aufgehalten, zurückgehalten.

Denn wenn *oder* die Grenze markiert – und zwar die Grenze zwischen zwei oder mehr Möglichkeiten, die in ihm erschlossen werden, oder die Grenze zwischen der inneren und der äußeren Grenze einer Sache (das also, was Aristoteles *topos* oder *khôra*, den Ort-Raum, nennt) und also die Grenze zwischen Grenze und Nicht-Grenze, zwischen Berührung und Unberührbarkeit, *peras* und Paria –, dann markiert es nicht mehr die Bewegung der Präsentation, der Darbietung oder Darstellung, sondern die Bewegung der Appräsentation und der Apräsentation, der Näherung als Entfernung an sich selbst und ohne Hinblick, ohne Rücksicht auf ein Perzeptions-, Cogitations- oder Erfahrungszentrum, und also die Bewegung jener Tilgung der Markierung, die den Zuspruch von Sein aufs Dasein lenkt, der Tilgung auch noch derjenigen Tilgung, die das Sein in Bezug auf endliche Existenz bringt. Es, das *oder* – das *oder* zum Beispiel und das *oder* in seiner beispiellosen Partikularität – ist schiere Heteroperie. Und also weder Präsentation noch Absentation. Denn diese Bewegung ist keine auf Präsenz und auf Präsenz im Dasein *gerichtete*, wie es Nancys ousiologische und anthropo-teleologische *offrande* noch sein muss, die uns angeht, als unsre Zukunft uns bevorsteht und deren Bevorstand sich in uns, so will es Nancy, sogar verkörpert. Nimmt man das *apeiron*, nimmt man die Unberührbarkeit in der Berührung aber ernst – und man kann sie nie ernst genug nehmen, solange man sie noch ernst *nimmt* –, dann muss auch ihre Ungerichtetheit, ihre Nicht-Intentionalität, ihre Ateleologie ernst genommen werden – und dann verbietet sich die Rede vom Bevorstand, vom Zukommen der Zukunft und von der *offrande*. Dann hat man auch in ihr noch ein Residuum der Subjektitätsphilosophie zu erkennen, und vielleicht gar einer christologischen. *Ou* ist keine *ousia* im Ausstand. Sondern nur die Bewegung der Grenzziehung in ihrem Entzug, weder auf Präsenz oder Absenz orientiert, sondern die unorientierte, die ohne *origo* oder *ordo*, ohne Orient, Okzident oder Akzident, die nicht ›kontingente‹, nicht notwendige und durch kein Gesetz ordinierte. Die Bewegung des *oder* – *mouvement de l'ou, louche* –, die uns nicht meint, uns nicht angeht, sich nicht auf uns richtet, die ungerichtete, die sich nicht uns und niemandem zuträgt. Die Bewegung – Heidegger würde sie mit einem Trema, als Bewëgung, schreiben –, die uns und sich allein lässt. Und die noch das Verlassen verlässt. Hier *oder* hier. Jetzt *oder* jetzt.

*oue.* – Nancy ist mit *ou* und mit *où* befreundet. Und mit Lacoue-Labarthe.

»*L'accent grave* –

Le Professeur: Elève Hamlet !

L'Elève Hamlet (sursautant): …Hein… Quoi… Pardon… Qu'est-ce qui se passe… Qu'est-ce qu'il y a… Qu'est-ce que c'est?…

Le Professeur (mécontent): Vous ne pouvez pas répondre ›présent‹ comme tout le monde? Pas possible, vous êtes encore dans les nuages.

L'Elève Hamlet: Être ou ne pas être dans les nuages !

Le Professeur: Suffit. Pas tant de manières. Et conjugez-moi le verbe être, comme tout le monde, c'est tout ce que je vous demande.

L'Elève Hamlet: To be…

Le Professeur: En français, s'il vous plaît, comme tout le monde.

L'Elève Hamlet: Bien, monsieur. (Il conjuge:) Je suis ou je ne suis pas – Tu es ou tu n'es pas – Il est ou il n'est pas – Nous sommes ou nous sommes pas…

Le Professeur (excessivement mécontent): Mais c'est vous qui n'y êtes pas, mon pauvre ami !

L'Elève Hamlet: C'est exact, monsieur le professeur,
Je suis »où« je ne suis pas
Et, dans le fond, hein, à la réflexion,
Être »où« ne pas être
C'est peut-être aussi la question.«[35]

*Verortung, Entwortung.* Ou*topie.* – Wenn es ein *oder* gibt, gibt es mindestens zwei. Mindestens zwei Möglichkeiten, etwas zu nen-

35 Jacques Prévert, *Paroles*, Paris 1949, S. 56f.

nen oder etwas zu tun, und mindestens zwei Möglichkeiten, dieses *oder* zu verstehen, als alternatives oder als enumeratives. *Oder* ist ein Duplikator – oder Multiplikator – und sein Double. Das heißt, es ist niemals *da*, ohne auch schon woanders sein zu können, es ist überall, aber ohne die Distanz zu allem, die es einräumt, gäbe es nichts, das ›überall‹ genannt werden könnte. Jedes *oder* geht über etwas und über sich selber hinaus, keines schließt sich selbst ein. Es hält nichts zusammen, das von ihm nicht schon getrennt wäre, und trennt nichts, das von ihm nicht verbunden würde. *Oder* ist eine Fuge – ein Bruch und ein Scharnier, und die Fuge zwischen beiden, Bruch und Scharnier zwischen Bruch und Scharnier. Was im *oder* versammelt ist, das fällt in ihm auseinander. *Oder* ist ein Wort, das sich nicht *halten* lässt. An ihm zerfallen die Intentionen, aber nur von ihm können sie ausgehen. Jede Bestimmung eines Gegenstandes, eines Zeit- oder Raumpunkts muss, um Bestimmung sein zu können, auf ein *oder* – und also auf mehrere – stoßen und keine kann es vermeiden, von ihm durchkreuzt oder zerstreut zu werden. Hier ist immer hier oder hier, oder hier oder da; und jetzt jetzt oder jetzt. Es gibt kein *hic et nunc*, das nicht einem *vel* oder *aut* ausgesetzt wäre, keines, das nicht von ihm seine Kraft erhielte und zugleich von ihm verschoben würde. *Oder* räumt erst ein *Hier* und ein *Da* ein, so wie erst es jedes *Jetzt* zeitigt und verzieht.

Nancy ist dieser Funktion des *oder* nirgends so nahe gekommen wie in dem Essay »Sens elliptique«, den er Derridas »Ellipse« gewidmet hat. Es reichen einige Zitate und Kommentare, um das deutlich zu machen.

Nancy schreibt:

> »[…] la présence n'est jamais *donnée*, mais toujours offerte, ou présentée, ce qui veut dire, offerte à notre décision, de la recevoir ou non. Et l'›ici‹ se dédouble aussitôt: il est ici *ou* là. *Là,* le *là,* viendra à la fin du texte, et il s'y dédoublera à son tour: ›là, mais au-delà‹. Ici ou là: déjà les deux foyer du texte, déjà l'ellipse. Elle est toute là.«[36]

---

36 Nancy, »Le sens elliptique«, *Une pensée finie*, a.a.O., S. 287.

Nancy kommentiert, obwohl er es graphisch hervorhebt, nicht so sehr das *ou* aus Derridas Satz (das alsbald durch ein *mais* ersetzt oder verdrängt oder präzisiert wird), sondern er kommentiert die Verdopplung des *ici* und des *là,* wenn er von den beiden Brennpunkten des Textes und von seiner elliptischen Struktur spricht. Mitverstanden ist aber, dass das *ou* – oder, später, das *mais* – die Distanz zwischen diesen beiden Brennpunkten markiert und also recht eigentlich die Ellipse, die Eklipse des Zentrums, den apriorischen Ausfall dessen, was den eigentlichen Ort oder die eigentliche Zeit eines Hier oder Da bestimmen könnte. Das *oder,* der ursprüngliche, der *or-* sprüngliche {or'iginary} Duplikator, ist eine Ellipse, die jede Einheit zersprengt, noch bevor sie sich bilden könnte, jeden Kreis öffnet und jede Rückkehr unmöglich macht.

Nancy fährt fort:

> »Quelques années plus tard, à la fin d'un autre texte [*Nancy spielt hier auf »Signature Evènement Contexte« aus* Marges *an*], [...] Derrida écrira qu'il signe ›ici. Où? Là‹. *Ici* se déloge, et *là* perfore (en le performant) son propre lieu. Tout le texte de Derrida, toute son oeuvre, est altéré de se perforer/performer. Il a, il *est* un soif inextinguible, une soûlerie de s'extravaser, de s'offrir là où il n'est pas, de s'interdire là où il est.«[37]

Nancy weist also auf das hin, was man für eine Parallele halten könnte: die Nähe zwischen »ici ou là« und »ici. Où? Là«. Es ist in diesem zweiten Satz, einer Art Dreisatz-Dialog, nicht das *ou,* das die Verschiebung des *ici* betreibt, sondern, in der Form einer Frage, sein homophones Double *où. Où?* denunziert das *ici* als insuffizient, instabil, als ein Nicht-hier, das seinen Platz dort findet, wo er nicht mehr sein eigener ist: *là.* Das *wo?* – und zwar ein *wo?,* das schon im *hier* am Werk ist – verschleppt, exiliert, enteignet das *hier* und räumt ihm nur so einen Platz ein. *Wo?* oder *oder,* enteignend und zueignend, die Enteignung zueignend und noch die Zueignung enteignend, wäre vielleicht das oder wäre in dem impliziert, wovon Heidegger als dem »Ereignis« oder »Enteignis«

---

37 Ebd.

spricht. Und wenn hier von Performanz oder Perforation die Rede sein kann, dann ist die Frage *où*? oder *ou* – denn auch *ou* ist fast eine Frage – ihr Agent (und, noch einmal, dieses *où* oder *ou* in oder unter oder neben jedem der Worte): ein, wie man sagen könnte, Ormativ.

Wenig später nimmt Nancy dasselbe Thema, das *ou* und das *où*, noch einmal auf:

> »Mais encore, et d'abord: ›ici *ou* là‹. Ellipse des lieux, de deux foyers dont aucun ne peut centrer le texte, ni localiser l'écriture qu'on a discernée. [...] Dans ›ici ou là‹, c'est la suspension, l'hésitation et le battement du *ou* qui comptent. De ce *ou* qui ne dit pas *où* est l'écriture. Ni quand ni comment. ›Ici ou là‹, c'est sans lieu défini, c'est aussi ›parfois, par moments, de temps en temps‹, et donc ›au hasard, par chance, de manière fortuite‹. L'écriture ne se laisse discerner que par chance.«[38]

Die Spannung, das Zögern, das Klopfen des *oder* ist das, was zählt in der Wendung »hier oder da«. Und also nicht nur in dieser, sondern in jeder möglichen Wendung der Sprache oder der Schrift, in der sie sich, in der sie ihren Ort zu bestimmen versucht. Wenn das *oder* eintritt, ist es mit dem *hier* und seinem *jetzt* schon vorbei und es findet sich im *da* und seinem *dann* nur verschoben, entstellt und verändert wieder. *Oder* ist die Ellipse, die es keinem *dieses* erlaubt, dasselbe zu bleiben. Und da auch noch das *oder* ein solches *dieses* ist, bleibt auch es nicht, was es ist. *Oder* ist seine eigene, seine enteignende Ellipse. Indem es sich verortet, verliert es sich – seinen Ort und sein Wort. *Oder* ist so wenig wie irgendein anderes Wort einfach ein Element der Sprache; es öffnet die Sprache auf die Sprache, weist von anderswo her auf sie hin und ist, in diesem Sinn, sprachlos. Ein Wort ohne Sprache. In einer Sprache ohne Worte. Es ist die Schrift, die sich, so schreibt Nancy mit Derrida, nur durch eine *Chance* ausmachen lässt – also nur durch ein anderes *oder*. Und durch ein wieder anderes. *Oder*, das ist die *Chance* der Sprache: ihr Ausfall und ihre Möglichkeit. Die

38 Ebd., S. 289.

Möglichkeit des Ausfalls ihrer Möglichkeit. In ihm definieren sich unsre Topiken und unsre Utopien als *ou-topisch*.

(*»Or«*. – Während ich dies schreibe und nachdem ich schon fast alles geschrieben habe, lese ich in einem Roman von Donald Barthelme mit dem Titel *Paradise* gegen Ende folgende Passage – sie handelt von dem, was die drei oder vier Frauen, die sich von einem Mann trennen (und die fast alle *…or…* heißen) nach ihrem Abschied oder dem misslungenen Abschied tun werden: »Veronica will be, as ever, moody. She'll do something immensely foolish, like writing a book. The book will be an extended meditation on the word ›or,‹ or the road not taken, or the road taken but not enjoyed, or the road taken and enjoyed to the fullest, a celebration of ›or‹ not less funsome than Kierkegaard's. Twelve people will read the book. Four will write her letters. I will read the book but not write her a letter.)«

***

*To be or…* – Das *oder* zeigt Möglichkeiten an. Wenn man sagt ›dies oder das oder jenes‹ oder ›entweder dies oder das‹, so deutet man auf eine Mannigfaltigkeit von Möglichkeiten oder auf alternative Möglichkeiten, die erwogen, ergriffen oder ausgeschlossen werden können. Sie können aber nur dann erwogen und nur dann entweder ergriffen oder ausgeschlossen werden, wenn sie – und sei es auf inexplizite Weise – erschlossen werden. Das *oder* zeigt Möglichkeiten also nicht als schon vorgegebene an, auf die es als ihm äußerliche Bestimmungen bloß verweisen würde; *oder* eröffnet vielmehr diese Möglichkeiten. Wenn *oder* Möglichkeiten anzeigt, so in der Weise, dass es diese Möglichkeiten allererst ermöglicht. Diese prämodale Ermöglichung von Möglichkeiten, die sich im *oder* abspielt, ist immer dann im Spiel, wenn es um die Entscheidung zwischen verschiedenen Weisen des Redens, Denkens und Handelns, um die Entscheidung zwischen ihnen und ihrer Unterlassung geht, und sie ist, allem voran, dort im Spiel, wo es um die Entscheidung zwischen den Möglichkeiten des Seins und des Nichtseins geht: jedes *oder*, das vor die Wahl zwischen der einen Möglichkeit und der anderen stellt, eröffnet diese Möglichkeiten und damit auch die Möglichkeit einer Entscheidung zwischen einem *oder* und *keinem oder. Oder* eröffnet also Entscheidungsmöglichkeiten nicht so, dass damit die Entscheidung schon gefallen wäre, sondern es stellt zugleich vor die Möglichkeit, eine solche Entscheidung nicht zu fällen oder eine Entscheidung gegen jede weitere Entscheidung zu fällen. Im *oder*, das alle Entscheidungen freigibt, sind also alle Entscheidungen aufbehalten – und aufgehalten –, weil es in jedem einzelnen Fall auch noch die Entscheidung gegen die Entscheidung und gegen die Möglichkeit der Entscheidung ermöglicht. Jedes *oder* sagt auch *oder ohne oder. Oder* ist also die Geste der Erschließung von Seinsmöglichkeiten und zugleich die Geste der unendlichen Suspendierung oder des Abbruchs der Entscheidung über diese Möglichkeiten.

Nancy begegnet der komplexen Struktur dieses *oder* – oder der Ermöglichung von Möglichkeiten – in seiner Analyse von Heideggers »Entschlossenheit« in »La décision d'existence«. Er schreibt dort: »Dans l'existential de la décision, il s'agit de ce qui possibilise les possibilités, de ce qui les fait possibles pour une existence (et d'une existence), chaque fois, et donc de ce qui fait que l'existant existe selon le possible: comme l'étant pour qui il y va dans son être de l'être même comme possibilité, et par consequent de l'être comme (in)décidabilité de l'existence. L'existence est décision d'exister (*et/ou* de ne pas exister), et donc de décider (*et/ou* de ne pas décider). Mais ›to be *or* not to be‹ ne sont pas des possibilités préalablement présentes. Seule l'existence, en tant qu'elle-même jetée à l'indécidabilité du ›to be *or* not to be‹, en décide comme possible.«[39] Warum »et/ou«? Und warum »l'indécidabilité du ›to be or not to be‹«? Wie kann man sagen: »L'existence est décision d'exister (et/ou de ne pas exister) …«? Warum wird hier dem ›oder‹ ein ›und‹ an die Seite gestellt; warum heißt es hier also ›und‹ oder ›oder‹ – und beide zugleich – (der Schrägstrich zwischen beiden hat die Bedeutung einer enumerativen Disjunktion, eines ›oder‹), so dass ›und‹ den Sinn von ›oder‹, ›oder‹ den Sinn von ›und‹ hat und beide dennoch eine diskrete Bedeutung behaupten? (Nancy verwendet dieses ›et/ou‹ auch in anderen Zusammenhängen, zum Beispiel in »Le cœur des choses«, wo er schreibt: »[…] matière et/ou esprit, […] apparence et/ou réalité, […] présence et/ou absence, […] individualité et/ou généralité, […] mystère et/ou chiffre du mystère, etc.«[40] – Dasein ist jeweils Dasein *zu* bestimmten Möglichkeiten und es ist also nur in der Weise, dass es sich in seinem Sein zu diesen Möglichkeiten als seinen eigenen verhält und derart diese Möglichkeiten, transitiv, in sie und also sich selbst übergehend, *ist*. Dasein liegt im Entschluss zum Da seines Seins. Es ist somit ›es selbst‹ nur, indem es sich *zu* seinen Möglichkeiten und *in* diesen Möglichkeiten – seinem Da – *zu* sich selbst entschließt. Zu diesen Möglichkeiten gehört aber vor allen anderen und also als seine »eigenste« Möglichkeit diejenige, nicht zu sein.

›To be or not to be‹, diese beiden Möglichkeiten liegen dem Dasein nicht als ihm äußerliche Bestimmungen seiner selbst voraus,

---

39 Nancy, *Une pensée finie*, a.a.O., S. 113, Hervorhebungen W.H.
40 Ebd., S. 213.

sondern werden im Entschluss des Daseins allererst eröffnet. Und zwar werden sie beide in jedem Entschluss jeweils zugleich eröffnet. Wer sich zu sein entschließt, entschließt sich nicht nur zur Möglichkeit weiterer Entschlüsse – und darunter dem, nicht zu sein –, er entschließt sich in seinem Entschluss selbst schon zu einem Sein, das dem Entschluss verdankt und also *endliches Sein* und also Sein zur Möglichkeit des Nichtseins ist: er entschließt sich zum Sein als einem Sein des möglichen Nichtseins. Hamlets Alternative ›Sein oder Nichtsein‹ suggeriert, diese beiden Möglichkeiten stünden einander als Oppositionen gegenüber, man könnte das Sein wählen und sei damit vom Nichtsein verschont, man könnte das Nichtsein wählen und schon sei es mit dem Sein vorbei. Das *or*, das Nancy hier zitiert, hat aber weder die Kraft der Erschließung, noch hat es den Sinn der Endlichkeit. Das *oder* endlicher Entschlossenheit eröffnet dagegen Sein nicht als Zustand, sondern als einen Spielraum von Möglichkeiten, deren erste das Nichtsein ist: das diesen Spielraum aufreißende *oder* stellt also das Sein dem Nichtsein nicht als exklusive Alternative gegenüber, sondern setzt es diesem Nichtsein aus; es ist kein alternatives und kein enumeratives, sondern ein *oder* der Explikation und der Ex-position. ›Sein oder Nichtsein‹ heißt dann nicht mehr ›Entweder Sein oder Nichtsein‹, sondern ›Sein oder genauer: ein Sein, das immer auch nicht sein kann‹, ›Sein und also die Möglichkeit des Nichtseins‹, ›Sein und/oder Nichtsein‹. Sofern jede Entscheidung eine existenzielle und jede existenzielle eine Entscheidung über Sein oder Nichtsein ist, muss jede eine Entscheidung für die Unentscheidbarkeit zwischen Sein und Nichtsein sein. Sie entscheidet nämlich nicht *zwischen* diesen beiden, sondern *für* das Zwischen, das den Bereich der Möglichkeiten des Seins wie des Nichtseins ausmacht. (Zum ›Zwischen‹ bei Heidegger: *Sein und Zeit*, 132 u. 374.) Dieser Bereich des Zwischen ist aber der des *oder* oder des *und/oder* und jeder Entschluss – ob für das eine oder das andere, ob für den Entschluss oder für seine Unterlassung – muss deshalb ein Entschluss aus dem *oder* und für das *oder* und also für das *oder ohne oder* sein. Endliches Sein heißt nichts anderes als dies *oder* sein. Wie Dasein jeweils sein Da ist, so ist es sein Oder: es ist Odersein.

›To be or…‹ bezeichnet mithin die Struktur endlicher Existenz. Im *or* sind Möglichkeiten zu sein erschlossen und zugleich die Unmöglichkeit einer Erschließung, die von jeder weiteren Erschließung und also von einer irreduziblen Unerschlossenheit dispensieren könnte. Erschlossen ist im *or* aber das Mögliche und Unmögliche nicht als ein für das Dasein indifferentes Aggregat möglicher Existenzen, unter denen es nach Belieben seine Wahl treffen könnte, ohne selber von ihr betroffen zu werden; erschlossen ist mit ihnen vielmehr sein Sein selbst als Erschließung und als Entschluss. Da aber jeder Entschluss Entschluss zu möglicher Unentschlossenheit und also zur Möglichkeit der Unmöglichkeit der Existenz ist, bleibt der Entschluss gerade dann, wenn er Entschluss der endlichen Existenz und zu endlicher Existenz ist, im Spielraum des *or*. *Or* artikuliert die Endlichkeit, die Möglichkeit der Unmöglichkeit der Existenz, die Möglichkeit der Unmöglichkeit des *or*. In ihm ist nicht vom Tod die Rede – nichts wäre harmloser –, aber in ihm und in jedem Wort, das von ihm berührt werden kann, also in jedem, und in jedem Satz und jeder Geste redet oder schweigt, hier und jetzt, seine Möglichkeit selber. *Or* ist die Geste der unendlichen Modalisierung, aber es ist sie nur, sofern es zugleich die Geste der ebenso unendlichen, der anfangs- und endlosen *Mortalisierung* ist.

*Ormativ.* – Wenn alle endliche Sprache – aber sofern sie Sprache ist, ist sie auch schon endlich; wenn also alle Sprache als Erschließung von Möglichkeiten, und zunächst von Möglichkeiten ihrer selbst, vor Entscheidungen stellt und Entscheidungen vollzieht, die sich explizit oder inexplizit durch ein *oder* artikulieren, dann ist Sprache weder deiktisch oder konstativ, noch ist sie einfach performativ. Sie ist nicht deiktisch, weil sie selber allererst den Raum möglicher Gegenstände eröffnet, innerhalb dessen Konstationen möglich sind; sie ist nicht performativ, weil die Konventionen, in deren Rahmen Sprechakte vollzogen werden können, zu jedem Zeitpunkt von diesen Akten selber suspendiert, verändert oder durch neu gesetzte abgelöst werden können. Sprache ist aber auch nicht, wenn man so sagen kann, fundamental-performativ, sie setzt nicht einfach und setzt nicht einfach sich selbst, denn jede der in ihr vollzogenen Setzungen ist prinzipiell der Möglichkeit ihrer Ent-setzung (im Unverständnis, im Vergessen, in der Alteration, im Abbruch) ausgesetzt, ja sie sind Setzungen nur, *sofern* sie Aus-setzungen sind. Sprache kann performativ also nur sein, weil sie afformativ ist – weil sie den Aufriss einer Form und eines Aktes eröffnet, der in ihr oder durch sie nicht zu einem Abschluss gebracht werden kann.[41] Einfach performativ kann Sprache auch deshalb nicht sein, weil jede der Entscheidungen, vor die sie stellt, und jede, die sie, und sei es noch so entschlossen, trifft, eine Entscheidung für die Zukunft – und zunächst für *ihre* Zukunft – und folglich eine Entscheidung für die Unabschließbarkeit, für die Unbeherrschbarkeit und Inaktivität ihrer ›Performanz‹ ist. Da die Entscheidung der Sprache (und Sprache ist genau dies: Entscheidung) ihre Entscheidung für das Aus-setzen ihres Aktes in einem *oder nicht* ist, kann diese Entscheidung selber nicht mehr nach dem Paradigma des Aktes gedacht werden: oder der Akt wäre Akt nur im Hinblick auf sein Aus-setzen *hic et nunc*.

Nancy hat mindestens zweimal, nämlich in »La vérité impérative« und in »La voix libre de l'homme«, das Problem der Performativität im Zusammenhang mit der Struktur des Imperativs berührt. Er hat sich in beiden Fällen auf eine höchst zweifelhafte Autorität, nämlich die von Benveniste, und auf eine unhaltbare Charakterisierung des Performativs, nämlich die durch seine ›Selbstreferentialität‹, berufen, um den performativen Charakter des Imperativs in Abrede zu stellen. »Il [l'impératif] ne fait pas partie des énoncés ›performatifs‹ qui sont eux-mêmes l'acte qu'ils énoncent (et dont ›je parle‹ est le paradigme). Il n'est même pas énoncé, ajoute Benveniste, puisqu'il ne sert pas à construire une proposition à verbe personnel‹. ›Il ne comporte ni marque temporelle, ni référence personnelle. C'est le sémantème nu employé comme forme jussive avec une intonation spécifique.‹ […]« Und: »L'impératif ne prescrit rien – rien que la vérité […], mais c'est pas la vérité qui prescrit […]. L'impératif est sans pouvoir. La vérité est prescrite à partir de son retrait.« Und obgleich Nancy die Charakterisierung des Imperativs als »sémantème nu« akzeptiert,

41 Siehe Werner Hamacher, »Afformative, Strike«, in *Cardozo Law Review*, Vol. 13, No 4, Dec. 1991, S. 1133–1157.

fährt er wenig später fort: »L'impératif ne veut précisément pas dire.«[42] Selbstverständlich ist alles an diesen Bemerkungen kommentierungsbedürftig. Wichtig ist zunächst aber nur, dass Nancy den kategorischen Imperativ – die Ermöglichung der Allgemeinheit der Sprache und damit die Ermöglichung der Sprache überhaupt – nicht als Performativ charakterisiert und dass er ihm seine Bedeutungsintention und die Macht abspricht, seine Forderung zu realisieren. Man kann hinzufügen: die Ermöglichung der Sprache, ihre Eröffnung, ob sie nun im Imperativ geschehe oder im Versprechen (als Vor-sprechen und Sich-voraus-Sprechen der Sprache), muss in jeder ihrer ›Präskriptionen‹ eben diese Eröffnung, in dieser Eröffnung eine andere Möglichkeit der Sprache, in dieser aber die Unmöglichkeit einer Saturation ihrer Intention auf die Sprache wahren. Wenn etwas gesagt wird, ist es immer von einem ›oder anders‹ begleitet, und jedes ›oder anders‹ muss auch ›oder nicht‹ und ›oder ohne oder‹ heißen können. Die Eröffnung einer allgemeinen Sprache und damit der Form des Gesetzes im Imperativ – oder im ›Versprechen‹ – ist also jeweils, in jedem Hier und jedem Jetzt, Öffnung eines *oder* auf ein anderes *oder*, und zwar auf ein *oder*, an dem die Macht der Setzung, der Intention und der Bedeutung zersplittert.

Von diesem *oder* her, von der Alteration, der Zersplitterung oder dem Aussetzen ihrer Macht her, spricht die Sprache und auf es spricht sie zu. Sie spricht nicht affirmativ, als Bejahung des Gegebenen oder Vorhandenen – ihre Rede ist nicht *oui, oui*, sondern *ou, ou* –; sie spricht nicht performativ – sie ist nicht die Setzungs- und Selbstsetzungshandlung eines autonomen Subjekts, sondern aut'onome Aussetzung –; sie ist nicht formativ, denn jede der von ihr entworfenen Formen unterliegt der Wandlung oder dem Abbruch in einem *oder* oder *oder nicht*: Sprache spricht, sit venia verbo, or'mativ oder ormativ. Sie ist, ohne dass dadurch ihre anderen Möglichkeiten, affirmativ oder performativ zu sprechen, getilgt würden – sie bekommen, redeterminiert, einen anderen Platz –, ein Ormativ. (›Ormativ‹ ist also nicht etwa der Titel für ein lokales Phänomen, das immer nur dort angetroffen würde,

---

42 Nancy, *L'impératif catégorique*, a.a.O., S. 110 und 133.

wo in der einen oder anderen Funktion das Synkategorem *oder* auftaucht. Ein *oder* muss nicht ›auftauchen‹, explizit verwendet, genannt oder gar thematisiert werden, um wirksam zu sein und die Struktur der Sprache insgesamt zu determinieren oder zu indeterminieren. Ormativ, ist die Sprache insgesamt kategorisch: sie setzt Entscheidungen aus, die ihre mögliche Ganzheit betreffen, und muss, um dieser Möglichkeit willen, die Entscheidung über die Ganzheit unendlich suspendieren. So ist sie die Bedingung der Möglichkeit *oder* der Unmöglichkeit einer Form, eines Gesetzes, der Universalität und universellen Kommunikabilität der Sprache überhaupt – und beides zugleich. Das heißt aber, dass es niemals *einen* Ormativ gibt – ›Ormativ‹ ist so wenig *ein* Wort und also so wenig ein *Wort* wie ›oder‹, ›ou‹, ›o‹ oder ›or‹ –, denn jede durch ein ›oder‹ eröffnete Entscheidung ist Entscheidung für ein anderes ›oder‹, das heißen kann ›oder kein oder‹, ›oder ohne oder‹. Die Struktur der Sprache entzieht sich also jeder bloß konventionalistischen wie jeder transzendental-normativen Ethik: sie fordert – *oder* heißt ειτε – eine Eitik.)

(Das *or* in dem ›Wort‹ Ormativ ist sowohl mit einem englischen wie mit einem französischen Ohr zu hören. Und vielleicht noch mit einigen anderen, darunter einem deutschen. (Denn die Sprache, ein Ohr, hört; sie hört auf das ›oder‹ in der Sprache, das eine *andere* Sprache verspricht.) (Sie hört *sich selbst*.))

*Retouche.* – Wie ist eine Form überhaupt möglich? Wie ist Darstellung möglich? Darstellung ist hier nicht als Repräsentation oder Reproduktion, nicht als Vorstellung eines Gegenstandes und nicht als seine Produktion zu verstehen, sondern als diejenige Präsentation, die allen diesen Modi der Darstellung als Bedingung ihrer Möglichkeit vorausliegen muss. Gefragt ist also nicht nach einer bestimmten Form, sondern nach der Form überhaupt – der Form der Form –, nicht nach einem bestimmten Modus der Darstellung, sondern nach der Darstellung als Modus, als reiner Modalisierung. Die Antwort, die die philosophische Tradition auf die Frage nach der Möglichkeit einer Form überhaupt gibt, ist tautologisch. Sie lautet: Damit eine Form möglich sei, bedarf es einer Grenze. Da aber Form und Grenze koextensive Begriffe sind, bleibt die Frage unbeantwortet und muss erneut gestellt werden. Wie, so kann sie jetzt lauten, ist die Darstellung der Grenze möglich? Diese Frage hat gegenüber der früheren und gegenüber ihrer tautologischen Antwort den Vorzug, in das Befragte selber eine Differenz einzuführen. Denn indem nach der Darstellung der Grenze gefragt wird, wird nach der Grenze dieser Grenze gefragt, also nach der Verdopplung der Grenze und nach ihrer Selbstaffektion. Um sich darstellen zu können – also damit Darstellung überhaupt möglich sei –, muss die Grenze auf eine Grenze stoßen, muss sie mit sich als einer anderen konfrontiert und von sich, als einer anderen, berührt sein. Erst in dieser Selbstberührung der Grenze – der ana-chronistischen ›Selbst‹berührung vor jedem Selbst, vor jeder Grenze – *zieht* sich die Grenze und vollzieht sich die Darstellung. Berührung, *touche,* lautet denn auch Nancys Antwort auf die Frage nach der Möglichkeitsbedingung jeder Darstellung und der Formierung der Form. Er schreibt in »L'offrande sublime« über Kants Analytik des Erhabenen: »Le mode de présentation d'une limite en générale ne peut pas être l'image proprement dite. L'image proprement dite présuppose la limite, qui la présente *ou* dans laquelle elle se présente. Mais le mode singulier de la présentation d'une limite, c'est que cette limite vienne à être *touchée:* [...]. Telle est en fait le sens du mot *sublimitas:* ce qui se tient juste sous la limite, ce qui la touche (la limite étant pensée selon la hauteur, comme hauteur absolue). L'imagination sublime touche la limite, et ce toucher lui fait sentir ›sa propre impuissance‹. Si la présentation est avant tout ce qui a lieu dans l'ordre sensible – présenter, c'est rendre sensible –, l'imagination sublime est toujours dans l'ordre de la présentation, en tant qu'elle est sensible. Mais cette sensibilité n'est plus celle de la perception d'une figure, elle est celle du toucher de la limite, et plus précisément elle se trouve dans le *sentiment* d'elle-même que l'imagination éprouve à toucher sa limite.«[43] Man wird das *ou* und seine *touche* in *tout ce, toujours, trouve* und éprouve nicht überhört haben.) Die transzendentale Einbildungskraft und also die transzendentale Sinnlichkeit ist eine *subliminale.* Sie ist produktiv nicht in der Übersteigung ihrer Grenze, sondern in ihrer Berührung. Da die Einbildungskraft

43 Nancy, *Une pensée finie,* a.a.O., S. 179; Hervorhebung des *ou* W.H.

sich als solche aber nur betätigt und Einbildungskraft nur ist, sofern sie ihre Grenze berührt, berührt sie in dieser Grenze sich selbst, sie *ist* diese Berührung ihrer Grenze und diese Grenze zieht sich in ihrer Berührung. Die Einbildungskraft ist also keinesfalls durch eine ihr von außen vorgesetzte Grenze definiert, sondern sie selbst ist die Bewegung ihrer Definition – und genauer: ihre *Affinition* – durch die Grenze und also ihre Infinition. Noch der Terminus der Bewegung oder der Bestrebung (der Einbildungskraft) ist in diesem Sinn ein Grenzbegriff: ein Begriff, der sich erst in seiner Beziehung auf eine Grenze bestimmt und in dem sich die Grenze selber bestimmt. »L'effort *ou* l'élan, par définition, est affaire de limite. […] L'effort cesse *où* la limite cède […]. L'effort *ou* l'élan transportent la limite en eux, sont structurée par elle. […] Ce qui se tend, et qui se tent ici à l'extrême, c'est la limite. […] Tendue à la limite, la limite (le contour de la figure) est tendu à se rompre, comme on dit, et elle se rompe en effet, se divisant à l'instant entre deux bords, la bordure de la figure et son débord illimité.«[44] Die Grenze *ist* also Grenze nur, indem sie sich *zieht*. Ihr Sein ist Zug – aber dieser Zug ist nicht die geschlossene Grenze, sondern ihre bloße Ziehung, die so lange nicht bei der Grenze ankommt, wie sie noch diese Grenzziehung ist – der Zug der Grenze ist also Zug nur, sofern er Verzug ist. Ihr Verzug ist die Grenze *an* sich. Das heißt, die Grenze – und zwar jede – ist sie selbst nur, indem sie *an* sich selbst, *an* ihr selbst als Grenze, indem sie also *subliminal* ist, sie ist, in diesem Sinne, sublim: von sich selber gespalten, berührt sie sich selbst als Nicht-Grenze: und berührt sich also als Unberührtes und Unberührbares und berührt sich also nicht. Unterscheidend, unterscheidet die Grenze sich zunächst von sich selbst und *ist* also nichts anderes als der Unterschied, das *discretum*, das *secretum* ›an sich‹, ›für sich‹ und ›für sich‹ als ›anderes‹. (Aber was heißt ›für sich‹ *als* ›anderes‹? Wie ist dieses ›als‹ ›anderes‹ zu verstehen, wenn nicht so, dass es nicht einfach einen differenten Modus des Selbstseins bezeichnet, durch den das ›andere‹ der Grenze selbst assimiliert würde, sondern ein *oder*, das unentschieden lässt, ob hier noch von einem ›selbst‹ oder einem

44 Ebd., S. 182.

›anderen‹ die Rede ist? Die Grenze liegt immer *jenseits* der Grenze und des von ihr Unterschiedenen.)

Nancys Satz über die Grenze (oder Nancys Übersetzung von Kants Argument über die Grenze) ist zugleich ein Satz über die Darstellung: sie ist nur im Übergang von ›sich‹ zu ›sich selbst‹ und also Darstellung ihrer ›eigenen‹ Undarstellbarkeit, ihre Undarstellung –; und er ist ein Satz über die Identität: die Identität der Grenze, die Identität, die Grenze *selbst* liegt darin, dass sie sich als Grenze allererst zieht, dass sie sich von sich als einem Unbegrenzten unterscheidet und sich nur in dieser Unterscheidung berührt, sich also unmöglich berühren kann. So wie vom Sein der Grenze gesagt werden kann, dass es in ihrem Zug – oder Verzug – liegt, so kann auch gesagt werden, dass es in ihrer Berührung – oder Nicht-Berührung (detachment) – liegt. Erst dort, wo die Grenze die Grenze berührt, erst dort, wo die Grenze auf eine Grenze *stößt* und also aufhört, eine *einfache* Grenze zu sein, erst also dort, wo die Berührung aufhört, *eine* Berührung und eine *Berührung* zu sein, erst dort zieht sich die Grenze, erst dort *ist* sie Grenze und erst dort wird eine Form überhaupt, eine Darstellung möglich. Aber was, noch einmal, ist eine Berührung? Oder ein Stoß? Eine *touche*?

Nancy setzt seine Überlegungen fort – oder besser, er nimmt sie noch einmal mit einem *ou bien encore* auf – und zwar, wie oft, abgesetzt, in einer Parenthese: »*(Ou bien encore:* l'effort est de toucher à la limite. La limite est l'effort lui-même, et elle est le toucher. Le toucher est de lui-même la limite: la limite des images et des mots, le contact – et avec lui, paradoxalement, l'impossibilité de *toucher* inscrite dans le toucher, parce qu'il est la limite.«[45] Eine Berührung – oder ein Stoß, eine *touche* – berührt immer eine Grenze. Sie berührt immer nur dort, wo es nicht weitergeht, wo eine Bewegung unterbrochen, ein Widerstand unaufhebbar, ein Übergang unmöglich ist. Die Grenze ihrerseits ist aber nur in dieser Berührung, die für die Grenze selber eine Grenze ist. In der Berührung also stößt die Grenze auf eine Grenze und *wird* darin erst zu der Grenze, die sie ist. An der Grenze stößt die Berührung

45 Ebd. Hervorhebung von *toucher* bei Nancy.

auf sich selbst. Grenze der Grenze, ist sie ihre eigene, eine andere Grenze. Sie stößt also auf sich, aber stößt dabei nur auf die Grenze *zu* sich: sie stößt auf ihre eigene Unberührbarkeit. »Le toucher est de lui-même la limite« – dieser Satz hat zwei miteinander inkompatible Implikationen, die Nancy so formuliert: »le toucher plus que les autres [sens] n'a lieu qu'en se touchant«; und: »Le toucher ne se touche pas«.[46] Die Berührung, aus der die Grenze und mit ihr die Darstellung hervorgeht, findet also nicht *statt*, sie hat keinen Ort, sie geschieht nicht und geschieht nicht an einer vorgegebenen Raumstelle, nicht in einem schon konstituierten Raum, sondern sie selbst, die Berührung, der Stoß, *la touche*, eröffnet einen Raum, eröffnet ein Geschehen und eröffnet sich selbst als dieses Geschehen. Das heißt nicht, dass es diese Berührung nicht gibt. Es gibt sie sehr wohl und es ist sogar sie, die gibt. Aber die Struktur dieses Gebens und Sich-Gebens, die Struktur dieser Eröffnung, dieser Berührung und dieses Stoßes (strike) – man könnte sagen: die ›subliminale‹ Bedingung der Einzeichnung des transzendentalen Schematismus – ist derart, dass durch sie nichts berührt, nichts eröffnet, nichts gegeben wird: nichts von all dem nämlich, was, wie man meint, als vorhandener Gegenstand schon eine Gestalt, eine Grenze, eine Form hat. Um berühren zu können, muss die Berührung auf etwas Unberührbares, sie muss auf ›sich selbst‹ als Unberührbares treffen. Um (sich) darstellen und (sich) eine Form geben zu können, muss die Grenze auf (›sich‹ als) das Unbegrenzte, Formlose und Undarstellbare stoßen. Sie gibt (sich), was sie nicht hat und was (für sie) unannehmbar ist. Und diese unmögliche Gabe, diese unmögliche Nahme ist die Vor-Gabe und Vor-Nahme für jede Möglichkeit einer Gabe oder Entgegennahme. Sie ist die prä-transzendentale oder ›subliminale‹ Bedingung jeder Mitteilung, jeder Darstellung und jeder Form überhaupt und also der Wahrnehmung, der Auffassung, des Begreifens – und damit zugleich ist sie dasjenige, was jede Wahrnehmung, jede Auffassung und jeden Begriff lockert und auf das in ihnen nicht Genommene, nicht Erfasste und Unbegriffene öffnet. Wird die Grenze aber als geschlossene, als gegebene Linie, als Form gedacht, so

46 Ebd., S. 183.

wird sie als li*myth* – und nicht in ihrem Zug, nicht in ihrer Berührung, nicht in ihrer Unberührbarkeit gedacht.

Die Frage nach der Möglichkeit einer Form überhaupt und damit die Frage nach der Darstellung beantwortet sich also so, dass sich alles – und seine Grenze – *an der Grenze* darstellt. Darstellen oder darbieten kann ›sich‹ die Grenze aber nur so, dass sie, indem sie ›sich‹ zieht, ›sich‹ als ein ›anderes‹ zieht und ›sich‹ auf ein ›anderes‹ bezieht. Der Zug der Grenze ist also nicht, wie man sagt, autoreferentiell. Er ist auch nicht referentiell. Er ist – und deshalb ist er Berührung und Nicht-Berührung zumal – *ferentiell*. Nur als Ferenz – und genauer Feranz – kann der Zug der Grenze sowohl Transferenz (nämlich Übergang in ›sich‹) wie Offerenz (bloße Darbietung und Bevorstand) und also Differenz (nämlich Auseinander- und Zusammentragen) sein, ohne sich auf eine dieser Bewegungen zu reduzieren. Wenn Nancy die Struktur der Grenzziehung und damit die der Darstellung oder der Form überhaupt als *offrande* charakterisiert, so zunächst, um die Differenz zum Begriff des Opfers bei Kant, von dem er in »L'offrande sublime« ausgeht, hervorzuheben und sodann, um den Zug ihrer unantastbaren Imminenz, ihren Bevorstand, ihre Pro-positionalität zu unterstreichen. Er schreibt: »Il faudra dire que la totalité […] est *offerte* au sentiment du sublime, *ou* est *offerte,* dans le sublime, au sentiment. […] L'offrande offre, porte en avant et met devant (étymologiquement, l'of-frande n'est pas très différente de l'ob-jet), mais elle n'installe pas dans la présence. Ce qui est offert reste à une limite, suspendu au bord d'un accueil, d'une acceptation […]. Le sacrifice y est inopérant. L'imagination n'est pas ›sacrifiée‹, elle est ce qu'elle est: l'*ouvert* du schème. – L'offrande est la présentation sublime: elle retire *ou* elle suspend les valeurs et les puissances du présent. Ce qui a lieu n'est ni une venue-en-présence ni un don. C'est plutôt l'un *ou* l'autre, *ou* l'un et l'autre, mais abandonnés. […] C'est une proposition, et comme telle exposée.«[47]

---

47 Ebd., S. 185f.; Hervorhebung der *ou* W.H. Ein Teil dieser für Nancys Begriff der *offrande* entscheidenden Passage hat zwischen der ersten Fassung (in *Po&sie* 30) und der Fassung in *Une pensée finie* eine bemerkenswerte und in der Tat entscheidende Abänderung erfahren. In der Fassung von *Po&sie* hieß es nämlich noch: »A la totalité offerte, l'imagination est offerte – c'est-à-dire aussi sacrifiée

Wenn die Grenzziehung, das à la limite der Grenze, aber immer Berührung und Nichtberührung zumal ist, Berührung, die schon nicht mehr oder immer noch nicht berührt, Nichtberührung, die noch Berührung ist oder schon in Berührung übergeht, und wenn also Grenze das ist, worin sich Berührung und Nichtberührung berühren und nicht berühren, also berühren *oder* nicht berühren; und wenn also die Möglichkeit der Darstellung (wie Nancy in seiner Wendung »l'un ou l'autre, ou l'un et l'autre« andeutet) in der Oszillation diskreter oder der Diskretion oszillierender *oder* liegt, dann kann nicht mehr einfach, nicht mehr *stricto sensu* von einer »offrande« die Rede sein, »qui porte en avant et met devant«, nicht mehr von einer »offrande«, »qui reste à une limite« und die, in der Tat kaum unterschieden vom Objekt, die Struktur einer »proposition« hat. Die Insistenz auf dem Vor, dem räumlichen wie dem zeitlichen Voraus, dem Gegenüber und Entgegen, die Nancy mit dem ›Begriff‹ der *offrande*, der Offerenz oder Ob-ferenz verbindet und, dem Wort treu, mit ihm verbinden muss, wird aber aufgelöst oder aufgegeben durch die beiden *mais*- Klauseln: »mais elle n'installe pas dans la présence« und »mais abandonnés«.[48] In diesen *mais* wird die Grenze, die das Vor oder Voraus, die »proposition« und die *offrande* schützt, porös, in ihm wird das *pro*- der *proposition* und das *ob*- der *offrande* aufgegeben und was bleibt ist die

(*aufgeopfert*), ainsi que l'écrit Kant. L'imagination sacrifiée, c'est l'imagination offerte à sa limite.« (S. 97) In der Buchfassung lautet dieselbe Passage: »A la totalité offerte, l'imagination est offerte. En termes économiques, cette offrande est un sacrifice. C'est ce que dit Kant: l'imagination sacrifiée (*aufgeopfert*) acquiert ›une portée et une force plus grandes‹. Mais cela se passe en vérité à la limite de l'économie. La sacrifice y est inopérant. L'imagination n'est pas ›sacrifiée‹, elle est ce qu'elle est: l'*ouvert* du schème.« (*Une pensée finie*, S. 185) Es ist also abermals die *Grenze*, diesmal die der Ökonomie, die die Darstellung als *offrande* und als *l'ouvert* zu bestimmen erlaubt und sie vom Opfer unterscheidet. Die Offerenz ist die Grenze des Opfers: das, was am Opfer nicht mehr oder noch nicht Opfer ist, das, was dem Opfer unzugänglich und also unopferbar ist. Aber ist die *offrande* die Grenze *des* Opfers, muss dann nicht auch das Opfer eine Grenze – und also eine Möglichkeit – der *offrande* sein? Ist also die *offrande* nicht dem Opfer immer noch zu nah, so wie sie, nach Nancys Bemerkung, dem *ob-jet* nahe – und vielleicht zu nahe – ist?

48 Zu einer Diskussion dieses anderen Synkategorems, *mais*, verweise ich auf meine Studie »Mais – Vier Essays zu Derrida« (in Vorbereitung).

Ex-position und, wenn schon nicht eine Bewegung der *Efferenz*, dann, absolutiert, die der *Ferenz*. Feranz ist die Bewegung der Grenze, ihre Eintragung oder ihre Unterlassung, was sie trägt oder was sie lässt. Sie ist die Geste der Darstellung einer Form überhaupt: selber weder Darstellung, noch Form, sondern das, was in beiden nicht aufgeht und deshalb nicht aufhören kann, beide zu beunruhigen. Sie ist, kurzum, die *Geste*. Wie Nancy es sagt: »Du ›présent‹ impliqué par la présentation, l'offrande ne retient que le geste de présenter.«[49] *L'offrande*, so kann man das lesen, *qui ne retient que le geste* – oder *qui ne retient que* la férance. Oder *l'aférance*. Oder…

*Jamais présente*. – »L'histoire finie«, schreibt Nancy, »est la présentation de l'existence telle quelle est […], jamais présente à elle-même.« Und weiter: »L'existence historique est toujours l'existence hors de la présence.«[50] Welcher Zeitlichkeit, welcher Zeit und welcher Geschichte gehört dieses *jamais présente*, dieses *nie gegenwärtig* an? Wie kann man *jamais* sagen, *nie jemals, nicht ein einziges Mal* oder *nicht einmal einmal*? Welcher Zeit, welchem Zeitraum gehört ein *nicht* an? Wer »niemals gegenwärtig« sagt, sagt der nicht auch schon, dass sich die Gegenwart immer zurückhält, dass sie immer eine bloß bevorstehende oder eine verweigerte ist, dass sie *da*, aber nicht *hier* und also dennoch und immer *ist*? Wer auf der Nicht-Gegenwärtigkeit besteht, hält an der Gegenwart fest, schützt sie oder sich, behält sie sich vor und versucht sie zu kontrollieren. »Nie gegenwärtig«, dadurch wird das ›nie‹ selber in Gegenwart konvertiert. Aber der Dreh- und Angelpunkt dieser Konversion, kann man von dem noch sagen, dass er ›nie gegenwärtig‹ sei?

*Medium*. – »Le devenir-soi est l'extension indéfinie de la surface *où* la substance s'expose. C'est donc un devenir-autrui *qui ne comporte aucune médiation* du même et de l'autre.«[51] Wenn es sich tatsächlich so verhält, dann ist das, was hier einmal »devenir-

---

49 Nancy, *Une pensée finie*, a.a.O., 185.
50 Nancy, *La communauté désœuvrée*, a.a.O., S. 266.
51 Ebd., S. 208. Hervorhebung des *où* W.H.

soi« und dann »donc un devenir-autrui« genannt wird; dann ist die indefinite Extension, die dieses Werden oder diese Werden sind, selber die Mediation, die in diesen Sätzen bestritten wird. Die Vermittlung ist das *où* der Erstreckung sei's der Linie, der Fläche oder des Raums, sie ist die Exposition. Diese Vermittlung dürfte, nach Hegel und nach Heidegger, schwerlich als nachträgliche *convenientia* zweier Vorhandener gedacht werden können; sie wird, darüber hinaus, keine Mitte haben, wird die Geste eines Mit ohne Mit sein und der Bewegung einer Entmittlung ausgesetzt sein, die von dem klassischen Begriff der Vermittlung nicht viel übrig lässt. Sie wird sich aber nicht zugunsten eines Immediatismus streichen lassen, der im Werden zum Anderen alles beim Selbst und beim Selben belässt. »Aucune médiation« – diese Behauptung bedarf immer noch eines Mediums, immer noch der Spur einer Vermittlung. Dieses Medium, dieses *Element*, dieses mittellose Mit ist das *où*.

»*L'accent grave –*

Le Professeur: Elève Hamlet!

L'Elève Hamlet (sursautant): … Hein … Quoi … Pardon … Qu'est-ce qui se passe … Qu'est-ce qu'il y a … Qu'est-ce que c'est? …

Le Professeur (mécontent): Vous ne pouvez pas répondre ›présent‹ comme tout le monde? Pas possible, vous êtes encore dans les nuages.

L'Elève Hamlet: Être ou ne pas être dans les nuages!

Le Professeur: Suffit. Pas tant de manières. Et conjugez-moi le verbe être, comme tout le monde, c'est tout ce que je vous demande.

L'Elève Hamlet: To be …

Le Professeur: En français, s'il vous plaît, comme tout le monde.

L'Elève Hamlet: Bien, monsieur. (Il conjuge:) Je suis ou je ne suis pas – Tu es ou tu n'es pas – Il est ou il n'est pas – Nous sommes ou nous sommes pas…

Le Professeur (excessivement mécontent): Mais c'est vous qui n'y êtes pas, mon pauvre ami !

L'Elève Hamlet: C'est exact, monsieur le professeur,

Je suis »où« je ne suis pas

Et, dans le fond, hein, à la réflexion,
Être »où« ne pas être
C'est peut-être aussi la question.«[52]

*Verortung, Entwortung. Ektopie.* – Wenn es ein *oder* gibt, gibt es mindestens zwei. Mindestens zwei Möglichkeiten, etwas zu nennen oder etwas zu tun, und mindestens zwei Möglichkeiten, dieses *oder* zu verstehen, als alternatives oder als enumeratives. *Oder* ist ein Duplikator – oder Multiplikator – und sein Double. Das heißt es ist niemals *da*, ohne auch schon woanders sein zu können, es ist überall, aber ohne die Distanz zu allem, die es einräumt, gäbe es nichts, das ›überall‹ genannt werden könnte. Jedes *oder* geht über etwas und über sich selber hinaus, keines schließt sich selbst ein. Es hält nichts zusammen, das von ihm nicht schon getrennt wäre, und trennt nichts, das von ihm nicht verbunden würde. *Oder* ist eine Fuge – ein Bruch und ein Scharnier, und die Fuge zwischen beiden, Bruch und Scharnier zwischen Bruch und Scharnier. Was im *oder* versammelt ist, das fällt in ihm auseinander. *Oder* ist ein Wort, das sich nicht *halten* lässt. An ihm zerfallen die Intentionen, aber nur von ihm können sie ausgehen. Jede Bestimmung eines Gegenstandes, eines Zeit- oder Raumpunkts muss, um Bestimmung sein zu können, auf ein *oder* – und also auf mehrere – stoßen und keine kann es vermeiden, von ihm durchkreuzt oder zerstreut zu werden. Hier ist immer hier oder hier, oder hier oder da; und jetzt jetzt oder jetzt. Es gibt kein *hic et nunc*, das nicht einem *vel* oder *aut* ausgesetzt wäre, keines, das nicht von ihm seine Kraft erhielte und zugleich von ihm verschoben würde. *Oder* räumt erst ein *Hier* und ein *Da* ein, so wie erst es jedes *Jetzt* zeitigt und verzieht.

Nancy ist dieser Funktion des *oder* nirgends so nahe gekommen wie in dem Essay »Sens elliptique«, den er Derridas »Ellipse« gewidmet hat. Es reichen einige Zitate und Kommentare, um das deutlich zu machen.

---

52 Jacques Prévert, *Paroles*, Paris 1949, S. 56f.

Nancy schreibt: »[...] la présence n'est jamais *donnée*, mais toujours offerte, ou présentée, ce qui veut dire, offerte à notre décision, de la recevoir ou non.

Et l'›ici‹ se dédouble aussitôt: il est ici *ou* là. *Là*, le *là*, viendra à la fin du texte, et il s'y dédoublera à son tour: ›là, mais au-delà‹. Ici ou là: déjà les deux foyer du texte, déjà l'ellipse. Elle est toute là.«[53]

Nancy kommentiert, obwohl er es graphisch hervorhebt, nicht so sehr das *ou* aus Derridas Satz (das alsbald durch ein *mais* ersetzt oder verdrängt oder präzisiert wird), sondern er kommentiert die Verdopplung des *ici* und des *là*, wenn er von den beiden Brennpunkten des Textes und von seiner elliptischen Struktur spricht. Mitverstanden ist aber, dass das *ou* – oder, später, das *mais* – die Distanz zwischen diesen beiden Brennpunkten markiert und also recht eigentlich die Ellipse, die Eklipse des Zentrums, den apriorischen Ausfall dessen, was den eigentlichen Ort oder die eigentliche Zeit eines Hier oder Da bestimmen könnte. Das *oder*, der ur-sprüngliche, der *or*- sprüngliche {or'iginary} Duplikator, ist eine Ellipse, die jede Einheit zersprengt, noch bevor sie sich bilden könnte, jeden Kreis öffnet und jede Rückkehr unmöglich macht.

Nancy fährt fort: »Quelques années plus tard, à la fin d'un autre texte [Nancy spielt hier auf »Signature Evènement Contexte« aus *Marges* an], [...] Derrida écrira qu'il signe ›ici. Où? Là‹. *Ici* se déloge, et *là* perfore (en le performant) son propre lieu. Tout le texte de Derrida, toute son œuvre, est altéré de se perforer/performer. Il a, il *est* un soif inextinguible, une soûlerie de s'extravaser, de s'offrir là où il n'est pas, de s'interdire là où il est.«[54]

Nancy weist also auf das hin, was man für eine Parallele halten könnte: die Nähe zwischen »ici ou là« und »ici. Où? Là«. Es ist in diesem zweiten Satz, einer Art Dreisatz-Dialog, nicht das *ou*, das die Verschiebung des *ici* betreibt, sondern, in der Form einer Frage, sein homophones Double *où*. *Où?* denunziert das *ici* als insuffizient, instabil, als ein Nicht-hier, das seinen Platz dort findet,

53 Nancy, *Une pensée finie*, a.a.O., S. 287.

54 Ebd.

wo er nicht mehr sein eigener ist: *là*. Das *wo?* – und zwar ein *wo?*, das schon im *hier* am Werk ist – verschleppt, exiliert, enteignet das *hier* und räumt ihm nur so einen Platz ein. *Wo?* oder *oder*, enteignend und zueignend, die Enteignung zueignend und noch die Zueignung enteignend, wäre vielleicht das oder wäre in dem impliziert, wovon Heidegger als dem »Ereignis« oder »Enteignis« spricht. Und wenn hier von Performanz oder Perforation die Rede sein kann, dann ist die Frage *où?* oder *ou* – denn auch *ou* ist fast eine Frage – ihr Agent (und, noch einmal, dieses *où* oder *ou* in oder unter oder neben jedem der Worte): ein, wie man sagen könnte, Ormativ.

Wenig später nimmt Nancy dasselbe Thema, das *ou* und das *où* noch einmal auf: »Mais encore, et d'abord: ›ici *ou* là‹. Ellipse des lieux, de deux foyers dont aucun ne peut centrer le texte, ni localiser l'écriture qu'on a discernée. [...] Dans ›ici ou là‹, c'est la suspension, l'hésitation et le battement du *ou* qui comptent. De ce *ou* qui ne dit pas *où* est l'écriture. Ni quand ni comment. ›Ici ou là‹, c'est sans lieu défini, c'est aussi ›parfois, par moments, de temps en temps‹, et donc ›au hasard, par chance, de manière fortuite‹. L'écriture ne se laisse discerner que par chance«.[55] Die Spannung, das Zögern, das Klopfen des *oder* ist das, was zählt in der Wendung »hier oder da«. Und also nicht nur in dieser, sondern in jeder möglichen Wendung der Sprache oder der Schrift, in der sie sich, in der sie ihren Ort zu bestimmen versucht. Wenn das *oder* eintritt, ist es mit dem *hier* und seinem *jetzt* schon vorbei und es findet sich im *da* und seinem *dann* nur verschoben, entstellt und verändert wieder. *Oder* ist die Ellipse, die es keinem *dieses* erlaubt, dasselbe zu bleiben. Und da auch noch das *oder* ein solches *dieses* ist, bleibt auch es nicht, was es ist. *Oder* ist seine eigene, seine enteignende Ellipse. Indem es sich verortet, verliert es sich – seinen Ort und sein Wort. *Oder* ist so wenig wie irgendein anderes Wort einfach ein Element der Sprache; es öffnet die Sprache auf die Sprache, weist von anderswo her auf sie hin und ist, in diesem Sinn, sprachlos. Ein Wort ohne Sprache. Es ist die Schrift, die sich, so schreibt Nancy mit Derrida, nur durch Zufall

---

55 Ebd., S. 289.

ausmachen lässt – also nur durch ein anderes *oder*. Und durch ein wieder anderes. *Oder*, das ist die *Chance* der Sprache: ihr Ausfall und ihre Möglichkeit. Die Möglichkeit ihrer Unmöglichkeit.

(»*Or*«. – Während ich dies schreibe und nachdem ich schon fast alles geschrieben habe, lese ich in einem Roman von Donald Barthelme mit dem Titel »Paradise« gegen Ende folgende Passage – sie handelt von dem, was die drei oder vier Frauen, die sich von einem Mann trennen (und die fast alle …*or*… heißen) nach ihrem Abschied oder dem misslungenen Abschied tun werden: »Veronica will be, as ever, moody. She'll do something immensely foolish, like writing a book. The book will be an extended meditation on the word ›or,‹ or the road not taken, or the road taken but not enjoyed, or the road taken and enjoyed to the fullest, a celebration of ›or‹ not less funsome than Kierkegaard's. Twelve people will read the book. Four will write her letters. I will read the book but not write her a letter.)«

Check ORlando

Ou, séance, affinance/touche de Nancy, ici. Ou petite aphanisologie de l'ou de Nancy.

Or, seance, Nancy's touch, here. Or little aphanisology of Nancy's or.

*Sans*. – »Droit sans droit«,[56] »loi sans loi«,[57] »rapport sans rapport«,[58] »*per essentiam sine essentia*«[59] – was hat es mit diesen Wendungen auf sich? Jede von ihnen sagt: dies Recht, dies Gesetz, dies Wesen, *dies*, aber ohne dies *zu sein*. *Sens sans sens* besagt: Sinn, ohne Sinn *zu sein*; *sans sans*: ohne, ohne ohne *zu sein*. Am offensten ist diese Implikation in Marions Titel *Dieu sans l'être* ausgesprochen, zum absoluten Lako-

---

56 Nancy, *L'impératif catégorique*, a.a.O., S. 58.

57 Nancy, *L'expérience de la liberté*, a.a.O., S. 39.

58 Nancy, *La communauté désœuvrée*, a.a.O., S. 223.

59 Ebd., S. 347.

nismus wird das Syntagma in Derridas »pas«. Was mich interessiert, ist diese Wendung, der ich noch nirgends begegnet bin, die aber in allen, die ich schon kenne, mitzuklingen scheint: Sein ohne Sein. Und was mich daran interessiert, ist das verborgene Spiel des *oder* in dieser Wendung. Sie ist *nicht* zu übersetzen in Heideggers: Sein *ist* nicht, denn damit ist gesagt: Sein *ist nicht ein Seiendes.* ›Sein ohne Sein‹ heißt zweierlei: ›Sein‹ ohne Sein *oder* Sein ›ohne Sein‹, nennt also einmal ein Sein, dem das Sein abgesprochen wird, und einmal ein Ohne-Sein, dem Sein zugesprochen wird. Dieses *oder* lässt sich nicht einfach durch ein *und* ersetzen, denn so ähnlich diese Syntagmen auch einander sein mögen, sie verhalten sich zueinander als Alternativen, die sich nicht miteinander homogenisieren lassen, und zugleich sollen sie beide in der einen Wendung ›Sein ohne Sein‹ ausgesagt sein, fordern also ein *oder* der Alternative (aut) und darüber hinaus noch ein *oder* oder *oder auch* der Deliberation, der Addition oder Enumeration (vel), da beide Alternativen gleiche Gültigkeit beanspruchen können. Die beiden zugleich – Sein, Ohne-Sein – lassen sich also nur im Spielraum eines *oder* aussagen, das selber weder zum Sein noch zum Ohne-Sein gehört und doch Beziehungen zu beiden unterhält, und das weder schon eine Alternative noch eine bloße Enumeration markiert, sondern nur dies: eine Markierung (von der weder gesagt werden kann, dass sie ist, noch dass sie nicht ist), welche beide – Sein, Ohne-Sein, und damit den Bereich ihrer Gemeinsamkeit und ihrer Alternative – allererst zulässt, während sie ihnen zugleich ihre Kraft und Pertinenz benimmt. *Ou,* als diese Markierung, eröffnet die Möglichkeit (der Unmöglichkeit) von Sein, Ohne-Sein, von Sein ohne Sein, somit die Möglichkeit jeder Aporie – auch der eines Gesetzes ohne Gesetz, eines Wesens ohne Wesen, eines »Dieu sans l'être«. (*Ou* n'est l'autre de l'être, mais *ou* tre – et dans un sens qui ne converge pas avec celui de ›l'au-delà‹.)

*L'excriture.* –

*Ewigkeit.* – Nancy hat recht: Man muss alles *rehabilitieren.* Auch die Ewigkeit. Nicht *sempiternitas,* nicht *aeternitas,* nicht das Immerwährende, nicht das Beständige, aber

*Neologismen.* – Aréalité, aréole, écotechnique, l'excrit, – und dann hier séance, Afformativ, Verformativ, Errformativ, Errmissiv, Afferenz, diffairance, Outologie – man wird sich fragen, woher diese Obsession mit der Bildung neuer Begriffe. Ikone. Stillstellung. Gefahr davon. Jean Paulisch-joycianische Kondensationen. Cento! Zitat, Pastiche. Verschärfung, Focus: Gefahr dass der Gedanke dabei erstarrt. Aber die Cento-Qualität richtet die Aufmerksamkeit auf die Sprache. On a touché à la langue! Privatsprache, Idiom: dies ist keins, sondern Übersetzung. Möglichkeit bei H.: Vermögen, Mögen, Macht. Gemüt: Mut, vermutlich. Stell…, Gestell. Erfahrung bei Kant und bei Hegel, Gefahr; Das Argument gegen Heideggers Deutsch: es ist eben kein Deutsch, daher das Ressentiment. Was in jedem Satz als seine Entsetzung am Werk ist. In diesen Wörtern berührt sich die Sprache. (Hinweis auf Blanchot L'écriture du désastre, Etymologie.) Man respektiert nicht die Grenzen des ›natürlichen‹, des nationalen, des technischen Idioms, des Jargons (Gefahr: dass es zu einem neuen Jargon wird.) Man übersetzt, die Sprache ist nicht fertig. Neue Wörter zeigen ihre Künstlichkeit, dass sie erfunden ist – sie destabilisieren das Lexikon, die Syntax, die Pragmatik und machen deutlich, dass die alten Wörter das auch getan haben. Dass die Sprache kein Haus ist, kein fertiges, dass an ihr durch Abbruch gebaut wird. Sprache ein Konservationsmittel, ein Mittel; aber sie ist immer auch eines der Transformation, sie ist die Trans-Formation, sie ist der Trans-Formalismus par excellence. Der Impuls der Namengebung, diese adamitische Obsession, neu anzufangen. Aber ausgedehnt auf das ganze Feld der Sprache und ihrer Formen. Odrhetorik.

*Entweder oder oder oder.* – Das alles wird für manche wie das Gestotter eines Aphatikers klingen oder wie ein formalistisches Experiment aus dem Labor für potenzielle Literatur, Akronym Oulipo. Es wird, für ihre Ohren, bedeutungs- und nationalsprachenverderbt wie sie wohl sein müssen, nicht nach Philosophie klingen. Aber wie ›klingt‹ Philosophie? Und Gedanken sind nicht tief und nicht flach, sie sind entweder Gedanken oder keine. (Comp 55) Lacoue, Adamistische Obsession, neue Sprache.

Die Wahrheit der reinen Mitteilbarkeit ist das Labyrinth. Wo die Mitte überall ist, kann man nicht falsch, aber auch niemals richtig gehen: bei jedem Schritt in der Mitte verfehlt man sie. Deshalb ist die Wahrheit die Irre.

**ou vers ou, ce qui touche au vers, l'ouvert d'ou**
**Sein ist eine dative, eine oblative Relation**

Warum ist etwas einfach für jemanden? Was macht ihm die Welt überschaubar, was macht sie ihm überhaupt erst zugänglich? Was macht sie für ihn oder sie oder es zu einer Welt? Und welche Komplikationen sind in diesem Einfachen und Vereinfachenden im Spiel; vermöge welcher Komplikationen kann es überhaupt ein Einfaches sein? Nancys Ansich (à même de soi) ici: N'an s'y(ch); N'an (i)cy

Ich denke und so denkend bin ich; aber ich bin auch das Gedachte, dies andere.

Endlich wenn unendlich übersetzbar und so unübersetzbar.

*»L'›irrationel‹, ou toute autre forme de ›sur‹-rationalité, est toujours une triste cochonnerie de pensée.«*[60] – Man müsste eine Liste der Kraftausdrücke und Wutausbrüche, der Pathemata und Affekte der Philosophen zusammenstellen: man käme dem näher, was die Philosophie *reizt* und was *zur* Philosophie reizt; man käme, wenn man so sagen kann, dem philosophischen Affekt auf die Spur und damit dem an der Philosophie, was Komödie, Witz, Vorspiel zum Gelächter oder zum Lachen, was keine *traurige* Schweinerei, sondern eine lustige wäre und wovon die Philosophie nichts und immer noch nichts wissen kann. (Und geht es nicht in jedem Fall um das *an der* Philosophie, um diese *andere* Philosophie oder dies *andere* der Philosophie, das, im jedem ›eigentlichen‹ und jedem ›übertragenen‹ Sinn, *proletarisch* ist, geächtet, verpönt, unterschätzt, depossediert, ihr inneres Ausland, ihr *Elend*, das sie reizt, aufbringt, exzitiert und *outriert?* Also nicht so sehr um das »toute autre« als um das *ou* und das *aut* – und das *out* – nicht *der* Philosophie, sondern *an der* Philosophie?)
**respecter le fou de l'ou dans la philosophie**
**respecter le philosofou**

Die Wiederholung ist die Möglichkeit der Singularität, schreibt Derrida. Man muss hinzufügen: die Unwiederholbarkeit des Singulären ist die

---

60 Nancy, *Une pensée finie*, a.a.O., S. 213.

Möglichkeit der Wiederholung. Denn singulär heißt eben: unwiederholbar, und wenn es eine Wiederholung geben soll, dann kann es nur die eben des Unwiederholbaren sein, das sich aller Wiederholung entzieht. Nicht das Singuläre als die und die Substanz wird wiederholt, sondern das an ihr, was jeder Substanzialisierung entgleitet. Es entgleitet also, indem sie stattfindet, die Wiederholung sich selbst. Die Wiederholung ist selber singulär und sie exhibiert, sie exponiert diese Singularität: jede Wiederholung exponiert ihre ›eigene‹ Unwiederholbarkeit. Insofern ist sie die Möglichkeit der Singularität. Singularität ist also, schlicht und einfach, die jedesmalige Exposition von etwas... in ihre Unhol- und Unhaltbarkeit. Diese Exposition, in welcher Weise sie auch stattfinden möge, ist die *Möglichkeit* dieses Etwas. »Ecrypture« schreibt Derrida irgendwo.

**TAutologie — MEssias —**
**AUTOS AUT: OUT**

*Sens en tous sens* – Wie sich in Allem orientieren? Auf die Frage: Wie sich im Denken orientieren? hat Kant die Antwort gegeben, eine solche Orientierung sei allein im Raum möglich, dieser Raum gehöre zu den Bedingungen der Erfahrung, Erfahrung sei jeweils die eines endlichen Wesens, der Raum gehöre zu den Bedingungen – zu den strukturellen Determinanten – der Endlichkeit, diese Endlichkeit sei aber Nicht-Alles. Wer sich im Denken orientiert, orientiert sich nicht in einer Totalität, er orientiert sich in einem Gelände, dem das Alles versagt ist. Sinn und Sinne gibt es nie in jedem Sinn. Es gibt keine Allheit von Sinnen und keine Allheit des Sinns. In welchem Sinn kann es dann Sinn überhaupt geben?

*Messianität* – Wenn der Messias – wie man sagt – »kommt«, so stellt er nicht nur die Verhältnisse zwischen den Menschen, zwischen Menschen und Dingen, zwischen jedem Einzelnen und sich selbst, sondern er stellt eben deshalb auch die Verhältnisse des Raums und der Zeit um. Kann die Zeit bis zur »Ankunft« des Messias als geradlinige Erstreckung aus der Vergangenheit in die Zukunft vorgestellt werden, so ist die Zeit des Messias nicht mehr die Bewegung aus einem Früher zu einem Später, sie ist ebenso wenig die Bewegung aus der Zukunft in die Vergangenheit, sondern alle ihre Koordinaten müssen derart verschoben sein, dass, was Zukunft war, nun Vergangenheit, was Vergangenheit Gegenwart sein kann, und nichts kann ausschließen, dass es mehr als die drei Zeitdimensionen gibt, mindestens noch eine vierte, in der jene drei sich aufeinander beziehen, sich voneinander lösen und ihr Verhältnis zueinander verwandeln könnten. Diese Überlegung ist eine schlichte Forderung der Logik und bedarf keines autoritativen Spruchs, keiner Sanktion durch einen akkreditierten Glauben, sei er synagogal oder ekklesiastisch installiert oder häretisch, erst recht keiner Legitimation durch irgendein empirisches Faktum irgendeiner historischen Religion. Wäre die Zeit des Messias nur eine künftige Epoche (des Friedens, der Eintracht, der Gerechtigkeit, des Glücks), wäre sie erreichbar durch das Vorrücken auf der Zeitlinie oder durch einen (glücklichen, einen revolutionären) Sprung in dieser Zeitreihe, dann wäre diese messianische Zeit nur die Fortsetzung der Zeitbewegung, die aus der Vergangenheit, einer vermissten oder verworfenen, in die Zukunft, eine begehrte oder gefürchtete, führte. Dann würde sich an dem Zeitschema, das wir kennen – wenn wir es denn kennen –, absolut nichts ändern, und *in* dieses leidige Schema, dies Schema des Leidens, das die Zeit ist, sollte sich die messianische Änderung nur einfügen, ohne an diesem Schema selbst auch nur die geringste, geschweige denn eine umstürzende Transformation zu bewirken. Diese Vorstellung der messianischen Zeit, die wesentlich die Vorstellung von einer messianischen *Zukunft* und von der *Ankunft* des messianischen Reiches ist, diese Vorstellung von einem *Kommenden,* einer kommenden Zeit und einem kommenden Anderen – einer anderen Welt und einem anderen Sinn –, läuft auf nichts anderes als die Domestikation dieses Anderen im Haus der Zeit hinaus. Sie läuft auf eine solche Domestikation auch dann – und gerade dann – hinaus, wenn mit dem Eintritt dieser anderen Zeit das Ende der Zeit assoziiert wird und der Beginn einer aeternitas oder sempiternitas, die jenes Ende der Zeit besiegeln und ihr Haus schließen soll.

Nancy hat hat in einer Fußnote zu »Nudité«, dem Vorwort zu *La pensée dérobé*, eine Bemerkung gemacht, in der er, ich glaube zum ersten Mal, dieses Missverständnis der Messianität berührt. Ich sehe hier von einem Kommentar zu Nancys Bemerkungen zum Begriff der Messianität bei Benjamin, Derrida und Agamben ab, weil ich glaube, dass diese Bemerkungen auf Missverständnissen beruhen, die weniger gewichtig sind als das Missverständnis, das Nancy zurecht attackiert. Ich beschränke mich auf einen kurzen – viel zu kurzen – Kommentar zu dem Satz, in dem die Fußnote im Ernst das eben skizzierte Problem angeht. Er folgt dem Satz »Il y a l'à-venir d'un venir nu.« und lautet: »... il s'agit, pour nous, de ›déconstruire le christianisme‹ – programme d'un travaille en cours –, alors après le Messie ne vient aucune espèce de messie, et vient une autre venue, ou bien un au-delà de la venue en général...«[61]

*Ou bien*. Fast überflüssig, darauf hinzuweisen, dass die Behauptung, nach dem Messias komme kein Messias mehr, sich sehr schlecht verträgt mit den kanonischen Texten des Christentums, die sehr dezidiert eine Wiederkunft des Messias annoncieren, ein zweites Kommen, »une autre venue«; ebenso überflüssig, darauf zu insistieren, dass jede Dekonstruktion des Christentums – einer Arbeit, die gewiss zu den dringendsten gehört, die seit Kant und, wer weiß, vielleicht seit Paulus im Gang sind – auch das Judentum und das Judentum im Christentum, das Judentum als Eröffnung und immer erneute Wiederöffnung des Christentums, wie der Islam als Widerstand gegen das Christentum (des Inkarnationismus) und als seine in fast jeder Hinsicht wohlbegründete und höchstwirksame Refutation zu berücksichtigen hat; nicht überflüssig indessen zu bemerken, dass Nancys Formel »vient ... un au-delà de la venue en général« eine Aporie, die entscheidende, und eine Herausforderung an das Denken der Zukunft ist. Ein anderes Kommen, insbesondere ein zweites, ist immer noch ein Kommen; ein Kommen eines Jenseits des Kommens überhaupt mag zwar Kommen von etwas anderem als Kommen sein, aber auch dies Andere müsste noch kommen – es wäre Kommen eines Nicht-Kommens, und böte als solches die Aporie (die Weglosigkeit, die Unankünftigkeit) des Kommens, nacktes An-wesen, Heran-wesen ohne Anwesenheit und ohne stabile, bleibende, substanzielle Präsenz; es wäre, mit Nancys Wort, *survenance nu*, Entblößung ohne Halt und also die Nacktheit eines Kommens über jedes Kommen eines Bestimmten oder auch nur Bestimmbaren, Antizipierten oder Antizipierbaren, Projektierten oder Projektierbaren hinaus.

Man kann dieses aporetische Kommen, auf das Nancy in dieser einzigen Formel vom Kommen eines Jenseits des Kommens verweist, etwas diskursiver in der folgenden Weise kommentieren: Soll Zukunft in ihrer reinen Bewegung, soll sie als sie selbst und also als bloßes Kommen ohne Ankunft in einer irgendwie gearteten Gegenwart und also ohne

61 Jean-Luc Nancy, *La pensée dérobée*, Paris 2001, S. 14.

Bestimmung durch diese Gegenwart gedacht werden, so muss sie als Komm-bares gedacht werden – als bloße Möglichkeit des Kommens oder als Möglichkeit, die selbst nichts anderes als Kommen, das Kommen des Kommens ist. Wenn indessen das Kommen selbst erst kommt, dann ist es in keiner Weise schon da, es ist kein wirkliches, irgendwie empirisches oder sinnliches Kommen, sondern höhlt den Sinn, die Empirie und die Aktualität des Kommens aus, ja, es kann, solange es als Kommen noch auf ein Kommen verwiesen ist, nie, zu keiner Zeit, nämlich in keinem Kommen ein Kommen sein. Nicht wir warten, das Kommen selbst wartet aufs Kommen. Es ist das Schon-da des Nie-da und Nie-Dagewesenen. Die bloße Möglichkeit – das Vermögen, das Mögen und die Macht – des Kommens ist seine nackte Unmöglichkeit – das Unvermögen, die strukturelle Unfähigkeit zu mögen, die Ohnmacht zu kommen. Ist aber die Zukunft als Kommen-lassen der Zeit die Möglichkeit und die Ermöglichung der Zeit; und ist sie als bloßes Zulassen die Zurückhaltung des Kommens und damit seine Verunmöglichung, dann können die Kategorien des Möglichseins, Wirklichseins und Notwendigseins, dann können die Stammbegriffe des Verstandes und die formativen Schemata unseres Denkens keine Geltung mehr haben: die Struktur der Zukunft ist *anakategorial:* sie lässt sich nicht aufweisen, weil die Aufweisung selbst, sofern sie von der Struktur der Zukunft umrissen ist, Verwaisung und Verweigerung der Aufweisung ist. (Unsere Sprache ist Sprache der Zeit und *aus* Zeit, und genauer: Sprache der Zukunft, Sprache aus der Zukunft; und sie ist, aus diesem Grund, Sprache, in der sich aufweist und ankommt, was sich in jeder Aufweisung und Ankunft zurückhält.) Zukunft heißt: das Kommen kommt nicht, es kommt seine Unankunft. Deshalb ist das Kommbare – das bare Kommen – des Kommens bar: und nur so ist es die Zukunft, schiere Zeit. Denn Zeit ist nicht der Fluss, in dem sich die Ereignisse bewegen, sondern der, der von sich selbst wegfließt und sich gegen sich zurückstaut: die Wasserscheide, die Furt, das Sich-Diskontinuierende: er ist nicht ein einziges Mal der selbe Fluss, und also keiner. Bloß kommt, was loskommt vom Kommen. Zeit ist ihr Nicht-Sein und also die Bestreitung ihres Nicht, ein Nicht gegen das Nichts, in jedem ihrer Momente, in jeder ihrer Dimensionen oder Ekstasen, in ihrem Kommen wie ihrem Gehen, und am nacktesten, illusions- und bildlosesten, aller Bilder ledig und nur so alle erlaubend, die Zukunft. Aber die Zukunft nicht als eine der drei Zeit- und Seinsmodi, nicht als ein Zukünftig-sein, das zum Gegenwärtig-sein und zum Gewesen-sein hinzukommt, sondern als eine vierte »Zeit« eines vierten, nichtmodalen und nichtmodalisierbaren »Seins«.

Die bloße Zukunft ist die sich offenbarende, sich offenlegende, sich entblößende An-wesung (so, und genau so denkt Heidegger sie) – und als solche das bloße *An* ohne *Wesen*. So – als *An ohne Wesen* – könnte *venue nue* übersetzt und verstanden werden. Und à-venir, sofern es in seinem *venir* gedacht und also als *venue au-delà de la venue en générale* und als *venue-non-venue* gedacht wird, dies à-venir müsste sich gleichfalls in ein *An ohne Wesen* übersetzen: à-venir heißt nichts anderes als à. Wenn das ihres Wesens entblößte An aber die Zukunft als eigentliche, als bloße Zeit ist, und wenn dieses An der Zukunft schlechterdings keine Entscheidung darüber zulässt, ob es das An eines Kommens oder eines Nicht-Kommens, ob es Wesen oder Un-wesen ist, dann ist die formellere – die nacktere – Struktur des An die des Kommens Oder Nicht, die Kluft, die sich mit dem Oder und in in ihm öffnet, das Oder als Öffnung, als Eröffnung des Offenen und als die eigentliche – die inappropriierbare – Offenbarung. Oder, das ist die *venue nue*, die, sit venia verbo, *venudité* der Zeit, also der Zukunft, also des Sinns, also des Seins. Genau diese Zeit, diese vierte, diese Zeitigung, die in jedem Hier und Jetzt eben dieses Hier und eben dieses Jetzt versetzt, und die darum auch die Struktur der Zeiten, die sich nach Vergangenheit, Gegenwart, Zukunft ordnen, versetzt; genau diese Zeit muss, wenn dieser Gedanke irgendeinen radikalen Sinn haben soll, *messianische Zeit* heißen. Jede Zeit und jede Zeitdimension muss aber auf ihre je singuläre Weise von ihr, von dieser Zukunft und ihrem ausstehenden An durchschossen sein: auch die Vergangenheit kommt aus der Zukunft, auch die Gegenwart, wenn sie uns als Gegenwart *angeht*.

Eine der Konsequenzen – und es ist eine reine logische, keine chronologische Konsequenz – aus der Existenz dieser vierten, dieser Unzeit liegt nun darin, dass wenn die Umstellung der Zeit möglich ist, auch eine Umstellung der Kategorien von Möglichkeit und Wirklichkeit möglich ist: die Möglichkeit läge der Wirklichkeit nicht mehr voraus, die Möglichkeit der Gegenwart läge nicht in der Vergangenheit, die Möglichkeit der Zukunft läge nicht in der Gegenwart – Möglichkeit wäre nicht die essentia als exigentia existentiae und es bestünde kein Progressionsverhältnis zwischen zwischen essentia und existentia, keines zwischen Möglichkeit und Wirklichkeit, keines zwischen einem schon Gegebenem und seiner Zukunft, sei sie Extension, Kontinuation und Explikation oder Zerfall, Schrumpfung und Zerstörung dieses Gegebenen. Essenz könnte der Existenz nachträglich sein, die Möglichkeit könnte der Wirklichkeit entspringen, die Zukunft könnte der Gegenwart vorausliegen. Damit wandelt sich die Zeit des Messias. Wandelt der Messias die Zeit, dann wandelt sich die Zeit des Messias, das heißt die Zeit, in der der Messias erscheint. Die Zukunft des Messias könnte dann schon eine Vergangenheit sein, der Messias könnte dann jetzt, hier, da sein; das Jetzt und Hier könnte dann ein Nie und Nirgends sein. Wenn Messias nur ist, wer – oder was – die Zeitordnung selber umstellt, dann kann er – sie oder es – immer auch nicht erst noch kommen, dann ist es unstatthaft – nämlich gegen den *Sinn* des Messias – von seiner Ankunft, seiner Zukunft, dann ist es irrig und irreführend, überhaupt von einem à-venir zu reden, ohne zugleich zu konzedieren, dass dieses à-venir einen völlig anderen Sinn muss haben können als den einer künftigen Gegenwart und einer im Durchschreiten der Zeitreihe betretbaren Bezirk in der Zukunft. Der Kontinuismus der Fortschrittsideologie, so wusste Benjamin, ist ein prinzipiell anti-messianischer Konformismus, weil er sich der transzendentalen Anschauungsform der mechanischen Zeit konformiert.

Der Messias kommt nicht, und wenn er kommt, dann nur so, dass er geht (denn kommen kann nur, wer geht); er kommt nicht, und wenn er kommt, dann so, dass er nicht ankommt, und dann so, dass mit ihm sein Nicht-Kommen ankommt; käme er aber an, dann wäre das An seines Kommens die Unmöglichkeit eben dieses Kommens und die Unankunft selbst. Das An-wesen der messianischen Zeit kann nicht anders als aus ihrem Un-wesen hervortreten, und wenn es wahrhaft An-wesen ist, dann nur als das An- dieses Un-wesens.

Kein Messias, erst das wäre ein Messias. Im Messias käme kein Wer und noch weniger ein Was, in ihm käme bloß, entblößt, offenbar und offen auf ihn *selbst*, ein Dass dieses Kommens und dies Dass in seiner Dopplung als Dass und als Nicht-Dass. Dass etwas erst noch kommt, heißt immer, dass es auch nicht kommen kann. In der jüdischen Tradition ist diese Dopplung gedacht worden als die Zweiheit des sterbenden Maschiach ben Joseph und des siegreichen Maschiach ben David; in der christlichen Tradition ist dieselbe Dopplung in die eine Person des sterbenden und von den Toten auferstehenden, des einmal und noch einmal kommenden Christus zusammengezogen. Beide Messiaspaare, das eine vermutlich das Double des anderen, ordnen sich einem dualen und diachronen Schema von Ohnmacht und Macht, Triumph und Niederlage, Tod und Leben ein, das die Ordnung der chronologischen Sukzession und ihrer Wiederholung und Umkehrung respektiert, sie gewiss nicht zum ersten Mal entdeckt, aber sie als historisches Schema installiert, das noch heute den Geschichtsglauben in dem Bereich der jüdisch-christlichen Religionen dominiert. Mit diesem messianischen Doppelpaar sind die Ressourcen des Messias aber nicht erschöpft, denn in ihm ist zwar das geordnete Außereinander der Zeiten, aber nicht die Hervorkunft der Zeit, nicht ihre Zeitigung und nicht die darin entspringende Versetzung der Zeit gedacht. Die Idee des Messias – und das ist die Idee der Messianität einer Zukunft, die weitere Zukünfte erlaubt und eröffnet, ohne sich in einer befestigten Gegenwart und dem von ihr her entworfenen Zeitschema zu domestizieren, es ist die Idee einer Zukunft von Zukünften –, diese Idee einer messianischen Zeit ist erst erschöpft (ausgeschöpft und entleert) in dem Gedanken eines Messias, der keiner ist. Der Messias kann nicht einer der beiden jüdischen oder christlichen sein, er kann sie nicht einer *nach* dem anderen sein (denn dann folgte er er einer Zeitordnung, die sein Kommen versetzt), er kann nicht einer *durch* den anderen sein, ohne diesen anderen als Mittel zu missbrauchen; er muss der eine Messias des anderen, er muss das Dass eines Nicht-Dass sein und so das Nicht zu einem Nichts und gegen ein Nichts, er muss der Sprung des Nicht-Nichts sein. Erst die Zukunft, die als ihr Nicht-Kommen kommt, ist die nackte Zukunft, sie selbst: und nur sie lässt in ihrer rückhaltlosen Aufdringlichkeit Gegenwart, in ihrer absoluten Zurückhaltung andere Zukünfte und, vielleicht, noch anderes als Zukünfte zu. Sie, sie in uns und in anderen und in anderen als anderen, in den nicht und nie Identifizierten und Benannten, lässt zu – und lässt heran – lässt offen – und verlässt – aus dem Sprung, der allzu unscheinbar noch den Genitiv in dem Satz durchzieht, der Messias sei der Messias eines Nicht-, eines Me-Messias.

Soweit mein Kommentar zu Nancys Bemerkung zur Messianität. Er mag ihr Harmonisches nicht. Ich mag an ihr die Disharmonie, die ich nicht mag. Er sieht sie an eine jüdisch-christliche Deszendenz gebunden, ich bezweifle diese Herkunft nicht, aber bezweifle ihre Gebundenheit und sehe im Gedanken der Messianität den Gedanken eines Wunsches – oder den Wunsch eines Gedankens – der Zukunft und der Zukünfte und dessen, was sie als solche, in ihrer Singularität und Pluralität, zulässt. Messianität, das ist kein Sinn, das ist, was Sinn zulässt und auf seine

Möglichkeit öffnet, aber keinen garantiert, keinen installiert, keinen domestiziert. Sie ist deshalb jedem akkreditierten Religionssystem, jeder erdenklichen Religion, die Glauben oder auch nur Gehorsam fordert, voraus und über jede solche Religion, über jede Zugehörigkeit zu einem Bekenntnis hinaus. Sie ist, auch wenn die christlichen Gemeinschaften das Gegenteil behaupten, nicht christlich, und auch wenn die Propheten diesen Namen – in einem, wie man weiß, zunächst völlig anderen Sinn – zuerst gebraucht haben, nicht jüdisch; kaum auch ägyptisch oder an sonst eine orientalische oder ultra-orientalische Zivilisation gebunden. Sie ist nicht zivilisierbar, nicht legierbar und nicht religierbar. Zwar kryptisch, aber ins Offene treibende Latenz. Sie ist die Dimension – oder Ekstase – einer wütenden oder verzweifelten Forderung nach Anderem und wieder Anderem, die von den Religionen und Gesellschaften immer nur zu Kompromissbildungen gedämpft und geduckt oder eisig verworfen und geächtet worden ist. Nicht das Christentum dekonstruiert das Christentum, sondern der unchristliche Messianismus, der Ammessianismus in ihm (und außerhalb seiner: messianisch ist das Außerhalb ohne Außen). Wir sind, jetzt, vielleicht an dem Punkt – es könnte ein sehr langer Punkt sein, eine Fermate – der Geschichte, an dem die Spannungen innerhalb seiner Struktur langsam oder schneller explodieren. Was wir denken, wenn wir diese Spannungen der *venue nue,* diese Spannungen der Ammessianität anderer Zukünfte und von Anderem als Zukünften klar und ungeschützt denken, ist Teil dieser Fermate der Explosion, und nimmt für sie Partei.

Bei alledem ist aber auch zu bedenken, dass die nackte Zukunft – das schiere An ihrer Bewegung – bisher als eine (wie ein Pfeil) ›Auf-uns-zu-Kommende‹ gedacht worden ist, mit dem sous-entendue, sie sei eine uns Zukommende, uns Gebührende. Sie kann, diese Zukunft, auch *an* uns *vorbei* gehen, sie kann uns nicht *angehen* und uns ungerührt und fast widerstandslos passieren. Aber sind wir das Ziel eines Pfeils? In jedem An, wenn es ohne Wesen ist, bewegt sich etwas an uns vorbei, die laterale Zukunft. Es ist die noch von *uns* entblößte, die noch nacktere Zukunft. Sie ist, im Wortsinn, die para-ousie.

Nun ist nicht zu bestreiten, dass es eine andere Zeitordnung gibt.

Sie kann als Schärfung, Klärung, Lichtung der Messianität, sie kann vom LOS vom Xtum gedacht werden. Es handelt sich um die Entledigung, die Erledigung des Xtums. Quitt.

**Zeitigen:Lassen. Para-ousie. der verlassene messias, der vom messias verlassene messias. der von ihm gelassene.**

Es ist offenkundig, dass diese kommentierenden Überlegungen zu Nancys Formel von der **Zukunft als einer aporetischen Zeit, als einer Zeit aus Überankünftigkeit und Unankünftigkeit**, kaum möglich wären ohne Heideggers, Hermann Cohens und Schellings Einsicht in die privilegierte Zeitlichkeit der Zukunft.

# Editorische Notiz

Die meisten, doch nicht alle der hier vorgelegten Texte sind in einer früheren Fassung bereits in gedruckter Form erschienen – allerdings liegen sie, abgesehen von »Lingua Amissa«, nicht auf Deutsch vor. »Das Nicht im Satz der Identität« entstand ursprünglich als Vortrag, um dann fortgeschrieben zu werden. Der Stand der jeweiligen Bearbeitung ist durch die Datierung in den Textnachweisen angezeigt. Dieser Hinweis erscheint notwendig, denn obwohl in sich durchgearbeitet, unterlagen einige, wenn nicht alle Texte bis zuletzt einer kontinuierlichen Über- und Umarbeitung durch den Autor, was ihnen im Vergleich mit früheren Übersetzungen mit Sicherheit stark anzumerken ist und an den hier publizierten Fassungen studiert werden kann.

Einen gewissen Einblick in diesen Prozess gibt der Text »Ou, séance, touche de Nancy, ici«, der sich dreiteilig präsentiert; Teil I und II erschienen aufeinanderfolgend auf Englisch und wirken durchgearbeitet, ein dritter, angehängter Teil – ohne Überschrift – nimmt vielfach Abschnitte aus den beiden vorangehenden Texten wieder auf, teils wortwörtlich, teils abgewandelt, teils umformuliert, gruppiert diese Abschnitte neu und ergänzt sie um weitere, gänzlich neue; er nimmt in Teilen sogar einen weiteren, seinerseits in diesem Band vorgelegten Text wieder auf und spinnt ihn fort (»Messianisches Nicht«, der in gedruckter Form auf Französisch erschien – und zwar just unter dem Titel »Ou, séance, touche de Nancy, ici (3)«). Wir haben uns dazu entschieden, den vorliegenden Stand dieses Work-in-progress des Autors getreu wiederzugeben und den Leser*innen diesen Status so vorzulegen, ohne dabei ordnend oder orientierend einzugreifen.

Der beschriebenen Ausgangslage entsprechend waren sämtliche Texte in einem formal wenig redigierten Zustand. Sie wurden für die Publikation daher mit der gebotenen maximalen Zurückhaltung technisch bearbeitet, vor allem umfassend orthographisch korrigiert und in ihrer Zitierweise vereinheitlicht, Zitate soweit möglich abgeglichen und durchweg mit Quellenangaben in Fußnoten versehen. Redaktionell hinzugefügte Hinweise, etwa auf vorhandene deutsche Übersetzungen, sind in den Fußnoten durch eckige Klammern markiert.

Der Verlag dankt Shinu Sara Ottenburger herzlich für die Überlassung der Publikationsrechte und für ihre Unterstützung.

# Zur Herkunft der Texte

D'AVEC: MUTATIONS, MUTISMES. Ad Nancy (2015)
- erschienen in französischer Übersetzung in *Les Cahiers Philosophiques de Strasbourg* (42), 2017.

N'ESSANCE. Ad Derrida (2014)
- »N'essance«, französische Übersetzung von Peter Szendy, in: *Rue Descartes*, 82 (2014): »(In)actualité de Jacques Derrida«, S. 68–71.
- »N'essance«, englische Übersetzung von Ian Alexander Moore, in: *Oxford Literary Review* 36.2 (2014), S. 212–215.
- »N'essance«, englische Übersetzung von Heidi Hart, in: *The Yearbook of Comparative Literature* 62 (2019), S. 220–224.

DAS NICHT IM SATZ DER IDENTITÄT (2015)
- zuerst als Vortrag bei der Tagung »Affirming Negations« am ICI (Institute for Cultural Inquiry) Berlin, 2010, unter dem Titel »Das Nicht im Satz – Hegels Deutung des Satzes der Identität und die Aufgabe der absoluten Negation«.
- »The Void in the Principle of Identity«, englische Übersetzung von Heidi Hart, in: *The Yearbook of Comparative Literature* 62 (2019), S. 193–219.

LE SANS DE L'ÊTRE. Ad Derrida (2016, überarbeitet)
- zuerst als Vortrag in englischer Sprache beim Symposium »Unpacking Derrida's Library: Secrets of the Archive«, Princeton University, 2014.
- »Le Sans de l'être«, englische Übersetzung von Heidi Hart, in: *The Yearbook of Comparative Literature* 62 (2019), S. 225–282.

LINGUA AMISSA: Vorwort zur spanischen Ausgabe
- entstanden als Vorwort zu *Lingua Amissa*, Buenos Aires: Mino y Davila, 2012, 351 S. (spanische Übersetzung durch Laura Carugati und Marcelo Burello von acht noch nicht gesammelt erschienenen Aufsätzen zu Kafka, Benjamin, Celan, Marx und Derrida).

LINGUA AMISSA: Vom Messianismus der Warensprache (2012, überarbeitete Fassung)
Frühere Versionen:
- »Lingua Amissa: The Messianism of Commodity-Language and Derrida's Specters of Marx«, übersetzt von Kelly Barry, in: Michael Sprinker (Hg.), *Ghostly Demarcations. A Symposium on Jacques Derrida's »Specters of Marx«*, London, New York: Verso 1999, S. 168–212.
- »Lingua Amissa. Zum Messianismus der Warensprache«, in: *Zaesuren – Césures – Incisions* Nr. 1, September 2000: »Ökonomien der Differenz«.
- »Lingua Amissa: The Messianism of Commodity-Language and Derrida's Specters of Marx«, übersetzt von Kelly Barry, in: Richard Rand (Hg.), *Futures – of Jacques Derrida*, Stanford: Stanford University Press 2001, S. 130–178.

MESSIANISCHES NICHT (2012, überarbeitet)
- Auf Französisch erschienen als »Ou, séance, touche de Nancy, ici (3)«, in: Francis Guibal und Jean-Clet Martin (Hg.), *Sens en tous sens – Autour des travaux de Jean-Luc Nancy*, Paris: Galilée 2004, S. 119–142.

OU, SEANCE, TOUCHE DE NANCY, ICI
- »Ou, séance, touche de Nancy, ici (I)«, übersetzt von Marian Hobson und Ian Magedera, *Paragraph*, Vol. 16, No. 2 (1993), S. 216–231.
- »Ou, séance, touche de Nancy, ici (II)«, übersetzt von Marian Hobson und Ian Magedera, in: *Paragraph*, Vol. 17, No. 2 (1994), S. 103–119.
- »Ou, séance, touche de Nancy, ici«, in Darren Sheppard, Simon Sparks und Colin Thomas (Hg.), *The Sense of Philosophy. On Jean-Luc Nancy*, London, New York: Routledge 1997, S. 38–60.